»Heute besuchen Millionen Menschen Fitness-Studios, damit ihr Körper in Form bleibt. Regelmäßiges Training für den Geist wird bald genauso üblich sein.«
Stefan Klein, Stern

»Schnell, schlagfertig, originell denken: mindgym.«
The Guardian

»Intelligente Methoden für alltägliche Situationen.«
The Times

»Erfinden Sie sich neu in 90 Minuten … Ein Ideenquell, absolut praxistauglich.«
The Financial Times

»Der nächste Trend: mindgym.«
Newsweek

Über dieses Buch

Neueste neurologische Untersuchungen belegen: unser Gehirn ist ein formbares Organ. So wie ein Muskel unter Belastung wächst, gedeihen die grauen Zellen, wenn man sie fordert. Doch große Teile unseres Alltags bewältigt das Gehirn per Autopiloten statt jene Zauberkräfte im Kopf zu aktivieren, die wir nur zu wecken bräuchten. mindgym zeigt, wie wir dieses Potenzial nutzen können, um

- mehr aus unserem Leben zu machen
- überzeugend zu wirken
- schwierige Gespräche zu meistern
- mit Stress klarzukommen
- kreativ zu denken.

Die besten Techniken und Trainings auf der Basis angewandter Psychologie und die innovativsten Gedanken übers Denken. Besser denken! Besser fühlen!

Über mindgym

mindgym ist ein innovatives Beratungs- und Coachingunternehmen, das Octavius Black und Sebastian Bailey nach dem ersten mindgym-Training für die Deutsche Bank in London gründeten. Seither wurden 66 Workouts entwickelt, für über 100 000 Teilnehmer, darunter Firmen wie Barclays, BMW, Guinness, Microsoft, O_2 und v. a. Das Buch wurde auf Anhieb ein Bestseller und wird in 17 Sprachen übersetzt.

Mehr: www.themindgym.com

der personal coach für
kopf und seele

Piper
München Zürich

Die Originalausgabe erschien 2005 unter dem Titel »The mindgym. Wake Your Mind Up« bei Time Warner Books, London.

ISBN: 978-3-492-04931-3
© Piper Verlag GmbH, München 2007
Umschlaggestaltung: The Mindgym/Büro Jorge Schmidt, München
Redaktion: textkontor, Christiane Burkhardt
Satz: Sabine Dohme, München
Druck und Bindung: Kösel, Krugzell
Printed in Germany

www.piper.de

Inhalt

Wie funktioniert *mindgym*? 7
Ihr persönliches Trainingsprogramm 13

Mehr aus seinem Leben machen
- (A) Sie Glückspilz! 28
- (B) Streiten leicht gemacht 40
- (C) Neu anfangen 55
- (D) Verantwortung übernehmen 72
- (E) Starthilfe 81

Überzeugend wirken
- (F) Eindruck machen 93
- (G) Einfluss nehmen 107
- (H) Beziehungen herstellen 122
- (I) Souverän sein 134

Schwierige Gespräche meistern
- (J) Konflikte entschärfen 154
- (K) Mal ganz ehrlich! 170
- (L) Schlechte Nachrichten 186

Mit Stress klarkommen
- (M) Freude am Stress 201
- (N) Negativen Stress abstellen 213
- (O) Tief durchatmen 229
- (P) Ruhe und Gelassenheit 234

Kreativ denken
- (Q) Werden Sie kreativ! 247
- (R) Kreativität für logische Denker 259
- (S) Kreativität für Freidenker 270
- (T) Kreativität für Möchtegerntagträumer 278

Jetzt geht's erst richtig los! 287
Lösungen 304
Weiterführende Literatur 306
Dank 311

Wie funktioniert *mindgym*?

Wer den Körper trainieren möchte, geht ins Fitness-Studio. Wer etwas für den Kopf tun will, braucht *mindgym*.

Wenn Sie wissen möchten, wie Sie Ihre geistigen und emotionalen Fähigkeiten besser nutzen und mehr aus Ihrem Leben machen können, sind Sie im *mindgym* genau richtig. Die Idee von *mindgym* beruht auf der Tatsache, dass unser Gehirn ein formbares Organ ist, dessen Entwicklung ein Leben lang anhält. Bei Kindern vollzieht sich der Trainingserfolg mit rasender Geschwindigkeit, sie lernen jeden Tag Neues dazu. Das Gehirn Erwachsener hingegen kennt vieles schon. Den Großteil der täglichen Herausforderungen erledigt es in der Autopilot-Funktion. Uns ist nicht mehr bewusst, was wir tun. Und meistens ist das auch gut so: Je weniger man sich auf das bloße Funktionieren der alltäglichen Dinge konzentrieren muss, desto mehr kann man sich auf das konzentrieren, was wirklich zählt.

Psychologen sprechen dann vom OK-Plateau. Mit einer unserer Fähigkeiten sind wir an einem gewissen Punkt zufrieden, stellen auf Autopilot und hören auf, uns zu verbessern. Wir alle erreichen das OK-Plateau bei fast allem, was wir tun. Wir lernen beispielsweise Skifahren und haben irgendwann so viel Praxis, daß wir jede Piste bewältigen, aber wir werden nicht mehr besser. Und das hat nur in den wenigsten Fällen mit unseren tatsächlichen Fähigkeiten zu tun, sondern mit der Tatsache, daß wir uns damit zufriedengeben, wie gut wir sind.

Der einzige Weg, etwas, das man schon leidlich beherrscht, noch besser zu können, ist, den Autopiloten abzuschalten und sich die Abläufe wieder vor Augen zu führen, sich auf die Technik zu konzentrieren, sich Ziele vorzugeben und immer wieder zu kontrollieren, wie weit man gekommen ist.

Wecken Sie Ihren Geist! Kleiner Impuls im Gehirn – große Wirkung. Das können Sie mit *mindgym* trainieren.

Wie kam es zu *mindgym*?

Die Idee für mindgym entstand während eines Abendessens mit Freunden, als die Frage aufkam: Wenn in den 1980er-Jahren das Körperbewusstsein in den Mittelpunkt der Aufmerksamkeit rückte (Fitness-Studios, vegetarische Ernährung) und in den 1990er-Jahren ein wachsendes Interesse an spirituellen Dingen zu beobachten war (Yoga, Feng-Shui, usw.) – was wird dann wohl die erste Dekade des 21. Jahrhunderts prägen? Der Dreiklang von Geist, Körper und Seele fiel uns ein, weshalb wir begeistert beschlossen, dass es in dieser Dekade zwangsläufig um die Optimierung der geistigen Fähigkeiten gehen muss.

Damit hätte das Thema auch schon wieder in der Versenkung verschwinden können. Aber trotz eines gehörigen Katers am nächsten Morgen bekamen wir die Idee eines mindgyms, eines Fitness-Studios für den Geist, nicht mehr aus dem Kopf. Wir trafen uns in kleinen Gruppen nach der Arbeit oder am Wochenende, um zu überlegen, wie so ein mindgym funktionieren könnte.

Ursprünglich wollten wir das Mentaltraining in ganz normalen Fitness-Studios stattfinden lassen. Wir dachten an 90-minütige Mini-Workshops zu verschiedenen Themen wie Konflikte oder Aufschiebetaktiken. Sie sollten jede Menge praktische Tipps vermitteln, die die Teilnehmer sofort im Alltag einsetzen können. Als Motto für diese Workshops, Workouts oder Übungen schwebte uns folgendes Zitat von Albert Einstein vor: »Mache die Dinge so einfach wie möglich, aber nicht einfacher!« Grundlage der Kursinhalte sollten die angewandte Psychologie sowie verwandte Wissensgebiete sein. Außerdem wollten wir, dass die Teilnehmer dabei genauso viel Spaß haben, wie mit Freunden im Restaurant (soviel zum Thema naives Wunschdenken unsererseits!).

Nach zahlreichen Gesprächen mit Betreibern von Fitness-Studios stellte sich jedoch heraus, dass diese Vision eines mindgyms so nicht funktioniert. Was blieb, war die Idee 90-minütiger Übungen. Der ursprüngliche Plan hatte schon immer Workouts in Form von Personalschulungen in Unternehmen beinhaltet. Aber würden sich Arbeitgeber für Mini-Workshops begeistern lassen, die ihren Angestellten helfen, ihre mentalen Kapazitäten effektiver zu nutzen?

Wie sich herausstellte, ja.

Mittlerweile haben über 100 000 Menschen einen 90-minütigen mindgym-Kurs besucht – im Büro, in der Fabrik oder an anderen Arbeitsplätzen. Die überwiegende Mehrheit schien die Workouts sehr zu schätzen, denn 93 Prozent hatten vor, das Gelernte auch anzuwenden, während 88 Prozent die Kurse weiterempfehlen wollten.

mindgym – Das Fitness-Studio für den Geist

Wir alle kennen das Sprichwort: »Ein gesunder Geist wohnt in einem gesunden Körper«. Es gibt also einen eindeutigen Zusammenhang zwischen körperlichem und geistigem Wohlbefinden. Aber kann man das Fitness-Studio-Prinzip wirklich einfach so vom Körper auf den Geist übertragen? Wir meinen ja, denn schließlich gibt es mindestens sechs wichtige Parallelen:

1 Verschiedene Fitness-Ziele
Wenn Sie ein Fitness-Studio aufsuchen, wird Sie der Trainer zunächst einmal fragen, was Sie genau verbessern möchten. Wollen Sie Ihr Gewicht reduzieren, Ihre Ausdauer oder Ihr Tempo erhöhen? Je nachdem, wie Ihre persönlichen Ziele aussehen, wird er Ihnen einen individuellen Trainingsplan zusammenstellen.

Ganz genauso funktioniert *mindgym*. Ihr »Trainer« oder »Personal Coach« wartet schon im nächsten Kapitel auf Sie. Er wird Ihnen dabei helfen, sich persönliche Ziele zu setzen. Selbst wenn Sie das komplette Programm absolvieren möchten, werden Sie doch Schwerpunkte setzen wollen.

2 Wohltuende Auswirkungen auf viele Bereiche
Sie wünschen sich einen straffen Bauch. Um das zu erreichen, entscheiden Sie sich für ein Trainingsprogramm mit verschiedenen Bauchmuskelübungen. Ein positiver Nebeneffekt? Ihre Rückenschmerzen verschwinden ebenfalls!

Sie möchten lernen, sich besser durchzusetzen? Dabei lernen Sie automatisch auch, sich in andere hineinzuversetzen. Der positive Nebeneffekt? Sie werden beliebter.

3 Wer trainiert, ist besser auf Herausforderungen vorbereitet
Wenn wir für einen Marathonlauf trainieren, werden wir insgesamt fitter. Der positive Nebeneffekt? Wir erholen uns auch schneller von einer schlaflosen Nacht.

Wenn wir gelernt haben, beruflichen Stress zu verarbeiten, gehen wir auch automatisch mit Spannungen in der Familie besser um.

4 Ohne Fleiß kein Preis!
Leider, aber so ist es nun mal! Manche Methoden und Techniken mögen einfacher sein als andere – aber um sie so effektiv wie möglich einsetzen zu können, muss man sich schon ein bisschen anstrengen und die Sache ernsthaft angehen.

5 Jeder kann hingehen
Wir alle können lernen, unsere geistigen Fähigkeiten effektiver zu nutzen. Im mindgym ist jeder willkommen, und zwar unabhängig von Alter, Geschlecht, Religion, Beruf oder Intelligenzquotient.

6 Man kann trainieren und gleichzeitig fernsehen!
Zugegeben – das war gelogen!

Die *mindgym*-Philosophie

Im Folgenden finden Sie fünf Grundannahmen, auf denen unsere gesamte Philosophie beruht.

- Wir entscheiden, wie wir denken. Unsere Sicht der Dinge wurde uns nicht fest einprogrammiert. Stattdessen können wir weitestgehend selbst bestimmen, wie wir denken und kommunizieren.

- Jeder kann sich weiterentwickeln. So, wie wir ins Fitness-Studio gehen, um uns körperlich fitter zu machen, können wir uns auch geistig fitter machen. Deshalb werden wir noch lange keine Genies wie Albert Einstein oder Leonardo da Vinci – aber schließlich machen auch häufige Fitness-Studio-Besuche nicht lauter Heidi Klums oder Michael Ballacks aus uns – leider!

- Intelligenz im weitesten Sinne ist mehr als nur ein hoher IQ. Neben der Fähigkeit systematisch zu denken, gibt es noch viele andere Formen von Intelligenz wie Körperintelligenz oder soziale Intelligenz. Auch unser Wahrnehmungsvermögen, unsere Fantasie, unsere Gefühle und andere Aspekte unserer Persönlichkeit spielen eine wichtige Rolle – und sie alle lassen sich verbessern!

- Der Mensch ist ein Gewohnheitstier. Deshalb übersehen wir oft, dass es auch Alternativen gibt. Doch Gewohnheiten lassen sich verändern. Je offener wir sind, desto leichter können wir uns von einengenden Vorstellungen lösen.

- Unter Umständen gibt es bessere Methoden, die Dinge anzugehen. Weil unterschiedliche Situationen unterschiedliche Lösungen erfordern, lohnt es sich, mehrere Strategien im Kopf zu haben. mindgym bietet keine Patentrezepte an, sondern schlägt Alternativen vor.

Was ist neu an *mindgym*?

Sind die Inhalte des mindgym wirklich neu oder handelt es sich dabei nur um bereits bekannte Methoden, die wir uns von überallher zusammengeborgt haben? Die Antwort lautet: sowohl als auch.

Um das mindgym-Konzept mit Inhalten zu füllen, haben wir uns die psychologische Forschung der letzten hundert Jahre angesehen und verschiedene Theorien überarbeitet und miteinander kombiniert, damit sie unseren heutigen Anforderungen entsprechen. Auf diese Weise haben wir Hunderte von Methoden ermittelt, die wir zunächst an uns selbst und später auch erfolgreich an Zehntausenden von Teilnehmern aus unseren mindgym-Workshops getestet haben – lauter praktische Tipps und Techniken, die uns dabei helfen, effektiver zu denken und zu kommunizieren. Sie alle beruhen auf fremden Erkenntnissen, wurden aber gewissenhaft geprüft und überarbeitet. Nur was sich bis heute bewährt hat, wurde unverändert übernommen.

Nehmen wir nur einmal das Thema Stress. Darüber wurde schon so viel geschrieben, dass man das alles unmöglich selbst lesen kann. Die mindgym-Philosophie stützt sich auf Erkenntnisse der heute in Vergessenheit geratenen Psychologen Roberts Yerkes und John D. Dodson, die Anfang des vorigen Jahrhunderts geforscht haben. Diese Erkenntnisse wurden mit Forschungsergebnissen des Austro-Kanadiers Hans Selye, der in den 1960er-Jahren publizierte, sowie mit denen der Amerikaner Richard Lazarus und Sue Folkman kombiniert.

mindgym baut auf diesen Ideen auf und gibt ihnen eine neue Wendung. Mit dem Ergebnis, dass uns nun eine ganze Reihe von Methoden zur Verfügung stehen, wie man mit dem Stress im 21. Jahrhundert fertig werden kann (mehr dazu finden Sie in den Kapiteln zum Thema Stress).

Brauche ich überhaupt ein größeres Gehirn?

Eine Studie aus dem Jahr 2000 hat gezeigt, dass der hintere Hippocampus, jener Teil des Gehirns, in dem das Langzeitgedächtnis beheimatet ist, bei Londoner Taxifahrern größer ist als beim Bevölkerungsdurchschnitt. Das überrascht nicht weiter, da die Taxifahrer eine sehr komplizierte Prüfung ablegen müssen, die sehr gute Londoner Straßenkenntnisse voraussetzt. Die Studie bewies außerdem, dass dieser Teil des Gehirns umso größer war, je länger der Taxifahrer seinen Beruf bereits ausübte. Viele schlossen daraus, dass Taxifahrer generell intelligenter sind.

Doch das war eine Fehlinterpretation. Zum einen, weil die Studie auch zeigte, dass ein anderer Teil der Taxifahrer-Gehirne dafür entsprechend kleiner ausgebildet war – sich das Gesamtgewicht des Gehirns also kaum vom nationalen Durchschnitt unterschied.

Zum anderen steht die körperliche Größe eines Gehirns in keinerlei Zusammenhang mit der Intelligenz. Gehirne von Männern wiegen im Verhältnis zu ihrer durchschnittlichen Körpergröße und Körperoberfläche 16 Prozent mehr als die von Frauen. Doch es wäre im wahrsten Sinne des Wortes vermessen, daraus zu schließen, dass Männer 16 Prozent intelligenter sind!

Und jetzt?

Mit dem vorliegenden Buch sind Sie bereits Mitglied im mindgym und können kommen und gehen, wann Sie wollen. Im nächsten Kapitel erfahren Sie noch genauer, wie vielseitig Sie dieses Buch nutzen können.

Doch bevor Sie loslegen, sollten Sie noch folgenden Rat beherzigen: »Minds are like parachutes, they operate only when open.« (Thomas Dewar)

Ihr persönliches Trainingsprogramm

Stellen Sie sich vor, Sie gehen zum ersten Mal in ein Fitness-Studio. Dort sehen Sie jede Menge sonderbarer Geräte, die auch gut und gern Folterinstrumente sein könnten. Sie setzen sich auf einen gepolsterten Sitz, haben aber nicht die leiseste Ahnung, wo Sie ziehen oder drücken müssen oder wie das Ding überhaupt funktioniert. Also versuchen Sie es erst einmal mit einem Gerät, bei dem Sie denken »Ist ja klar, was ich da zu tun habe«. Sie ziehen – nichts passiert. Plötzlich sehen Sie etwas, das Ihnen bekannt vorkommt. Sie setzen sich auf ein Trimmrad und treten in die Pedale. Alles scheint in bester Ordnung zu sein. Aber warum blinken dann alle diese Lichter auf der Anzeige vor Ihnen wie wild?

Das mindgym ist anders. Es ist so konzipiert, dass Sie es sofort nutzen können, und zwar wo und wie Sie es für richtig halten. Jede Methode (und jedes Kapitel) kann separat gelesen (und umgesetzt) werden.

Sie müssen dieses Buch also nicht von der ersten bis zur letzten Seite am Stück durchlesen. Stattdessen haben Sie folgende Möglichkeiten:

- **Ich lese bloß den Abschnitt, der mich gerade interessiert**
Wenn Sie nur einen praktischen Tipp suchen, wie Sie einem Freund eine Absage erteilen und trotzdem noch mit ihm befreundet bleiben können, müssen Sie nicht erst umständlich herumsuchen. Blättern Sie einfach direkt zu dem entsprechenden Abschnitt (zum Beispiel zu »Schlechte Nachrichten« auf Seite 186).

Wie bei einem Band mit Kurzgeschichten können Sie jederzeit ein- und wieder aussteigen.

- **Ich konzentriere mich ausschließlich auf ein Kapitel**
Vielleicht ist Ihnen beim Lesen des Inhaltsverzeichnisses aufgefallen, dass dieses Buch in fünf Kapitel gegliedert ist, die jeweils Abschnitte zu be-

stimmten Unterthemen enthalten. Jedes dieser Kapitel beginnt mit einer Einleitung, die den jeweiligen Inhalt kurz zusammenfasst. Wenn Sie bloß daran interessiert sind, wie man am besten mit Stress umgeht oder kreativer wird, finden Sie auf diese Weise problemlos den richtigen Abschnitt und können sofort loslesen.

- **Ich absolviere eines der Programme auf den Seiten 15–18**
  Ähnlich wie ein Trainingsplan, der auf Kraft oder Ausdauer ausgerichtet ist, widmet sich jedes Programm einem bestimmten Ziel.

- **Ich stelle mir mein persönliches Programm zusammen**
  Auf den Seiten 21–23 finden Sie einen Fragebogen, mit dessen Hilfe Sie die Abschnitte finden, die Ihrer aktuellen Zielsetzung am besten entsprechen. Wenn Sie ihn ausfüllen, erhalten Sie Hinweise, wie Sie sich Ihr maßgeschneidertes Programm zusammenstellen können.

  Doch natürlich können Sie dieses Buch, wie jedes andere auch, von vorn bis hinten durchlesen.

Die *mindgym*-Programme

Wir haben vier verschiedene Programme für Sie entwickelt, die Ihnen helfen, mindgym möglichst schnell und effektiv zu nutzen.

1 Bekommen, was man will
Für alle, die ganz genau wissen, was sie wollen, aber nicht, wie sie ihr Ziel trotz immer neuer Hindernisse erreichen sollen

2 Gemocht werden
Für alle, die sich mehr begeisterte Freunde, Verbündete und Bekannte wünschen

3 Respektiert werden
Für diejenigen unter uns, die bewundert oder doch zumindest als gleichwertig betrachtet werden wollen

4 Herausforderungen meistern
Ein Programm für Menschen, bei denen es im Leben gerade etwas turbulent zugeht und die sich darauf vorbereiten möchten, mit neuen Herausforderungen umzugehen

Die Programme finden Sie auf den Seiten 15–20.

1 Bekommen, was man will

Für alle, die ganz genau wissen, was sie wollen, aber nicht, wie sie ihr Ziel trotz immer neuer Hindernisse erreichen sollen

Mehr aus seinem Leben machen

(A)	Sie Glückspilz!	24
(B)	Streiten leicht gemacht	36
(C)	Neu anfangen	51
(D)	Verantwortung übernehmen	68
(E)	Starthilfe	77

Überzeugend wirken

	Eindruck machen	89
(G)	Einfluss nehmen	103
	Beziehungen herstellen	118
	Souverän sein	130

Schwierige Gespräche meistern

	Konflikte entschärfen	150
(K)	Mal ganz ehrlich!	166
	Schlechte Nachrichten	182

Mit Stress klarkommen

	Freude am Stress	197
	Negativen Stress abstellen	209
	Tief durchatmen	225
	Ruhe und Gelassenheit	230

Kreativ denken

(Q)	Werden Sie kreativ!	243
(R)	Kreativität für logische Denker	255
(S)	Kreativität für Freidenker	266
(T)	Kreativität für Möchtegerntagträumer	274
	Jetzt geht's erst richtig los!	283

2 Gemocht werden

Für alle, die sich mehr begeisterte Freunde, Verbündete und Bekannte wünschen

Mehr aus seinem Leben machen
Sie Glückspilz! 24
Streiten leicht gemacht 36
Neu anfangen 51
Verantwortung übernehmen 68
Starthilfe 77

Überzeugend wirken
(F) Eindruck machen 89
(G) Einfluss nehmen 103
(H) Beziehungen herstellen 118
Souverän sein 130

Schwierige Gespräche meistern
(J) Konflikte entschärfen 150
Mal ganz ehrlich! 166
Schlechte Nachrichten 182

Mit Stress klarkommen
Freude am Stress 197
Negativen Stress abstellen 209
Tief durchatmen 225
Ruhe und Gelassenheit 230

Kreativ denken
Werden Sie kreativ! 243
Kreativität für logische Denker 255
Kreativität für Freidenker 266
Kreativität für Möchtegerntagträumer 274

▶ Jetzt geht's erst richtig los! 283

3 Respektiert werden

Für diejenigen unter uns, die bewundert oder doch zumindest als gleichwertig betrachtet werden wollen

Mehr aus seinem Leben machen
Sie Glückspilz!	24
Streiten leicht gemacht	36
Neu anfangen	51
Verantwortung übernehmen	68
Starthilfe	77

Überzeugend wirken
(F) Eindruck machen	89
(G) Einfluss nehmen	103
Beziehungen herstellen	118
(I) Souverän sein	130

Schwierige Gespräche meistern
(J) Konflikte entschärfen	150
(K) Mal ganz ehrlich!	166
Schlechte Nachrichten	182

Mit Stress klarkommen
Freude am Stress	197
Negativen Stress abstellen	209
Tief durchatmen	225
Ruhe und Gelassenheit	230

Kreativ denken
(Q) Werden Sie kreativ!	243
Kreativität für logische Denker	255
Kreativität für Freidenker	266
Kreativität für Möchtegerntagträumer	274
▶ Jetzt geht's erst richtig los!	283

4 Herausforderungen meistern

Für alle, bei denen es im Leben gerade etwas turbulent zugeht und die sich darauf vorbereiten möchten, mit neuen Herausforderungen umzugehen

Mehr aus seinem Leben machen

(A) Sie Glückspilz! 24
(B) Streiten leicht gemacht 36
Neu anfangen 51
(D) Verantwortung übernehmen 68
Starthilfe 77

Überzeugend wirken

Eindruck machen 89
Einfluss nehmen 103
Beziehungen herstellen 118
Souverän sein 130

Schwierige Gespräche meistern

(J) Konflikte entschärfen 150
Mal ganz ehrlich! 166
(L) Schlechte Nachrichten 182

Mit Stress klarkommen

(M) Freude am Stress 197
(N) Negativen Stress abstellen 209
(O) Tief durchatmen 225
(P) Ruhe und Gelassenheit 230

Kreativ denken

Werden Sie kreativ! 243
Kreativität für logische Denker 255
Kreativität für Freidenker 266
Kreativität für Möchtegerntagträumer 274

▶ Jetzt geht's erst richtig los! 283

In fünf Schritten zu Ihrem eigenen Programm

Schritt 1
Knicken Sie die Seite 21 an der gepunkteten Linie so nach hinten um, dass Sie die Kreise auf Seite 23 sehen (nur die und sonst nichts!).

Schritt 2
Lesen Sie sich jede einzelne Aussage auf Seite 21, die mit »Ich wünsche mir, dass ...« losgeht, durch und kreuzen Sie die Bewertung an, die Ihnen am ehesten entspricht. Sie haben fünf Bewertungsmöglichkeiten:

1 Trifft bereits weitgehend zu oder ist für mich nicht sooo wichtig

2 Wäre schön, aber es gibt wichtigere Dinge für mich

3 Oh ja, bitte! Das wäre großartig

4 Wow. Traumhaft. Wann ist es soweit?

5 Dafür würde ich sterben! (natürlich im übertragenen Sinn)

Um herauszufinden, wie Sie mindgym am effektivsten einsetzen können, sollten Sie die einzelnen Aussagen unterschiedlich bewerten. Ansonsten sind Sie hinterher kein bisschen schlauer als vorher.

Schritt 3
Nun tragen Sie die Zahl der entsprechenden Bewertung in die Kreise auf Seite 23 ein. Sie sind Kapiteln zugeordnet, die links von der gestrichelten Linie stehen.

Schritt 4
Jetzt übertragen Sie die einzelnen Zahlen von Seite 23 auf Seite 22. Auf diese Weise ermitteln Sie eine Gesamtsumme für jedes Kapitel, die Ihre persönliche Bewertung widerspiegelt: Die Kapitel mit der höchsten Summe sind jene, mit denen Sie sich am intensivsten beschäftigen sollten. Nun können Sie sich Ihr eigenes Programm zusammenstellen.

Schritt 5
Sie könnten beispielsweise mit dem Kapitel mit der höchsten Summe beginnen, dann mit dem mit der zweithöchsten Summe weitermachen und so ein Kapitel nach dem anderen durcharbeiten. Sollte neben zwei Kapiteln genau dieselbe Summe stehen, lesen Sie einfach das zuerst, das weiter vorne im Buch steht. Oder aber Sie ermitteln Ihre durchschnitt-

liche Gesamtsumme (zum Beispiel 7). Anschließend stellen Sie sich ein Programm aus all jenen Kapiteln zusammen, die eine Gesamtsumme von über 7 aufweisen. Diese Kapitel können Sie dann in der Reihenfolge des Buches durcharbeiten. So, aber jetzt sind Sie dran!

Stellen Sie sich Ihr Programm zusammen!

Ich wünsche mir, dass ...

	Trifft schon zu	Wäre schön	Ja, bitte – großartig!	Traumhaft	Dafür würde ich sterben!
... ich jemanden dazu bringen kann, etwas anders zu machen, und das auch noch gern	1	2	3	4	5
... ich selbst noch das hitzigste Wortgefecht in eine konstruktive Diskussion verwandeln kann	1	2	3	4	5
... ich Antworten auf Probleme finde, die für andere Menschen unlösbar sind	1	2	3	4	5
... ich nicht immer so nervös bin	1	2	3	4	5
... ich nicht so schnell genervt bin	1	2	3	4	5
... ich Sachen tun kann, in denen ich nicht gut bin	1	2	3	4	5
... ich nochmal ganz von vorne anfangen kann	1	2	3	4	5
... ich es schaffe, schlechte Botschaften so rüberzubringen, dass der Mensch, der sie empfängt, mir auch noch dankbar dafür ist	1	2	3	4	5
... ich bekannte Probleme mit neuen Augen betrachten kann	1	2	3	4	5
... ich mehr Energie habe	1	2	3	4	5
... ich besser schlafe	1	2	3	4	5
... mir die Leute auch zuhören, wenn ich was zu sagen habe	1	2	3	4	5
... ich nicht immer alles auf die lange Bank schiebe, was andere nicht hören wollen	1	2	3	4	5
... ich meine Sorgen vergesse	1	2	3	4	5
... ich ein Ziel im Leben habe	1	2	3	4	5
... ich analytisch denkende Menschen dazu bringe, kreativ zu werden	1	2	3	4	5
... ich mehr Zeit habe	1	2	3	4	5
... ich auch mit neuen Leuten / völlig Fremden gut klarkomme	1	2	3	4	5
... ich die Dinge kontrolliere, anstatt von ihnen kontrolliert zu werden	1	2	3	4	5
... es mir gelingt, Diskussionen nicht ausufern zu lassen	1	2	3	4	5
... wichtige Leute mich gleichrangig behandeln	1	2	3	4	5
... ich mit Menschen besser klarkomme	1	2	3	4	5
... die Menschen mit mir in der Regel einer Meinung sind	1	2	3	4	5
... ich mit demselben Aufwand mehr erreiche	1	2	3	4	5
... ich es schaffe, genauso kreativ zu denken, wie ich logisch denken kann	1	2	3	4	5
... ich Neues denken kann	1	2	3	4	5
... ich entspannen kann, wann ich will	1	2	3	4	5
... sich die Menschen in meiner Umgebung so verhalten, wie ich es will	1	2	3	4	5
... ich mehr Geistesblitze habe	1	2	3	4	5
... mich Menschen in schwierigen Situationen intuitiv um Rat fragen	1	2	3	4	5

Diesen Abschnitt bitte umknicken. Tragen Sie die Zahl, die Ihrer jeweiligen Bewertung entspricht, in die Kreise auf Seite 23 ein.

Ihr persönliches Trainingsprogramm

		Gesamt-summe

Mehr aus seinem Leben machen

(A) Sie Glückspilz! ◯+◯+◯=◯
(B) Streiten leicht gemacht ◯+◯+◯=◯
(C) Neu anfangen ◯+◯+◯=◯
(D) Verantwortung übernehmen ◯+◯+◯=◯
(E) Starthilfe ◯+◯+◯=◯

Überzeugend wirken

(F) Eindruck machen ◯+◯+◯=◯
(G) Einfluss nehmen ◯+◯+◯=◯
(H) Beziehungen herstellen ◯+◯+◯=◯
(I) Souverän sein ◯+◯+◯=◯

Schwierige Gespräche meistern

(J) Konflikte entschärfen ◯+◯+◯=◯
(K) Mal ganz ehrlich! ◯+◯+◯=◯
(L) Schlechte Nachrichten ◯+◯+◯=◯

Mit Stress klarkommen

(M) Freude am Stress ◯+◯+◯=◯
(N) Negativen Stress abstellen ◯+◯+◯=◯
(O) Tief durchatmen ◯+◯+◯=◯
(P) Ruhe und Gelassenheit ◯+◯+◯=◯

Kreativ denken

(Q) Werden Sie kreativ! ◯+◯+◯=◯
(R) Kreativität für logische Denker ◯+◯+◯=◯
(S) Kreativität für Freidenker ◯+◯+◯=◯
(T) Kreativität für Möchtegerntagträumer ◯+◯+◯=◯

Jetzt übertragen Sie die rechts stehenden Zahlen in die dafür vorgesehenen Kreise auf der linken Seite. Wenn Sie damit fertig sind, sollte in jedem Kreis eine Zahl stehen. Hier nur ein Beispiel: Wenn Sie sich bei der ersten Aussage für die Bewertung 4 entschieden haben, tragen Sie auf der linken Seite bei »G, Einfluss nehmen«, und bei »K, Mal ganz ehrlich!«, jeweils eine 4 ein.

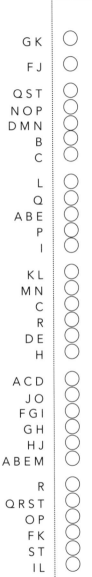

Tragen Sie die Zahlen zu Ihren Bewertungen in die Kreise ein.

G K ○
F J ○
Q S T ○
N O P ○
D M N ○
B ○
C ○

L ○
Q ○
A B E ○
P ○
I ○

K L ○
M N ○
C ○
R ○
D E ○
H ○

A C D ○
J O ○
F G I ○
G H ○
H J ○
A B E M ○

R ○
Q R S T ○
O P ○
F K ○
S T ○
I L ○

Ihr persönliches Trainingsprogramm

Alle Kapitel im Überblick

(A) Sie Glückspilz!
Eine gesunde Portion Optimismus hilft Ihnen, mehr zu erreichen und länger zu leben. Besitzen Sie diesen Optimismus? Was können Sie tun, um sich so eine Einstellung anzueignen?

(B) Streiten leicht gemacht
Die häufigsten Streitgespräche haben wir mit uns selbst. Bringt Sie das weiter oder hält Sie das eher auf? Finden Sie heraus, wie Sie solche Streitgespräche gewinnen können!

(C) Neu anfangen
»Ich möchte ein neues Kapitel in meinem Leben aufschlagen, aber irgendetwas hindert mich daran.« Finden Sie heraus, was es ist und wie Sie Ihrem Schicksal die richtige Wendung geben können.

(D) Verantwortung übernehmen
Sie fühlen sich hilflos oder der Situation nicht gewachsen? Entdecken Sie, wie Sie Verantwortung übernehmen können: Nehmen Sie das Ruder fest in die Hand und stellen Sie die richtigen Weichen.

(E) Starthilfe
Alles, was Sie schon immer über »Aufschieberitis« wissen wollten, aber nie geschafft haben zu fragen. Ein Kapitel, das Sie definitiv nicht aufschieben sollten.

(F) Eindruck machen
Hinterlassen Sie einen guten Eindruck? Lernen Sie, die Blicke Ihres Gegenübers zu deuten – dann klappt's auch mit dem richtigen Eindruck.

(G) Einfluss nehmen
Entdecken Sie neun Arten, Einfluss zu nehmen, und lernen Sie, diese optimal miteinander zu kombinieren, um andere zu überzeugen.

(H) Beziehungen herstellen
Sie möchten besser mit Ihren Mitmenschen klarkommen? Wir zeigen Ihnen, wie Sie echte Beziehungen herstellen können – zu ehemaligen Freunden ebenso wie zu vollkommen Fremden.

(I) Souverän sein
Hier lernen Sie, sich Gehör zu verschaffen – egal, wie wichtig sich Ihr Gegenüber nimmt.

(J) Konflikte entschärfen
Finden Sie heraus, wie Sie es vermeiden können, dass Meinungsverschiedenheiten die Stimmung vergiften, und lernen Sie konstruktiv zu streiten. So bauen Sie vertrauensvolle Beziehungen auf und schaffen sich keine erbitterten Feinde.

(K) Mal ganz ehrlich!
In diesem Kapitel erfahren Sie, wie Sie das Verhalten Ihrer Mitmenschen ändern können, ohne verletzend zu sein oder sich und/oder andere in peinliche Situationen zu bringen.

(L) Schlechte Nachrichten
Nicht jede schlechte Nachricht lässt sich in eine gute verwandeln. Trotzdem kann man sie so (r)überbringen, dass der Schock abgemildert wird. In diesem Kapitel erfahren Sie, wie.

(M) Freude am Stress
Es gibt positiven Stress und es gibt Stress, der einfach nur schädlich ist. Lernen Sie beides zu unterscheiden und den positiven für sich zu nutzen.

(N) Negativen Stress abstellen
In diesem Kapitel werden Sie mit neun praktischen Methoden vertraut gemacht, die schädlichen Stress in positiven verwandeln. Außerdem erfahren Sie, wie Sie diese miteinander kombinieren können, um in jeder Situation gut gegen negativen Stress gewappnet zu sein.

(O) Tief durchatmen
Mit der richtigen Atmung werden Sie sofort die Ruhe selbst!

(P) Ruhe und Gelassenheit
Visualisierungsübungen sind eine verlässliche Methode sich sofort völlig zu entspannen. Sie wirken schneller als jede Massage und sind billiger als Frust-Shoppen!

(Q) Werden Sie kreativ!
Das Geheimrezept für kreatives Denken: Hier finden Sie alle notwendigen Zutaten und erfahren, wie Sie sie kombinieren müssen, um Ihre Kreativität in Fluss zu bringen.

(R) Kreativität für logische Denker
Wie Sie mit einfachen, logik-basierten Techniken auf ganz ungewöhnliche Ideen kommen – ideal für alle, die sich für unkreativ halten, aber gern einfallsreicher wären.

(S) Kreativität für Freidenker
Techniken, mit deren Hilfe sie eingefahrene Gleise verlassen und neue Lösungen für alte Probleme fnden können.

(T) Kreativität für Möchtegerntagträumer
Wie Sie sich und Ihrem Geist Mut machen, das Undenkbare zu denken.

Jetzt geht's erst richtig los!
Hier lernen Sie, wie Sie Ihr neues Wissen effektiv einsetzen und Ihre Lebensqualität sofort verbessern können – und das auch noch dauerhaft! Ein Neuanfang?

Mehr aus seinem Leben machen

Jeder kennt solche Situationen: Genau in dem Moment, in dem wir ein wichtiges Dokument sichern wollen, stürzt der Computer ab. Wir kochen für Freunde und haben die wichtigste Zutat vergessen. Wir fahren bereits mit Verspätung zum Flughafen und bleiben im Stau stecken. Manchmal scheint sich die ganze Welt gegen uns verschworen zu haben, aber zum Glück bleibt das nicht ewig so.

Wir entscheiden nämlich selbst, wie wir denken. So lautet eine der bedeutendsten Erkenntnisse der Psychologie. Ach, das ist für Sie nichts Neues? Nun, bis vor gar nicht allzu langer Zeit dachte man, wir würden bereits in frühester Kindheit geprägt und würden unser Verhalten danach nur noch aufgrund von Strafen oder Belohnungen ändern. Aber dem ist nicht so: Wir können unser Denken in einem hohen Maß selbst beeinflussen. Entweder wir entscheiden uns dafür, dass sich die Welt gegen uns verschworen hat, oder wir glauben, dass wir unser Schicksal selbst bestimmen können. Auf den folgenden Seiten finden Sie jede Menge Methoden, mit denen Sie Ihr Denken positiv beeinflussen und Ihr Leben aktiv gestalten können.

In den Kapiteln »Starthilfe« und »Verantwortung übernehmen« geht es darum, auch im ganz normalen Alltag nie zu vergessen, dass man sein Leben selbst in die Hand nehmen kann.

Wer sich mit den ganz großen Themen beschäftigen will und überlegt, wie er seinem Leben eine neue Richtung geben kann, blättert am besten gleich bis zum Kapitel »Neu anfangen« vor.

Und wer einfach weiterliest, den erwartet das Kapitel »Sie Glückspilz!«. Darin geht es um eine Haltung, die uns hilft, jede nur erdenkliche Situation zu meistern, nämlich um eine gesunde Portion Optimismus. Wie Sie sich die auch in schwierigen Zeiten bewahren können, erfahren Sie dagegen in »Streiten leicht gemacht«. Also viel Spaß beim Lesen!

(A) Sie Glückspilz!

Manche Menschen haben immer Glück. Was ist ihr Geheimnis?

Die Antwort ist ganz simpel: Zauberei. Und wie bei jedem Zaubertrick denken wir zunächst: »Unglaublich!« Bis wir begriffen haben, wie es geht. Ist das Geheimnis erst einmal gelüftet, können wir kaum glauben, dass es so simpel und offensichtlich ist.

Wenn wir begreifen, was manche Menschen glücklicher als andere macht, können wir auch lernen, selbst »glücklich« zu werden. Das geht allerdings nicht von Jetzt auf Gleich. Stellen Sie sich vor, Sie sind ein Zauberlehrling. Damit die Tricks später wie selbstverständlich aussehen, brauchen Sie Hartnäckigkeit, Geduld und Übung. Aber irgendwann zahlt sich diese Mühe aus: Je besser Sie werden, desto öfter laufen die Dinge so, wie Sie wollen.

Dieses Kapitel will uns zeigen, dass die Art, wie wir die Dinge betrachten, großen Einfluss darauf hat, wie glücklich wir sind.

Selbst wenn Sie keine Methode der folgenden Kapitel nutzen, kann eine optimistische Denkweise dazu führen, dass Sie …

- … mehr erreichen (positiv denkende Verkäufer verkaufen mehr als negativ denkende)
- … länger leben (die Forschung hat gezeigt: Optimisten leben länger als Pessimisten)
- … von mehr Menschen gemocht werden (bei einer Untersuchung amerikanischer Wahlkämpfe kam heraus, dass optimistische Kandidaten durch die Bank die meisten Stimmen bekommen)
- … bessere Beziehungen haben (wer glaubt, Glück im Spiel zu haben, hat auch Glück in der Liebe

Dieses Kapitel erklärt den Unterschied zwischen Optimisten und Pessimisten und zeigt, warum es in der Regel besser ist, Ersteres zu sein. Es unterscheidet verschiedene Typen von Optimismus und erklärt, welcher

Typ in welcher Situation der optimale ist. Und zu guter Letzt lernen wir, wann es bei allem Optimismus besser für uns ist, pessimistisch zu denken.

Und wie denken Sie?

Der folgende Test soll Ihnen helfen, herauszufinden, mit welchen Augen Sie die Welt sehen. Sie werden mit verschiedenen Situationen konfrontiert und haben zehn Punkte zur Verfügung, die Sie auf die nachstehenden Bewertungen dieser Situation verteilen können. Je mehr Sie mit einer Bewertung übereinstimmen, desto mehr Punkte vergeben Sie. Wenn also Bewertung A am meisten für Sie zutrifft, B und C nur bedingt und D gar nicht, könnte Ihre Punkteverteilung folgendermaßen aussehen:

A   ⑥
B   ②
C   ②
D   ⓪

Egal, wie Sie Ihre Punkte verteilen – zusammengezählt müssen sie pro geschilderter Situation immer zehn ergeben.

1 Jemand kommt mir ohne ersichtlichen Grund unverschämt.

A   Er oder sie hat einen schlechten Tag.   ○ 3
B   Er oder sie ist ein unverschämter Mensch.   ○ 3
C   Ich habe das kaum wahrgenommen.   ○ 3
D   Ich habe etwas falsch gemacht.   ○ 1

2 Mein Vorschlag für ein neues Projekt wird abgelehnt.

A   Ich lerne daraus fürs nächste Mal.   ○
B   Ich hab's verbockt.   ○
C   Die haben doch keine Ahnung!   ○ 5
D   Die Gehaltserhöhung kann ich vergessen.   ○ 5

3 Ich will in meinem Lieblingsrestaurant einen Tisch reservieren, aber es ist schon alles ausgebucht.

A   Ich versuch's woanders, vielleicht finde ich ja sogar noch was Besseres.   ○ 5
B   Meine Schuld, warum habe ich auch nicht eher angerufen!   ○ 4
C   Warum muss eigentlich immer ich die Reservierungen machen?   ○ 1
D   Ich habe den ganzen Abend verpatzt.   ○ 0

4 Ich habe für meine Freunde gekocht, wurde in den höchsten Tönen gelobt, aber die meisten haben ihr Essen kaum angerührt.

A   In Zukunft übe ich ein neues Gericht erst mal, bevor ich es an meinen Gästen teste.   ○ 1
B   Wie peinlich, ich bin ein miserabler Gastgeber!   ○ 1

Sie Glückspilz!

C Sie haben gesagt, dass es wunderbar war, und ich habe keinen Grund, daran zu zweifeln.
D Meine Freunde werden mich nie mehr besuchen.

5 Ich verlaufe mich auf dem Weg zu Freunden.

A Ich weiß jetzt, wo ich falsch gegangen bin, nächstes Mal wird's leichter.
B Mein Orientierungssinn ist quasi nicht-existent.
C Die Wegbeschreibung meiner Freunde war unbrauchbar.
D Sie werden sich aufregen, weil ich zu spät komme.

6 In der Zeitung stoße ich auf einen Artikel. Ich sehe sofort, dass ich mit den darin enthaltenen Informationen Kunden oder mir wichtige Bekannte beeindrucken kann.

A Es ist immer gut, auf dem Laufenden zu bleiben.
B Was für ein Volltreffer!
C Ich bin einfach ein Glückspilz!
D Das werden sie von mir am allerwenigsten erwarten.

7 Ich gewinne ein Tennis-Doppelturnier.

A Wir sind ein super Doppel!
B Unsere Gegner waren einfach nicht in Form.
C Ich bin ein fantastischer Tennisspieler!
D Das haben wir nur meinem Partner zu verdanken.

8 Mein(e) Partner(in)/gute(r) Freund(in) freut sich riesig über mein Geburtstagsgeschenk.

A Ich bin gut im Geschenke kaufen.
B Gott sei Dank hab ich diesen Tipp bekommen!
C Ich wette, es gibt nicht viele Partner/Freunde, die dermaßen ins Schwarze treffen.
D Etwas ebenso Gutes zu Weihnachten – das schaff ich nie!

9 Ich habe für meine Freunde gekocht, und sie haben mein Essen gelobt.

A Ich bin ein guter Koch.
B Meine Freunde sind leicht zufrieden zu stellen.
C Was ich auch anlange, es gelingt mir!
D Das Essen war nichts Besonderes – nach dem letzten Mal haben sie ihre Ansprüche einfach etwas heruntergeschraubt.

10 Jemand macht mir ein Kompliment über meine Kleidung.

A Dieses Outfit steht mir gut.
B Er oder sie hat offensichtlich selbst keinen Geschmack.
C Er oder sie mag mich halt.
D Wie nett!

Gegen Ende dieses Kapitels kommen wir darauf zurück, worauf Ihre Antworten hindeuten.

Optimisten oder Pessimisten:
Wer ist besser dran?

Optimisten leben länger
In den USA wählten Forscher der Mayo-Klinik rund 900 Patienten aus. An allen war direkt nach der Einlieferung eine Reihe von Tests durchgeführt worden; unter anderem hatte man auch untersucht, wie stark ihr Optimismus ausgeprägt war. Dreißig Jahre später waren 200 der 900 untersuchten Patienten gestorben – aber die Optimisten hatten im Schnitt ganze 19 Prozent länger gelebt als die Pessimisten.

Skeptiker werden einwenden, dass hier auch eine ganze Menge anderer Variablen im Spiel gewesen sind wie Ernährungsgewohnheiten, Stress usw. Wo aber könnte man eine solche Studie unter absolut gleichen Vorbedingungen durchführen? Antwort: Im Kloster.

Um das Jahr 1900 analysierte eine Gruppe von Psychologen autobiografische Texte von Novizinnen, kurz bevor sie endgültig ins Kloster eintraten. Die Wissenschaftler entdeckten, dass von jenen 25 Prozent mit der positivsten Einstellung 90 Prozent immerhin das stolze Alter von 84 Jahren erreichten, während von den 25 Prozent mit der am wenigsten positiven Einstellung nur noch 34 Prozent lebten.

Aber es kommt noch besser: Zehn Jahre später waren immer noch 54 Prozent der Optimistinnen am Leben. Nachdem zahlreiche Faktoren untersucht worden waren, kamen die Forscher zu dem Schluss, dass es einzig und allein der mehr oder weniger vorhandene Optimismus war, der in einem deutlichen Zusammenhang mit der Lebensdauer stand.

Optimisten erreichen mehr
Und das nicht nur, weil sie länger leben. In der Regel sind Optimisten auch ausdauernder und flexibler und deshalb erfolgreicher.

Bei einem Experiment des amerikanischen Psychologen Martin Seligman wurde je eine Gruppe Optimisten und Pessimisten ausgewählt, die dann Versicherungsvertreter wurden. Nach zwei Jahren wurden die Verkaufserfolge beider Gruppen miteinander verglichen und, siehe da, die Ergebnisse der Optimisten übertrafen die der Pessimisten um 57 Prozent!

Bei den Wahlen zum US-Senat 1988 wurde erstmals untersucht, wie optimistisch bzw. pessimistisch die einzelnen Kandidaten waren. Aufgrund dieser Ergebnisse konnte man den Wahlausgang exakter vorhersagen als mit Hilfe von Meinungsumfragen.

Pessimisten haben meistens Recht
Es ist ja nicht so, dass im Leben alles so läuft, wie der Optimist sich das vorstellt. Im Gegenteil, Sie werden überrascht sein, wie viele Fehler Optimisten machen!

Bei der Studie mit den Versicherungsvertretern waren die Pessimisten wesentlich exakter, was die Konversionsrate anbelangt, d. h. die Zahl der Anrufe, die nötig ist, um zu einem Abschluss zu kommen. Die Optimisten führten da wesentlich schlechter Buch und gingen in der Regel von viel besseren Zahlen aus, als es tatsächlich der Fall war. Das Ergebnis? Die Pessimisten gaben erheblich früher auf als die Optimisten, die weiter rackerten und dadurch zu zusätzlichen Abschlüssen kamen. Aber die Pessimisten hatten Recht.

Und Realisten?
So wie sich manche Touristen »Weltenbummler« nennen, bevorzugen manche Pessimisten für sich das Etikett »Realisten«. An dieser Selbsteinschätzung gibt es auch gar nichts auszusetzen: Pessimisten sind tatsächlich realistischer als Optimisten, wenn es darum geht eine Situation zu analysieren.

Realisten können nicht nur für sich reklamieren, dass sie öfter »Recht« haben als Optimisten, sie können es sogar noch begründen. Indem sie die Welt realistisch sehen, so ihre Argumentation, können sie auch nicht enttäuscht werden.

Ironischerweise wird der Realist jedoch eher enttäuscht – und das, obwohl er stets auf Nummer sicher geht. Ganz einfach, weil der Optimist dazu neigt, selbst an negativen Dingen immer noch das Gute zu sehen. Hier nur ein Beispiel: Ein Optimist und ein Pessimist bekommen von ihrer Bank eine Absage wegen eines Kredits. Der Realist bzw. Pessimist sagt: »Das hab ich mir schon fast gedacht« und gratuliert sich dazu, dass er keine falschen Hoffnungen genährt hat. Der Optimist hingegen denkt: »Jetzt weiß ich, was ich das nächste Mal anders machen muss, damit mein Antrag durchgeht«, und wagt einen zweiten Anlauf. Und jetzt raten Sie mal, wer die größere Chance hat, tatsächlich einen Kredit zu bekommen!

Der Unterschied zwischen Optimisten und Pessimisten

Wie kann es sein, dass Optimisten und Pessimisten aufgrund desselben Sachverhalts zu so unterschiedlichen Schlussfolgerungen kommen?

Gestern Abend gaben Mark und Janet eine wunderbare Party für ein paar Freunde. Am nächsten Morgen wacht Mark leicht verkatert auf und erinnert sich an die letzte Nacht. Er lächelt und denkt: »Wir geben immer so schöne Feste!« Auf der anderen Seite des Bettes reckt und streckt sich Janet und denkt ebenfalls an die Einladung: »Wir hatten einfach unglaubliches Glück, dass die Mischung der Gäste für eine Dinnerparty genau richtig war.«

Marks Analyse der Ereignisse ist charakteristisch für einen Optimisten. Für ihn trifft der Erfolg auf viele Situationen zu (nämlich auf alle Partys und nicht nur auf Dinnerpartys, und das über einen längeren Zeitraum hinweg (wenn nicht sogar immer).

Im Vergleich dazu ist Janets Reaktion wesentlich pessimistischer. Sie hat eine wesentlich eingeschränktere Sichtweise und reduziert ihren Erfolg auf einen ganz bestimmten Anlass (nämlich auf Dinnerpartys) sowie auf einen ganz bestimmten Zeitpunkt (nämlich auf gestern Abend).

Glücksbringer und böse Omen

Der Psychologieprofessor Richard Wiseman wollte nicht nur herausfinden, was Menschen glücklich oder unglücklich macht, sondern auch, ob glückliche Menschen abergläubischer sind als unglückliche. Er befragte Freiwillige, ob sie zum Beispiel daran glaubten, dass eine schwarze Katze ein böses Omen ist oder die Zahl 13 Unglück bringt.

Er konnte belegen, dass Menschen, die sich selbst als unglücklich einstufen, eher dazu neigen, an böse Omen zu glauben. Wiseman sieht darin einen Beweis, dass unglückliche Menschen dazu neigen, schwierigen Situationen mit unwirksamen Strategien zu begegnen.

Pech gehabt!

Unterm Strich gibt es zwei Kategorien, die besonders eindrucksvoll verdeutlichen, wie unterschiedlich Optimisten und Pessimisten Ereignisse bewerten:

A Umfang
Die jeweilige Sichtweise kann sich auf einen Ausnahmefall beziehen (zum Beispiel auf eine bestimmte Dinnerparty) oder aber allgemeingültig sein (nämlich dann, wenn sich der Einladende generell für einen guten Gastgeber hält).

B Zeitspanne
Hier reicht die Bandbreite von einmalig (gestern Abend) bis hin zu dauerhaft (immer).

Geht es um positive vergangene Ereignisse, sind sie für einen Optimisten wie Mark allgemeingültig und dauerhaft. Pessimisten wie Janet dagegen interpretieren dieselben Ereignisse als einen einmaligen Ausnahmefall.

Die Analyse negativer Ereignisse in der Vergangenheit funktioniert genau umgekehrt: Der Optimist sieht sie als zeitlich begrenzt und ganz spezifisch, während der Pessimist sie als allgemeingültig und dauerhaft bewertet.

Nehmen wir mal an, dass der Garten von Mark und Janet nach einem Sommer liebevoller Pflege immer noch ein Bild des Jammers ist. Mark schaut aus dem Fenster und denkt: »Dieses Jahr war kein Gartenjahr. Das Wetter war einfach zu schlecht.« Janet starrt in ihre Tasse Tee und murmelt in sich hinein: »Ich habe einfach keinen grünen Daumen. Schicksal!«

Mark, der Optimist, grenzt die Situation zeitlich (dieses Jahr) und räumlich (mein Garten) ein. Janet, die Pessimistin, verfährt genau umgekehrt: Sie sieht die Situation als Dauerzustand (Schicksal) und wendet sie auf alles an, was mit Gärtnern zu tun hat (Veranlagung, keinen grünen Daumen zu haben).

Der vernünftige Optimismus

Die Forschung zum Thema Optimismus hat gezeigt, dass Optimisten die Verantwortung für positive Ereignisse bei sich selbst suchen, Negatives dagegen auf externe Faktoren schieben (Pessimisten verhielten sich diesbezüglich genau umgekehrt). Mark zum Beispiel verbucht das Gelingen der Party für sich selbst, macht aber für den hässlichen Garten das Wetter verantwortlich.

Natürlich besteht bei einer derartigen Haltung immer auch die Gefahr, sich ausschließlich von persönlichem Wunschdenken leiten zu lassen und sich vor Verantwortung zu drücken. Probleme werden dann so lange ignoriert, bis sie unübersehbar und kaum noch in den Griff zu bekommen sind.

Ein vernünftiger Optimist wird den goldenen Mittelweg wählen und nach einer positiven Erfahrung die Lorbeeren einheimsen, die ihm zustehen. Er wird sie nicht einmal öffentlich für sich reklamieren, sondern fair sein und auch die anderen loben. Trotzdem weiß er genau, was er erreicht hat, und kann sich darüber freuen.

Im Gegensatz dazu wird ein Optimist reinsten Wassers seinen Erfolg als ultimativen Beweis für seine eigene Genialität nehmen, während der Pessimist seinen Erfolg äußeren Faktoren zuschreiben wird, die übrigens durchaus auch andere Menschen sein können. Deshalb wird er leider nur sehr wenig oder aber gar keine Befriedigung aus seinem eigenen Beitrag ziehen können.

Für negative Erfahrungen in der Vergangenheit wird der vernünftige Optimist ein angemessenes Maß an Verantwortung übernehmen und dann überlegen, wie er die Erfahrung für sich nutzen kann. Zum Beispiel, indem er für die Zukunft daraus lernt (»Ich werde nie wieder eine Rede mit einem Witz beginnen«) oder dem Vorfall selbst noch etwas Positives abgewinnt (»Wenigstens waren keine Journalisten da«). Ein Optimist reinsten Wassers dagegen wird sofort versuchen, andere für sein Versagen verantwortlich zu machen (»Das Publikum war schlecht gelaunt, weil es bereits drei langweilige Reden über sich ergehen lassen musste«).

Wir alle sollten uns bemühen, vernünftige Optimisten zu werden. Aber wie weit ist Ihre Entwicklung schon fortgeschritten? Um das herauszufinden, blättern Sie bitte zurück auf Seite 29.

Wie denken Sie? – Die Testergebnisse

Tragen Sie hier ein, wie viele Punkte Sie auf die einzelnen Buchstaben verteilt haben:

A ◯   B ◯   C ◯   D ◯

Um herauszufinden, ob Sie eher zu den Optimisten oder den Pessimisten zählen, rechnen Sie wie folgt:

(A + C) − (B + D) = ◯

Ist Ihr Ergebnis eine positive Zahl, neigen Sie dazu, optimistisch zu denken. Ist es negativ, dann betrachten Sie die Dinge eher pessimistisch. Je höher die jeweilige Zahl ausfällt, desto eindeutiger fällt das Ergebnis aus. (Sie können maximal 100 Punkte in jede Richtung erreichen.)

Wie sehr sind Sie bereits vernünftiger Optimist?
»A« steht für typische Antworten vernünftiger Optimisten und »C« für die der Optimisten reinsten Wassers. Wenn Ihr Ergebnis für »C« höher ausfällt als das für »A«, sollten Sie Ihren Optimismus zügeln, sonst geht er mit Ihnen durch, und das wäre kontraproduktiv.

In der nachfolgenden Tabelle haben wir die einzelnen Testsituationen nach bestimmten Kriterien sortiert. Haben Sie »C« durchgängig mit zwei oder mehr Punkten bewertet, weist viel daraufhin, dass Sie gern einer ganz bestimmten unrealistischen Optimismusvariante zum Opfer fallen. Haben Sie sich beispielsweise bei Situation 1 für »C« entschieden, neigen Sie dazu, Probleme zu ignorieren.

Situation	Arten von unrealistischem Optimismus
1, 2, 4	Verdrängung – Sie ignorieren gern Probleme! Dadurch besteht die Gefahr, dass diese außer Kontrolle geraten, obwohl Sie zu einem früheren Zeitpunkt noch leicht hätten eingreifen und die Lage in den Griff bekommen können.
3, 5	Drückebergertum – Wenn etwas schiefläuft, übernehmen Sie nur ungern Verantwortung. Das ärgert nicht nur die anderen, sondern hindert Sie vermutlich auch daran, weiterzukommen. Bei einer solchen Haltung gelingt es Ihnen nicht, notwendige Änderungen einzuleiten, weshalb dieselben Probleme höchstwahrscheinlich immer wieder auftreten.
6, 7, 9	Flucht ins Wunschdenken – Sie sehen die Welt durch die rosa Brille und überschätzen Ihre Fähigkeiten oder Aussichten. Ihrer Ansicht nach geschehen die Dinge wie von selbst, und darum strengen Sie sich auch nicht genügend an, um sie tatsächlich geschehen zu lassen.
8, 10	Fehlinterpretation – Diese Haltung erinnert an die des Wunschdenkers. Sie fällen Ihre eigenen Urteile darüber, was andere Leute denken oder leisten können, ohne dass es irgendwelche Anzeichen dafür gibt, dass dem auch wirklich so ist. Deshalb unterstellen Sie anderen falsche Motive oder unterschätzen deren Fähigkeiten.

Zu welcher Pessimismusart neigen Sie?

Auch die beiden Testergebnisse in punkto Pessimismus (B und D) haben unterschiedliche Bedeutungen. Ergebnisse mit »B« stehen für puren Pessimismus, der auf der eingangs beschriebenen, stark eingeschränkten Sichtweise beruht. »D« deutet auf einen differenzierteren Pessimismus hin, bei dem noch andere Elemente zum Tragen kommen.

Wenn Sie überwiegend mit »B« geantwortet haben, dann werden Sie am schnellsten zum Optimisten, wenn Sie Situationen anders bewerten. Versuchen Sie, negative Vorfälle als eine einmalige Ausnahme zu sehen (der Duschvorhang fiel nur dieses Mal herunter), und geben Sie positiven Ereignissen eine allgemeingültige, dauerhafte und persönliche Bedeutung (Ich bin ein Superheimwerker).

In der nachfolgenden Tabelle haben wir die einzelnen Testsituationen wiederum nach bestimmten Kriterien sortiert. Wenn Sie an die mit »D« gekennzeichneten Bewertungen zwei oder mehr Punkte vergeben haben, spielen neben dem puren Pessimismus noch weitere Aspekte eine Rolle: Angenommen, Sie haben sich bei Situation 3 für »D« entschieden und 5 Punkte vergeben, dann neigen Sie dazu, übertrieben viel Verantwortung zu übernehmen, wenn etwas schiefläuft.

Frage	Arten von unrealistischem Pessimismus
1, 3	Über-Identifizierung – Sie laufen Gefahr, bei Misserfolgen übertrieben viel Verantwortung zu übernehmen.

2, 6, 8, 9	Überbewertung/Unterbewertung – Sie neigen dazu, Negatives über- und Positives unterzubewerten.
4, 5	Fehlinterpretation: Wie bei den Optimisten reinsten Wassers bilden Sie sich eigene Urteile darüber, was andere Leute denken oder leisten können, obwohl es keinerlei triftige Anhaltspunkte dafür gibt.
7, 10	Fehlverteilung von Verantwortung – Sie verteilen großzügig Lob (an alle anderen), stellen aber Ihr eigenes Licht unter den Scheffel. Diese Bescheidenheit macht Sie sicherlich sympathisch, aber auf diese Weise werden Ihre Stärken weniger wahrgenommen (und geschätzt).

Wann sich Pessimismus lohnt

Bis jetzt sprach alles dafür, dass der Optimismus dem Pessimismus bei Weitem vorzuziehen ist, was im Großen und Ganzen auch zutrifft. Es gibt aber auch Situationen, in denen es von Vorteil ist, die Dinge durch die pessimistische Brille zu sehen.

Mark ist ein Optimist reinsten Wassers. Er sieht an jeder Situation nur das Positive. Jetzt überlegt er, seinen Job als erfolgreicher Banker an den Nagel zu hängen und eine Bar auf Mystique aufzumachen. Das Ganze wird natürlich voll easy sein und er wird einen Riesenerfolg haben. Aber in diesem Fall täuscht er sich. Er wird sein ganzes Geld verlieren und reumütig nach Hause zurückkehren.

Janet ist Pessimistin. Sie sieht immer nur das, was schiefgehen kann. Sie weigert sich, das unfertige Projekt, das Mark hinterlassen hat, zu übernehmen, weil sie keine Möglichkeit sieht, es rechtzeitig zu Ende zu bringen, und fürchtet, für Marks Chaos verantwortlich gemacht zu werden (Das wäre nicht das erste Mal!). Sie bleibt in der Bank und erreicht langsam (aber sicher) eine mittlere Position.

Rachel ist eine vernünftige Optimistin. Nachdem Janet abgelehnt hatte, wurde ihr Marks Projekt angeboten. Sie wog sämtliche Fürs und Widers sorgfältig gegeneinander ab und überlegte, was ihr schlimmstenfalls passieren könnte. Sie zog auch in Betracht, mit welcher Wahrscheinlichkeit dieses Worst-Case-Szenario eintreffen wird. Außerdem rief sie sich noch einmal alle ihre bereits erfolgreich abgeschlossenen Projekte vor Augen. Nach einigem Hin und Her übernahm sie Marks Projekt, legte ihre pessimistische bzw. realistische Haltung ab und setzte die Optimistenbrille auf: »Das Projekt wird bestimmt rechtzeitig fertig«, Rachel wird befördert – der Beginn einer strahlenden Karriere!

Aber wie wird man ein vernünftiger Optimist? Nun, indem man einschätzen kann, wann man besser optimistisch und wann besser pessimistisch denkt. Es gibt genau drei Situationen, in denen man besser zum Pessimisten wird:

1 Wenn weit reichende Entscheidungen anstehen
Genau das war der Fehler von Mark, als er beschloss, nach Mystique auszuwandern. Sein überbordender Optimismus, der ihn im Tagesgeschäft der Bank so erfolgreich hat sein lassen, wird ihm zum Nachteil, sobald es um so weit reichende Entscheidungen geht, wie sein komplettes Leben umzukrempeln. Das ist das Risiko am Wunschdenken.

2 Wenn ein Scheitern extrem ernste Folgen haben kann
Wie würden Sie sich fühlen, wenn Sie wüssten, dass der Pilot Ihres Flugzeugs ganz zuversichtlich (optimistisch!) ist, noch genügend Treibstoff zu haben, um den Zielort zu erreichen?

3 Wenn Sie jemanden trösten, der sehr unglücklich ist
Versuchen Sie mal, einen Freund, dem gerade die Mutter gestorben ist, damit aufzuheitern, dass er eigentlich Glück gehabt hat, weil er jetzt erben und ihm an Weihnachten niemand mehr seine Fehler vorhalten wird.

In nahezu allen anderen Lebenslagen sind wir besser beraten, optimistisch zu denken.

Vorsicht vor der Macht der Gewohnheit!

Die meisten Menschen haben sich für eine ganz bestimmte Sicht der Dinge auf das Leben entschieden. Wer einmal gelernt hat, dass eine gehörige Portion Realismus in einem Lebensbereich hilfreich war, zum Beispiel beim Kauf eines Hauses, wird diese Erfahrung wahrscheinlich auch auf jeden anderen Lebensbereich anwenden – selbst wenn es das Gegenteil von dem bewirkt, was er eigentlich erreichen wollte.

Unsere Erziehung und unsere Herkunft haben ebenfalls einen nicht zu unterschätzenden Einfluss. Wenn Ihnen Ihre Eltern immer erzählt haben, dass nichts unmöglich ist, haben Sie diese positive Einstellung sicherlich übernommen – oder aber dagegen rebelliert.

Wenn Sie sich erst einmal bewusst gemacht haben, wie Sie die Dinge betrachten, können Sie entscheiden, ob Sie diese Perspektive ändern wollen oder nicht.

Trotzdem: Etwas wissen heißt noch lange nicht, es auch tun! Das nächste Kapitel zeigt Ihnen eine Methode, wie sich eine pessimistische Haltung in eine optimistische umwandeln lässt – eine Herausforderung, vor die wir immer wieder gestellt werden. Doch zunächst dürfen Sie sich erst einmal über das freuen, was Sie alles schon erreicht haben: Den Optimismus vom Pessimismus unterscheiden zu können und zu wissen, wann man was walten lässt, ist bereits die halbe Miete!

Workouts

NACHMACHEN
Schulen Sie Ihre Wahrnehmung und achten Sie darauf, wann sich ein Freund, Kollege oder Promi im Radio- oder Fernsehinterview nur pessimistisch äußert, also negative Ereignisse als allgemeingültig und dauerhaft schildert, positive dagegen als einmaligen Ausnahmefall.

Sperren Sie aber auch die Ohren auf, wenn jemand das genaue Gegenteil tut und seine Lage übertrieben optimistisch darstellt!

SELBER MACHEN
Hier das Ein-Wochen-Programm für alle Pessimisten, die zu vernünftigen Optimisten werden wollen:

Tag 1 Denken Sie an einen positiven Vorfall, der Ihnen erst kürzlich passiert ist, und betrachten Sie ihn in einem positiven und anschließend in einem negativen Licht.

Tag 2 Wiederholen Sie die Übung von Tag 1 mit zwei neuen Vorfällen, nur dass Sie sich diesmal zwei Gründe mehr überlegen, warum die Vorfälle positiv zu bewerten sind.

Tag 3 Wenn Sie sich dabei ertappen, dass Sie sich negativ äußern, formulieren Sie denselben Sachverhalt bewusst positiv, zum Beispiel, indem Sie ihm eine humorvolle Wendung geben.

Tag 4 Nehmen Sie jede Stunde irgendeinen Vorfall ganz bewusst wahr und nehmen Sie eine optimistische Haltung dazu ein.

Tag 5 Schildern Sie im Lauf des Tages zwei verschiedenen Personen eine Situation bewusst optimistisch.

Tag 6 Achten Sie darauf, wenn sich in Ihrer Umgebung jemand, den Sie gut kennen, pessimistisch äußert. Regen Sie eine andere, optimistische Sichtweise an.

Tag 7 Denken und reden Sie den ganzen Tag wie ein vernünftiger Optimist.

Nach dieser Woche sollten Sie den Dreh raushaben, wie vernünftige Optimisten denken. Bleiben Sie dran, machen Sie weiter! Je mehr Sie üben, desto schneller geht Ihnen der gesunde Optimismus in Fleisch und Blut über!

Ⓑ Streiten leicht gemacht

»Räum dein Zimmer auf.«
»*Warum?*«
»*Darum. Weil du sonst nicht fernsehen darfst.*«
»*Das ist total ungerecht. Sarah musste vor dem Fernsehen auch nicht ihr Zimmer aufräumen.*«
»*Sarah hat auch kein solches Chaos in ihrem Zimmer.*«
»*Oh doch, ich zeig's dir ...*«

Von Kindesbeinen an lernen wir, wie man streitet, und die meisten von uns hören nie mehr damit auf. Mit der Zeit werden wir immer spitzfindiger und, so hoffen wir, effektiver. Ein paar von uns schaffen es sogar, das Stadium hinter sich zu lassen, in dem man mit den Füßen aufstampft, die Tür hinter sich zuknallt und sich drei Stunden lang im Bad einschließt.

Ob Politik, Geld, der Oscar für die beste weibliche Hauptrolle, der kürzeste Weg zur Tankstelle oder die Farbe fürs Badezimmer – worum es dabei geht, ist im Grunde genommen völlig egal. Wir alle haben Themen, über die wir besonders gern streiten.

Mit einem Menschen streiten wir jedoch kaum und wenn, dann auf eine höchst uneffektive Art und Weise. Dieser Mensch sind wir selbst.

Dabei müssen wir doch in erster Linie uns selbst überzeugen, wenn es um die wirklich wichtigen Dinge im Leben geht, zum Beispiel um unsere Karriere, darum, das Rauchen aufzugeben oder über die Zukunft einer Beziehung nachzudenken.

Jeder kennt die Bücher, die uns dazu auffordern, mit einer ganzen Menagerie in uns in Kontakt zu treten: Wir sollen den Wolf in uns entdecken, wie ein Tiger sein, wie ein Delfin denken usw. In diesem Kapitel lernen wir, wie man mit sich selbst streitet und dadurch die bösartigste Kreatur überhaupt entfesselt: sein Alter Ego.

Warum es gut ist, wenn man mit sich selbst streiten kann

Das ist Kevin. Kevin spielt gern Schach. Meist spielt er gegen sich selbst. Als sein Freund Alan eines Tages sieht, wie Kevin Weiß spielt und dann Platz tauscht, um Schwarz zu spielen, ist er verwirrt. »Stört es dich nicht, dass du immer verlierst?«, fragt er.

»Nein«, antwortet Kevin, »ich gewinne immer.«

Mal ganz abgesehen vom Unterschied zwischen dem optimistischen Kevin und dem ziemlich pessimistischen Alan werden die meisten von uns den gegen sich selbst Schach spielenden Kevin etwas merkwürdig finden. Wie soll man bitte schön eine Strategie entwickeln, wenn der Gegner immer schon weiß, was kommen wird, und sich dementsprechend gut verteidigen kann?

Kevins Antwort darauf lautet, dass er seine vorherigen Überlegungen jedes Mal bewusst ausblendet. Indem er körperlich auf die andere Seite des Schachbretts wechselt, sieht er das Problem mit völlig neuen Augen. Er räumt ein, dass das nicht ganz dasselbe ist, wie wenn er gegen jemand anders spielt. Trotzdem ist er fest davon überzeugt, dass er auf diese Weise sein Spiel verbessert.

Gewinnen oder verlieren? Sie entscheiden!

Wenn es darum geht, mit uns selbst zu streiten, reagieren wir ein wenig so wie Alan: Wir finden es sonderbar, weil wir davon ausgehen, dass wir auf jeden Fall Recht haben. Ansonsten hätten wir unsere Meinung längst schon geändert. Also, warum sich diesbezüglich noch lang den Kopf zerbrechen? Keine Schachmatt-, sondern eher eine Patt-Situation.

Doch diese Argumentation hat einen entscheidenden Fehler. (Da haben wir's, schon liegen wir im Clinch – diesmal mit dem vorigen Absatz!) Und der besteht in der Grundüberzeugung, dass wir auf jeden Fall Recht haben. Steht diese Grundannahme erst einmal, hinterfragen wir sie nicht mehr ensthaft. Aus Faulheit, aber auch, weil wir uns generell nicht gern infrage stellen, unterziehen wir unsere Grundüberzeugungen nur selten einer eingehenden Prüfung.

Der Hauptgrund, warum wir mit uns selbst streiten sollten, ist jedoch der, dass wir Überzeugungen haben, die unsere Fähigkeiten massiv einschränken: Wenn ich mich nicht für sprachbegabt halte, werde ich auch nicht versuchen, meine Französischkenntnisse zu verbessern. In dem Moment, in dem ich glaube, dass man meinen Standpunkt sowieso nicht verstehen wird, wird es zunehmend unwahrscheinlich, dass ich andere davon überzeugen kann.

In sieben Schritten mit sich selbst streiten

Sean war Teilnehmer des mindgym-Workshops »Sei deines eigenen Glückes Schmied!«. Dabei kam es zu folgender Diskussion zwischen Sean und dem mindgym-Coach; sie hätte so aber auch ohne Weiteres in Seans Kopf selbst stattfinden können. Wichtig daran war vor allem der gedankliche Prozess, der sich währenddessen vollzog – ein Prozess, von dem wir alle etwas lernen und den wir auch auf unsere eigenen Streitgespräche anwenden können.

Schritt 1: Die Überzeugung

Sean war davon überzeugt, ein schlechter Redner zu sein. Folglich vermied er es, Aufgaben zu übernehmen, die von ihm verlangten, aufzustehen und vor einer Gruppe von Menschen zu sprechen (obwohl er in seinem Beruf ungefähr alle acht Wochen einen Vortrag halten musste). Durch seine Zurückhaltung fiel er in seiner Firma kaum auf und hatte noch nicht die Beförderung bekommen, die jemandem mit seiner Berufserfahrung eigentlich zustand.

»Wenn ich einen Vortrag halte«, erläuterte Sean, »gibt es immer jemanden, der nicht meiner Meinung ist. Dann werden Fragen gestellt, die ich nicht sofort beantworten kann, und ich habe das Gefühl, alles, was ich sage, ist völliger Quatsch. Wenn mein Chef dabei ist, unterbricht er mich ständig und bringt Argumente, an die ich noch gar nicht gedacht hatte. Alle starren mich ausdruckslos an. Ich muss stets Spickzettel verwenden, und während meiner ganzen Laufbahn hat mir noch kein Mensch gesagt, dass ich einen guten Vortrag gehalten hätte. Ich krieg's einfach nicht hin. Ich bin wirklich ein schlechter Redner.«

Auf den ersten Blick scheinen Seans Argumente, warum er ein schlechter Redner ist, durchaus schlüssig zu sein. Aber in einer pessimistischen Haltung liegt immer die Gefahr einer so genannen *selffulfilling prophecy*: Wir halten dermaßen an unseren eingefleischten Überzeugungen fest, dass wir fast alles dafür tun, um zu beweisen, dass sie richtig sind, selbst wenn wir unter ihren Folgen leiden. Ist das auch bei Sean unbewusst passiert?

Schritt 2: Beweise

Bei genauerem Nachfragen gab Sean zu, dass er nicht immer ausdruckslos angestarrt wird. Seine Zuhörer nicken auch manchmal und machen sich Notizen, obwohl er Kopien seiner Folien verteilt. Das kann man durchaus auch als Zeichen dafür werten, dass sein Publikum interessiert war und sich merken wollte, was er vortrug, anstatt es wie Sean dahingehend zu interpretieren, dass seine Vortragsfolien ungenügend waren.

Sean gab auch zu, dass sich im Lauf der Jahre Zuhörer mit »Das war aber interessant« oder »Das könnte für unser Projekt X wichtig sein« geäußert hatten. Damit hatten sie zwar nicht ausdrücklich seinen Vortragsstil gelobt, schienen das, was er gesagt hatte, aber durchaus zu schätzen.

Versteckte Kamera

Sean sah auch, dass in seiner Firma selten gelobt wurde. Die meisten gingen nach einem Erfolg einfach davon aus, dass sie nur ihren Job gemacht hätten. Mit Kritik war man jedoch immer schnell bei der Hand. Wurde Sean je gesagt, dass er ein schlechter Redner sei? Die Antwort darauf war nein, obwohl Sean insgesamt 18 Vorträge gehalten hatte.

Wie sich herausstellte, kamen alle schwierigen Fragen immer aus derselben Abteilung. Sean konnte sie oft deshalb nicht beantworten, weil sie für ihn zu jener Zeit nicht relevant waren oder nicht in seinen Verantwortungsbereich fielen. Aber weil Sean davon ausging, dass derjenige, der präsentiert, auch alle gestellten Fragen beantworten können muss (noch so eine falsche Grundüberzeugung), kam er ins Schwimmen und entschuldigte sich, was ihn wenig überzeugend machte.

Bei näherem Hinsehen waren Seans Argumente, warum er ein schlechter Redner sei, nicht zu halten, ja stellten sich sogar überwiegend als falsch heraus. Aber das überzeugte Sean immer noch nicht, und es ist seine Sicht der Dinge, um die es hier geht, nicht unsere.

Schritt 3: Alternativerklärungen
Wenn der Beweis nicht ausreicht, um die Grundüberzeugung zu widerlegen, besteht der nächste Schritt darin, sich nach Alternativerklärungen umzusehen.

Sehen wir uns Seans Argumente noch einmal näher an. Sean hielt seine Vorträge vor Mitarbeitern aus anderen Abteilungen, und es ging dabei oft um technische, ziemlich komplexe Inhalte. Eine andere Erklärung für die ausdruckslosen Gesichter könnte beispielsweise darin bestehen, dass sich die Zuhörer stark konzentrierten, anstatt geistig abwesend zu sein oder sich zu langweilen.

Und dass ihn sein Chef öfter unterbrach, hatte vielleicht weniger mit Seans Vortragskünsten zu tun, als vielmehr damit, dass sich sein Vorgesetzter profilieren wollte. Darauf angesprochen, fielen Sean sofort andere Situationen ein, in denen sich sein Chef mit fremden Lorbeeren geschmückt hatte.

Was die Spickzettel angeht: Viele gute Redner benutzen welche, vor allem, wenn es um komplizierte Sachverhalte geht.

In einem zweiten Schritt baten wir Sean, über die Grundüberzeugungen hinter seinen Argumenten nachzudenken. Wenn wir glauben zu »versagen«, haben wir häufig eine falsche Erfolgsvorstellung. In unserem Fall lautet die richtige Frage: Was macht einen guten Vortrag aus? Viele Menschen (Sean eingeschlossen) denken, dass es darum geht, die Leute zum Lachen zu bringen und frei, d. h. ohne Notizen, zu reden. Das mag für einen Komiker auf der Bühne wichtig sein, gilt aber nicht unbedingt für Vorträge im Berufsleben.

Schritt 4: Na und?
Langsam dämmerte es Sean, dass es zu seinen Argumenten auch Gegenargumente geben könnte. Doch was, wenn ihn niemand darauf gebracht hätte, seine Sichtweise zu ändern? Wenn weder Beweise (Schritt 2) noch Alternativerklärungen (Schritt 3) überzeugen, sollte man sich fragen: Na und? In Seans Fall hätte die Frage lauten müssen: Welche Konsequenzen hat es, wenn meine Grundüberzeugung stimmt und ich wirklich ein schlechter Redner bin?

Als wir noch etwas hartnäckiger bei Sean nachhakten, stellte sich heraus, dass er sie stark überschätzte. Er gab zu, dass es auch Führungskräfte gab, die keine großartigen Redner waren. Die lösten das Problem, indem sie sich mit jemandem zusammentaten, der besser vortragen kann, oder verfassten leicht verständliche Dokumente. Ein schlechter Redner zu sein war also weit weniger gravierend, als Sean dachte.

Schritt 5: Gedankenverschwendung
Wenn Schritt 1–4 immer noch nicht weiterhelfen, sollte man sich die Frage stellen: Was nützt es mir, wenn ich trotz allem an meiner Überzeugung festhalte?

Für Sean ist der Vorteil, sich selbst als schlechten Redner zu sehen, gleich null. Allein deshalb lohnt es sich für Sean, seine Haltung zu ändern. Wenn Seans Selbstbild überhaupt irgendeinen Nutzen hat, dann den, aktiv zu werden und ein besserer Redner zu werden.

Schritt 6: Und Action!
Unsere Sichtweise regelmäßig infrage zu stellen, ist das Beste, was wir tun können, um unsere Grundüberzeugungen zu ändern. Allein dadurch, dass Sean sein Selbstbild korrigiert, kann er ein wesentlich selbstsicherer und besserer Redner werden. Würde er sich weniger an seinen Schwächen

Ihr zweitschwierigster Streit

Es gibt Menschen, da wissen wir schon von vornherein, dass wir sie nicht überzeugen können. Manchmal wundern wir uns selbst, warum wir uns überhaupt noch die Mühe machen. Wie erwartet, bekommen wir dann keine Gehaltserhöhung, keine Aushilfe für das Projekt und kommen auch nicht umhin, mit Tante Anna zum Essen zu gehen.

Einer der Gründe, warum wir in solchen Fällen keine Aussicht auf Erfolg haben, ist das Selbstgespräch, das wir bereits im Vorfeld geführt haben. Im mindgym-Workout »Beeinflussen und Überzeugen« lernen die Teilnehmer darauf zu achten, was in ihrem Kopf vor sich geht, bevor sie einen ganz besonders schwierigen Gegner für sich einnehmen wollen. Anschließend erfahren sie, wie sie dieses Selbstgespräch anders führen können.

Im Folgenden ein paar Beispiele für besonders häufige Denkblockaden und die hilfreichsten Alternativen dazu:

Unnützes Selbstgespräch	**Alternative**
Ich weiß nicht so viel wie die anderen.	Ich weiß über einige Sachen besser Bescheid; wir werden voneinander lernen.
Die anderen haben mehr Berufserfahrung.	Das sind auch nur Menschen wie du und ich, mit all ihren Ängsten, Hoffnungen und Unsicherheiten.
Auseinandersetzungen mit denen verliere ich immer.	Was ich vorschlage, ist in unser aller Interesse; wir sitzen im selben Boot.
Die werden mir nie zustimmen	Ich weiß ganz genau, was sie nicht überzeugen wird. Und deshalb verfolge ich einen anderen Ansatz. Auf diese Weise bin ich gegen alles gewappnet!
Ich werde versagen.	Das Schlimmste, was mir passieren kann, ist, dass ich aus dieser Erfahrung lerne.
Es ist sinnlos – die haben sich schon entschieden	Aus welchen Gründen sind sie zu dieser Entscheidung gelangt? Ich werde diese Gelegenheit nutzen, um herauszufinden, wie ihre Entscheidungskriterien aussehen.

stören, hätte Sean sicherlich das Zeug dazu, sich in seinem Fachgebiet einen Namen zu machen. Aber Sean kann mehr tun, als nur seine Sichtweise zu ändern. Als Nächstes könnte er den Stier beispielsweise direkt bei den Hörnern packen und seine Schwächen gezielt angehen.

Sean könnte sich darin coachen lassen, auf schwierige Fragen besser zu antworten; er könnte mehr Zeit darauf verwenden, sich solche Fragen und die entsprechenden Antworten darauf bereits im Vorfeld zu überlegen und überhaupt noch einiges tun, um ein besserer Redner zu werden.

Doch nachdem wir gelernt haben, mit uns selbst zu streiten, und so in der Lage sind, unsere Grundüberzeugungen zu ändern, wird es höchste Zeit, dass wir uns aus unserer pessimistischen Starre lösen (»Ich bin nicht gut genug und kann daran auch nichts ändern«) und diesen Gedanken etwas Positives entgegensetzen (»Ich kann's, auf geht's, ich will sofort etwas unternehmen, um mich zu verbessern«). Beschließen, was wann zu tun ist, ist der letzte und siebte Schritt unseres Streitgesprächs mit uns selbst, das man auch »inneren Disput« nennt.

Die sieben Schritte: Seans Streitgespräch auf einen Blick

Bei den sieben soeben genannten beschriebenen Schritten haben wir Seans »Argumentation« aus dem Workshop wiedergegeben. Doch das eigentliche Ergebnis unseres dortigen »Streitgesprächs« war …

- … dass er sich selbst als absolut vollwertigen Redner sah,

- … dass er lernte, dass seine Vortragskünste für seine Karriere gar nicht so maßgeblich sind, wie von ihm gedacht und

- … dass er wusste, was er tun muss, um bessere Reden zu halten.

Dieses »Streitgespräch« fand zwischen zwei Personen statt, hätte sich aber genauso gut nur in Seans Kopf abspielen können. Diese Methode kann jeder von uns nutzen, wenn pessimistische oder negative Grundüberzeugungen vorhanden sind, die geändert werden sollen.

Überzeugen Sie sich selbst!

Wer derjenige ist, mit dem Sie Ihr Streitgespräch führen, bleibt allein Ihnen überlassen. Aber: Je unnachgiebiger Ihr mentaler Streitpartner ist, desto wahrscheinlicher ist es, dass Ihre Überzeugung gekippt wird. Sie können sich beispielsweise vorstellen, dass Ihre innere Stimme die Gestalt eines Spitzennachrichtenjournalisten annimmt: Sie wissen schon, einer von der Sorte hart aber fair, der jedoch nicht zulässt, dass Fragen ausgewichen wird – wenn schon, denn schon!

Die sieben Schritte des Streitgesprächs mit uns selbst

1	**Was ist meine heimliche Grundüberzeugung?**	Es wird eine pessimistische sein. Wenn ich die Situation bereits optimistisch einschätzen würde, bräuchte ich erst gar nicht mit mir selbst zu streiten.
2	**Gibt es Beweise, die meine Grundüberzeugung infrage stellen?**	Tragen Sie alle Beweise gegen Ihre heimliche Grundüberzeugung lückenlos zusammen. Seien Sie Columbo, Derrick, Poirot und Sherlock Holmes in einer Person.
3	**Wenn die Beweise nicht ausreichen: Gibt es Alternativerklärungen für meine Situation?**	Es gibt ganz sicher noch andere Gründe dafür. Sammeln Sie so viele Alternativerklärungen wie möglich, bevor Sie die herauspicken, die am wahrscheinlichsten sind.
4	**Wenn Beweise und Alternativerklärungen nicht ausreichen: Mit welchen Konsequenzen muss ich rechnen, wenn meine Grundüberzeugung doch richtig sein sollte? (»Na und?«)**	Vielleicht bilde ich mir das alles nur ein? Ein Realitätscheck hilft, das Ganze im richtigen Maßstab zu sehen. Möglicherweise in einem so kleinen Maßstab, dass das Problem gar keines mehr ist.
5	**Wenn ich jetzt immer noch an meiner Grundüberzeugung festhalte: Welchen Nutzen habe ich davon?**	Auch wenn alle anderen Argumente nichts gefruchtet haben, ist es sehr unwahrscheinlich, dass Ihnen diese negative Grundüberzeugung weiterhilft. Ändern Sie lieber die Sichtweise, denn das bietet Ihnen die Möglichkeit, Ihre Situation zu verbessern.
6	**Und nach einem solchen »Streitgespräch«: Was muss ich tun, um die Situation zu verbessern?**	Normalerweise gibt es viele Dinge, die Sie tun können. Schreiben Sie ALLES auf, was Ihnen dazu einfällt, bevor Sie einen konkreten Plan fassen. Ansonsten riskieren Sie, sich so zu verhalten wie immer, und das hat nachweislich nicht funktioniert.
7	**Was genau werde ich tun? Und wann?**	Welche Dinge auf Ihrer Liste werden Sie tatsächlich in die Tat umsetzen und vor allem wann?

Spieglein, Spieglein an der Wand ...

Unglaublich weit verbreitet und extrem nutzlos ist die Selbsteinschätzung vieler Menschen »Ich bin nicht attraktiv«. Davon gibt es viele Varianten, angefangen bei »Ich werde nie jemanden finden, der mich heiratet« über »Niemand schaut mich mehr so an« bis hin zu »Mein Aussehen reicht noch nicht mal fürs Radio«. Dieses Gefühl wird nach einer gescheiterten Beziehung besonders heftig empfunden, kann aber auch in jeder anderen Situation auftreten. Im Grunde bedeutet es nur, dass sich Leute, die uns attraktiv finden sollen, schlichtweg weigern, genau das zu tun.

Wenn wir mit den eben beschriebenen sieben Schritten arbeiten – wie können wir dann argumentieren?

Beweise
- Hat mich irgendwann schon mal jemand attraktiv gefunden, den ich auch attraktiv fand?

- Hat mir je einer meiner Freunde gesagt, dass ich attraktiv bin oder sich dementsprechend verhalten?

- Welche charakterlichen oder körperlichen Eigenschaften besitze ich, die andere attraktiv finden könnten?

Alternativerklärungen
- Jeder empfindet sich von Zeit zu Zeit als unattraktiv – das hat nichts mit mir zu tun und wie ich aussehe.

- Nur weil mich dieser eine Mensch nicht attraktiv findet, heißt das noch lange nicht, dass mich niemand attraktiv findet.

- Vergleiche ich mich etwa mit Menschen, die in Illustrierten oder der Fernsehwerbung zu sehen sind? Ist das vernünftig? Vielleicht bin ich ja viel attraktiver als sie, nur anders?

- Orientiere ich mich an den richtigen Leuten? Können sie meine Attraktivität überhaupt beurteilen? Konzentriere ich mich absichtlich auf die, die mich offensichtlich nicht attraktiv finden?

Konsequenzen
- Jeder Mensch ist anders und jeder empfindet etwas anderes als schön – das gilt auch für mein Aussehen.

- Im schlimmsten Fall wird es für mich schwierig sein, meinen Traumpartner zu finden. Aber ich kann andere Dinge in meinem Leben erreichen, wenn nicht noch mehr.

- Die Menschen, die andere nur nach ihrem Aussehen beurteilen, sind genau die Sorte Menschen, die ich meiden möchte.

- Ich werde keine oberflächliche Beziehung anfangen, die schnell endet.

Nutzen
- Je mehr ich mir einrede, dass ich nicht attraktiv bin, desto unattraktiver werde ich. Der erste Schritt, attraktiver zu sein, besteht darin, zu denken, attraktiv zu sein. Egal, ob das nun stimmt oder nicht – ich bin in jedem Fall besser dran, wenn ich mein Selbstbild ändere.

Aktionsplan
- Mit meinem Status quo zufrieden sein.

- Diät halten, ins Fitness-Studio gehen und alles tun, was meiner äußeren Erscheinung sonst noch zugutekommt.

- Was Neues zum Anziehen kaufen.

- Ein neues Hobby anfangen.

- Zu einem anderen Friseur gehen.

- Nach anderen Menschen Ausschau halten, die mich sehr wohl attraktiv finden.

Stellen Sie sich folgendes Streitgespräch vor, das ausnahmslos in Ashleys Kopf abläuft. Er spielt ständig mit dem Gedanken, das Rauchen aufzugeben, schafft es aber nie. Wie Ashley bald merkt, ist sein mentales Alter Ego nicht nur brillant in seiner Argumentation, sondern auch noch perfekt informiert: Als innere Stimme weiß er alles, was es über Ashley zu wissen gibt …

Alter Ego: Du willst also das Rauchen aufgeben, Ashley?
Ashley: Na ja, irgendwann mal, vielleicht.

Alter Ego:	Sorry, ich verstehe deine Antwort nicht ganz. Willst du jetzt mit dem Rauchen aufhören oder nicht? Ja oder nein?
Ashley:	Ja, schon, aber muss das jetzt sein?
Alter Ego:	(Schnaubt.) Mit anderen Worten, du denkst gar nicht daran, es wirklich aufzugeben! Gehörst du auch zu denen, die alles auf die lange Bank schieben?
Ashley:	(Empört.) Nein, eher nicht.
Alter Ego:	Also, kommst du jetzt endlich in die Gänge? Du wirst jetzt also mit dem Rauchen aufhören?
Ashley:	O. k. Ich sag's, wie's ist: Eigentlich rauche ich richtig gern, ich genieße es.
Alter Ego:	Du genießt es? Immer? (Zieht die Augenbraue hoch.) Auch die Erste, morgens im Bett?
Ashley:	Na ja, o. k., die vielleicht nicht …
Alter Ego:	Also genießt du das Rauchen nicht?
Ashley:	Das habe ich so nicht gesagt. Ja, die Erste am Morgen schmeckt nicht so toll. Aber es gibt jede Menge Zigaretten, die fantastisch schmecken. Ich liebe die Zigarette nach dem Abendessen, vor allem auf der mondlichtbeschienenen Villenterrasse über dem Mittelmeer.
Alter Ego:	Aha. Und wie oft kommt das vor? Jede Woche? Einmal im Monat? (Zieht wieder die Augenbraue hoch.) Einmal im Jahr?
Ashley:	Einmal im Jahr.
Alter Ego:	Und die Zigarette am Morgen, die, die du nicht genießt? In welchem Verhältnis steht die zu dem Mittelmeerglimmstengel? 365 zu 1?
Ashley:	Ich denke, du verzerrst hier die Dinge etwas …
Alter Ego:	Das war deine Statistik, Ashley, nicht meine. (Lehnt sich in seinem Stuhl zurück und schaut gelangweilt.) Aber gut, machen wir weiter, abgesehen von dem »Genuss«, was spricht noch dafür?
Ashley:	Hey, ich kenne eine Menge cooler Leute, die rauchen.
Alter Ego:	Jetzt hör' aber auf! (Zieht eine Grimasse.) Das kann doch für dich kein ernsthaftes Argument sein? (Starrt Ashley ungläubig an.) Cool? Ich hab noch nie einen Topliga-Fußballer gesehen, der den Ball mit einer Lucky in der Hand ins Tor gebracht hat.
Ashley:	Kann sein, aber das heißt noch lange nichts.
Alter Ego:	Bei allem Respekt, Ashley, aber das war dein Argument, nicht meins. Schau dir doch mal die Leute an, die rauchen. Die verschwenden keinen Gedanken daran, dass sie ihrer Gesundheit ernsthaft schaden. Du bist nicht so. Mit einer

	Schrottkarre ohne Bremsen würdest du schließlich auch nicht fahren, warum also rauchen?
Ashley:	Unterstellst du mir, ich sei oberflächlich?
Alter Ego:	Ich will nur verstehen, warum du rauchst. Bis jetzt habe ich jedenfalls nicht den Eindruck, dass du auch nur irgendein triftiges Argument geliefert hättest. Man hat allerdings schon vermutet, dass du dir auf Partys eine anzündest, weil du nicht weißt, was du sagen sollst. Es wurde auch behauptet, dass du dir allein deshalb eine ansteckst, weil du dich langweilst. Das sind ziemlich harte Anschuldigungen, Ashley. Was kannst du dazu sagen?
Ashley:	(Denkt.) O. k., zugegeben, manchmal rauche ich, wenn mir langweilig ist oder wenn mir nichts einfällt …
Alter Ego:	(Rückt seinen Krawattenknoten zurecht.) Du leugnest diese Behauptungen also nicht?
Ashley:	Wenn du mich ausreden lassen würdest. Ja, manchmal tue ich das, aber was habe ich schon für eine Alternative? Will ich mir wirklich diesen Nikotin-Entzug antun? Ich weiß ja noch nicht mal, ob ich definitiv aufhören möchte.
Alter Ego:	Keiner hat gesagt, dass es für immer sein muss. Warum hörst du nicht einfach nur für eine gewisse Zeit auf? Und siehst, wie es läuft?
Ashley:	Und wenn ich währenddessen doch mal eine rauche?
Alter Ego:	Das ist doch nicht so schlimm! Dann ist das eben eine Ausnahme und dann beginnt wieder eine rauchfreie Phase. Ein Schokoriegel macht die Diät auch nicht zunichte. Forschungsergebnisse zeigen, dass die körperliche Abhängigkeit nur drei Tage dauert, danach ist es eine reine Willenssache. Du hast doch einen starken Willen?
Ashley:	Ja, wenn ich will schon.
Alter Ego:	Also, hast du nun einen oder nicht?
Ashley:	Ja, vielleicht.
Alter Ego:	Keiner hat gesagt, dass es leicht sein wird. Immer wenn du in eine Situation kommst, in der du früher geraucht hast, wirst du dir automatisch eine anstecken wollen. Das ist so sicher wie das Amen in der Kirche.
Ashley:	Also, was soll ich tun?
Alter Ego:	Überlege, warum du wirklich eine Zigarette rauchen möchtest. Du willst sie ja eigentlich gar nicht, du reagierst in dieser Situation nur automatisch so. Du musst dich diesbezüglich umprogrammieren, die Situation ab sofort als rauchfrei betrachten und deinen Geist mit etwas anderem beschäftigen.

Ashley:	Und was, wenn ich wirklich mal eine Zigarette will?
Alter Ego:	Dann denkst du an die Vorzüge des Nichtrauchens, auch wenn diese Phase nur einige Wochen oder Monate dauert. Denk an das Geld, das du sparst, an ein Treppensteigen, bei dem du nicht mehr nach Luft schnappen musst, die vielen Nikotinkater, daran, dass du gutes Essen und guten Wein besser schmeckst. Außerdem musst du dann morgens an eine Sache weniger denken, die du einstecken und mit dir herumschleppen musst. Und wenn du es schaffst, mit dem Rauchen aufzuhören – was schaffst du dann noch alles?
Ashley:	O. k., vielleicht höre ich für ein paar Wochen auf und sehe dann, ob ich damit weitermache.
Alter Ego:	Sagen wir mal einen Monat – das klingt besser und gibt dir ein konkreteres Ziel vor.
Ashley:	Ich glaube, dass …
Alter Ego:	Ashley, wir müssen hier aufhören. Danke für das Gespräch und, na ja, viel Erfolg!

Die angeführten Argumente überzeugen Sie unter Umständen nicht besonders, aber das macht nichts. Sie müssen Ihre eigene Debatte mit Ihren eigenen Argumenten führen.

Zwischen zwei Menschen würde Ashleys Selbstgespräch wahrscheinlich längst nicht so gut funktionieren, weil jeder nur seine eigene Position verteidigen würde. Da die beiden Stimmen aber im Kopf von ein- und demselben Menschen vorhanden sind und dieser Mensch die Debatte so steuern kann, wie er es für richtig hält, stehen die Chancen gut, dass die Seite, die gewinnen soll, auch wirklich gewinnt.

Haben Sie bemerkt, wie der Ton des Alter Ego von bestimmt-nachdrücklich zu versöhnlich-verbindlich wechselte? Das ist Absicht. Das Alter Ego will Sie schließlich wirklich überzeugen und nicht nur eine intellektuelle Debatte gewinnen. Und das ist weitaus wahrscheinlicher, wenn das Alter Ego die Rolle eines energischen, aber dennoch verständnisvollen Freundes einnimmt.

Diese Art Streitgespräch kann eine einmalige Angelegenheit sein. Es ist aber genauso gut möglich, dass Sie es zwischendurch unterbrechen und bei Gelegenheit später darauf zurückkommen. Sie können sich immer wieder auf Ihr Streitgespräch mit sich selbst einlassen – und zwar so lange, bis die Seite, die gewinnen soll, einen endgültigen Sieg davonträgt.

Das Alter Ego:
Eine Gebrauchsanweisung

1 Seien Sie skeptisch!
Etwas Misstrauen am Anfang der Debatte kann nicht schaden. Ihre Antworten müssen dann wirklich stichhaltig sein, um zu überzeugen.

2 Bleiben Sie hart!
Wenn richtig gute Journalisten ihren Gesprächspartner in die Enge treiben wollen, sagen sie meist: »Ich bitte Sie!«, um ihn aus dem Konzept zu bringen. Versuchen Sie das auch sich selbst gegenüber. Wenn Ihnen Ihr Alter Ego heftig zusetzt und Ihnen ein »Ich bitte dich!« an den Kopf wirft, sind Sie höchstwahrscheinlich auf einem guten Weg.

3 Die hochgezogene Augenbraue
Eine ähnliche Taktik wie das Hartbleiben, aber zehnmal wirkungsvoller ist die hochgezogene Augenbraue. Sie hat schon so manchen Minister auf zehn Meter Entfernung in Tränen ausbrechen lassen. Halten Ihre Grundüberzeugungen und Argumente derselben taffen Behandlung stand?

4 Die immer wieder gestellte Frage
Top-Journalisten sind super hartnäckig und stellen ein- und dieselbe Frage immer wieder. Lassen Sie Ihr Alter Ego dieselbe Taktik anwenden: Wenn es partout nicht locker lassen will und ständig dieselbe Frage wiederholt, dann nur, weil Sie sich so standhaft weigern, sie zu beantworten.

Optimistisch sein oder nicht sein...

Wenn wir lernen, mit uns selbst Streitgespräche zu führen, haben wir die Chance, alle unnützen pessimistischen Gedanken zu überwinden. Und da sind wir bei Weitem nicht die Einzigen. Vor allem in der Literatur wimmelt es nur so von Charakteren, die konstruktive Gespräche mit sich selbst führen.

Am berühmtesten ist sicherlich Shakespeares Hamlet und sein legendärer Satz »Sein oder nicht sein«. Der junge Prinz schafft es mit diesem Selbstgespräch, sich vom Selbstmord abzubringen. Und wenn sogar das möglich ist, sollte es eigentlich keine Überzeugung geben, die so pessimistisch ist, dass wir sie nicht überwinden können!

Neun Tipps für effektive Streitgespräche

1. Suchen Sie sich eine Überzeugung, die Sie ändern möchten. Zum Beispiel eine negative Einstellung, die Sie satt haben.

2. Versteifen Sie sich am Anfang nicht zu sehr auf Ihre Position. Wenn Sie das doch tun, sollten Sie aber grundsätzlich bereit sein, Kompromisse zu schließen oder Ihre Haltung zu ändern, wenn Ihr Alter Ego mit überzeugenden Argumenten aufwarten kann.

3. Stellen Sie sich vor, Sie sind der Staatsanwalt, der Ihre ursprüngliche Verteidigung auseinandernimmt. Geben Sie alles! Als Staatsanwalt müssen Sie nicht fair sein. Sie müssen den bestmöglichen Prozess führen. Vermeiden Sie es, währenddessen schon Ihre Verteidigung aufzubauen, sondern sammeln Sie erst sämtliche Argumente gegen Ihre ursprüngliche Überzeugung.

4. Gibt es überhaupt einen Fall für den Staatsanwalt? Wenn ja, sollten Sie das akzeptieren, ohne gleich zum Gegenangriff überzugehen.

5. Suchen Sie weitere mögliche Erklärungen. Es gibt nahezu immer mehr als nur einen Grund für unser Verhalten. Wir neigen dazu, Dinge, die unsere Überzeugung stützen, überzubewerten und unterbewerten im Gegenzug alternative Erklärungsmöglichkeiten.

6. Versuchen Sie, den goldenen Mittelweg zwischen unnachgiebig und unterstützend zu finden. Sind Sie zu nachsichtig mit sich selbst, wird es Ihnen nicht gelingen, Ihre negative Überzeugung zu ändern. Gehen Sie zu energisch vor, werden Sie sich gar nicht mehr ändern wollen.

7. Überlegen Sie, welche Konsequenzen Ihre Überzeugung hat. Was ist schon groß dabei, wenn Sie kein Musikinstrument spielen können oder nicht alle Funktionen Ihres Handys kennen?

8. Wenn alle Stricke reißen, können Sie sich immer noch folgende Frage stellen: »Bringt mich diese Einstellung weiter oder behindert sie mich?« (Schritt 5 der 7 Schritte!)

9. Und denken Sie daran: Wir müssen offen dafür sein, uns überzeugen zu lassen. Das ist das Allerschwierigste beim Streitgespräch mit sich selbst. Überlegen Sie, ob Sie vielleicht nicht zu stur sind!

Ⓒ Neu anfangen

Sie sitzen im Schaukelstuhl auf der Terrasse Ihrer spanischen Villa, halten ein Glas Sangria in der Hand und betrachten den Sonnenuntergang. Ihr hundertster Geburtstag steht kurz bevor, und Sie denken an Ihr Leben und sinnen über die wirklich wichtigen Entscheidungen nach, die Sie in den verschiedenen Phasen Ihres Lebens getroffen haben, und wie sie Ihre weitere Existenz beeinflusst haben.

Sie denken an Ihre Entscheidung zurück, das Jurastudium zugunsten eines Spanischstudiums aufzugeben. Sie erinnern sich an den Umzug nach Madrid. Daran, wie Sie nach ein paar einsamen Nächten in einer Bar landeten und mit einer Unbekannten ins Gespräch kamen, die später die große Liebe Ihres Lebens wurde. Und Sie erinnern sich, dass Sie nach mehreren Wochen, in denen Sie sich kaum sahen, gemeinsam beschlossen Ihre gut bezahlten Jobs zu kündigen, da sie die vielen Überstunden einfach nicht wert waren. Weniger romantisch, aber dafür umso profitabler war dann der Kauf einer Importlizenz für Computer und die Tatsache, dass Sie die dazugehörigen spanischen Handbücher selbst schrieben.

Hätten Sie auf andere gehört, hätten Sie das alles nie gemacht. Ihr Vater sagte, dass Sie das Jurastudium auf keinen Fall aufgeben dürften (wegen der vielen Opfer, die er und Ihre Mutter gebracht hätten, um Sie so weit zu bringen). Ihr bester Freund meinte, Sie könnten wegen der damaligen Militärdiktatur unmöglich nach Spanien ziehen. Ihr spanischer Nachbar riet Ihnen ab, allein in diesem Viertel auszugehen. Ihre Kollegen erklärten Sie für verrückt, Ihren sicheren Arbeitsplatz aufgeben zu wollen, und prophezeiten Ihnen, dass Sie in der Gosse landen würden. Sie schauen in den Himmel, betrachten die untergehende Sonne und lächeln.

Ein paar Wochen später bittet Sie eine Ihrer Töchter bei Ihrer Geburtstagsparty, ob Sie Ihren Enkeln und Urenkeln einen Rat mit auf den Lebensweg geben könnten – jetzt, wo sämtliche Familienmitglieder mal wieder alle versammelt sind. Sie beschließen, ihnen Ihre Betrachtungen auf der Terrasse neulich zu schildern.

»Ich schätze, mein Rat an euch ist, dass es nur sehr wenig gibt, das ihr nicht tun könnt – egal, was die Leute auch sagen. Ihr habt stets die Wahl zwischen ›Ich will‹ und ›Ich will nicht‹. Meiner Erfahrung nach neigen die meisten dazu, zu sagen ›Ich kann das nicht‹ oder ›Das kann man nicht‹, wie um zu verschleiern, dass es überhaupt eine Wahlmöglichkeit gibt. Aber ihr habt immer die Wahl. Was diese Menschen eigentlich meinen, ist, dass sie es selbst nicht tun wollen oder aber nicht wollen, dass ihr es tut. Es mag manchmal sinnvoll sein, etwas nicht zu tun, aber ihr habt immer die Möglichkeit dazu!«

»Heißt das, dass man auch ein Gorilla werden kann?«, fragt Fred, der (alt)kluge, acht Jahre alte Sohn einer Ihrer Enkelinnen.

Sie lächeln: »Es gibt Sachen, die sind einfach unmöglich. Aber bei den meisten Dingen hat man die Wahl. Du kannst Astronaut werden, Professor oder Punk [Freds Mutter schaut Sie schon ganz böse an] oder der Bursche mit dem ordentlichsten Zimmer der Welt [Ihr Stirnrunzeln weicht einem vergebenden Lächeln]. Aber du kannst dich natürlich genauso gut dagegen entscheiden [Jetzt lächelt Fred wieder, wobei er es vermeidet, seine Mutter anzusehen]. So ist das im Leben: Es ist einzig und allein deine Entscheidung.«

Geht nicht gibt's nicht!

Doch diese Willensfreiheit hat selbstverständlich Konsequenzen und bedeutet, dass wir bereit sein müssen, auch zu den Folgen unserer Entscheidungen zu stehen.

Die existentialistischen Philosophen, allen voran Jean-Paul Sartre und Martin Heidegger, waren die ersten bedeutenden Intellektuellen, die behaupteten, dass der Mensch (und die Menschheit) völlig frei in seinen Handlungen sei, aber eben auch komplett verantwortlich dafür. Das mag heute weniger radikal klingen als noch Mitte des 20. Jahrhunderts. Aber wenn es darum geht, zu überlegen, wie wir unser Leben lebenswerter gestalten können, kann diese Haltung durchaus sehr radikal sein.

50 Jahre nach Sartre & Co. wird unser aller Leben von jeder Menge selbst erfundener (oder für uns erfundener) Regeln, Vorschriften und Prinzipien regiert, die uns dabei helfen sollen, Entscheidungen zu treffen (oder zumindest gute Entschuldigungen für schlechte Entscheidungen zu liefern). Auch wenn sie so tun, als wären sie so allgemeingültig wie Naturgesetze, haben sie mehr Ähnlichkeit mit veralteten, belanglosen Verwaltungsvorschriften, und in der Regel ist es besser, sie zu übertreten, als sich an sie zu halten.

Hier ein paar schöne Beispiele für solche angeblichen Gesetze, mit denen Sie sicher schon zu tun hatten oder haben:

- Arbeitsplätze in großen bekannten Unternehmen sind sicherer.
- Wer Karriere machen will, braucht einen Universitätsabschluss.
- Ehen mit einem großen Altersunterschied funktionieren nicht.
- Die Klassenbesten bekommen die besten Jobs.

Trotzdem waren viele außergewöhnliche Menschen nur deshalb erfolgreich, weil sie Dinge taten, die angeblich unmöglich waren:

- Andy Warhol (»Man kann nicht das Bild einer Suppendose reproduzieren und das als Kunst bezeichnen!«)
- Michael O'Leary, der Chef der Fluggesellschaft Ryanair (»Man kann die Leute unmöglich für weniger als 15 Euro von einem Land ins andere fliegen.«)
- Dick Fosbury (»Die einzige Hochsprungtechnik ist die Scherentechnik«) Fosbury war der Erste, der mit dem Rücken zuerst über die Stange sprang, und schaffte es dadurch den Rekord im Hochsprung enorm zu erhöhen.

Diesen Menschen war etwas bewusst, das auch wir stets im Hinterkopf haben sollten, wenn es darum geht, Entscheidungen zu fällen, nämlich der Satz: »Geht nicht gibt's nicht!«

Wollen. Oder nicht wollen?

Der Esstisch wurde abgeräumt und Sie sitzen in Ihrem schon leicht abgewetzten Lieblingssessel. Ihre Teenager-Urenkelin Jasmin setzt sich zu Ihnen.

»Mir hat dein Rat, dass alles möglich ist, sehr gut gefallen. Genau das glaube ich auch. Aber es macht alles so viel schwieriger. Bei den vielen Möglichkeiten – wie soll man sich da entscheiden? Denkst du, dass unsere Erziehung zu Hause oder in der Schule uns darin bestärken soll, in die eine oder die andere Richtung zu gehen?«

Da sitzen Sie nun in Ihrem Sessel wie ein weiser alter Guru. Und fühlen sich fast wie ein kleiner Hochstapler. Welche Weisheiten haben Sie schon zu verkünden und wer gibt Ihnen überhaupt das Recht dazu? Wäre es nicht viel besser für Jasmin, ihre eigenen Erfahrungen zu sammeln, anstatt sich Ihre altmodischen und eher simplen Ratschläge anzuhören? Doch Sie fühlen sich gleichzeitig geschmeichelt, und Jasmins Fragen treffen den Nagel auf den Kopf.

»Ich will dir ein Geheimnis verraten: Als ich acht war, zogen wir in ein Haus neben einer Familie mit einem Sohn, der ein Jahr älter war als ich. Nach ein paar Monaten wurde ich zu seiner Geburtstagsparty eingeladen. Ich hatte richtig Angst davor, ein unbekanntes Haus voller fremder Menschen zu betreten, die mich möglicherweise ignorieren oder, noch schlimmer, hänseln würden. Also sagte ich ab.

Am Tag der Party sah ich aus dem Fenster und beobachtete, wie alle meine Mitschüler das Haus unserer Nachbarn betraten. Ich hörte sie bis in den späten Abend spielen und lachen. Ich saß in Tränen aufgelöst nebenan und wünschte mir nichts sehnlicher, als dabei sein zu können.

Ich erkannte, dass es allein meine Schuld gewesen war, dass ich diese großartige Gelegenheit verpasst hatte – und das alles nur wegen ein paar eingebildeter Ängste. Ich konnte diesen Charakterzug an mir nicht ausstehen und beschloss, etwas dagegen zu unternehmen. An diesem Tag fällte ich die Entscheidung, nie wieder eine Chance auszulassen, nur wegen meiner lächerlichen Angst vor unvorhergesehenen Ereignissen. Diese Angst hat mir ein ›Ich kann nicht‹ einprogrammiert, aber ich habe dieses Programm umgeschrieben, damit ich anschließend eine bessere Wahl zwischen ›Ich will‹ und ›Ich will nicht‹ treffen konnte.«

Wie irrational sind Sie?

Der Mensch bezeichnet sich zwar als »vernünftiges Tier«, lässt sich aber nur allzu oft von zwei irrationalen Verhaltensweisen beherrschen.

Ein Großteil unserer Erziehung bestand in der Androhung schrecklicher Strafen, für den Fall, dass wir uns nicht an die Regeln hielten: Der Weihnachtsmann wird nicht kommen. Der Teufel wird uns holen. Ganz ähnlich geht es uns auch noch als Erwachsene, wenn wir uns davor fürchten, Familie oder Freunde könnten nicht mit unseren Entscheidungen einverstanden sein. »Der gute Ruf«, so der Philosoph Theodore Zeldin, »ist die moderne Form des Fegefeuers.«

Wer dazu neigt, sich von **irrationalen Ängsten** beherrschen zu lassen, bereut oft irgendwann, bestimmte Dinge nicht getan zu haben: Warum habe ich das langweilige Rechnungswesen nach meiner Abschlussprüfung nicht einfach bleiben lassen? Warum bin ich damals bloß nicht nach München geflogen? Wie anders wäre mein Leben verlaufen, wenn ich ihr in jener Nacht auf dem Boot einen Heiratsantrag gemacht hätte?

Umgekehrt gibt es Menschen, denen ihre **irrationale Euphorie** zu schaffen macht. Über sie sagt man gern, dass sie nicht wirklich mit beiden Beinen im Leben stehen. Ihr Bedauern klingt höchstwahrscheinlich folgendermaßen: »Wie konnte ich mich da nur so blauäugig reinstürzen?« Viele kleine Firmen, die Jahr für Jahr pleitegehen, werden von Menschen gegründet, die sich von ihrer irrationalen Euphorie mitreißen lassen, ohne ihren Plan richtig durchdacht zu haben.

Beide Parteien schaukeln sich gern gegenseitig hoch. Das Versagen eines irrationalen Euphorikers bestärkt Menschen mit irrationalen Ängsten nur darin, dass ihre Befürchtungen gerechtfertigt sind: »Das kommt davon, wenn man einen guten Job aufgibt.« Der irrationale Euphoriker dagegen glaubt angesichts eines Bedenkenträgers, dass man nichts mehr fürchten muss, als die Furcht oder Angst selbst: »Kann schon sein, dass diese Hamster im Laufrad finanziell abgesichert sind – aber schau dir doch bloß mal an, wie unglücklich die aussehen!«

Die irrationalen Euphoriker sind jedoch deutlich in der Minderheit. Es ist wesentlich wahrscheinlicher, dass wir uns von allen möglichen Bedenken bremsen lassen, anstatt endlich einmal etwas zu wagen.

Machen Sie sich startklar!

Der Begriff »Rad des Lebens« klingt vielleicht etwas hochgestochen – trotzdem führt uns dieses Bild sehr gut vor Augen, welche Phasen wir durchlaufen, wenn wir unser Leben neu ordnen.

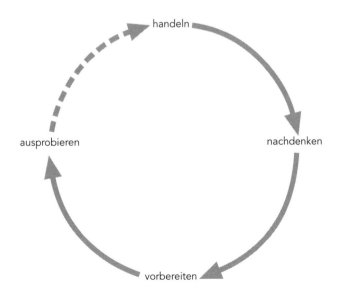

Handeln: Damit verbringen wir den größten Teil unseres Lebens. »Handeln« kann alles Mögliche sein: E-Mails schreiben, reiten, Bücher lesen, abwaschen, in Besprechungen gehen, Windeln wechseln, in Vorlesungen sitzen, kochen, tanzen, joggen, mit Freunden quatschen, Witze erzählen und lieben. Natürlich nicht alles gleichzeitig. Egal, was wir tun, ob angenehme oder unangenehme Dinge – wir tun es und bleiben beschäftigt.

Manchmal jedoch beginnt eine Phase des **Nachdenkens**. Dann überlegen wir, ob und wie bestimmte Dinge auch anders sein könnten: »Ich frage mich, wie unser Leben wäre, wenn wir nach Bali ziehen würden.«, »Möchte ich wirklich den Rest meines Lebens als Schweinezüchter arbeiten?«, »Gefällt mir mein Leben?«.

Manchmal führen unsere Überlegungen sogar dazu, dass wir beginnen, **Vorbereitungen zu treffen**. Wir suchen im Internet nach Immobilienmaklern auf Bali, recherchieren dortige Grundstücks- und Häuserpreise, sehen uns die Wetterkarte an und machen auf Bali vielleicht sogar Urlaub. Wir haben also die Phase des bloßen Sich-Vorstellens, wie etwas anders sein könnte, hinter uns gelassen und sind dabei, Mittel und Wege zu finden, wie wir etwas verändern können.

Wenn sich die Katze in den Schwanz beißt ...

Ein alter Witz soll verdeutlichen, dass es sich unter Umständen gar nicht immer lohnen muss, den umseitig abgebildeten Kreislauf in Gang zu setzen:

Ein Geschäftsmann verbringt seine Ferien am Meer. Er sitzt am Strand und schaut den Einheimischen beim Angeln und Faulenzen in der Sonne zu. Am Abend in der Bar nimmt er sich vor, einem der Fischer einen Rat zu geben.

»Du verschwendest deine Zeit«, sagt er dem Fischer. »Streng deine grauen Zellen etwas an, mach Kohle! Hast du schon mal daran gedacht, ein Restaurant zu eröffnen? Mit frischen Fischgerichten könntest du ein Vermögen verdienen. Und wenn das erste Restaurant läuft, dann machst du ein zweites auf, und dann noch eins. Ehe du bis drei zählen kannst, gehört dir eine ganze Kette. Und wenn das hier funktioniert, warum nicht auch im Ausland? Dann brauchst du deine Firma nur noch an die Börse bringen und kannst den Rest deines Lebens damit verbringen, zu angeln und in der Sonne zu faulenzen.«

»Noch ein Bier?«, grinst der Fischer.

Der nächste Schritt besteht darin, unsere Pläne auch wirklich in die Tat umzusetzen. Wir kündigen, kümmern uns um eine Aufenthaltsgenehmigung, kaufen das Haus und ziehen mit Sack und Pack nach Bali. Diese Phase nennen wir **Ausprobierphase**. Ist die Strandbar, von der wir immer geträumt haben, dann bereits eine Weile eröffnet, herrscht bereits wieder Alltag und wir befinden uns erneut in der Handlungsphase.

Dieser Kreislauf ist an und für sich nicht besonders kompliziert. Die Herausforderung besteht darin, ihn im richtigen Tempo für sich zu nutzen.

Die »Handlungsfalle«

Auf unserem Weg rund um das Rad des Lebens führen wir immer wieder Selbstgespräche, die uns davon abhalten, in die nächste Phase einzutreten und uns in der Handlungsphase festhalten.

Das Rad des Lebens: Zwei Gewalttouren

Die Tour de France ist mit das angesehenste und aufreibendste Sportereignis überhaupt. Innerhalb von drei Wochen sind Tausende von Kilometern zurückzulegen, wobei es einmal durch die Alpen, einmal durch die Pyrenäen geht. Da sind viele Teilnehmer schon froh, wenn sie es überhaupt bis ins Ziel in Paris schaffen. Für zwei Champions der letzten Jahre war das Radrennen allerdings nur die halbe Schlacht.

1987 wurde der amerikanische Fahrer Greg LeMond Opfer eines schrecklichen Jagdunfalls: Er wurde von Dutzenden von Schrotkugeln durchsiebt, zwei davon blieben in unmittelbarer Herznähe stecken. Während er auf Rettung wartete, kollabierte LeMonds rechte Lunge, er verlor drei Viertel seines Blutes. Als er schließlich ins Krankenhaus eingeliefert wurde, konnte er von Glück sagen, überhaupt noch am Leben zu sein, und es stand fest, dass er nie wieder Radrennen würde fahren können.

Lance Armstrong war ein viel versprechender junger Radrennfahrer. 1996 erhielt er die schlimmste Nachricht seines Lebens: Er hatte Hodenkrebs im fortgeschrittenen Stadium, der bereits auf Lunge und Gehirn übergegriffen hatte. Der krebsbefallene Hoden wurde entfernt, und Armstrong unterzog sich sowohl einer Gehirnoperation als auch einer Chemotherapie. Selbst danach lagen seine Überlebenschancen bei 50 Prozent. Die Rückkehr in den Fahrradsattel schien ein Wunschtraum.

Und hier das Erstaunliche: Beide Radrennfahrer sagten sich: »Geht nicht gibt's nicht.« Alle beide konzentrierten sich darauf, die Ärzte Lügen zu strafen und in den Radsport zurückzukehren. Und beide haben nochmal die Tour de France gewonnen, Armstrong sogar sechs Mal!

Manchmal können solche Selbstgespräche vernünftig sein und uns daran hindern, einen falschen Weg einzuschlagen. Aber manchmal halten uns diese Selbstgespräche auch davon ab, Chancen zu erkennen und zu nutzen, die unser Leben dramatisch verbessern könnten. Der Trick besteht darin, die nützlichen von den unnützen Selbstgesprächen zu unterscheiden und so endlich wieder handlungsfähig zu werden.

Selbstgespräch 1: Träume sind Schäume
- Ich muss zusehen, dass ich meine Angelegenheiten geregelt bekomme.
- Träume sind Schäume, ich wäre sowieso nur enttäuscht.
- Ich sollte dankbar sein für das, was ich habe.
- Ich stehe mit beiden Beinen fest im Leben.
- Erst mal das erledigen, was heute ansteht!

Das sind nur Beispiele dafür, wie wir uns selbst vom Nachdenken abhalten und im »Handeln« gefangen bleiben. Eine Teilnehmerin des mindgym-Trainings »Ich, ich, ich« berührte dieser Zyklus ganz besonders: Als sie das Schaubild sah, wurde ihr klar, dass sie über das »Handeln« nie hinausgekommen war. Wenn überhaupt hatte sie nur über gewöhnliche Alltagsbelange nachgedacht statt über die großen Fragen ihres Lebens.

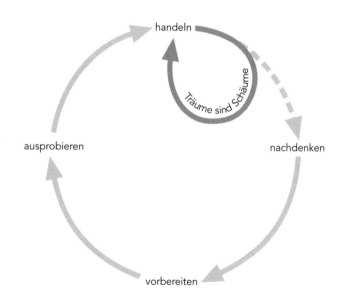

»Ich mache mir ständig Gedanken über das nächste Projekt«, erklärte sie, »darüber, was ich tun kann, um mit der Arbeit voranzukommen, über den Zustand unseres Hauses, worüber meine Mutter sich bei ihrem nächsten Besuch beschweren wird und wie ich dem zuvorkommen kann. Ich kann mich nicht daran erinnern, mich je gefragt zu haben, ob mein Leben auch anders oder besser sein könnte. Stattdessen lautete die einzige Frage nur: ›Was kann ich tun, damit mein Leben bleibt, wie es ist?‹ Das heißt nicht, dass ich unglücklich bin, sondern nur, dass ich nie wirklich darüber nachgedacht habe, was ich tun könnte, um glücklicher zu sein.«

Diese Frau, Anfang vierzig, verheiratet, finanziell abgesichert und beruflich durchaus erfolgreich, besaß eine starke innere Stimme, die sie ständig davon abhielt, darüber nachzudenken, wie sie ihr Leben anders gestalten könnte, und sie stattdessen im Dauerzustand »Handeln« festhielt. Größere Änderungen in ihrem Leben waren immer auf äußere Umstände zurückzuführen, auf die sie lediglich reagierte. Und selbst dann versuchte sie noch so schnell wie möglich zum Alltag überzugehen.

Hier nur ein Beispiel: Vor einigen Jahren verlor sie ihren Arbeitsplatz. Anstatt sich Gedanken darüber zu machen, welche Möglichkeiten ihr das eröffnete oder wie sie die Abfindung nutzen könnte, sich eine neue, andere Karriere aufzubauen, sah sie sich sofort nach Jobs um, die genauso waren wie der, den sie soeben verloren hatte. Nicht, dass sie den besonders geliebt hätte und sich nichts anderes vorstellen konnte – es schien einfach nur das Naheliegendste zu sein.

Selbstgespräch 2: Schön wär's ...
- Das wird in der Praxis nie funktionieren.

- Schön wär's, aber jetzt sollte ich mich dringend wieder um mein Tagesgeschäft kümmern.

- Das hat doch schon jemand vor mir gemacht.

- Das kann ich doch gar nicht.

- Das ist zu riskant.

Selbst wenn wir das »Träume sind Schäume«-Stadium mal hinter uns lassen und wirklich zum Nachdenken kommen, fühlen wir uns ständig zum Handeln gezwungen – nur anders: Jetzt denken wir uns eine ganze Reihe brauchbarer Bedenken aus, um uns selbst zu erklären, warum unser Traum, der als Traum ja ganz schön ist, in Wirklichkeit nie funktionieren wird. »Ewig schade, aber das ist halt nicht machbar«, beschließen wir und kehren wieder zum »Handeln« zurück.

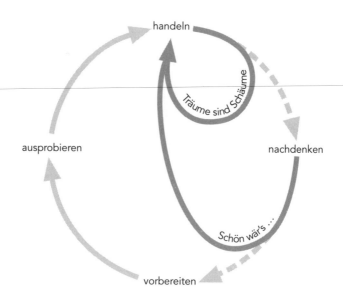

Der Rubikon

Vor über zweitausend Jahren wurde ein Fluss namens Rubikon überschritten, was ziemlich dramatische Folgen nach sich zog. Dieser Fluss markierte die damalige Grenze des römischen Reiches. Jede Armee, die diesen Fluss überquerte, erklärte Rom damit den Krieg. Als Julius Cäsar, der 49 v. Chr. noch General war, den Rubikon überschritt, erklärte er automatisch dem römischen Senat den Krieg. Jetzt gab es nur noch zwei Möglichkeiten: Entweder Cäsar würde siegen oder aber man würde ihn und seine Armeen besiegen. So viel zum Ursprung des Begriffs »Den Rubikon überschreiten«, was so viel heißt wie: einen unwiderruflichen Schritt tun.

Bei unserem »Rad des Lebens« geschieht dieser unwiderrufliche Schritt, wenn wir von der Vorbereitungs- in die Ausprobierphase eintreten. Das ist jene Phase, in der wir unsere Ideen und Vorstellungen in die Tat umsetzen, zum Beispiel, wenn wir unsere Kündigung einreichen, unserem Mann sagen, dass wir uns scheiden lassen wollen, sämtliche Klamotten in die Altkleidersammlung geben, bei der Fremdenlegion unterschreiben oder aufhören, Verhütungsmittel zu nehmen. Das ist die schwierigste Phase, in der wir uns am allermeisten gezwungen fühlen, in unsere ursprüngliche Handlungsphase zurückzukehren. Deshalb wird in solchen Fällen auch die Metapher »den Rubikon überschreiten« bemüht.

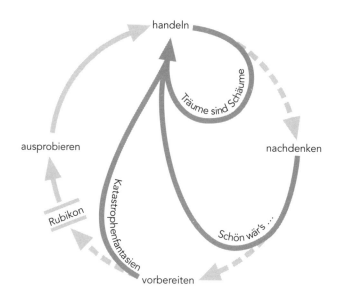

Selbstgespräch 3: Katastrophenfantasien

Mit der häufigste Grund, warum wir den Rubikon doch nicht überschreiten, ist der, dass wir beginnen, sogenannte Katastrophenfantasien zu entwickeln. Das sind düstere Prophezeiungen, was alles passieren kann, wenn wir etwas Neues ausprobieren, d. h., wenn wir unseren persönlichen Rubikon überschreiten.

Eine Werbekampagne für den amerikanischen Softdrink Dr Pepper griff genau das auf. Das Getränk war zwar in den USA sehr bekannt, nicht aber in Großbritannien (keine Cola, kein sprudelnder Fruchtsaft, was ist es denn dann?). Deshalb versuchten die Werber die potenziellen Verbraucher dazu zu bringen, den »Softdrink-Rubikon« zu überschreiten und einmal etwas Neues auszuprobieren. Dieser Werbeslogan lautet: »Was kann mir schlimmstenfalls passieren?«

Im Werbespot geschieht dann auch das Schlimmste, was einem nur passieren kann – die Katastrophenfantasie: Ein junger Mann möchte seine Freundin zum Abschlussball abholen. Ihr Vater bietet ihm ein Dr Pepper an. Der Freund (wie auch der Verbraucher) zögert etwas, willigt dann aber ein, es doch zu versuchen, woraufhin ihm der Vater vorschlägt, mit ihm um den Drink zu kämpfen. Der Scheinkampf endet damit, dass das Wohnzimmer komplett verwüstet ist und der Vater bewusstlos am Boden liegt, als das Mädchen die Treppe herunterkommt …

Diese Katastrophenfantasie ist theoretisch möglich. Aber haben wir es hier mit einem realistischen Worst-Case-Szenario zu tun? Natürlich nicht. Der realistisch schlimmste Fall ist der, dass der Freund Dr Pepper probiert und es ihm nicht schmeckt. Zumindest weiß er dann, dass er es nicht mag, und muss sich nicht für den Rest seines Lebens mit der Frage herumschlagen, was ihm da wohl entgangen ist. Das viel wahrscheinlichere Szenario ist, dass er Dr Pepper probiert, es irgendwie anders findet und nicht recht weiß, was er davon halten soll. Kann sein, dass er es nicht auf Anhieb mag, aber sich nach ein paar Flaschen daran gewöhnt und es schließlich sogar als neues Lieblingsgetränk für sich entdeckt.

Wir alle entwickeln Katastrophenfantasien, vor allem, wenn es um wichtige Entscheidungen geht. Sehr oft lassen wir uns von ihnen einschüchtern, mit dem Ergebnis, dass wir im Status quo stecken bleiben. Fast alle Männer haben vor ihrem Heiratsantrag solche Fantasien über das Eheleben gehabt. Sie sahen nörgelnde Ehefrauen und um Aufmerksamkeit buhlende, wunderschöne Frauen, denen sie von nun an widerstehen müssten (aber was, wenn das eigentlich sowieso nie der Fall war?). Sie stellten sich vor, dass sie nie mehr mit ihren Kumpels weggehen dürfen, malten sich das Ende ihrer Junggesellenfreiheit aus usw.

Die Männer, die dann doch einen Heiratsantrag machen, erkennen, dass Katastrophenfantasien Unsinn sind, und begrüßten es, dass es im Leben sehr wahrscheinlich ganz anders kommt. Und die Männer, denen nicht bewusst war, in was für Katastrophenfantasien sie sich da hineinsteigerten, verpassten möglicherweise die Chance ihres Lebens.

Es gibt auch noch eine dritte Kategorie: Die, die eine realistische Einschätzung versuchen und sich dafür entscheiden, sich nicht für den Rest ihres Lebens an eine einzige Frau binden zu wollten. Oder die einfach spüren, dass die Frau, um die es geht, einfach nicht die Richtige für sie ist.

Auf die Bremse treten: Begründete Befürchtungen
Es ist nicht immer sinvoll, den Rubikon zu überqueren, unsere Ängste und Sorgen können auch begründet sein.

Angenommen, Sie träumen schon ewig davon, den Ärmelkanal zu durchschwimmen, halten aber Ihre Kondition für nicht ausreichend. Sie möchten auf keinen Fall in Dover losschwimmen und mittendrin schlappmachen. Bevor Sie also das Risiko des Ertrinkens eingehen, entscheiden Sie sich lieber gegen das Kanalschwimmen.

Die Herausforderung, der wir uns alle stellen, wenn wir uns auf das Rad des Lebens wagen, liegt darin, zu wissen, wann unsere Entscheidung nichts Neues zu wagen realistisch und vernünftig ist und wann sie ausschließlich auf irrationalen Ängsten beruht, die uns in der Handlungsphase festhalten.

Natürlich kann es so etwas wie eine absolute Gewissheit nie geben. Aber es gibt Warnsignale, die uns sagen, ob es sinnvoll ist, unseren persönlichen Rubikon zu überschreiten oder nicht.

Fünf Warnsignale, bei denen Sie den Rubikon besser nicht überschreiten
- Sie können die Argumente beider Seiten nachvollziehen und sind nach einigem Abwägen zu dem Schluss gekommen, dass Ihre Entscheidung die vernünftigste ist. Doch angenommen, man würde Druck auf Sie ausüben, könnten Sie auch von heute auf morgen umschwenken.

- Sie sind zuversichtlich, dass Sie Ihre Entscheidung später nicht bereuen werden. Sie haben sich überlegt, was das bestmögliche wahrscheinliche Ergebnis sein wird, und das ist entweder nicht gut oder aber nicht wahrscheinlich genug.

- Sie haben das Worst-Case-Szenario (also das Gegenteil irrationaler Katastrophenfantasien) durchgespielt und möchten es in jedem Fall vermeiden. (Doch um den Rubikon zu überschreiten, müssen Sie sich voll und ganz dafür entschieden haben, dass das Worst-Case-Szenario das Risiko tatsächlich wert ist.)

- Sie würden anderen in derselben Situation ebenfalls raten, den Rubikon nicht zu überschreiten.

- Sie sind erleichtert, zu einem Entschluss gekommen zu sein, und freuen sich über Ihren Entscheidungsprozess.

Fünf Warnsignale, die bedeuten: Bleiben Sie vorläufig noch am Ufer Ihres Rubikons stehen!
- Ihr Worst-Case-Szenario ist so extrem, dass es schon ans Absurde grenzt. (Sie schaffen es nicht nur nicht über den Kanal, sondern werden auch noch von Haien gefressen.)

- Ihre Entscheidung macht Sie nervös und unsicher; Sie schieben sie vor sich her, tun aber nichts Konstruktives, um die beste Wahl zu treffen.

- Sie können sich Umstände vorstellen, unter denen Sie Ihre Entscheidung rückblickend bereuen würden.

- Die Entscheidung, alles mehr oder weniger so zu lassen, wie es ist, passt nicht zu Ihrem Selbstbild. Sei es, weil die Entscheidung zögerlich wirkt, Sie sich aber als Draufgänger sehen, oder weil sie im Widerspruch zu Werten steht, die Ihnen sehr wichtig sind.

- Alle raten Ihnen ab, nur Sie sind noch immer ganz euphorisch bei dem Gedanken an die Veränderung.

Auf die Bremse treten: Irrationale Euphorie

Menschen, die immer sagen (müssen) »Ich wünschte, ich wäre da nicht so blauäugig reingerauscht!« oder »Wenn ich daran doch nur schon vorher gedacht hätte!« sind typische Vertreter des irrationalen Euphorikers. Es sind diejenigen, die nie am Ufer des Rubikons stehen bleiben, sondern ihn viel zu voreilig überschreiten – ohne sich im Vorfeld überhaupt Gedanken über die Größe der Armee am anderen Ufer gemacht zu haben. Was das Rad des Lebens angeht, ist bei ihnen der Drang, in der Handlungsphase zu verharren, eher schwach ausgeprägt. Die Zentrifugalkraft zwingt sie ständig, wieder etwas Neues anzupacken, und ist immer stärker als die Schwerkraft des Status quo.

Wenn Sie zu denen gehören, die keinem Job und keiner Beziehung treu bleiben können, wenn Sie es einfach nicht schaffen, mit Ihrem Geld zu haushalten oder Ihre Wohnung in einen Ort zu verwandeln, an dem Sie sich wirklich wohl fühlen UND das bedauern, kann es gut sein, dass Sie an der ein oder anderen Form irrationaler Euphorie leiden. In diesem Fall können wir Ihnen wirklich nur Folgendes raten: Bleiben Sie länger in der Vorbereitungsphase, bevor Sie durch den Rubikon waten. Es ist immer sinnvoll …

- … neben den Vorteilen auch sämtliche Nachteile Ihres Vorhabens zu durchdenken und sich zu bemühen, diesmal vorsichtiger zu sein.

- … zu überlegen, wie sich Ihr derzeitiges Leben verbessern könnte – auch wenn Sie Ihr Vorhaben nicht in die Tat umsetzen. Jemand, der immer wieder einen neuen Job annimmt, denkt nämlich in der Regel nicht daran, wie er seine momentane Stelle optimieren könnte. Kann schon sein, dass der neue Job attraktiv ist, aber wer sagt denn, dass der alte immer so bleiben muss, wie er gerade ist? Es könnte doch genauso gut sein, dass sich dort neue Perspektiven auftun. (Was passiert eigentlich, wenn Ihr Chef in Ruhestand geht?) Diese Perspektiven sollten Sie ebenfalls berücksichtigen.

- … sich mal in aller Ruhe all die Vorteile vor Augen zu führen, die Sie davon haben, nicht gleich wieder auf einen neuen Zug aufzuspringen. (Was wird besser, was wird mehr, was weniger, was macht mehr Spaß?) Denken Sie auch an die Entscheidungen zurück, die Sie in der Vergangenheit getroffen und später bereut haben. Was können Sie daraus lernen, damit Sie diesmal eine bessere Entscheidung fällen?

Herz oder Verstand?

Eine Teilnehmerin eines mindgym-Workshops erinnerte sich an ihren Versuch, zu einer Entscheidung zu gelangen, ob sie ihren Freund nun verlassen sollte oder nicht.

Sie malte eine Tabelle mit zwei Spalten auf ein Blatt Papier. In die linke Spalte trug sie ein, was für eine Trennung sprach, und in die rechte die Gründe dagegen. Die linke Spalte war bald voll, so viele Gründe fielen ihr ein (»Er bringt sich nicht genug ein«, »Er kommt immer zu spät«, »Er sagt mir nie, dass er mich liebt«, »Er hat unseren Jahrestag vergessen«). Rechts schrieb sie nur hin: »Ich liebe ihn.« Das ist jetzt einige Jahre her und sie ist immer noch mit ihm zusammen – glücklich.

In diesem Fall bewahrte sie ihr Herz davor, den Rubikon zu überqueren – was auch gut war. Aber genauso oft sollten wir uns von unseren Emotionen leiten lassen … und springen! Wenn es um Entscheidungen geht, die unser ganzes Leben verändern, sind jene am besten, die emotional und rational möglichst ausgewogen sind.

Ihr Weg nach Rom

Jeder von uns kann selbst bestimmen, wie er sein Leben führen will. Ein »Ich kann nicht« gibt's nicht, nur ein »Ich will« oder »Ich will nicht«. Das Wichtigste für uns ist, zu erkennen, warum wir im Rad des Lebens nicht vorwärts kommen und – vor allem – warum wir unseren persönlichen Rubikon nicht überschreiten (wobei es natürlich genauso interessant ist zu untersuchen, warum wir es tun). Es mag gute Gründe dafür geben, keine Experimente zu wagen. Egal, wie gut die Idee auch sein mag – manchmal kann es klüger sein, sie nicht weiter zu verfolgen. Doch meist sind die Gründe, die uns von etwas abhalten, gar nicht so überzeugend. Stattdessen machen wir uns wegen irgendwelcher irrationalen Ängste ins Hemd oder trauen uns nicht, weil man uns den glücklichen Ausgang einfach nicht garantieren kann: »Lieber den Spatz in der Hand …«, Sie wissen schon!

Aber das sind schwache Gründe. Viele entscheiden sich aus den falschen Gründen dafür, ihren Rubikon nicht zu überqueren, und bereuen es später: »Hätte ich damals nur …« Jeder, der stolz auf das ist, was er erreicht hat, hat seinen Rubikon mindestens einmal überschritten.

Es gibt da ein berühmtes lateinisches Sprichwort und das heißt: »Carpe diem«, »Nutze den Tag!« Die Frage, die Sie sich stellen müssen, wenn Sie vor einem Rubikon stehen, lautet: Wie groß ist Ihr innerer Cäsar?

Workouts

NACHMACHEN

~~Wenn Sie gern Porträts oder Biographien berühmter Menschen lesen,~~ dann achten Sie das nächste Mal darauf, ob Sie deren Rubikon(e) entdecken.

Unterbrechen Sie den nächsten Roman, den Sie lesen werden, ab und an und überlegen sich, an welcher Stelle im Rad des Lebens sich die Hauptfiguren gerade befinden. Oft ist es so, dass sie im Lauf der Handlung den kompletten Zyklus durchlaufen müssen. Zwischendrin müssen sie häufig mit sich ringen, bevor sie ihren jeweiligen Rubikon endlich überschreiten und eine persönliche Entwicklung durchmachen. Hier ein paar Beispiele aus der Literatur: Lady Chatterley (vermutlich zweimal), Oliver Twist (ständig) und der große Gatsby (das war nur ein Rubikon, aber ein sehr breiter!).

SELBER MACHEN

Denken Sie an etwas Wichtiges in Ihrem Leben: etwa an Ihre Karriere oder Ihr Zuhause. In welcher Phase des Lebensrades stecken Sie am häufigsten? Ist das für Sie so in Ordnung, oder halten Sie sich auf diese Weise selbst davon ab, sich weiterzuentwickeln? Könnte es sein, dass Sie in einigen Jahren sagen: »Hätte ich nur …«? Wenn ja, wie können Sie Ihr Streitgespräch mit sich selbst umschreiben, um Ihre Blockade zu beseitigen?

Wenn Sie das nächste Mal ein Freund bei einer wichtigen Entscheidung um Rat bittet und nicht weiß, ob er den großen Schritt wirklich wagen soll, versuchen Sie doch einmal, ihn durch geschickt gestellte Fragen dazu zu bringen, dass er sein Problem selbst löst. Dieselbe Taktik sollten Sie anwenden, wenn Sie sich in einem ganz ähnlichen Dilemma befinden.

Fragen Sie zuerst nach den Möglichkeiten und warum ihm oder ihr die Entscheidung so schwerfällt.

Als Nächstes versuchen Sie, herauszufinden, ob er oder sie zu Katastrophenfantasien neigt. Fragen Sie zum Beispiel:

- Was kann schlimmstenfalls passieren?
- Was wären die Folgen, wenn es wirklich so schlimm kommt?
- Wie groß ist die Wahrscheinlichkeit, dass es auch so kommt?
- Wie wird die Sache höchstwahrscheinlich ausgehen?

- Welche Informationen fehlen dir noch, damit du dir besser vorstellen kannst, wie die Sache wahrscheinlich ausgehen wird? (Nur, wenn noch große Unsicherheit besteht.)

- Wie kommst du an diese Infos?

- Fragen Sie auch, was passieren kann, wenn sich er oder sie gegen die große Veränderung entscheidet und einen Weg einschlägt, der ihn oder sie nicht so weit vom Status quo wegführt.

- Wie wahrscheinlich ist es, dass sich überhaupt etwas ändern wird?

- Wenn du dich für die Möglichkeit entscheidest, die näher an deinem Status quo dran ist, welche Folgen wird das vermutlich haben?

Ist der Freund oder die Freundin jetzt immer noch unsicher, können Sie es mit folgenden Fragen versuchen:

- Was sagt dir dein Bauchgefühl?

- Was hindert dich daran, deinem Instinkt nachzugeben?

- Beschreibe mir, wie du die heutigen Entscheidungsmöglichkeiten in einem Jahr bewerten könntest!

- Auf welche Entscheidung wärst du in einem Jahr am meisten stolz?

Sie müssen sich nicht streng an diesen Fragenkatalog halten. Je nachdem, wie die Antworten ausfallen, sollten Sie in dem ein oder anderen Bereich sanft nachhaken. Herauszufinden, an welchem Punkt sich jemand im Lebensrad befindet, kann ganz schön anstrengend sein. Aber nur, wenn wir das erkennen, können wir auch entscheiden, ob wir ein neues Kapitel in unserem Leben aufschlagen sollten oder nicht.

D Verantwortung übernehmen

Ich möchte an meinem Geburtstag eine Party geben und etwa hundert Freunde einladen. Die dürfen eine Nacht lang mit mir feiern, tanzen und Twister spielen. O. k., das mit dem Twister muss nicht sein, aber dass alle Eingeladenen kommen, ist Pflicht.

Natürlich mache ich mir Gedanken darüber, ob es ein Erfolg wird. Wird es die Party des Jahres oder gehen meine Freunde nach einer Anstandsstunde wieder nach Hause und denken: »Oh Gott, wär ich bloß daheim geblieben und hätte mir stattdessen die Haare gewaschen.«

Es kann schließlich eine ganze Menge schiefgehen, und ich habe das Gefühl, in vielen Dingen ziemlich machtlos zu sein. Es könnte anfangen, heftig zu regnen, so dass sich einige Gäste erst gar nicht vor die Tür wagen. Dem schicken Kostümverleih könnten die Perücken ausgehen. Chris könnte mit Nick Streit anfangen, weil er sich immer noch darüber aufregt, dass Nick ihm Susan ausgespannt hat. Kann sein, dass sie sich sogar prügeln. Oder es erinnert sich später gar keiner mehr an die Party, weil sie nicht gut ankam und alle nur mit denen redeten, die sie sowieso schon kannten.

Partyplanung mit dem heiligen Franz von Assisi

Wenn Sie eine spektakuläre Geburtstagsparty planen, schauen Sie nicht als Erstes in den Gedanken und Predigten des Franz von Assisi nach. Aber eine Wahrheit, die er in einem Gebet vor 800 Jahren beschrieben hat, gilt noch heute:

> Gott gebe mir die Gelassenheit, Dinge hinzunehmen, die ich nicht ändern kann;
> den Mut, die Dinge zu ändern, die ich ändern kann;
> und die Weisheit, das eine vom anderen zu unterscheiden.

Ein knappes Jahrtausend später ist die Menschheit immer noch nicht im Besitz der absoluten Wahrheit, vermag aber durchaus zwischen dem, was in ihrer Macht und was nicht in ihrer Macht steht, zu unterscheiden.

Sehen wir uns doch meine Bedenken in Bezug auf meine Party noch einmal an und versuchen einen Weg zu finden, diese Bedenken zu zerstreuen – fassen wir also den »Mut«, wie der heilige Franz so schön sagt, die Dinge zu ändern, die wir ändern können.

Meine Herausforderung: Eine Geburtstagsparty

Bedenken	Was ich tun kann
Schlechtes Wetter, also kommen weniger Leute.	Mit einem Taxiunternehmen einen guten Rabatt aushandeln und in meiner Einladung darauf hinweisen, so dass die Fahrt zur Party leicht gemacht wird.
	Super Musik organisieren, das macht die Party attraktiver.
	Alle Wackelkandidaten anrufen und ihnen sagen, wie sehr ich mich gerade auf ihr Kommen freue – wenn sie mir einmal definitiv zugesagt haben, werden sie sich schwer tun, einfach nicht aufzukreuzen.
Der Kostümverleih hat zu wenig Perücken.	Den Laden rechtzeitig vorwarnen, so dass sie noch Zeit haben, Perücken nachzuordern.
	Das Partymotto »Motown« auf Popstars oder Schauspieler ausweiten.
Chris und Nick streiten.	Mit Chris und Nick schon vorab reden und sie bitten, sich zu benehmen. Betonen, wie viel es mir bedeutet, dass beide zu meinem Fest kommen, um mit mir zu feiern. Mit einem Freund von Chris reden und ihn um Rat fragen.
Die Leute kommen nicht miteinander ins Gespräch.	Einen Plan machen, wen ich miteinander bekannt machen möchte, weil ich denke, dass sich die Leute dann auch was zu sagen haben. Mir vielleicht schon ein paar Sätze zurechtlegen, um eine Verbindung herzustellen.
	Die Freunde, die die meisten Gäste kennen, bitten, ob sie mir dabei helfen, die Leute miteinander bekannt zu machen.
	Jemanden vom Studentenservice ordern, der sich um Nachschub beim Essen und Trinken kümmert, so dass ich mich ganz darauf konzentrieren kann, meine Gäste zu mischen und nicht die Cocktails.

Sind Sie Bedenkenträger oder Problemlöser?

Kann schon sein, dass einige der Vorschläge, die Partyprobleme zu lösen, nicht machbar oder ungeeignet sind. Andererseits gibt es sicherlich noch viel mehr, was man tun kann, um die Bedenken auszuschalten. Doch selbst dann, werden Skeptiker sagen, ist noch nicht garantiert, dass die Party wirklich ein Erfolg wird. Sie haben absolut Recht. Es gibt keine Garantie.

Nur eines ist zu 100 Prozent sicher: Dass ich die Wahl zwischen der linken und der rechten Spalte habe.

Menschen, die sich auf die linke Spalte konzentrieren, nennen wir Bedenkenträger, weil sie mit ihren Einwänden ständig Sand ins Getriebe schütten. Sie sind nervös, weil alles Mögliche schieflaufen könnte, und sie sind von ihrer absoluten Machtlosigkeit überzeugt. Sie werden sehr wahrscheinlich ...

- ... eher reagieren statt agieren, d. h., sich als Opfer fühlen, das von den äußeren Umständen geprägt wird, anstatt sie selbst zu beeinflussen.

- ... viel Zeit damit verbringen, sich Sorgen zu machen, die an ihren Kräften zehren, aber nicht die Situation verbessern.

- ... immer anderen die Schuld geben, sobald Probleme und Herausforderungen auftreten.

- ... alles Mögliche auf die lange Bank schieben, um dann schließlich mit einem enormen Kraftaufwand dasselbe oder sogar ein schlechteres Ergebnis zu erzielen.

Menschen hingegen, die sich auf die rechte Spalte konzentrieren, nennen wir Problemlöser, weil sie einen Aktionsplan entwickeln, um die Probleme zu lösen. Sie stecken ihre Energie in alles, was einen positiven Einfluss auf die aktuelle Situation haben könnte. Es ist sehr wahrscheinlich, dass diese Menschen völlig andere Erfahrungen machen werden als die Bedenkenträger. Sie werden sehr wahrscheinlich ...

- ... bereits im Vorfeld handeln und alles tun, was helfen könnte.

- ... spüren, dass sie alles unter Kontrolle haben (auch ihr eigenes Leben).

- ... feststellen, dass sie mehr Freizeit haben, in der sie tun und lassen können, was sie wollen.

- eher als Führungspersönlichkeiten und/oder starke Menschen wahrgenommen werden.

Problemlöser finden heraus, was in bestimmten Situationen überhaupt in ihrer Macht liegt, und tun es dann. Mit dem Ergebnis, dass sie sich viel mehr als Herr ihres Lebens fühlen und mehr geregelt bekommen. Sie geben auch die besseren Partys.

Erkennen Sie den Unterschied?

Wenn Sie wollen, dass ein Freund dieses Buch liest, können Sie es ihm empfehlen. Sie können ihm dafür eine Belohnung in Aussicht stellen, Sie können ihm erzählen, warum Sie denken, dass es die Mühe wert ist, Sie können es ihm auch schenken – all das liegt im Bereich Ihrer Möglichkeiten. Aber ob Ihr Freund das Buch dann auch wirklich liest oder nicht, ob es ihm gefällt oder nicht, darauf haben Sie keinen Einfluss.

Manchmal ist es eindeutig, was in unserer Macht steht und was nicht – aber eben nicht immer. Doch genau das müssen wir unterscheiden können, wenn wir uns unserer unnötigen Sorgen entledigen wollen.

Danny will sein Haus verkaufen. Er macht sich Sorgen, denn der Markt ist übersättigt, der Makler wirkt inkompetent, die letzten Interessenten haben ihr Angebot zurückgezogen und er kann die Hypothek nur noch diesen Monat zahlen, denn nächsten Monat werden die Raten erhöht. Danny schläft schlecht, was sich auch auf seine Arbeit auswirkt. »Hoffentlich verliebt sich heute jemand in mein Haus und macht mir ein Angebot«, denkt er, als er auf seinen Bus wartet.

Packen Sie die Dinge an?

Aber das wird wahrscheinlich nicht passieren, weil sich Danny auf lauter Dinge konzentriert, auf die er keinen Einfluss hat: den Markt, den Makler, die Reaktion der Kaufinteressenten, die höheren Hypothekenraten. Er fühlt sich machtlos und verschwendet viel Energie auf wenig Ergebnisse. Danny fühlt sich als Opfer, bestenfalls reagiert er noch auf das, was passiert, schlimmstenfalls ergibt er sich seinem Schicksal, was alles andere als rosig sein wird.

Stattdessen sollte Danny vom »Bedenkenträger« zum »Problemlöser« werden und darüber nachdenken, was er tun kann, um die Situation positiv zu beeinflussen.

Verantwortung aus wissenschaftlicher Sicht!

Im Jahr 1966 erkannte der Sozialpsychologe Julian Rotter, dass es Menschen mit einer externen und einer internen Kontrollüberzeugung gibt. Jene mit einer externen Kontrollüberzeugung suchen die Verantwortung nicht bei sich selbst, sondern glauben eher, dass das Leben von Schicksal, Glück oder anderen Menschen kontrolliert wird. Menschen mit einer internen Kontrollüberzeugung dagegen glauben, dass die Verantwortung bei ihnen selbst liegt und sie die Ereignisse durch ihr eigenes Verhalten beeinflussen können.

Die Forscher Crandall und Crandall stellten 1983 fest, dass Menschen mit einer internen Kontrollüberzeugung, also die Problemlöser, viele Vorteile haben. Sie sollen unter anderem …

- … gedanklich flexibler sein.

- … neue Erkenntnisse schneller verarbeiten können.

- … sich mehr fordern.

- … weniger Probleme damit haben, eine Belohnung aufzuschieben und bleiben auch noch dabei, wenn es schwierig wird.

- … besser mit Krankheiten umgehen können und auch schneller gesund werden.

- … besser mit ihren Mitmenschen auskommen und emotional ausgeglichener sein (höheres Selbstwertgefühl und weniger Ängste).

- … und allgemein zufriedener sein.

Woran liegt es also, dass die einen eine interne und die anderen eine externe Kontrollüberzeugung besitzen?

Wissenschaftler vertreten die Auffassung, dass Menschen, die sehr autoritäre Eltern hatten, eher eine externe Kontrollüberzeugung entwickeln. Emotional aufrührende Erlebnisse in der frühen Kindheit wie der Tod eines Elternteils können dasselbe bewirken.

Wer dagegen von seinen Eltern ermutigt wurde, aktiv zu werden, und erleben durfte, dass seine Anstrengungen belohnt wurden, hat gute Chancen, ein Problemlöser zu werden. Hinzu kommt, dass Menschen mit einer internen Kontrollüberzeugung zumeist äußerst liebevolle Eltern hatten.

Herausforderung: Mein Haus verkaufen

Bedenken	Was ich tun kann
Der übersättigte Markt	Herausfinden, ob ähnliche Immobilien günstiger verkauft werden, und den realistischen Marktpreis für mein Haus ermitteln.
	Den Preis senken.
Der Makler	Dem Makler eine Frist setzen und das Haus dann an einen anderen Makler übergeben.
	Mit dem Makler reden und hören, warum das Haus so schwer verkäuflich ist. Versuchen, Abhilfe zu schaffen.
Das Verhalten der letzten Interessenten	Den Makler nach den Gründen fragen, warum sich die letzten Interessenten gegen das Haus entschieden haben; vielleicht selbst ein Exposee erstellen, das ich potenziellen Interessenten zeigen kann.
	Ein paar kosmetische Verbesserungen vornehmen, wie etwa die Diele streichen.
Die Hypothekenraten	Mit der Bank reden und die Situation erläutern, vielleicht ist eine Umschuldung zu den bisherigen Konditionen möglich.
	Mit einer anderen Bank wegen einer Umschuldung sprechen (und prüfen, ob dann Gebühren an meine alte Bank fällig werden).

Konzentriert sich Danny auf die rechte Spalte, passiert zweierlei:

- Die Situation wird ihm nicht mehr so ausweglos erscheinen.

- Danny wird seine Energie darauf verwenden, über Lösungsmöglichkeiten nachzudenken anstatt sich Sorgen zu machen.

So eine konstruktive Haltung ist an und für sich schon sehr positiv, wird aber höchstwahrscheinlich noch mehr Vorteile bringen: Allein dadurch, dass Danny beginnt, die Dinge selbst in die Hand zu nehmen, werden sich bestimmt neue Möglichkeiten auftun, an die er bisher noch gar nicht gedacht hat. Vielleicht kommt er im Gespräch mit dem Immobilienmakler darauf, das Internet für seine Zwecke zu nutzen oder die Abstellkammer leer zu räumen, so dass sie größer wirkt.

Problemlöser sind proaktiv. Sie werden sich immer auf die rechte Spalte stürzen – mit dem Ergenis, dass sie auch mehr erreichen und das Gefühl haben, die Dinge unter Kontrolle zu haben.

Den Unterschied erkennen

Eine Möglichkeit, herauszufinden, ob Sie nur auf Ereignisse reagieren (reaktiv) oder sie aktiv angehen (proaktiv), besteht darin, sich bewusst zu machen, wie man bestimmte Situationen bewertet.

Stellen Sie sich folgende Situation vor: Sie sind frustriert, weil Ihre Chefin es sich ständig anders überlegt und Unmögliches von Ihnen verlangt. Im Folgenden bieten wir Ihnen zwei verschiedene Sichtweisen auf dieses Problem an. Links stehen die Gedanken der Bedenkenträger, rechts die der Problemlöser.

Kein Einfluss (Bedenkenträger)	Einfluss (Problemlöser)
Sie ist völlig realitätsfremd, weil sie den Druck, unter dem ich stehe, gar nicht sieht.	Ich kann eine Morgenbesprechung mit ihr vereinbaren, um die Prioritäten für den jeweiligen Tag festzulegen.
Sie kriegt ihr Privatleben nicht auf die Reihe und lässt das an mir aus.	Ich kann einen Kaffee mit ihr trinken gehen und fragen, ob ich ihr irgendwie helfen kann.
Ihr Chef ist genauso unrealistisch.	Ich kann Kollegen fragen, ob sie dieses Problem auch haben und wenn ja, wie sie damit umgehen.
Es fällt mir wirklich schwer, in so einer Umgebung zu arbeiten.	Ich suche mir Beispiele, an denen ich ihr zeigen kann, dass ich die Mehrarbeit nicht leisten kann, und schaffe so Präzedenzfälle.

Natürlich ist es wesentlich bequemer, sich auf die Spalte »Kein Einfluss« zu verlegen. Kurzfristig mag das sogar notwendig sein, zum Beispiel, wenn Sie den Tod eines Ihnen nahestehenden Menschen betrauern. Verharren Sie jedoch in dieser Einstellung, wird sich die Situation eher verschlimmern. Wenn Sie die Spalte »Einfluss« wählen, werden Sie die Situation sehr viel eher verbessern können.

Der Entschluss, dreimal in der Woche joggen zu gehen, mag uns am Anfang schwerfallen, macht uns aber mit Sicherheit fitter, als wenn wir auf dem Sofa vor dem Fernseher herumlümmeln. Wenn wir unsere Energie stets auf das konzentrieren, was innerhalb unseres Einflussbereichs liegt, proaktiver, und weniger gestresst sind, werden wir unsere Ziele wesentlich verlässlicher erreichen.

Beschäftigungstherapie

Eine Workshop-Teilnehmerin hatte einen Schwiegersohn, der an einer tödlichen Lungenkrankheit litt. Sie war ganz verzweifelt und fühlte sich die meiste Zeit vollkommen hilflos. Sie machte sich Sorgen um die Zukunft und darum, wie ihre Tochter wohl damit fertig werden würde.

Als sie mit dieser Übung an der Reihe war, schrieb sie auf, auf was sie Einfluss hatte – und auf was nicht. Da merkte sie, dass sie eine Menge zur Verbesserung der Lage beisteuern konnte. Ihr fiel ein, dass sie ihre Tochter regelmäßig besuchen und die Kinder hüten könnte, damit die Tochter mehr Zeit hätte, ins Krankenhaus zu gehen; sie könnte das Essen für die Familie kochen, um ihre Tochter zusätzlich zu entlasten; sie könnte ihr in rechtlichen Belangen helfen und ihr die vielen hochkomplizierten Formulare erklären, da sie eine Betriebskrankenkassenexpertin war.

Durch all diese Aktivitäten fühlte die Frau sich deutlich besser und half ihrer Tochter nicht nur durch ihre praktische Hilfe, sondern auch psychologisch. Nun war sie eine Mutter, die die Dinge anpackte, anstatt nur herumzujammern.

Macht mich zum Problemlöser – jetzt!

Nehmen Sie ein leeres Blatt Papier. Schreiben Sie ganz oben das Problem hin, mit dem Sie gerade zu kämpfen haben. Seien Sie vernünftig und suchen Sie sich etwas aus, das Ihnen wichtig ist und wo Sie auch wirklich etwas unternehmen können. Natürlich können Sie sich auch wünschen, die Fußballweltmeisterschaft zu gewinnen, aber das ist eher keine gute Übung, weil Sie diesbezüglich wenig ausrichten können. Genauso sinnlos ist es, sich vorzunehmen, die morgige Zeitung zu lesen (es sei denn, Sie sind der Redakteur).

Anschließend ziehen Sie in der Mitte des Blattes eine senkrechte Linie von oben nach unten. Links davon schreiben Sie alle Aspekte Ihres Problems hin, die Sie stören, aber die Sie nicht ändern können. Auf die rechte Seite kommt alles, worauf Sie Einfluss nehmen können.

Die meisten, die diese Übung machen, sind überrascht, wie viel ihnen zu der rechten Spalte einfällt. Steht hier eine lange Liste, wächst unser Selbstvertrauen und wir glauben, dass wir viele nützliche Dinge in die Wege leiten werden.

Ich kann nicht das Geringste ausrichten

Kann es auch vorkommen, dass ich bei einem bestimmten Problem wirklich gar nichts unternehmen kann? Nicht sehr oft. Zugegeben, es gibt durchaus Situationen, in denen wir nicht viel tun können. Angenommen uns regt die tagtägliche Umweltzerstörung auf. Doch selbst dann können wir beispielsweise …

- … die Partei wählen, die verspricht, unser Anliegen am besten zu vertreten.

- … umweltfreundliche Produkte kaufen.

- … unseren Müll trennen.

- … Leserbriefe an Zeitungen schreiben, in denen wir unsere Argumente darlegen.

- … ausschließlich in umweltfreundliche Fonds investieren.

- … an friedlichen Demonstrationen teilnehmen.

All dies wird sich nicht spürbar auf das Ozonloch auswirken und auch der Regenwald am Amazonas wird dadurch nicht wieder aufgeforstet. Trotzdem bewirken solche Aktionen mehr, als wenn man gar nichts tut.

Workouts

NACHMACHEN
Achten Sie bei Freunden darauf, ob er oder sie eine interne oder eine externe Kontrollüberzeugung besitzt. Und beobachten Sie sich selbst, um herauszufinden, ob Sie eher an die Macht des Schicksals oder sich selbst glauben.

SELBER MACHEN
Nehmen Sie sich eine neue Herausforderung vor und schreiben Sie auf, was Sie tun können und was außerhalb Ihres Einflussbereichs liegt. Holen Sie sich von Seite 73–77 ein paar Anregungen, was Sie in die jeweiligen Spalten schreiben könnten.

E   Starthilfe

Lieber Gott, mach mich fromm ...
... aber bitte nicht sofort!

Dinge aufschieben ist eines unserer heimlichen Laster: Keiner gibt es zu, aber jeder tut es. Egal, ob in der Arbeit oder in der Liebe, ob es darum geht, etwas für seine Gesundheit zu tun oder eine schlechte Angewohnheit abzulegen: In uns allen steckt ein Vogel Strauß, der zur gegebenen Zeit den Kopf in den Sand steckt.

Manchmal sind es nur Kleinigkeiten, wie zum Beispiel den Stapel schmutzigen Geschirrs nicht gleich abzuspülen. Und manchmal Dinge von größerer Tragweite, wie etwa eine Beziehung zu beenden oder den Chef auf eine Beförderung anzusprechen. Wenn wir etwas auf später vertagen, fallen uns in der Regel gute Gründe dafür ein: Der Student, der mit dem Kaffeetrinken aufhören möchte, muss erst bis nach dem Examen warten; der Single, der sich nicht traut, jemanden zum Essen einzuladen, ist einfach noch nicht soweit; die Büroangestellte, die ein Protokoll schreiben muss, ist einfach zu gestresst, um damit anzufangen; der Mann mit dem Sternzeichen Skorpion schickt das Formular nicht ab, weil in seinem Horoskop etwas von unvorhersehbaren Schwierigkeiten stand.

Wir alle leiden von Zeit zu Zeit an »Aufschieberitis« – doch Vorsicht, so etwas kann leicht zu einer schlechten Angewohnheit werden. Dann verhalten wir uns, als wäre das Leben eine Kreditkarte: So, wie wir uns manchmal etwas Neues zum Anziehen gönnen und uns erst im nächsten Monat um die Kosten kümmern, gehen wir ins Kino und denken »Ich habe ja noch jede Menge Zeit, der Abgabetermin ist erst am Freitag«. Das Dumme ist nur, dass wir diesen Kinoabend irgendwann teuer »bezahlen« müssen, weil wir enorm in Stress geraten werden, wenn wir die Dinge immer erst auf den letzten Drücker erledigen.

Und genau wie man das beim Kreditkarteninstitut macht, ist es auch äußerst verlockend bei der »Lebensbank« Schulden anzuhäufen, indem man eine Kleinigkeit nach der anderen aufschiebt. Die Rückzahlung dieser Zeitschulden kann lange dauern und ziemlich schmerzhaft sein.

Einen Vorteil hat die »Aufschieberitis« allerdings doch: Sie ist kein angeborener Charakterzug, sondern eher eine schlechte Angewohnheit, die wir uns im Lauf der Zeit zugelegt haben. So, wie wir lernen, Dinge zu vertagen, können wir das auch wieder verlernen. Unterm Strich fühlen wir uns dann nicht nur weniger gestresst und mehr Herr der Lage, sondern haben auch wesentlich mehr Zeit zur Verfügung.

Was Sie schon immer über »Aufschieberitis« wissen wollten, aber nie geschafft haben, zu fragen

Um mit dem notorischen Aufschieben Schluss zu machen, muss es einem erst einmal bewusst werden. Von da an ist es nur noch ein kleiner Schritt, herauszufinden, wie wir unsere Sachen geregelt bekommen.

Nach wissenschaftlichen und psychologischen Erkenntnissen gibt es genau fünf Gründe, warum wir die Erledigung von Aufgaben auf später vertagen. Wenn Sie wissen möchten, welche das sind, wie man sie erkennt und beseitigt, sollten Sie jetzt unbedingt weiterlesen.

Wann ist es sinnvoll, etwas aufzuschieben?

»Vernünftiges (oder rationales) Aufschieben« ist durchaus sinnvoll, zum Beispiel, wenn kein Zeitdruck herrscht und es sehr wahrscheinlich ist, dass bald zusätzliche Informationen vorliegen werden, sich die Situation verbessern wird oder es sich lohnt, lieber noch eine Weile über das Problem nachzudenken. Calvin Coolidge, der 13. Präsident der Vereinigten Staaten (1923–1929) nannte diese Strategie »kalkulierte Inaktivität«.

Was ist Ihre Ausrede?

Denken Sie an etwas, das Sie gerade vor sich herschieben. Lesen Sie sich die 15 folgenden Aussagen durch und kreuzen Sie die jeweilige Bewertung an, die Sie am zutreffendsten finden.

		nie	selten	manchmal	öfter	immer
1	Das betrifft mich kaum	1	2	3	4	5
2	Es wird mir keinen Spaß machen, das zu tun	1	2	3	4	5
3	Ich kann das wirklich nicht ordentlich tun	1	2	3	4	5
4	Ich bin jetzt dafür zu gestresst/müde/aufgeregt	1	2	3	4	5
5	Ich bin ja sehr beschäftigt, also muss ich Fortschritte machen	1	2	3	4	5
6	Das ist nicht schwierig, das kann ich ja jederzeit machen	1	2	3	4	5
7	Ich bin gerade nicht in der Gemütsverfassung	1	2	3	4	5
8	Ich bin super beschäftigt und habe bald die Ergebnisse	1	2	3	4	5
9	Das dauert nicht lange, ich erledige das zu einem späteren Zeitpunkt	1	2	3	4	5
10	Das habe ich schon mal verbockt, ich werd's bestimmt wieder verbocken	1	2	3	4	5
11	Das wird ja ewig dauern	1	2	3	4	5
12	Ich habe keine Lust, das jetzt zu tun	1	2	3	4	5
13	Das ist ein großer Schritt, ich fürchte, ich werde scheitern	1	2	3	4	5
14	Das ist wirklich unangenehm, ich mach das später	1	2	3	4	5
15	Ich weiß, was ich tun muss, also ist die Hälfte ja schon gemacht	1	2	3	4	5

Gegen Ende dieses Kapitels werden wir auf die Bedeutung Ihrer Bewertungen zurückkommen.

Fünf Gründe, etwas aufzuschieben

1 Selbstgefälligkeit

Das ist nicht weiter schwer, das erledige ich nebenbei.
Das dauert nicht lange, das kann ich später immer noch machen.
Ich weiß, was ich tun muss, also ist die Sache so gut wie erledigt.

Wer zu dieser Form des Aufschiebens neigt, glaubt Herr der Lage zu sein und es sich deshalb leisten zu können, abzuwarten. Ein Verhalten, das häufig mit Faulheit oder Desinteresse einhergeht – schließlich steht das Ergebnis ohnehin fest, wozu sich da noch besonders anstrengen?

Nur leider führt diese Form des Aufschiebens nur selten zum gewünschten Erfolg: In Äsops berühmter Fabel von der Schildkröte und dem Hasen ist sich der Hase seines Sieges über die Schildkröte derart gewiss, dass er sich erst einmal hinlegt und schläft. Mit dem Ergebnis, dass ihn die Schildkröte überholt.

Und in fast jedem James-Bond-Film gibt es eine Szene, in der der Erzschurke den Spion in seiner Gewalt hat – nur um ihn dann wieder entwischen und seine Pläne von der Weltherrschaft vereiteln zu lassen.

Wie gehe ich mit Selbstgefälligkeit um?
Eine Möglichkeit, damit umzugehen, besteht darin, sich eine tolle Chance auszumalen, die man allerdings nur nutzen kann, wenn die anstehende Aufgabe erledigt ist. Angenommen, unser Pass muss verlängert werden und wir warten damit bis einen Tag vor unserem nächsten Urlaub, weil das Passverlängern ja so einfach ist. Dann brauchen wir uns nur vorzustellen, dass wir bei einem Preisrätsel einen Auslandstrip gewinnen. Doch wenn wir keinen gültigen Pass besitzen, können wir auch nicht verreisen.

Peter wollte den Wasserhahn morgen reparieren.

Motiviert uns eine Aufgabe nicht ausreichend, setzen wir uns einfach ein anspruchsvolleres Ziel: In unserer Fabel findet es der Hase wenig reizvoll, die Schildkröte zu schlagen: Er geht fälschlicherweise davon aus, dass ihm das wie im Schlaf gelingen wird. Hätte der Hase nicht nur die Schildkröte schlagen, sondern auch einen neuen Geschwindigkeitsrekord aufstellen wollen, wäre er sofort losgerannt und hätte das Rennen niemals verloren.

Ist die Aufgabe relativ simpel, sollten Sie sie einfach sofort erledigen. Angenommen, Sie sind der Erzschurke in einem James-Bond-Film, dann drücken Sie bitte sofort ab und verfolgen Ihren Plan von der Weltherrschaft weiter. Es gibt keinerlei Grund, noch groß vor 007 anzugeben und ihm die Genialität Ihrer Pläne darzulegen. So schnell wie der Sie ohne Fallschirm aus dem Flugzeug gestoßen hat, können Sie gar nicht gucken! Da wir keine Erzschurken in einem James-Bond-Film sind, werden wir zwar nicht mit einer neuen Weltordnung belohnt, schaffen aber Ordnung in unserer eigenen Welt – und das ist immerhin schon mal ein Anfang!

2 Angst vor Unannehmlichkeiten
Das macht mir einfach keinen Spaß.
Das dauert ja ewig!
Das ist wirklich unangenehm, ich mach das später.

Diese Form des Aufschiebens liegt darin begründet, dass man einfach keine Lust dazu hat, die jeweilige Aufgabe zu erledigen, vor allem wenn es eine weitaus verlockendere Alternative gibt. Muss der Abwasch erledigt werden, wird selbst noch Fernsehwerbung interessant! Der Besuch beim Zahnarzt kann bestimmt noch bis nächsten Monat warten. Die Telefonrechnung bleibt bis zur nächsten Gehaltszahlung ungeöffnet und die Steuererklärung kann genauso gut morgen gemacht werden.

Es gibt aber auch schwerwiegendere Fälle. Zum Beispiel, wenn wir in einer unglücklichen Beziehung stecken, uns aber davor drücken, einen endgültigen Schlussstrich zu ziehen.

Die Angst vor Unannehmlichkeiten lässt uns die Dinge jedes Mal wieder auf die lange Bank schieben.

Wie gehe ich mit der Angst vor Unannehmlichkeiten um?
Wenn uns die Größe der anstehenden Aufgabe (zum Beispiel die Steuererklärung) Angst macht, haben wir stets die Möglichkeit, sie in leicht verdauliche Einzelaufgaben zu zerlegen (Belege zusammensuchen, nur die erste Seite des Formulars ausfüllen usw.). Haben wir erst einmal damit angefangen, ist das Projekt meist schneller erledigt, als zunächst gedacht.

Eine zweite Hilfestellung bietet uns die Philosophie von Mary Poppins: Ein Löffel Zucker trägt dazu bei, uns die bittere Medizin zu versüßen. Niemand spült gerne ab, aber das heißt noch lange nicht, dass wir uns die lästige Pflicht nicht etwas versüßen dürfen: Gönnen Sie sich eine Tasse Kaffee oder ein Glas Wein, während Sie Teller und Töpfe schrubben (aber nur, wenn Sie es sofort tun!). Oder aber brennen Sie sich eine CD mit Ihrer Lieblingsmusik – Abwaschmusik, Teil eins.

Zum Schluss noch eine kleine Herausforderung: Erledigen Sie jeden Tag etwas Unangenehmes, das Sie sonst auf morgen vertagen würden. Sie werden staunen, wie viel mehr Sie abhaken können! Schon bald gibt es gar keine frustrierenden Dinge mehr, die noch auf Sie warten!

3 Versagensangst

Ich bekomme das sowieso nicht anständig hin.
Das habe ich schon mal verbockt, ich werd's bestimmt wieder verbocken.
Das ist ein großer Schritt, ich fürchte, ich werde scheitern.

Manchmal reicht schon die Möglichkeit eines Misserfolgs aus, eine Aufgabe gar nicht erst anzugehen. Stellen Sie sich einen attraktiven Menschen vor, mit dem Sie ausgehen möchten. Sie trauen sich aber nicht, ihn oder sie zu fragen, weil die Antwort möglicherweise »Nein« lauten könnte. Oder aber in der Arbeit besteht Aussicht auf eine Beförderung, aber Sie bringen den Mut einfach nicht auf, das Thema anzusprechen, weil Sie den Posten eventuell doch nicht bekommen könnten.

Es mag viele Gründe geben, warum wir keinen schicken Club ansteuern, keine Telefonakquise machen und keinen Salsakurs belegen – aber der wahre, echte Grund ist die Angst vor dem eigenen Versagen.

Einige von uns nutzen diese Form des Aufschiebens auch einfach als Ausrede. »Mein Französisch ist eigentlich ganz gut, ich habe die Arbeit bloß nicht mehr durchgelesen.« Dadurch lindern wir zwar ein wenig den Schmerz, versagt zu haben, werden aber auch nie die Befriedigung spüren, es trotz allem geschafft zu haben.

Wie gehe ich mit Versagensangst um?
Versagensangst hat nichts mit Versagen zu tun, sondern nur mit Angst. Wie sagt Simon Woodroffe, der Gründer von »Yo Sushi!« noch so schön? »Ich habe versucht, herauszufinden, was erfolgreiche Unternehmer verbindet. Nun, sie alle machen Fehler, und zwar durchaus nicht wenige.« Erfolgreiche Menschen machen viele Fehler, sie haben bloß keine Angst davor.

Überlegen Sie doch mal: Was ist schlimmer, nie mit jemandem auszugehen oder ein paarmal einen Korb zu kriegen? Sie brauchen nur einen einzigen Menschen, der »Ja« sagt! Verbuchen Sie die »Neins« einfach unter Erfahrung ab und lernen Sie daraus: »Liegt es an meinem Deo? Oder war ich zu draufgängerisch?« Dasselbe gilt für Bewerbungen: Solange wir aus der Absage lernen, ist es nicht weiter schlimm, wenn wir eine bekommen. Das nächste Mal machen wir es eben besser, und früher oder später wird irgendjemand »Ja« sagen. Aber kein Mensch wird »Ja« sagen, wenn wir uns gar nicht erst bewerben.

Sich selbst erfüllende Überzeugungen

Der Psychologe Albert Bandura vertrat die Auffassung, dass erfolgreiche, entscheidungsfreudige Menschen auch deshalb erfolgreich und entscheidungsfreudig sind, weil sie glauben, erfolgreich und entscheidungsfreudig zu sein. Und wenn Menschen denken, sie seien nicht erfolgreich und nicht entscheidungsfreudig, wird das irgendwann auch so sein. Denken Sie proaktiv, dann haben Sie es fast schon geschafft!

4 Emotionale Blockaden
Ich bin jetzt einfach zu gestresst/müde/aufgeregt.
Ich bin gerade nicht in Stimmung.
Ich habe im Moment keine Lust dazu.

Manchmal nutzen wir Gefühle nur als Vorwand, nicht zu handeln. Wir reden uns ein, das sei jetzt nicht der richtige Zeitpunkt und warten auf den »perfekten Moment« dafür.

Stellen Sie sich folgende Situation vor: Sie haben eine albtraumartige Fahrt zur Arbeit hinter sich: Der Bus kommt nicht, im Zug müssen Sie stehen, Sie kommen viel zu spät und sind super nervös. Aber anstatt dringende E-Mails zu beantworten, gehen Sie lieber zum Kaffeeautomaten und quatschen mit einem Kollegen, um sich in Stimmung zu bringen. Oder aber Sie beschließen zu sparen, indem Sie die nächsten Wochen weniger ausgehen. Aber weil so viele Geburtstage anstehen, entscheiden Sie, erst im nächsten Monat mit dem Sparen anzufangen.

Wie gehe ich mit emotionalen Blockaden um?
Auf den perfekten Moment zu warten, hat einen Haken: Er kommt nie! Es gibt immer wieder neue Gründe, Dinge aufzuschieben – und zwar so lange, bis die Gelegenheit endgültig vorbei ist.

Um beim Beispiel »sparen« von eben zu bleiben: Es wird immer irgendjemanden geben, der Geburtstag oder etwas zu feiern hat. Wenn Sie einen Monat warten, sind die Chancen ziemlich groß, dass Sie noch mehrere Monate warten, bevor sie anfangen, weniger auszugeben.

Emotionale Blockaden überwinden Sie, indem Sie sich vorstellen, was passiert, wenn Sie nicht gleich handeln. Gehören Sie zu denjenigen, die sagen »Das geht gerade nicht, dazu bin ich viel zu gestresst«? Dann denken Sie daran, wie gestresst Sie sein werden, wenn Sie erst in letzter Minute damit beginnen!

Allein dadurch, dass wir aktiv werden, verschwindet die emotionale Blockade wie von selbst! Kommen wir zu spät ins Büro, wird sich unsere Stimmung eher bessern, wenn wir uns sofort in die Arbeit stürzen, anstatt Kaffee mit einem Kollegen zu trinken.

5 Blinder Aktionismus

Ich bin total beschäftigt, also muss ich Fortschritte machen.
Niemand weiß zu schätzen, wie viel ich tue.
Es gibt so viel zu erledigen, ich muss weitermachen.

Wer sich recht häufig bei solchen Gedanken ertappt, ist der reinste »Aktionsillusionist«. Aber anstatt den Zauberstab zu schwingen und Menschen oder Kaninchen verschwinden zu lassen, nutzt er jeden Taschenspielertrick, um Zeit verschwinden zu lassen bzw. zu vernichten. Der »Aktionsillusionist« erstellt lieber aufwendige Lernpläne als sich ernsthaft auf die Prüfung vorzubereiten und sagt dann »Keine Ahnung, wo die Zeit geblieben ist!«. Solche Menschen gehen nur mal kurz ins In-

Dabei habe ich so einen tollen Lernplan gemacht!

ternet um etwas nachzuschauen – und sind eine Stunde später immer noch am Surfen! Wenn man sie zur Rede stellt, wiederholen sie gebetsmühlenartig folgendes Mantra: »Dabei habe ich unheimlich viel gearbeitet, ehrlich!« Was natürlich die größte aller Illusionen überhaupt ist.

Wie gehe ich mit blindem Aktionismus um?
Das Merkwürdige an »Aktionsillusionisten« ist, dass sie in aller Regel mehr Energie und Zeit darauf verwenden, die Arbeit nicht zu machen, als sie eigentlich für deren Erledigung brauchen würden. Die Erstellung eines Lernplans, der ja eigentlich nur ein praktisches Hilfsmittel sein soll, wird wichtiger als das Lernen selbst. Wenn unsere »Aktionsillusionisten« doch nur so viel Arbeit in das stecken würden, was sie eigentlich tun sollen!

Sollten Sie zu jenen »Aktionsillusionisten« gehören, können Sie den Teufelskreis nur durchbrechen, wenn Sie Ihren blinden Aktionismus überhaupt erst bemerken. Von außen mag es ja so aussehen, als ob Sie arbeiten: Sie checken Ihre Mailbox, schauen sich nochmal die Monatszahlen an, überprüfen die Lagerbestände, obwohl Sie sie gestern schon einmal überprüft haben. Sie sind sehr beschäftigt – aber leider nicht mit den Aufgaben, die tatsächlich erledigt werden müssen.

Legen Sie fest, wie das Arbeitsergebnis auszusehen hat und wie Sie es am besten erreichen können. Und dann tun Sie's auch, ohne sich ablenken zu lassen.

Jetzt sehen Sie sich den Fragebogen auf Seite 83 noch einmal an und zählen die Zahlen zu Ihren Bewertungen wie folgt zusammen:

① + ⑥ + ⑨ = ◯   (Selbstgefälligkeit)

② + ⑪ + ⑭ = ◯   (Angst vor Unannehmlichkeiten)

③ + ⑩ + ⑬ = ◯   (Versagensangst)

④ + ⑦ + ⑫ = ◯   (Emotionale Barrieren)

⑤ + ⑧ + ⑮ = ◯   (Blinder Aktionismus)

Zu jeder Form von »Aufschieberitis« müssen Sie nun ein Ergebnis zwischen 3 und 15 ermittelt haben. Je höher die Zahl ausfällt, desto mehr neigen Sie zu dieser speziellen Form des Aufschiebens. Ist Ihr Ergebnis niedriger als 8, müssen Sie sich keine großen Gedanken darüber machen. Ist ein Ergebnis jedoch höher als 12, sollten Sie sich noch einmal ausführlicher mit dem entsprechenden Abschnitt in diesem Kapitel beschäftigen. Und ganz egal, was Sie sonst noch so alles vorhaben – verschieben Sie's nicht auf später!

Nützliche Strategien

Es kann gut sein, dass Sie in verschiedenen Lebensbereichen auch zu verschiedenen Formen von »Aufschieberitis« neigen. Oder Sie neigen eher zu Mischformen. Wie dem auch sei – im Folgenden finden Sie fünf effektive Strategien, mit denen Sie die fünf genannten Aufschieberitis-Hauptarten (und viele Unterarten) in den Griff kriegen. Experimentieren Sie damit, um herauszufinden, welche Strategie für Sie die beste ist.

Fünf gewinnt – Der Fünf-Minuten-Start

Fünf Minuten sind gar nichts: So lange dauert ein Lied im Radio oder das Kochen eines Eis. Denken Sie an ein Vorhaben, dass Sie schon eine ganze Weile vor sich herschieben, und widmen Sie ihm nur 300 Sekunden Ihrer Zeit. Sind die fünf Minuten um, überlegen Sie, ob Sie der Angelegenheit noch mal fünf Minuten widmen wollen. Wenn ja, dann tun Sie's. Vielleicht hängen Sie sogar noch weitere fünf Minuten dran. Nach einer Weile sind Sie so in die Erledigung der Aufgabe vertieft, dass Sie nicht mehr in Fünf-Minuten-Schritten denken.

Treffer, versenkt! – Ziele und Belohnungen

Setzen Sie sich für jeden Tag Ziele und belohnen Sie sich, wenn Sie ein Ziel erreichen – sei es mit einer kurzen Pause, einem kleinen Entspannungssurf im Internet oder gönnen Sie sich sonst etwas Gutes. Wichtig ist, dass die Ziele erreichbar sind (und die Belohnungen angemessen). Außerdem sollten Sie Ihre jeweiligen Fortschritte regelmäßig überprüfen und Ihre Ziele entsprechend anpassen. (Hallo Sie da, Sie »Aktionsillusionist«! Legen Sie sofort die Leuchtmarker weg, aber sofort!)

Seien Sie nett zu sich selbst – »Heute-Ich« vs. »Morgen-Ich«

Wenn wir einen Haufen Arbeit zu erledigen haben, ärgern wir uns oft, dass wir nicht früher damit angefangen haben. Spinnen Sie das ruhig einmal weiter und stellen Sie sich eine Unterhaltung zwischen Ihrem »Heute-« und Ihrem »Morgen-Ich« vor. Wenn Ihr »Morgen-Ich« mit Ihrem »Heute-Ich« ein Pläuschchen halten könnte, was würde das wohl sagen? Hinterlässt das Freitags-Ich dem Samstags-Ich die ganze Arbeit, wird das Samstags-Ich wenig begeistert sein. Also, seien Sie nett zu Ihrem Samstags-Ich und sorgen Sie dafür, dass auch das Freitags-Ich einen angemessenen Teil der Arbeit erledigt.

Blumen für die Schwiegermutter – Unangenehme Untätigkeit

Wir können uns die Vorstellung, untätig zu bleiben, aber auch so unangenehm gestalten, dass uns gar keine andere Wahl bleibt, als aktiv zu werden und die Sache hinter uns zu bringen. Das können ganz banale

Selbstbestrafungsaktionen sein, wie der ungeliebten Schwiegermutter einen Blumenstrauß zu schicken oder etwa Geld an eine Organisation zu überweisen, die wir absolut nicht mögen: an den FC Bayern zum Beispiel, wenn wir ein eingefleischter Fan von St. Pauli sind, oder an einen Hundezüchterverein, wenn wir Katzenliebhaber sind. Geben Sie die ausgefüllte Überweisung einem Freund, der sie einwerfen soll, wenn wir unser Ziel nicht erreichen. Werden Sie ruhig kreativ, wenn es darum geht, sich Strafen auszudenken. Je peinlicher und erniedrigender die Strafe, desto größer wird der Ansporn, die Aufgabe zu erledigen.

Ich hab's gehört – Aussagen vor Zeugen

Hochzeiten sind öffentliche Zeremonien – nicht zuletzt auch, um dem Eheversprechen noch mehr Gewicht zu verleihen. Genau denselben Effekt hat es, wenn wir vor Zeugen bekunden, etwas zu tun: Um nicht das Gesicht zu verlieren, zwingen wir uns, durchzuhalten. Angenommen, Sie wollen eine Diät machen: Wann ist der Druck größer? Wenn Sie niemandem von Ihrem Vorhaben erzählen oder wenn Sie Ihre Pläne allen Freunden mitteilen? Eine solche Strategie kann zwar im Falle eines Scheiterns Schuldgefühle verursachen, ist aber höchst wirkungsvoll!

SELBER MACHEN

Notieren Sie, was Sie immer wieder aufschieben. Dann arbeiten Sie die folgenden Fragen durch und versuchen eine Lösung zu finden:

A Warum ist es wichtig, dass das erledigt wird?

B Was empfinde ich bei der Vorstellung, diese Aufgabe anzupacken?

C Was empfinde ich bei der Vorstellung, diese Aufgabe abzuschließen?

D Welche Aufschiebetaktiken hindern mich daran? Warum?

E Welche Strategien könnte ich anwenden, diese Aufschiebetaktiken aus dem Weg zu räumen?

F Wann werde ich damit fertig sein?

G Wer könnte mein Zeuge sein und wann will ich meine Fortschritte überprüfen?

Überzeugend wirken

Ich bin ehrlich; du bist direkt; sie ist unhöflich. Ich bin kreativ; du bist anders; sie ist komisch. Ich bin entscheidungsfreudig; du bist kritisch; sie hat Chefallüren.

Ein- und dasselbe Verhalten kann höchst unterschiedlich ausgelegt werden und somit ist die Gefahr groß, einen falschen Eindruck zu machen.

Wie so oft im Leben geht es weniger darum, was man tut oder wie man es tut – sondern lediglich darum, wie das die anderen sehen und beurteilen. Manchmal ist es schon merkwürdig, dass unsere tollen Argumente, unser Charme und unser Intellekt nicht ausreichen, um andere Menschen zu überzeugen. Aber auch dafür gibt es in der Regel eine ganz rationale Erklärung (ohne, dass wir deswegen schlechte Argumente oder kein Charisma haben bzw. zwar nett, aber ein bisschen doof sind).

Wir hinterlassen den falschen Eindruck, weil wir es gewohnt sind, die Dinge ausschließlich mit unseren und nicht mit den Augen anderer Menschen zu sehen. Gelingt es uns erst einmal, die Dinge aus einem anderen Blickwinkel zu betrachten, können wir unser Verhalten viel besser steuern und unsere Chancen, gemocht, geliebt, respektiert und bewundert zu werden oder überzeugend und einnehmend zu wirken, deutlich verbessern.

Dieses Kapitel strotzt nur so vor praktischen Tipps, Tricks und Techniken. Sie helfen uns, die Dinge mit anderen Augen zu sehen, und führen dazu, dass wir unser Verhalten so ändern, dass wir ...

- den Eindruck hinterlassen, den wir hinterlassen möchten (Eindruck machen)

- Menschen von unserer Sichtweise überzeugen (Einfluss nehmen)

- gut mit unseren Mitmenschen auskommen (Beziehungen herstellen)

- uns Respekt und Gehör verschaffen – und zwar auch bei Freunden und Kollegen, die mit einem übergroßen Selbstbewusstsein ausgestattet sind (souverän sein)

Ich bin großartig; du bist toll; sie ist fantastisch.

(F) Eindruck machen

Warum Gangster ihre Mütter lieben

»Der Junge sieht hervorragend aus, das hat er von seinem Vater: Er ist groß und stark, der geborene Sportler und kann sich vor Verehrerinnen kaum retten.« So überschwenglich können Mütter ihre Söhne beschreiben. Solche Beschreibungen sind zwar nicht unbedingt falsch, unterscheiden sich aber unter Umständen erheblich davon, wie wir unseren besten Freund sehen, dessen einzige sportliche Begabung darin besteht, dass er den Weltrekord im Channelhopping hält, sobald Fußball im Fernsehen kommt.

Anaïs Nin hat einmal gesagt: »Die Dinge sind nicht, wie sie sind, sie sind, wie wir sind.« Eine Aussage, die erst recht auf Menschen zutrifft. Ein und derselbe Mensch wird von verschiedenen Leuten verschieden beurteilt. Kein Krimigangster taugt etwas ohne eine Mutter, die ihn anbetet und felsenfest davon überzeugt ist, dass er kein Wässerchen trüben kann.

In diesem Kapitel geht es um mehr, als zu lernen, sich anzupassen und sich richtig benehmen zu können, sondern darum, herauszufinden, wie die anderen die Welt und in diesem speziellen Fall uns sehen. Wenn zwei Kollegen aus einem Meeting kommen, an dem wir zum ersten Mal teilgenommen haben, ist es gut möglich, dass der eine denkt »Wie gut, dass endlich jemand im Team ist, der auch mal Entscheidungen trifft« und der andere »Mit jemandem, der derart impulsiv ist, müssen wir vorsichtig sein«. Unser Verhalten war ein und dasselbe, aber zwischen den beiden Interpretationen liegen Welten.

Wie jemand unser Verhalten deutet, sagt oft mehr über ihn oder sie aus als über uns selbst. Das mag uns auf den ersten Blick auch nicht groß weiterhelfen, aber in Wahrheit ist diese Erkenntnis Gold wert. Denn wenn wir begreifen, wie die anderen die Welt sehen, können wir unser Verhalten anpassen, um so viel wie möglich von ihnen zu bekommen und auch selbst möglichst viel geben zu können.

Schwarz und Weiß

Was sehen Sie auf der unteren Abbildung? Manche erkennen einen Saxophonspieler, andere sind fest davon überzeugt, das Gesicht einer Frau vor sich zu haben. Und wieder andere sind sich nicht ganz sicher.

In diesem Fall handelt es sich nur um ein statisches Schwarzweißbild – und trotzdem gibt es schon mehrere Interpretationsmöglichkeiten. So überrascht es auch nicht weiter, dass der Deutungsspielraum beim so viel komplexeren menschlichen Verhalten nahezu unendlich ist.

Wie verhalten Sie sich?

Im Supermarkt kauft jeder Mensch auf seine Art ein. Für die einen handelt es sich dabei um eine Aufgabe, die so schnell wie möglich erledigt werden muss. Sie wählen das, was sie einkaufen, unter spontanen Gesichtspunkten aus. Für diese Menschen ist der Einkauf schon dann erfolgreich, wenn sie im Großen und Ganzen das Richtige im Einkaufswagen haben, und das in möglichst kurzer Zeit.

Andere betrachten den Einkauf im Supermarkt als eine strategische Operation, die von langer Hand geplant werden will. Sie schreiben Einkaufszettel, laufen die einzelnen Gänge in einer ganz bestimmten Reihenfolge ab und packen ihre Ware an der Kasse so in die Plastiktüten, dass sie optimal ausgenutzt werden und daheim schnell wieder geleert sind. Für diese Menschen ist der Einkauf dann ein Erfolg, wenn alles wie geplant besorgt werden konnte, auch wenn es etwas länger gedauert hat.

Für eine dritte Sorte Mensch ist der Supermarkt eine Schatzhöhle, die erkundet werden muss. Sie haben keine Liste, flanieren die Gänge auf und ab, schauen sich neue Produkte an und machen Impulskäufe. Erfolgreich war ihr Einkauf dann, wenn sie etwas Neues entdeckt haben. Ob sie die richtigen Sachen mit nach Hause bringen, ist ihnen nicht so wichtig.

Wenn diese Menschen nun gemeinsam einkaufen gehen, dann ist Ärger fast vorprogrammiert. Während der Erste schon mit dem Einkauf halb fertig ist, sitzt der Zweite noch daheim und schreibt an seinem Einkaufszettel, während der Dritte mit einem Verkäufer über den neuen Käse schwatzt, den dieser zum Probieren an die Kunden verteilt.

Je nachdem, welche Prioritäten wir haben, erledigen auch wir ein und dieselbe Sache mal so und mal so. Wenn wir lernen, die Beweggründe der anderen zu begreifen (dem ersten Shopper geht es um die Geschwindigkeit, dem zweiten um Perfektion und der dritte wünscht sich eine Entdeckungsreise), können wir auch lernen, unser Verhalten zu ändern und einen guten Eindruck auf die anderen zu machen.

Hände schütteln oder verbeugen?

Aber sollen wir unser Verhalten wirklich ändern? Werden wir uns dadurch nicht untreu? Und: Sollten uns die Menschen nicht so mögen, wie wir sind, anstatt nur unsere Fassade, die wir aufbauen, um den anderen zu gefallen? Die Antwort auf diese Fragen lautet, dass wir uns natürlich treu bleiben und die Menschen um ihrer selbst mögen sollten. Aber das heißt noch lange nicht, dass wir unser Verhalten nicht bis zu einem gewissen Grad an unsere Umwelt anpassen dürfen.

Hier nur ein Beispiel: Ein Amerikaner trifft einen Japaner. Schütteln sie sich die Hand oder verbeugen sie sich voreinander? Idealerweise versuchen sie beides – das mag ein bisschen tollpatschig aussehen, aber es zeigt den guten Willen von beiden Seiten, dem anderen entgegenzukommen. Genauso verhält es sich auch mit dem Wunsch, unsere Wirkung auf andere zu kennen und gezielt einsetzen zu können. Wir werden uns deshalb noch lange nicht untreu, sondern zeigen nur die Bereitschaft, die Welt mit anderen Augen zu sehen.

Motivationstypen à la *Sex and the City*

Im Wesentlichen geht es darum, herauszufinden, was Menschen dazu bringt, sich so oder so zu verhalten. Angenommen, wir sehen, wie jemand falsch in eine Einbahnstraße rast. »Ist der denn wahnsinnig?«, denken wir, bis wir erfahren, dass bei seiner schwangeren Frau gerade die Wehen eingesetzt haben und sie der Fahrer so schnell wie möglich ins Krankenhaus gebracht hat.

Unser Verhalten können wir in der Regel relativ leicht an bestimmte Situationen anpassen, doch was unsere innere Motivation angeht, sind wir weitaus weniger flexibel. Wir haben eine bestimmte Weltsicht und solange nichts wirklich Außergewöhnliches geschieht, halten wir auch daran fest. Aber wenn wir verstehen, was Menschen motiviert, können wir ihnen auch mehr Verständnis entgegenbringen. Nur wie finden wir ihre Beweggründe heraus?

Auch wenn wir diese Frage nie endgültig beantworten können, können wir es wenigstens versuchen. Im Allgemeinen lassen sich vier verschiedene Motivationstypen unterscheiden, wobei niemand zu hundert Prozent einem bestimmten Typ entspricht. Für alle, die eine kleine Fleißaufgabe machen wollen, die auch noch Spaß macht: Legen Sie eine DVD der Kultserie *Sex and the City* ein. Die vier Protagonistinnen repräsentieren ziemlich exakt unsere vier verschiedenen Motivationstypen.

Typ 1: Der Kümmerer: Charlotte

In *Sex and the City* ist Charlotte die Netteste. Sie ist diejenige, die sich am meisten um andere kümmert, und wünscht sich nichts sehnlicher, als dass es allen gut geht. Bei Konflikten will sie instinktiv helfen.

Kümmerer haben nur einen Wunsch, nämlich in Harmonie zu leben. Sie sehen sich als Menschenkenner, haben ein geselliges, herzliches Wesen, gehen gern auf andere zu und sind oft erfolgreiche Netzwerker.

Stabile Beziehungen sind für Kümmerer enorm wichtig. Deshalb zeigen sie gern Gefühle (und erwarten das auch von anderen). Sie sind loyal; bei Meinungsverschiedenheiten geben sie um des lieben Friedens willen lieber nach; wenn Entscheidungen zu treffen sind, ziehen sie gern andere hinzu (und wollen auch selbst gern gefragt werden). Sie sind sozial und lieben es, anderen Menschen Ratschläge zu erteilen. Kümmerern ist es wichtig, dass man sie mag und schätzt – ein paar lobende Worte können bei ihnen Wunder bewirken.

- Du hast ein Problem? »Lass uns Rat einholen«, ist die prompte Antwort eines typischen Kümmerers.

- Sie sind im besten Fall: ehrlich, hilfsbereit, freundlich und sozial.

- Sie sind im schlechtesten Fall: einfältig, naiv, gluckenhaft und extrem neugierig.

- Sie hassen: Wenn jemand absichtlich ekelhaft ist; wenn erbarmungslos auf den Gefühlen von Menschen herumgetrampelt wird; Unsensibilität; Schikane; Sätze wie »Der Zweck heiligt die Mittel«; Gemeinheiten; wenn sie ignoriert oder außen vor gelassen werden; soziale Isolation.

- Der perfekte Partner ..., wenn etwas mit Fingerspitzengefühl erledigt werden muss.

Typ 2: Der Macher: Samantha

Samantha und Charlotte trennen in vielerlei Hinsicht Welten. Samantha ist abenteuerlustig und schnell gelangweilt, sie ist ehrgeizig und setzt ihre Interessen gnadenlos durch. Charlotte möchte vor allem, dass man sie mag. Samantha möchte respektiert werden.

Macher werden durch Herausforderungen, den Reiz des Neuen und das erfolgreiche Erledigen von Aufgaben motiviert. Sie möchten so schnell es geht auf den Punkt kommen und, wenn möglich, als Erste. Wenn sie das erreicht haben, formulieren sie sofort ein neues, anspruchsvolles Ziel. Stehen die Strategie oder der Lösungsweg noch nicht fest, lassen sich Macher allerdings schnell frustrieren. Stellt man ihnen jedoch eine passende Aufgabe und lässt sie diese mit ihren eigenen Mitteln lösen, liefern sie prompt Ergebnisse. Im Allgemeinen entscheiden sie sich lieber (vor)-schnell, als Dinge auf die lange Bank zu schieben, sie fangen gerne Projekte an, die sie nicht unbedingt zuende bringen. Macher bringen Dinge ins Rollen, aber die Organisation und die Umsetzung überlassen sie lieber anderen.

- Du hast ein Problem? »Lass mich nur machen, ich erledige das für dich«, ist so ein typischer Macher-Satz.

- Sie sind im besten Fall: direkt, ehrgeizig, begeisterungsfähig, schnell von Begriff, entscheidungsfreudig, anspruchsvoll.

- Sie sind im schlechtesten Fall: barsch, aggressiv, oberflächlich, unflexibel, streitsüchtig.

- Sie hassen: Langeweile; Verzögerungen; Worte statt Taten; und alles und jeden, der ihren eigenen Zielen im Weg steht.

- Der perfekte Partner..., wenn etwas absolut dringend erledigt werden muss.

Typ 3: Der Profi: Miranda

Miranda ist Anwältin und, wie jeder gute Anwalt, glaubt auch sie, dass der Teufel im Detail steckt. Wo Macher wie Samantha am liebsten zur nächsten Aufgabe übergehen, erledigt Miranda die vorherige lieber erst mal ordentlich.

Profis werden dadurch motiviert, dass sie etwas gut hinkriegen – sie suchen stets nach der optimalen Lösung. Haben sie sich erst einmal zu etwas verpflichtet, erledigen sie ihre Aufgabe absolut gewissenhaft.

Das Mantra der Profis lautet: Wenn man etwas anfängt, muss man es auch ordentlich zuende bringen. Die Perfektionssucht der Profis zeigt sich oft darin, dass sie die Ersten sind, die Lücken oder Fehler erkennen oder Lösungswege infrage stellen. Sie schätzen es, wenn man ihnen die Freiheit lässt, die Dinge auf ihre Art zu durchdenken. Ihre Selbstgenügsamkeit macht es für andere schwierig, sie näher kennenzulernen.

- Du hast ein Problem? »Lass mich nachdenken«, lautet die typische Profi-Antwort.

- Profis sind im besten Fall: unabhängig, originell, bestimmt, eigenständig, gründlich, genau.

- Sie sind im schlechtesten Fall: abgehoben, pedantisch, kalt, umständlich, wichtigtuerisch.

- Sie hassen: wenn etwas unfertig abgegeben wird; alles Überstürzte; wenn man ihnen sagt, wie sie etwas tun sollen; wenn sie ständig gestört werden; persönliche Fragen; große Egos; Jovialität.

- Der perfekte Partner ..., wenn etwas zuverlässig erledigt werden muss.

Typ 4: Der Vermittler: Carrie

Carrie ist der Mittelpunkt der Serie und das Bindeglied zwischen den Freundinnen. Ohne sie sähen Charlotte, Samantha und Miranda etwas verloren aus.

Vermittler sind eine Mischung aus den anderen drei Motivationstypen. Sie finden es wichtig, Menschen zu respektieren und ihre Dinge ordentlich geregelt zu bekommen. Flexibilität ist ihnen besonders wichtig und sie versuchen, in allen Lebenslagen möglichst gelassen zu bleiben. Bei Meinungsverschiedenheiten fällt ihnen oft die Rolle des Schlichters zu, weil sie sich schnell in andere hineinversetzen können. Vermittler passen sich gern an, probieren gern mal was aus, sind offen für Veränderungen, kümmern sich um eine sichere Basis und haben auch Alternativen parat.

- Du hast ein Problem? »Ich werde eine Lösung finden«, lautet die typische Antwort des Vermittlers.

- Sie sind im besten Fall: flexibel, anpassungsfähig, teamfähig, ausgleichend, vielseitig.

- Sie sind im schlechtesten Fall: schwach, intrigant, schmeichlerisch, wankelmütig, unfähig.

- Sie hassen: Leute, die sich in etwas verrennen; Sturheit; extremes Verhalten.

- Der perfekte Partner…, wenn es darum geht, für alle Fälle gerüstet zu sein.

Wie wir uns gegenseitig einschätzen

Jetzt haben wir eine ungefähre Vorstellung von der Motivation, die uns antreiben kann. Aber was denkt ein Motivationstyp über den anderen?

So denkt der Kümmerer über …
- Macher: selbstgefällig – mögen es vielleicht gut meinen, gehen aber im Ernstfall über Leichen. Ich würde sie gern besser kennenlernen, bin mir aber nicht sicher, ob ich sie wirklich mögen werde. Wenn Macher mehr auf andere eingehen würden, hätten sie mehr Erfolg.

- Profis: Etwas kaltschnäuzig. Toll, wenn es darum geht, etwas zuverlässig zu erledigen, aber sie können es auch übertreiben – vor allem, wenn die anderen längst gelangweilt sind.

- Vermittler: Offen für Neues. Wissen andere Menschen sehr zu schätzen. Ich mag ihre Flexibilität, weiß aber leider oft nicht, woran ich bei ihnen bin.

So denkt der Macher über …
- Kümmerer: Weiche Typen. Leicht zu überzeugen. Stecken ihre Nase gern in anderer Leute Angelegenheiten (was mich persönlich null interessiert). Überempfindlich, nützlich, wenn es darum geht, andere mit ins Boot zu holen.

- Profis: L a n g s a m. Ihnen geht es eher um ihre Ideale als um tatsächliche Ergebnisse. Viele haben keine Ahnung von der Realität. Haben immer etwas zu meckern. Bestenfalls bewahren sie uns davor, einen Fehler zu machen und bringen uns auf eine bessere Lösung (was allerdings seinen Preis hat).

- Vermittler: Scheinen kapiert zu haben, dass es wichtig ist, etwas voranzubringen. Ändern ständig ihre Meinung, einfach nicht festzunageln.

So denkt der Profi über ...
- Kümmerer: Fragen mich, wie's mir geht, anstatt wie sie helfen können. Kapieren nicht, worum es wirklich geht. Brauchen ständig Aufmerksamkeit. Andererseits sind sie freundlich und meinen es gut. Sie sind gute Zuhörer, auch wenn sie nicht immer alles verstehen.

- Macher: Adrenalinjunkies – immer auf der Suche nach Abwechslung, anstatt mal was zu Ende zu bringen. Ich bewundere ihre Energie, aber ihre mangelnde Ausdauer kann ganz schön frustrierend sein. Wenn was nur halb erledigt werden soll, ist man bei denen an der richtigen Adresse.

- Vermittler: Wenn die nur endlich mal lernen würden, Prioritäten zu setzen. Können keinen klaren Gedanken fassen. Denken noch am ehesten wie ich, wenn etwas ordentlich erledigt werden soll.

So denkt der Vermittler über ...
- Kümmerer: Ich mag ihre feinfühlige, sensible Art – gut, dass es jemanden gibt, der sich kümmert und die Truppe zusammenhält. Versteht nicht immer, dass andere Menschen andere Schwerpunkte setzen.

- Macher: Ich bewundere ihre Tatkraft und Energie, ohne sie würde vieles gar nicht erst zustande kommen. Wenn sie nur besser zuhören würden und auch mal offen für andere Ansätze wären!

- Profis: Gut, dass es Leute gibt, die auf Qualität Wert legen. Verrennen sich manchmal zu sehr in eine Sache und behindern sie mit ihrer Erbsenzählerei. Wissen nicht, wann sie loslassen müssen.

All das sind natürlich nur ungefähre Beispiele. Selbstverständlich ist es ebenso möglich, dass der Profi den Kümmerer bewundert, weil er sich so hingebungsvoll um seine Mitmenschen kümmert; ein Macher mag die Fähigkeit des Vermittlers bewundern, Leute mit ähnlichen Interessen zusammenzubringen, um etwas zu bewegen. Trotzdem kann man schon erahnen, wie sich diese vier Motivationstypen unwillentlich ins Gehege kommen können.

Es fällt nicht weiter schwer, sich vorzustellen, wie die einzelnen Typen vorgehen würden, wenn es darum geht, ein geeignetes Restaurant zum Abendessen zu finden: Der Kümmerer würde sich eifrig bei allen erkundigen, was man gern essen würde oder welche Atmosphäre gewünscht wird. Der Profi würde einfach im Restaurantführer nachschlagen, der Macher würde der Diskussion kurz zuhören, dann aber bald die Geduld verlieren und verkünden, wo es hingeht (»Los, kommt! Sonst sitzen wir morgen immer noch hier!«), während der Vermittler Gefahr läuft, sich jeweils der Meinung seines Vorredners anzuschließen. Oder aber er schlägt eine Strategie zur weiteren Entscheidungsfindung vor.

All das klingt nicht gerade nach einem gelungenen Abend.

Wenn wir tatsächlich nett zum Essen gehen wollen, sollten wir unser Verhalten bis zu einem gewissen Grad an die Motivation der anderen anpassen, anstatt nur auf unserer eigenen zu beharren.

Einen guten Eindruck hinterlassen

Wie man am besten einen guten Eindruck hinterlässt, ist individuell verschieden. In der Regel wird man mehrere Motivationstypen berücksichtigen müssen. Doch wenn Sie sie erst einmal kennen, gibt es so einiges, was Sie tun können, um einen guten Eindruck zu hinterlassen. Hier ein paar Tipps, woran Sie die einzelnen Typen zuverlässig erkennen und bei ihnen punkten können.

So erkennen Sie den Kümmerer
»Nie im Leben würde ich Ihren Geburtstag vergessen ...«

Kümmerer fragen Sie immer, wie es Ihnen geht. Sie denken an Ihren Geburtstag, erinnern sich an sämtliche Namen Ihrer Familienmitglieder und die Ihrer Haustiere. Kümmerer wollen immer alle mit allen zusammenbringen, sind großartige Gastgeber und achten stets darauf, dass sich alle wohlfühlen.

Kümmerer stehen auch für andere ein. Aber nur weil sie harmoniebedürftig sind, heißt das noch lange nicht, dass sie sich vor Auseinandersetzungen scheuen. Wenn es irgendwo einen Underdog gibt, wird ihn der Kümmerer höchstwahrscheinlich mit Rat und Tat unterstützen und ihm dabei helfen, es mit seinem Gegner aufzunehmen. Doch in der Regel ist es ihm wesentlich lieber, wenn er größere Streitereien so schnell wie möglich aus dem Weg räumen kann.

So wickeln Sie Kümmerer um den Finger
»Würde es dir was ausmachen, mir bei etwas zu helfen ...«

Binden Sie sie ein, bitten Sie sie um ihre Meinung, geben Sie ihnen das Gefühl, geschätzt zu werden und mit dazuzugehören. Kümmerer lieben es, die emotionalen und persönlichen Aspekte jeder Situation kennenzulernen. Wenn Sie es schaffen, sie zu integrieren, machen Sie ihnen eine große Freude.

Vergessen Sie nicht, dass es Kümmerer frustriert, wenn sie nicht helfen können. Sollten Sie sich also mit einem Problem an sie wenden, müssen sie den Kümmerern gewissermaßen helfen, Ihnen zu helfen. Andernfalls fühlen sie sich leicht ausgegrenzt. Der Wunsch des Kümmerers, es allen recht zu machen, kann manchmal auch nach hinten losgehen, nämlich dann wenn er es mit unvereinbaren Interessen zu tun bekommt. In solchen Fällen sollten Sie ihm signalisieren, dass Sie diese Schwierigkeiten kennen und ihm bei der Lösung seines Problems helfen werden. Dafür wird Ihnen der Kümmerer ewig dankbar sein.

So erkennen Sie den Macher
»Wetten, dass ich Erster bin?«

Macher sehen sich als Menschen, die wirklich etwas bewegen. Wenn man sie fragt, was sie am Wochenende so gemacht haben, erzählen sie einem bestimmt, wie sie es geschafft haben, sieben verschiedene Sachen in ohnehin schon sehr turbulenten 48 Stunden unterzubringen.

Macher interessieren sich für wettbewerbsorientierte Aktivitäten. Da wird selbst ein Tennismatch unter Freunden zu einem erbitterten Kampf im Stil eines Wimbledonfinales. Weil Macher Erfolg haben wollen, sind sie in aller Regel in Eile oder ganz scharf darauf, mitanzupacken.

Macher stört ein kleiner Streit nicht im Geringsten (manchmal sorgen sie sogar selbst dafür) und setzen sich vehement für ihren Standpunkt ein. Natürlich müssen sich auch Macher mal entspannen, aber selbst das werden sie wild entschlossen tun, bevor die nächste Aufgabe am Horizont auftaucht.

So wickeln Sie Macher um den Finger
»Lust auf eine Herausforderung?«

Macher lieben jede Form von Action und sind ganz wild auf Abwechslung. Damit ein Macher sein Bestes gibt, müssen wir ihm die zu erledigende Aufgabe erst einmal so richtig schmackhaft machen: Was ist die Herausforderung? Was ist daran aufregend? Was ist das Endziel? Ansonsten besteht die Gefahr, dass sie schnell gelangweilt sind.

Seien Sie nachsichtig, wenn Macher alles als Wettbewerb auffassen, und lasssen Sie ihnen ihre Erfolgsmomente. Genau wie der Kümmerer möchte auch der Macher geschätzt werden, nur eben nicht für seine Hilfe (wie der Kümmerer), sondern vielmehr dafür, dass er das gesteckte Ziel erreicht oder die Herausforderung gemeistert hat. Vermeiden Sie wenn möglich zu detaillierte Erklärungen und alles, was laufende Prozesse ins Stocken geraten lassen könnte. Macher wollen weitermachen!

So erkennen Sie den Profi
»*Sie werden sehen, dass es so viel besser funktioniert …*«

Für Profis ist Qualität immer das beste Argument. Profis glauben, dass es nur einen »richtigen« Weg gibt, wie man etwas macht. Deshalb wird Ihnen der Profi sehr wahrscheinlich sagen, dass Sie ein Komma falsch gesetzt haben, dass das beste Restaurant in der Gegend gleich ums Eck ist (»die haben aber keinen Pilaureis«) oder dass ein Regal unbedingt mit der Wasserwaage aufgebaut werden muss (»ohne geht gar nicht!«).

Einen Profi erkennen Sie daran, dass er immer eine Meinung hat. Selbst wenn er sie nicht offen kundtut, wird er unbedingt an ihr festhalten. Ob diese Meinung extrem ungewöhnlich oder super konventionell ist, spielt dabei überhaupt keine Rolle – der Profi hat nicht den geringsten Zweifel, dass er im Recht ist.

So wickeln Sie Profis um den Finger
»*Warum nehmen Sie sich nicht etwas Zeit und denken in aller Ruhe darüber nach?*«

Profis lieben die Unabhängigkeit und arbeiten lieber allein. So können sie die Dinge in aller Gründlichkeit zu Ende zu denken. Sie finden gern heraus, wie sie etwas bereits Bestehendes verbessern oder verändern können, und freuen sich, wenn sie mit einer originellen Idee ankommen können.

Wenig durchdachte oder vorschnelle Antworten regen sie auf, man muss ihnen also etwas Zeit einräumen, damit sie zu einer guten Lösung kommen. Geduld mit Profis zu haben, lohnt sich fast immer, weil sie dann mit interessanten Lösungsvorschlägen aufwarten, die eine echte Verbesserung darstellen.

So erkennen Sie den Vermittler
»*Das sehen natürlich nicht alle so …*«

Vermittler können jede der drei soeben genannten Verhaltensweisen an den Tag legen. Sie sind in der Lage, sich auf Menschen und Herausforderungen einzulassen, möchten aber auch die einzig wahre Lösung finden. Vermittler erkennen Sie daran, dass sie anderen Motivationstypen

Verständnis entgegenbringen und auch an jene denken, die gerade nicht dabei sind.

Der Vermittler wird nicht nur auf die Meinungen aller Rücksicht nehmen, sondern auch Flexibilität beweisen, indem er Alternativvorschläge macht, anstatt auf seiner ursprünglichen Haltung zu beharren.

So wickeln Sie Vermittler um den Finger
»*Selbstverständlich bin ich auch offen für andere Vorschläge* ...«

Lassen Sie einen Vermittler alle Möglichkeiten durchspielen. Geben Sie ihm die Möglichkeit, seine Flexibilität zu beweisen, und hören Sie ihm zu. Kann sein, dass er auf etwas kommt, an das Sie nie gedacht hätten.

Wenn bei Vermittlern andere Motivationstypen durchscheinen, passen Sie Ihr Verhalten einfach entsprechend an.

Und welcher Motivationstyp sind Sie?

Vermutlich haben Sie sich anhand der geschilderten Typen schon ziemlich gut selbst einschätzen können. Der folgende Test ist kein Psychotest im eigentlichen Sinne, der Ihnen Einblick in Ihre Seele verschaffen will, sondern soll Ihnen nur auf unterhaltsame Weise zeigen, ob Sie mit Ihrer Vermutung richtig liegen.

Anstatt bei den einzelnen Aussagen gleich an das Leben an sich zu denken, hilft es, sich zunächst nur auf bestimmte Lebensbereiche zu konzentrieren wie beispielsweise auf die Arbeit oder Ihre Rolle als Vater bzw. Mutter.

Sie können auf die drei Aussagen wieder 10 Punkte verteilen, je nachdem, für wie zutreffend Sie sie jeweils halten. Lesen Sie also alle drei Aussagen sorgfältig durch und entscheiden Sie dann, wie Sie die Punkte vergeben wollen. Sie können so viele oder so wenige Punkte vergeben, wie Sie möchten – Hauptsache, die Summe aller drei Aussagen ergibt stets 10. Das kann dann zum Beispiel so aussehen:

1 Ich liebe es, wenn ...

A	Sachen ordentlich erledigt werden	⑤
B	sich alle, die dabei sind, gleichermaßen wohlfühlen	②
C	ich eine schwierige Aufgabe gemeistert habe	③

Machen Sie sich nicht allzu viele Gedanken, sondern verteilen Sie Ihre Punkte lieber spontan. Und los geht's:

1 Ich liebe es, wenn ...

A Sachen ordentlich erledigt werden ○
B sich alle, die dabei sind, gleichermaßen wohlfühlen ○
C ich eine schwierige Aufgabe gemeistert habe ○

2 Ich hasse es, wenn ich das Gefühl habe, etwas ...

A Unprofessionelles zu tun ○
B zu tun, was keiner mag ○
C Langweiliges zu machen ○

3 Es würde mich wirklich stören, wenn ich ...

A meine Unabhängigkeit verlieren würde ○
B meine Verbündeten oder Freunde verlieren würde ○
C meine Lust am Anpacken verlieren würde ○

4 Ich nehme mir gern Zeit dafür ...

A etwas ordentlich zu machen ○
B Leute besser kennenzulernen (oder neue kennenzulernen) ○
C neue Herausforderungen anzunehmen ○

5 Ich mag es, wenn ich ...

A mit meiner Arbeit weitermachen kann ○
B im Zentrum des Geschehens stehe ○
C Verantwortung übernehmen kann ○

6 Ich mag Lob am meisten, wenn es ...

A von einem Experten kommt ○
B von Herzen kommt ○
C wegen meiner Ergebnisse kommt ○

7 Ich bin so richtig in meinem Element, wenn ich ...

A die Lösung zu einem kniffligen Problem finden kann ○
B anderen helfen kann ○
C unter Zeitdruck arbeiten muss ○

8 Ich schätze ...

A Freiheit ○
B Freundschaft ○
C Aufregung ○

9 Die besten Entscheidungen fallen ...

A aufgrund von Fakten   ○
B im Team, also gemeinsam   ○
C schnell   ○

10 Mein Motto ist ...

A Wenn du etwas anfängst, dann bring es auch ordentlich zuende   ○
B Behandle andere so, wie du selbst behandelt werden willst   ○
C Just do it   ○

Gesamtpunktzahl

A Profi =   ○
B Kümmerer =   ○
C Macher =   ○

Wenn Sie in einer der Kategorien mehr als 45 Punkte erzielt haben, dann entsprechen Sie diesem Typus am ehesten. (Beispiel: A = 23, B = 24 und C = 53. Alles deutet darauf hin, dass Sie ein Macher sind).

Liegen Ihre drei Punktzahlen zwischen 22 und 44, sind Sie ein Vermittler (Beispiel: A = 37, B = 35, C = 28).

Haben Sie keine Punktzahl über 45 und eine unter 22, sind Sie ein Mischtyp (Beispiel: A = 41, B = 41 und C = 18. In diesem Fall wären Sie ein Profi/Kümmerer).

G Einfluss nehmen

Jeder weiß, dass eine Katze angeblich neun Leben hat, eine Schwangerschaft neun Monate dauert und unser Sonnensystem neun Planeten umfasst. Aber kaum einer kennt die neun wichtigsten Methoden, andere Menschen zu beeinflussen, obwohl wir sie fast tagtäglich anwenden.

Wie ein Tourist, der seine Worte jedes Mal lauter wiederholt, wenn ihn der Einheimische nicht versteht, neigen auch wir dazu, auf die immer gleiche Weise Einfluss auf andere nehmen zu wollen. Wir mögen an unserem Verhalten die eine oder andere Kleinigkeit ändern, aber unsere Grundstrategien bleiben überraschend gleich, sogar dann, wenn sie nachweislich nicht funktionieren (wir legen das dann so aus, dass der andere eben schwierig ist, unsere Überzeugungskraft in dieser Sache nicht ausreicht usw.).

Um unsere Art, Einfluss zu nehmen, zu ändern, müssen wir erst einmal wissen, was alles dazugehört – genauso wie wir für die Zubereitung eines Coq au vin wissen müssen, welche Zutaten wir brauchen (und das sind mehr als bloß Huhn und Wein!). Die erwähnten neun Methoden sind äußerst simpel, aber wissenschaftlich fundiert und helfen uns dabei, zu begreifen, was man alles zum Einflussnehmen braucht.

Egal, ob Sie alle zum Mitsingen bringen möchten, Ihrer Tochter beibringen wollen, ihr Zimmer aufzuräumen, Ihr Chef einer Gehaltserhöhung zustimmen soll oder Sie Ihre Freunde davon überzeugen möchten, mit Ihnen nach Guadeloupe in Urlaub zu fliegen: Wenn Sie die neun Methoden der Einflussnahme beherrschen, ist Ihnen der Sieg so gut wie sicher. Und wenn Sie es clever anstellen, profitieren auch die anderen davon und werden ebenfalls zu Gewinnern.

Warum sind Sie hier?

Wenn Sie nächstes Mal essen gehen, stellen Sie sich einfach vor, Sie würden jeden der Gäste fragen, warum er oder sie sich für dieses Restaurant entschieden hat.

Bei dem Tisch mit den vier Männern und einer Frau könnte es sich beispielsweise um Geschäftsleute mit einem Kunden handeln, den sie einerseits beeindrucken, andererseits aber auch besser kennenlernen möchten. Das junge Paar da hinten hat hier sein zweites Rendezvous und er gibt sich wohlhabender, als er eigentlich ist (deshalb hat er sein altes Auto auch daheim gelassen und ist mit dem Taxi gekommen). Ein anderes Paar in mittleren Jahren feiert seinen Geburtstag (aber die beiden verraten nicht, der wievielte es ist). Eine Familie aus Deutschland macht hier in der Gegend Urlaub, sie hat gelesen, dass es das beste Restaurant in der Gegend sein soll usw.

Das Bezeichnende an dieser Situation, wie an so vielen anderen auch, ist, dass alle dieselbe Entscheidung getroffen haben, nämlich an diesem Abend in diesem Restaurant zu Abend zu essen. Aber jeder traf diese Entscheidung aus ganz unterschiedlichen, individuellen Gründen.

Das oberste Gesetz beim Einflussnehmen lautet: Die Menschen treffen ihre Entscheidungen aus ganz persönlichen Gründen – und ganz bestimmt nicht wegen uns.

Für unsere Einflussnahme ist es also von grundlegender Wichtigkeit, dass wir die Gründe der anderen begreifen, um dann Strategien anzuwenden, die wirklich funktionieren, anstatt solche, die funktionieren würden, wenn wir an ihrer Stelle wären.

Diesen Gedanken sollten wir stets im Hinterkopf behalten, wenn wir uns nun den neun Methoden zuwenden.

Neun Methoden, um andere zu beeinflussen

1 Vernunft

Wie sieht diese Methode aus?
»*Es gibt drei wichtige Gründe, warum es sich lohnt, in moderne Kunst zu investieren* ...«

Die Vernunft-Methode funktioniert so, dass man sich möglichst auf Fakten und logische Argumente beruft.

Ein Beispiel
Sie sollten nächstes Jahr unbedingt an diesem Marathon teilnehmen: Das Vorbereitungstraining macht Sie fitter und gesünder, Sie haben ein Inte-

ressensgebiet neben Ihrer Arbeit (etwas, das Sie ja ohnehin wollten) und »erlaufen« damit auch noch eine Spende für eine gute Sache.

Wann wende ich diese Methode am besten an?
Diese Methode eignet sich für beinahe jede Situation. Wenn Sie Einfluss nehmen wollen, sind Vernunftargumente meist schon die halbe Miete. Wir müssen nur lernen, unsere Ansichten mit den passenden Informationen und einer schlüssigen Argumentation zu untermauern. Das mag zwar aufwendig sein, führt aber mit großer Sicherheit zum Erfolg.

Vorsicht!
Wer seine eigenen Ansichten als Tatsachen wiedergibt, ohne wirkliche Argumente dafür zu bringen (»Bis dieses Problem gelöst ist, wird noch viel Zeit vergehen«), riskiert zu scheitern. Wackelige Argumente sind die am weitesten verbreitete Art der Einflussnahme, aber eben auch wesentlich weniger Erfolg versprechend, weil das entscheidende Argument fehlt.

2 Inspiration

Wie sieht diese Methode aus?
»Stell dir eine Welt vor ohne ...«

An die Vorstellungskraft eines Menschen zu appellieren ist nahezu das Gegenteil der Vernunft-Methode. Hier werden die Gefühle und nicht der Verstand angesprochen, indem man schildert, was man alles ausrichten könnte, wenn sich der andere nur überzeugen ließe.

Ein Beispiel
Die bekanntesten Beispiele stammen aus Reden von Politikern, zum Beispiel Martin Luther Kings »I have a dream«. Manche dieser Beispiele entbehren bei näherem Hinsehen nicht nur jeglicher Logik, sondern setzen sich sogar darüber hinweg. Das zeigt auch folgender, bewusst zynisch kommentierter Auszug aus einer Rede von John F. Kennedy:

»Bevor dieses Jahrzehnt zu Ende geht, werden wir auf dem Mond landen und auch das Andere tun [was »das Andere« ist, werden wir nie erfahren], aber nicht, weil es leicht, sondern weil es schwer sein wird [wo bleibt denn da die Logik? Genauso gut können wir unseren Gartenzaun mit Zahnbürste und Nagellack anstreichen, weil es schwieriger ist], weil dieses Ziel dazu dient, das Beste aus unseren Kräften und Talenten herauszuholen [Aha? Und warum dann nicht etwas gegen den Hunger in Afrika tun oder gegen das Analphabetentum in der Welt? Das wäre doch mindestens genauso gut, wenn nicht noch besser!].«

Trotzdem mobilisierte diese Rede ein ganzes Volk. Der Appell an unsere Vorstellungskraft berührt uns – so als ob wir verliebt wären. Da kommt man mit guten Argumenten auch nicht weiter – und schon gar nicht als Zyniker!

Wann wende ich diese Methode am besten an?
Am besten, wenn es wenig rationale Argumente gibt und wir den anderen auch emotional an uns binden wollen. Im Arbeitsalltag wird eher selten an die Vorstellungskraft appelliert, was extrem schade ist, weil so eine sehr wirkungsvolle Überzeugungsmethode einfach verschenkt wird.

Vorsicht!
Es geht nicht nur darum, was Sie sagen, sondern vor allem, wie Sie es sagen! Wer andere inspirieren will, braucht Energie und Leidenschaft. Ein unsicheres Auftreten ist von vornherein zum Scheitern verurteilt. Überbringen Sie die Botschaft, als hinge Ihr Leben davon ab – und Sie werden kaum zu schlagen sein!

3 Fragen

Wie sieht diese Methode aus?
»*Du wärst doch sicher auch gern reich?*«

Fragen ermutigen den anderen, von sich aus auf Ihre Gedanken oder ihnen zumindest nahezukommen.

Ein Beispiel
Ich gehe durch den Flughafen, und eine Frau mit Klemmbrett kommt von einem Riesenwerbeplakat her direkt auf mich zu und fragt:

»Haben Sie eine Kreditkarte?«
Ich presse ein ablehnendes »Ja« hervor und gehe weiter.
»Bekommen Sie darauf Bonusmeilen?«, insistiert sie.
»Ja«, antworte ich leicht irritiert und gehe weiter.
»Nutzen Sie diese Meilen?«
Tu ich nicht, aber ich werde ihr nicht in die Falle gehen. »Manchmal«, *antworte ich.*
»Wäre Ihnen Bargeld lieber?«
Ich bleibe stehen und sehe sie zum ersten Mal an.
»Haben Sie kurz Zeit, den Kreditkartenantrag auszufüllen – für Bargeld statt Meilen?«

Mit nur fünf Fragen hat sie mich zu etwas gebracht, das ich seit zehn Jahren nicht mehr gemacht habe – nämlich die Kreditkarte zu wechseln.

Wann wende ich diese Methode am besten an?
Wenn es wichtig ist, dass der andere das Gefühl hat, selbst auf die Idee gekommen zu sein. Beim Coaching zum Beispiel ist die Beratung meist wesentlich effektiver, wenn der andere glaubt, selbst auf die Lösung gekommen zu sein, anstatt zähneknirschend klein bei zu geben.

Die Frage-Methode ist auch dann nützlich, wenn man jemanden überzeugen möchte, der mehr Entscheidungsgewalt hat als man selbst wie den Kunden, der endlich den Allround-Servicevertrag unterschreiben soll.

Vorsicht!
Weil man nie genau weiß, wie der andere reagieren wird, ist die Frage-Methode ganz besonders schwierig. Sind die Fragen zu allgemein gehalten, laufen Sie Gefahr, an Ihrem Ziel vorbei zu schießen. Sind sie zu eng gefasst, merkt die zu überzeugende Person womöglich noch, worauf Sie hinauswollen und fühlt sich manipuliert.

4 Schmeicheln

Wie sieht diese Methode aus?
»Du bist doch clever.«

Es ist wesentlich wahrscheinlicher, dass wir jemandem zustimmen, den wir sympathisch finden, und wir finden fast alle Leute sympathisch, die es schaffen, dass wir uns gut fühlen.

Ein Beispiel
»Hallo Sandra. Du schaust aber toll aus. Mark hat mir erzählt, dass du den Cosa-Nostra-Job fantastisch gehandelt hast. War sicher nicht leicht – gute Arbeit.«
»Da kommt in Damaskus ein ziemlich anspruchsvolles Projekt auf uns zu, und ich stelle gerade ein Top-Expertenteam dafür zusammen. Könnte dich das interessieren?«

Wann wende ich diese Methode am besten an?
Diese Methode funktioniert besonders gut, wenn Sie es mit Menschen auf derselben oder einer niedrigeren Machtebene zu tun haben, weil sie Ihre Sicht der Dinge am ehesten teilen werden. Viele wenden diese Methode bei ihrem Partner und Freunden (»Ich weiß doch, dass ich mich auf dich verlassen kann«), aber auch bei ihren Kunden an (»Sie sind genau der Mensch, der so etwas zu schätzen weiß«).

Vorsicht!
Schmeicheln Sie nie zu offensichtlich, denn das geht nach hinten los (das sagst du doch nur, weil ich was für dich erledigen soll). Genau deshalb

schmeicheln einige Menschen gar nicht. Aber das ist zu kurz gedacht. Man fährt sicherer, wenn man zwischen der Schmeichelei und dem Versuch, jemanden zu überzeugen, etwas Zeit, am besten mehrere Tage, verstreichen lässt.

5 Verhandeln

Wie sieht diese Methode aus?
»*Wenn du mich vom Flughafen abholst, dann mach ich* …«

Wenn wir jemandem etwas für seine Zustimmung in Aussicht stellen, bieten wir ein Tauschgeschäft an. Wir können ganz offen verhandeln, aber es gibt auch subtilere Varianten.

Ein Beispiel
Mit einem Wissenschaftler und zwei Teilnehmern wurde ein psychologisches Pseudoexperiment durchgeführt: Nach Ende des Tests versuchte dann einer der Teilnehmer (in Wirklichkeit der Assistent des Wissenschaftlers), dem anderen Teilnehmer Lotterielose zu verkaufen. Bei der Hälfte der Versuche entfernte sich der Losverkäufer kurz und kehrte mit leeren Händen zurück. Bei der anderen Hälfte kam er mit zwei Coladosen wieder und bot eine der ahnungslosen Testperson an: »Das ist für Sie.«

Die Testpersonen, denen die Coladose angeboten wurde, kauften doppelt so viele Lose wie die, denen nichts offeriert wurde. Im Marketing nennt man das »Bestechungsgeschenk«, und in der Psychologie gilt der Versuch als Beweis dafür, wie wirksam diese Überzeugungsmethode ist.

Wann wende ich diese Methode am besten an?
Immer wenn Sie Ihre Chancen erhöhen wollen und es Ihnen nichts ausmacht, etwas dafür zu »bezahlen«.

Manchmal ist es besser, ganz offen Verhandlungen anzubieten (»Wenn du mir hilfst, das Bad zu streichen, dann koche ich die ganze nächste Woche«). Diese Methode kann aber verdeckt noch wirkungsvoller sein (»Klar stelle ich dich meiner Schwester vor« und zwanzig Minuten später: »Wärst du so nett und besorgst mir ein Paar Nike Air Max 97, Größe 43?«). Am effektivsten ist es, wenn die Verbindung zwischen dem Bestechungsgeschenk und Ihrem Wunsch komplett im Verborgenen bleibt, wie bei dem Cola-Experiment von vorhin.

Vorsicht!
Diese Überzeugungsmethode funktioniert, weil sie an unseren Sinn für Fairness appelliert. Aber es gibt auch Menschen, die können immer nur

nehmen, ohne je ein Gefühl von Dankbarkeit zu entwickeln oder sich zu irgendetwas verpflichtet zu fühlen. (Genauso gut kann es sein, dass sie Sie für einen großzügigen Idioten halten.) Mit solchen Menschen können Sie nicht verhandeln, es sei denn, Sie machen schon im Vorfeld klar, wie die Gegenleistung genau auszusehen hat.

6 Bitten

Wie sieht diese Methode aus?
»*Kannst du mir da bitte helfen?*«

Jemanden um einen Gefallen bitten bedeutet ganz einfach fragen, weil man etwas möchte oder braucht ...

Ein Beispiel
»*Mein Gastredner hat mir gerade seinen Vortrag für unsere Veranstaltung nächste Woche im Verein abgesagt. Ich wäre dir ewig dankbar, wenn du ausnahmsweise einspringen und die Rede halten könntest.*«

Wann wende ich diese Methode am besten an?
Diese Methode funktioniert nur, wenn die andere Person Sie mag oder die Beziehung zu Ihnen schätzt. Wenn Sie sparsam damit umgehen, kann man ihr nur schwer widerstehen.

Vorsicht!
Es ist durchaus möglich, dass der Mensch, der Ihnen den Gefallen getan hat, jetzt das Gefühl hat, etwas bei Ihnen gutzuhaben. Ist das der Fall, dann »zahlen« Sie. Oder aber die Antwort wird beim nächsten Mal nicht mehr so positiv ausfallen.

7 Stumme Verbündete

Wie sieht diese Methode aus?
»*Jeder, der dieses Buch bisher gelesen hat ...*«

Mit stummen Verbündeten sind jene Menschen gemeint, die in der Regel ähnliche Ansichten haben, wie die Person, die überzeugt werden soll. Manchmal hilft es, die reine Anzahl von Personen zu nennen, die bereits der erwünschten Meinung sind. Oder aber man bezieht sich auf die Ansichten von jemandem, mit dem sich die Person, die Sie überzeugen wollen, voll und ganz identifizieren kann.

Ein Beispiel

Klassische Beispiele, bei denen stumme Verbündete angeführt werden, sind Werbeslogans wie »Acht von zehn Katzenhaltern sagen, dass ihr Tier das lieber frisst« und »Die beliebteste Airline«. Sehr verbreitet ist auch das Zitieren zufriedener Kunden.

Bei einem Experiment täuschte ein Schauspieler einen epileptischen Anfall vor. Er wurde dabei entweder nur von einer Einzelperson beobachtet oder von einer ganzen Gruppe (von denen viele, aber nicht alle, Teil der Versuchsanordnung waren). Wenn nur ein Mensch zusah, wurde dem Schauspieler in 85 Prozent aller Fälle geholfen. Wurde aber eine ganze Gruppe Zeuge seines Anfalls, von der niemand handelte, wurde ihm nur in 31 Prozent aller (An)fälle geholfen. Das legt die Vermutung nahe, dass wir zwar im Allgemeinen durchaus hilfsbereit sind, aber angesichts einer Mehrheit, die beschließt untätig zu bleiben, nicht unbedingt charakterfest genug sind, um unsere guten Absichten auch in die Tat umzusetzen. Die Macht einer Mehrheit stummer Zeugen darf also auf keinen Fall unterschätzt werden!

Wo kaufst du ein? Stumme Verbündete?

Wann wende ich diese Methode am besten an?

Eine der wirkungsvollsten Methoden, Teenager von etwas zu überzeugen, besteht darin, ihnen klar zu machen, dass das andere coole Altersgenossen auch tun. Dasselbe Prinzip lässt sich genauso gut im Geschäftsleben anwenden, indem man zum Beispiel auf erfolgreiche Modellfälle oder auf Referenzen von zufriedenen Kunden verweist. Die Methode der stummen Verbündeten ist dann am effektivsten, wenn der zu Überzeugende noch Bedenken hat (was sehr oft der Fall ist) oder aber ganz erpicht darauf ist, »auch dazuzugehören«.

Vorsicht!

Die übermäßige Beliebtheit eines Produkts oder Verhaltens bei anderen als Argument kann auch das genaue Gegenteil von dem bewirken, was Sie erreichen wollen. Würden Sie an die Costa Brava fahren, nur weil dies das meistbesuchte Reiseziel der Mittelmeerküste ist? Manche Menschen sind sogar stolz darauf, »anders« zu sein. Unternehmer zum Beispiel werden sich kaum von etwas abhalten lassen, nur weil man ihnen sagt, dass das noch niemand ausprobiert hat – im Gegenteil!

Die besten stummen Verbündeten sind Menschen, mit denen sich die Person, die Sie überzeugen möchten, am ehesten identifizieren kann.

8 Autorität

Wie sieht diese Methode aus?
»Es ist die Politik unseres Hauses, grundsätzlich nie Bargeld zurückzuerstatten.«

Autorität funktioniert, wenn man sich in einer Machtposition befindet oder sich auf bestimmte Regeln und Prinzipien berufen kann. Dabei spielt es überhaupt keine Rolle, ob es sich um eine formelle oder informelle Machtausübung handelt, solange die Person, die Sie beeinflussen wollen, diese Macht anerkennt.

Ein Beispiel
Im Jahr 1966 rief ein Forscher, der sich als Arzt eines Krankenhauses ausgab, 22 verschiedene Krankenschwestern mit ein und demselben Anliegen an: Er gab Anweisung, einem bestimmten Patienten auf der Krankenstation 20 Milligramm des Medikaments Astrogen zu verabreichen. Aus vier guten Gründen hätten die Schwestern misstrauisch werden müssen: 1. Die Annahme telefonischer Rezepte verstieß gegen die Krankenhausordnung; 2. das Medikament Astrogen war zu diesem Zeitpunkt noch nicht für den Krankenhauseinsatz freigegeben worden; 3. die tägliche Höchstdosis betrug ganze zehn Milligramm, also die Hälfte

Wird gemacht, Herr Doktor

dessen, was der falsche Doktor verschrieben hatte; und 4. kam die Anweisung von jemandem, den die Krankenschwestern noch nie in ihrem Leben gesehen hatten.

Dennoch eilten 95 Prozent aller angerufenen Schwestern los, holten das Medikament und wurden erst am Bett des Patienten aufgeklärt. In der Annahme, mit einem Arzt zu sprechen, fühlten sie sich verpflichtet, den Anweisungen der vermeintlichen Autoritätsperson sofort Folge zu leisten. Forschungsergebnisse belegen, dass sich die meisten von uns ganz genauso verhalten würden.

Tagtäglich erleben wir, wie andere ihre Autorität mehr oder weniger stark ausnutzen: »Weil ich dein Vater bin«, »Der Kunde hat immer Recht«, »Weil der Chef es so will«, »Als jemand mit über zehn Jahren Erfahrung in dieser Branche ...« usw.

Wann wende ich diese Methode am besten an?
Der Vorteil autoritären Verhaltens besteht darin, dass es schnell und direkt funktioniert. Der Nachteil liegt darin, dass die Ausübung von Autorität die

Menschen zwar gehorchen lässt, sie aber nicht gerade dazu anregt, sich begeistert in eine Sache mit einzubringen. Setzen Sie Ihre Autorität also nur dann ein, wenn es gar nicht mehr anders geht und nicht gleich von Anfang an – es sei denn, Sie haben es eilig.

Vorsicht!
Wenn diese Überzeugungstaktik fehlschlägt, bleiben Ihnen kaum noch andere Methoden, auf die Sie zurückgreifen können (eigentlich nur noch die, massiv Druck auszuüben, s. Methode Nummer 9). Außerdem haben Sie sich durch das Pochen auf Ihre Autorität wahrscheinlich nicht gerade besonders beliebt gemacht.

9 Druck

Wie sieht diese Methode aus?
»*Sie werden das tun, ansonsten* ...«
Druck erfordert ein sehr bestimmtes Auftreten, so wie wenn Sie jemandem drohen oder ihm ein Ultimatum setzen.

Ein Beispiel
»*Iss dein Gemüse auf oder du gehst sofort ins Bett.*«
»*Entweder du liebst mich oder ich verlasse dich!*«
»*Ihr Vorgänger war nicht sehr lang in diesem Job. Wir sehen es ungern, wenn Sie denselben Fehler machen.*«
»*Je länger Sie hier mit uns herumdiskutieren, desto weniger Zeit bleibt Ihnen, Ihre Aufgaben zu erledigen.*«

Wann wende ich diese Methode am besten an?
Nur in Notfällen.

Vorsicht!
Dieses Verhalten kommt aus zweierlei Gründen relativ oft zum Einsatz, vor allem in Verbindung mit Autorität: Erstens, weil man sich leicht daran gewöhnen kann und zweitens, weil man damit schnell kurzfristige Erfolge erzielt. Doch zuviel Druck zerstört Beziehungen.

Das ist wie beim Rauchen: Der gegenwärtige Schaden scheint winzig, aber die langfristige Wirkung kann tödlich sein. Selbst wenn man es schafft, damit aufzuhören, kann es bereits zu spät sein – also fangen Sie erst gar nicht damit an. Das sich dabei einstellende Machtgefühl kann süchtig machen, außerdem ist es scheinbar effektiv. Trotzdem: Lassen Sie sich davon nicht täuschen: Benutzen Sie diese Methode nur, wenn alles andere nicht funktioniert hat.

O. k., jetzt wo ich die neun Methoden kenne – wie geht es weiter?

Im Folgenden zeigen wir Ihnen vier Arten, wie Sie Ihre neu erworbenen Kenntnisse über die neun Methoden des Einflussnehmens auch in die Praxis umsetzen können.

1 Erkennen Sie sich selbst!

Es gibt keine richtige oder falsche Methode, um Einfluss zu nehmen. Ob eine Methode wirksam ist oder nicht, hängt hauptsächlich von der jeweiligen Situation sowie von der Person ab, die Sie beeinflussen wollen. Im Großen und Ganzen haben wir die neun Methoden der Einflussnahme ungefähr nach ihrer Effektivität sortiert – und zwar in aufsteigender Reihenfolge. Diese Bewertung erfolgte aufgrund von durchschnittlichen Ergebnissen in einer Reihe von (überwiegend Arbeits-)Situationen. Das setzt allerdings voraus, dass jede Methode stets optimal eingesetzt wird. Doch dieses Wissen allein nutzt uns nicht viel. Sie sind kein Durchschnittsmensch und Sie befinden sich auch nicht in einer Durchschnittssituation.

Beobachten Sie einmal, welche Methoden Sie am häufigsten einsetzen und welche am wenigsten – es lohnt sich! Vermutlich unterscheiden sich Ihre Methoden nach dem Lebensbereich, in dem Sie sie einsetzen. So kann es durchaus sein, dass Sie im Privatleben »Schmeicheln« und »Bitten«, im Beruf dagegen eher auf »Vernunft« und »Verhandeln« setzen. Viele Teilnehmer des mindgym-Workshops »Einfluss nehmen und überzeugen« berichteten, dass ihre Vorgesetzten meist mit der »Vernunft-Methode« beginnen und, wenn das nicht funktioniert, direkt zu »Autorität« und »Druck« übergehen. Einige der Teilnehmer erkannten, dass sie sich genauso verhielten, aber nachdem sie die Methoden »Inspiration« und »Fragen« erst einmal für sich entdeckt hatten, konnten sie diese mit großem Erfolg anwenden.

Als Erstes finden Sie am besten heraus, welche Methode Sie am häufigsten und welche Sie kaum oder gar nicht anwenden. Danach überlegen Sie, ob Sie einige der Methoden ausprobieren könnten, die Sie weniger oft anwenden.

2 Entwickeln Sie eine Strategie!

In Reinkultur wenden wir diese Methoden ohnehin nie an. Die Kunst besteht darin, die verschiedenen Methoden richtig miteinander zu kombinieren, so dass sie perfekt zu der jeweiligen Situation passen. Es lohnt sich also, sich im Vorfeld eine entsprechende Strategie zurechtzulegen.

Auf der nächsten Seite zeigen wir Ihnen zwei Beispiele für so eine Strategie, die Teilnehmer eines mindgym-Trainings entwickelt haben.

SITUATION:	Mein Mann kann nicht schwimmen, wir sind vor Kurzem an einen See gezogen.
ZIEL:	Ich möchte meinen Mann dazu bringen, dass er schwimmen lernt.

Einflussmethode	– und so wenden Sie sie an:
Inspiration	Stell dir vor, wie toll es wäre, an heißen Sommertagen mit den Kindern im See zu schwimmen. Wir könnten ihnen helfen, noch besser schwimmen zu lernen und gemeinsam im Wasser herumtollen.
Bitten	Ich liege nachts wach, weil ich mir vorstelle, dass du versehentlich ins Wasser fallen könntest. Bitte lern schwimmen – mir zuliebe!
Verhandeln	Wenn du schwimmen lernst, organisiere und finanziere ich unseren nächsten Familienurlaub in Portugal in einer Privatvilla am Meer.
Druck	Wenn du nicht schwimmen lernst, lass ich dich nicht mit den Kindern draußen spielen.

SITUATION:	Ich bin Präsident des örtlichen Hockeyclubs und wir stecken finanziell in der Klemme, weil die Mitglieder ihre Beiträge nicht zahlen.
ZIEL:	Ich will die Mitglieder dazu bringen, ihre Beiträge zu zahlen.

Einflussmethode	– und so wenden Sie sie an:
Fragen	Der Club kann es sich nicht leisten, weitere Trikots zu kaufen. Da wir nicht alle in denselben Farben spielen, können wir auch nicht an Pokalspielen teilnehmen. Was denkst du, können wir da tun? (Mögliche Nachhakfrage: Was würde dich überzeugen, deinen Beitrag zu zahlen?)
Vernunft	Wenn die Beiträge bezahlt werden, haben wir a) genug Geld, um eine Kontoüberziehung zu vermeiden und werden b) genügend Trikots für das nächste Pokalspiel kaufen können.
Stumme Verbündete	Eine ganze Reihe von Mitgliedern hat den Beitrag schon bezahlt. Es wäre schön, wenn das alle täten.
Autorität	Als Präsident verlange ich von den Mitgliedern, dass sie ihre Beiträge umgehend zahlen.
Druck	Jeder, der den Beitrag bis zum Monatsende nicht bezahlt hat, verliert die Clubmitgliedschaft. Wenn er danach wieder eintreten möchte, wird die Aufnahmegebühr erneut fällig.

Wie Sie sehen, ist die Reihenfolge, in der man die jeweiligen Methoden einsetzt, nicht ganz unwichtig. So ist es in der Regel geschickter, »Fragen« und »Schmeicheln« relativ früh einzusetzen. Haben Sie »Autorität« und »Druck« erst einmal verspielt, werden andere Methoden kaum noch greifen. Diese bitte nur anwenden, wenn es gar nicht mehr anders geht. »Bitten« und »Verhandeln« kommen oft zum Einsatz, wenn andere Methoden bereits (vergeblich) versucht wurden.

3 Setzen Sie Ihre Strategie in die Praxis um!

Auch die beste Strategie kann schiefgehen. Wenn Ihr Versuch, jemanden zu beeinflussen, scheitert, versuchen Sie es mit den noch verbleibenden Methoden. Ein neuer Ansatz fällt leichter, wenn man Alternativen hat.

4 Werden Sie zunehmend besser!

Niemand ist perfekt und hat mit seiner Überzeugungsarbeit immer Erfolg. Beobachten, was passiert, und daraus lernen, führt am sichersten zum Ziel. Hier einige Vorschläge:

(a) Sie haben pro Methode 10 Punkte zu vergeben. Bewerten Sie die einzelnen Methoden danach, wie gut Sie sie beherrschen. Wenn Sie erst einmal wissen, welche Methoden Ihnen nicht so liegen, können Sie sie trainieren.

(b) Welche Ihrer Einflussstrategien sind erfolgreich? Warum haben die erfolgreichen gute Ergebnisse gebracht? Was können Sie aus den Strategien, die nicht funktioniert haben, für die Zukunft lernen?

(c) Welche Strategie wirkt bei Ihnen am besten, wenn Sie beeinflusst werden sollen? Wie wenden die Leute sie an und was können Sie sich davon abschauen, bzw. wie können Sie sie für sich modifizieren, um damit ebenfalls Erfolg zu haben?

(d) Wenn Sie andere Menschen bei ihrer Überzeugungsarbeit beobachten, die Sie für schwer beeinflussbar halten – wie stellen die das an? Was können Sie daraus lernen, wenn Sie Meistermanipulatoren bei ihrer Arbeit zusehen?

Sie sind der Meinung, dass Sie nach wie vor noch nicht gut darin sind, andere zu beeinflussen? Dann erinnern Sie sich an den Anfang dieses Kapitels: Die Menschen treffen ihre Entscheidungen nach ihren ganz persönlichen Motiven und nicht nach unseren. Am häufigsten haben wir deshalb keinen Erfolg, weil wir wieder mal nur durch unsere Brille sehen, anstatt die Dinge aus einer anderen Perspektive zu betrachten.

Workouts

NACHMACHEN

Beispiel 1 – Beim nächsten Spielfilm picken Sie sich einen Darsteller heraus, beobachten ihn den gesamten Film hindurch und notieren sich sämtliche von ihm angewendeten Einflussmethoden. In der zweiten, dritten und vierten Woche wählen Sie unterschiedliche Sendeformate aus wie eine Sitcom, ein Auslandsmagazin (mit Interviews), einen Dokumentarfilm oder eine Soap. Was fällt Ihnen auf? Wie werden die unterschiedlichen Methoden in unterschiedlichen Situationen angewendet?

Beispiel 2 – In der darauf folgenden Woche achten Sie auf Werbespots im Radio, die überwiegend eine der geschilderten Einflussmethoden einsetzen. In der nächsten Woche sind die Werbeplakate dran, dann die Fernsehwerbespots und in der vierten Woche das Verkaufspersonal. Wenn Sie den Schwierigkeitsgrad erhöhen wollen, suchen Sie nach Kombimethoden. Versuchen Sie zum Beispiel, eine Werbung zu finden, die »Autorität« mit »Vernunft« paart (zum Beispiel ein Arzt, der eine neue Medizin bewirbt) oder die Methoden »Inspiration« und »Stumme Verbündete« (vielleicht für ein Auto).

Beispiel 3 – Wenn Sie jemand anders wieder einmal dazu gebracht hat, etwas zu tun, dann notieren Sie sich dessen Einflussmethoden und in welcher Reihenfolge er sie angewendet hat. Fragen Sie sich, was bei Ihnen am wirkungsvollsten war und warum. Das machen Sie im nächsten Monat viermal.

SELBER MACHEN

Suchen Sie sich jemanden aus, den Sie zu irgendetwas bewegen möchten, und entwickeln Sie eine entsprechende Strategie.

SITUATION:

ZIEL:

Einflussmethode	– und so wenden Sie sie an

Dann wenden Sie diese Strategie in der Praxis an. Danach stellen Sie sich folgende Fragen und notieren die entsprechenden Antworten:

Wie ist es insgesamt gelaufen?

Was war gut daran?

Was hätte ich besser machen können?

Welche Erkenntnis (eine reicht) habe ich daraus gewonnen, die ich in Zukunft einsetzen kann, um besser zu beeinflussen?

Wie oft wenden Sie welche Methode in welchem Lebensbereich an?

Bereich	oft	manchmal	selten/nie
privat			
beruflich			
andere			

Wenden Sie bestimmte Methoden häufig an, aber nicht in dem Bereich, in dem Sie sich verbessern möchten?

Welche Methoden?

Wie könnten Sie diese im fraglichen Bereich einsetzen?

Welche Methoden setzen Sie in allen Bereichen nur gelegentlich/nie ein?

Könnten diese nützlich sein?

Wie könnten Sie diese ausprobieren?

(H) Beziehungen herstellen

»Hallo« – und was dann?

Der neue Chef. Die neue Freundin Ihres Bruders. Der oder die attraktive Fremde auf der Party. Manchmal wollen wir unbedingt einen guten ersten Eindruck hinterlassen. Meistens möchten wir nur, dass man uns mag.

Wir alle kennen das flaue Gefühl, das sich einstellt, wenn uns immer erst im Nachhinein einfällt, was wir alles Tolles hätten sagen können. Dasselbe Gefühl überkommt uns, wenn wir uns zu Hause die Zähne putzen und unser Partner sagt: »Mochtest du Sandra nicht?« oder »Mit Rob hättest du dir schon etwas mehr Mühe geben können!«

Würden Sie dann am liebsten eine Wunderpille schlucken, die dafür sorgt, dass solche Augenblicke nie wieder vorkommen? Leider gibt es sie nicht. Aber Sie können trotzdem etwas tun: Weiterlesen!

1 Nicht zugehört?

Woran hat's gefehlt, wenn Sie merken, dass Sie nicht zugehört haben? Die Antwort ist einfach: an Aufmerksamkeit.

Wir alle kennen Situationen, in denen wir unserem Gegenüber schon längst nicht mehr zuhörten, sondern stattdessen Selbstgespräche führten.

»Was hat er sich nur dabei gedacht, sich so ein Hemd zu kaufen? War das ein Geschenk?«
»Hoffentlich mache ich einen guten Eindruck.«
»Ach du Schande, jetzt hätte ich beinah vergessen, dass ich Albert anrufen muss.«
»Sarah hat doch gesagt, dass er groß, dunkelhaarig und gut aussehend ist. Ist sie blind?«
»Was sag ich bloß als Nächstes? Ah, genau. Ich erzähle ihm die Geschichte von der Antilope und der Vase, das wird ihn beeindrucken.«

Die wichtigste Technik, eine Beziehung zu seinem Gegenüber herzustellen, besteht darin, sich auf ihn zu konzentrieren. Das bedeutet, dem anderen wirklich zuzuhören, ohne zu urteilen und das Gesagte sofort zu kommentieren. Das ist nicht so leicht, wie es sich anhört. Wir können zwar zwischen 120 und 150 Worte pro Minute sprechen, aber in derselben Zeit bis zu 1200 Worte hören. Kein Wunder also, dass wir bei so einer Aufnahmekapazität schnell gelangweilt und abgelenkt werden.

Menschen, die so ziemlich jeder mag, haben in der Regel eines gemeinsam: Es gelingt ihnen, dass sich der andere als etwas Besonderes fühlt, so als ob er der einzige Mensch auf der Welt sei, auf den es im Moment ankommt. Aber wie kriegen wir das hin?

Sie hören nicht hin, wenn ...

… Sie versuchen, in den Sommersprossen Ihres Gesprächspartners Sternbilder zu sehen.

… Sie denken: »Komisch, die Deckenfliesen sehen ja aus wie ein gigantisches Schachbrett«.

… der Song, den Sie heute morgen im Radio gehört haben, anfängt, Ihnen wieder im Kopf herumzuschwirren.

… Sie entdecken, dass der Mensch, dem Sie zuhörten, vor fünf Minuten gegangen ist.

… Sie sich fragen, ob Sie zu Hause den Herd ausgemacht haben.

… Sie überlegen, welchem Schauspieler Ihr Gesprächspartner ähnlich sieht.

… Sie sich fragen, mit wem der Mensch, mit dem Sie gekommen sind, gerade spricht.

… Sie merken, dass in Ihrem Drink keine Zitrone ist.

So bleiben Sie aufmerksam

Wer eine echte Beziehung zu anderen Menschen herstellen will, muss ihnen seine ungeteilte Aufmerksamkeit schenken – auch wenn uns das zugegebenermaßen manchmal sehr schwerfällt. Hier ein paar Orientierungshilfen.

1 Sehen Sie das Positive!
»Wer jemanden kennenlernt und ihn langweilig findet, ist selbst schuld.« Diesen wunderbaren Grundsatz sollten Sie stets im Hinterkopf behalten. Sind wir selbst interessant, fällt es uns auch nicht schwer, von neuen Bekanntschaften, Informationen, Geschichten und Charakteren gefesselt zu werden. Die Herausforderung, der wir uns stellen müssen, besteht darin, an jedem Menschen, mit dem wir uns unterhalten, etwas Interessantes zu suchen und zu finden. Haben wir damit keinen Erfolg, liegt das an uns und nicht an den anderen.

Diese Taktik hilft uns auch, den anderen in einem positiven Licht zu sehen, was sich unwillkürlich auch in unserer Körpersprache niederschlägt (sich berührende Ellbogen usw.). Vor allem sollten wir es jedoch vermeiden, ein negatives Urteil über unser Gegenüber zu fällen. Sobald wir anfangen, ihn oder sie kritisch zu sehen (dumm, humorlos, fixiert auf Autos), sinken unsere Chancen, erfolgreich eine Beziehung aufzubauen dramatisch. Konzentrieren wir uns nur auf die Stärken, ist es wesentlich wahrscheinlicher, dass alles gut läuft.

2 Hören Sie unvoreingenommen zu!
Echtes Zuhören erfordert, dass wir unsere Vorurteile und vorgefassten Meinungen hintanstellen, bis wir alle gewünschten Informationen haben. Es ist viel besser, sich auf das, was uns der andere vermitteln will, zu konzentrieren, anstatt es, während er noch redet, zu zerpflücken.

3 Bringen Sie sich ein!
Um aufmerksam zu bleiben, können wir uns auch in die Unterhaltung einbringen, indem wir beispielsweise Fragen stellen, wie etwas passiert ist oder was er oder sie dabei empfunden hat. Wir können ähnliche Situationen schildern oder dem Gespräch eine neue Wendung geben, indem wir eine eigene Geschichte erzählen. Wenn wir selbst Teil der Unterhaltung sind, können wir viel schwerer abschalten.

4 Setzen Sie sich Ziele!
Stellen Sie sich eine bestimmte Aufgabe, zum Beispiel die, das Hauptargument Ihres Gesprächspartners in zehn Worten zusammenzufassen. Oder aber Sie versuchen, die Tatsachen von den Überzeugungen zu trennen bzw. Vermutungen von Fakten. Wenn wir es schaffen, uns unserem Gesprächspartner aktiv mitzuteilen, zeigt das, wie aufmerksam wir zugehört haben. Er wird sich großartig fühlen (und wir hinterlassen einen großartigen Eindruck).

5 So merken Sie, wann Ihre Aufmerksamkeit nachlässt
So sehr wir uns auch um eine ungeteilte Aufmerksamkeit bemühen – immer wird uns das nicht gelingen. Die Kunst besteht darin, frühzeitig zu erkennen, wann unsere Aufmerksamkeit nachlässt, damit wir uns wieder auf den anderen konzentrieren können. Gefühle und Empfindungen sind gute »Alarmzeichen«. Wenn wir es schaffen, uns daran zu erinnern, wie sich das Nachlassen der Aufmerksamkeit anfühlt, haben wir eher eine Chance, »aufzuwachen« und uns wieder ganz unserem Gegenüber zu widmen.

2 Ahmen Sie nach!

Ein paar Freunde sitzen in einer Bar vor ihren Gläsern. Einer nimmt einen Schluck und, wie aufs Stichwort, heben auch die anderen ihre Gläser. Der Geschäftsführer verschränkt die Hände hinter dem Kopf, lehnt sich zurück und seufzt. Alle anderen folgen seinem Beispiel.

Diese und ähnliche Szenarien wiederholen sich tagtäglich auf der ganzen Welt. Wenn sich zwei Menschen sympathisch sind oder der eine dem anderen gefallen möchte, dann imitieren sie fast automatisch Verhalten, Gestik und Mimik des jeweils anderen. In der Psychologie nennt man dieses Verhalten »Matching«. Es hilft uns dabei, auf eine einfache und ungefährliche Weise Kontakt zu anderen Menschen zu knüpfen.

»Matching« und »Mirroring«
Meistens passen wir unser Verhalten nur teilweise an den anderen an: Wir halten den Kopf schräg, wenn es der andere tut, oder lehnen uns zur selben Zeit zurück, aber dann schlagen wir nicht auch noch unsere Beine genauso übereinander, trommeln mit den Fingern usw.

Manchmal ahmen wir unser Gegenüber auch nach, ohne eine direkte Vorgabe zu haben, zum Beispiel indem wir mit dem Kopf nicken, während der andere die linke Hand auf und ab bewegt. Der psychologische Fachbegriff dafür lautet »Cross-Matching«. Es ist subtiler als das oben beschriebene direkte »Matching«.

»Mirroring« ist im Prinzip genau dasselbe wie »Matching«, nur dass man dabei kein identisches Verhalten an den Tag legt (also nicht beide den Kopf nach rechts neigen), sondern einer das Verhalten des anderen spiegelt (der eine neigt den Kopf nach rechts, der andere dafür nach links).

Das »Matching« und »Mirroring« beschränkt sich nicht nur auf die Körpersprache. In Übereinstimmung mit dem anderen können wir auch seufzen oder andere Geräusche machen – zum Beispiel »Ah?« oder »Aha?«. Spricht jemand leise, dann senken wir ebenfalls unsere Stimme oder beginnen einen bestimmten regionalen Tonfall nachzuahmen.

Matchosoft

Ein Artikel in Newsweek vom 8. August 1988 (»Wie man sich an die Spitze (nach)äfft«) beschreibt das nonverbale »Matching«, auch Mimikri genannt, am Arbeitsplatz:

»Folgende Szene: Ein Meeting der Topmanager von Microsoft, Gründer und CEO Bill Gates spricht. Im Laufe seiner Ansprache fängt er an, sich auf seinem Stuhl vor und zurück zu wiegen, sich groß und klein zu machen. Je mehr er sich in seine Rede hineinsteigert, desto intensiver werden diese Bewegungen. Bald wiegen sich auch seine Topmanager hin und her. Gates schiebt in Abständen immer wieder seine Brille hoch; seine Leute tun es ihm gleich. Ob es ihnen bewusst ist oder nicht – Untergebene neigen gnadenlos dazu die Angewohnheiten und Gesten ihrer Chefs nachzuahmen. Das kann von der Art des Sprechens über die Wahl der Kleidung bis hin zur Wahl des Autos und des Hauses gehen.«

Wer matcht, gewinnt

Und warum sollten »Matching« und »Mirroring« irgendeine Auswirkung darauf haben, ob uns jemand mag? Sie haben da so Ihre Zweifel? Hier ein paar handfeste Fakten:

1 Wenn wir unser Verhalten gegenseitig anpassen, kommen wir besser miteinander aus
Dass das »Matching«, auch »Synchronisation« genannt, auf ein gegenseitiges Interesse sowie auf Zustimmung verweist, belegen zahlreiche psychologische Experimente. In einer Untersuchung von Frank Bernieri sollten junge Paare zehn Minuten lang versuchen, sich gegenseitig erfundene Worte und deren Bedeutung beizubringen. Eine Analyse ihres Verhaltens zeigte, dass Paare, deren Bewegungen die größte Übereinstimmung aufwiesen, sich einander auch emotional am stärksten verbunden fühlten.

2 Gähnen ist ansteckend (Lachen auch!)
Eine faszinierende Studie zur Nachahmung der Mimik führte Robert Provine durch. Er stellte fest, dass das Gähnen beim Menschen ansteckend ist, und konnte eindeutig nachweisen, dass das Gähnen schon in der Kindheit

allein dadurch hervorgerufen werden kann, dass man jemand anders gähnen sieht. Sechs Jahre später konnte Provine beweisen, dass Lachen gleichfalls ansteckend ist. Daher wird bei Sitcoms im Fernsehen an den entsprechenden Stellen auch immer Gelächter aus der Konserve eingespielt.

3 Sind wir unterschiedlicher Meinung, ist uns der andere sympathischer, wenn er zu uns passt (»matcht«)

Im mindgym-Workshop zum Thema »Beziehungen herstellen« gibt es eine Partnerübung bei der jeweils zwei Teilnehmer miteinander reden müssen. Zunächst sprechen sie über ein Thema, bei dem sie beide einer Meinung sind (»Der perfekte Garten ist ein Blumenkasten« war bisher eines der skurrilsten), und dann über eines, worüber sie unterschiedliche Auffassungen haben (»Blauschimmelkäse verursacht die heftigsten Albträume« zum Beispiel). Bei beiden Unterhaltungen werden die Partner gebeten, den anderen in der ersten Hälfte des Gesprächs zu imitieren, das dann allerdings in der zweiten Hälfte des Gesprächs einzustellen (»mismatch«). Am Ende der Übung soll sich dann jeder an seine jeweiligen Empfindungen erinnern.

Fast jeder Teilnehmer, der sein Gegenüber »matchen« sollte, sagte aus, dass er es extrem schwierig fand, den anderen nachzuahmen, während er inhaltlich eine ganz andere Auffassung vertrat.

Im Gegenzug dazu empfanden das Gegenüber (also derjenige, der nachgeahmt wurde) die inhaltlichen Meinungsunterschiede als gar nicht so groß. Es war absolut auffällig, dass sie allein durch das »Matching« glaubten, ein und dieselbe Meinung zu haben. Erst später, als sie genauer darüber nachdachten, wurde ihnen bewusst, dass ihre Standpunkte absolut konträr waren.

Diese Empfindung änderte sich schlagartig, als das »Matching« eingestellt wurde: Jetzt spürten sie die Meinungsunterschiede (die ja auch existierten).

Wenn wir mit jemandem in Kontakt treten oder mit ihm oder ihr gut auskommen wollen, bewegen wir uns – bewusst oder unbewusst (und in der Regel ist es unbewusst) – ähnlich. Daraufhin nimmt der andere an, dass wir ähnliche Gedanken und Gefühle hegen, und findet uns sympathisch, und zwar beinahe unabhängig davon, was wir tatsächlich sagen.

Welches der gezeigten Politikerpaare versteht sich gut?

Die gleichnamige Hauptfigur in Woody Allens Film Zelig ist ein Mensch, der sich seinem jeweiligen Gegenüber perfekt anpassen kann: Zelig trifft einen orthodoxen Juden, und plötzlich wachsen ihm Ringellöckchen. Im Gespräch mit einer Person mit Fistelstimme wird seine Stimme ebenfalls piepsig. Das ist das Extrem von »Matching«. Aber in seiner abgeschwächten Form praktizieren wir es fast alle Tag für Tag.

Achten Sie auf folgende nonverbale Signale, wenn Sie die Matching-Methode anwenden möchten:

1 Haltung
Sitzt er oder sie aufrecht oder krumm? Lehnt sich unser Gegenüber zu einer Seite? Sind die Beine übereinander geschlagen? Sind die Schultern verkrampft oder locker?

2 Bewegung
Wird das Gewicht von einem Bein auf das andere verlagert? Wird mit den Fingern gespielt? Mit den Augen geblinzelt?

3 Atmung
Geht die Atmung langsam, regelmäßig, unregelmäßig oder flach?

4 Sprache
Ist der Sprachrhythmus großen Schwankungen unterworfen oder gleich bleibend? Forschungsergebnisse zeigen, dass man sich eher zu den Menschen hingezogen oder sich in ihrer Gegenwart wohlfühlt, deren Sprachrhythmus vorhersehbar und auf einen selbst abgestimmt ist.

Mächtige Stimmen

Kommunikationsforscher haben herausgefunden, dass wir unsere Sprechmuster unbewusst denen von Menschen in Machtpositionen angleichen. Eine Studie untersuchte daraufhin die Fernsehshow *Larry King Live*. Psychologen beobachteten, dass sich die Stimme von Larry King in einem Interview mit einem hochrangigen Gast, wie Bill Clinton, der Stimmlage dieses Gastes anglich. Bei weniger wichtigen Gästen änderte sich seine Stimme nicht, dafür passten die Gäste ihre Stimme der von Larry King an.

Synchronballett

Führen oder folgen?
Wenn Sie das nächste Mal Bus oder Bahn fahren, beobachten Sie mal Leute, die sich kennen. Achten Sie darauf, wie ihre Bewegungen – und falls Sie sie verstehen können auch ihre Stimmen – zusammenpassen. Anschließend mustern Sie alle, die sich fremd sind und deren Bewegungen und Haltungen in keinerlei Zusammenhang stehen (sollte das nicht der Fall sein, dann wissen Sie jetzt, was da los ist!).

Häufig führt der eine, und der andere folgt. Derjenige, der »folgt«, ist höchstwahrscheinlich der,

1 dem am meisten daran gelegen ist, gemocht zu werden.

2 dem es wichtig ist, einen guten Eindruck zu machen.

3 der mit dem anderen einer Meinung ist/den anderen respektiert.

Ist das Schwäche? Nein, ganz und gar nicht. Wer »folgt«, erhöht einfach nur seine Chancen, dass sich ihm jemand verbunden fühlt und ihn sympathisch findet. Man kann dieses Verhalten aus ganz uneigennützigen Gründen an den Tag legen (zum Beispiel um die Welt ein Stück besser zu machen) oder aber mit Hintergedanken (zum Beispiel wie der Vertreter, der sich anbiedert, damit wir eine Versicherung bei ihm abschließen). Das jeweilige Motiv ist von der Wirkung dieser Methode völlig unabhängig.

»Matching« leicht gemacht – Fünf Tipps

1 Gehen Sie dezent vor. Wenn Sie übertreiben, wird's peinlich für alle.

2 Nur ein Verhalten auf einmal! Entweder Sie ahmen die Kopfbewegung nach oder die Stimmlage.

3 Bei Meinungsverschiedenheiten wird Ihnen das »Matching« zwar zunächst schwerfallen, aber halten Sie durch! Es wird sich lohnen.

4 Beobachten Sie andere beim »Matching«. Sobald es Ihnen automatisch auffällt, wird es auch Ihnen in Fleisch und Blut übergehen.

5 Versuchen Sie, von »Folgen« zu »Führen« zu wechseln – beobachten Sie den Unterschied.

Im Gleichklang

Ähnlich wie beim Rock'n'Roll-Tanzen oder anderen Aktivitäten, bei denen man sich aufeinander einstellen muss, ist es ein Zeichen für eine intakte Beziehung, wenn sich zwei Menschen in einem harmonischen Gleichklang befinden und jeder von beiden in der Unterhaltung mal führt und mal folgt – perfekt!

Rollentausch

Es kann uns passieren, dass wir als »Folger« beginnen, weil wir einen guten Eindruck machen wollen, dann mit unserem Gegenüber im Gleichklang sind und später die Führungsrolle übernehmen.

Hier noch ein nützlicher Hinweis, wenn wir etwas verkaufen, uns mit jemandem verabreden oder jemanden von etwas überzeugen wollen: Sobald der potenzielle Kunde anfängt, uns zu folgen, wird er sehr wahrscheinlich auf unser Angebot eingehen.

3 Gemeinsamkeiten

»Na ja, ursprünglich komme ich aus Hamburg.«
»*Ach wirklich? Die Familie meiner Mutter lebt dort.*«

Später:
»*Das ist aber wirklich ein sympathischer Zeitgenosse. Na kein Wunder, der kommt ja auch aus Hamburg.*«

Gemeinsamkeiten erzeugen oft so etwas wie menschliche Wärme. Wenn wir wollen, dass uns jemand mag, müssen wir etwas finden, das wir mit diesem Menschen gemeinsam haben. Vorausgesetzt, der oder die andere mag sich selbst, wird er oder sie in der Regel jemanden, der auf die eine oder andere Art ähnlich ist, ebenfalls mögen.

Im Großen und Ganzen können wir in drei Bereichen nach Gemeinsamkeiten suchen: Bei Überzeugungen, Leidenschaften und Erfahrungen.

Gemeinsame Erfahrungen

»Waren Sie vor Kurzem im Urlaub?«, fragt Sie Ihr Friseur, als er mit dem Haareschneiden anfängt. Wenn es einen international einheitlichen Lehrplan für Friseure gäbe, stünde dieser altbekannte Aufhänger sicher gleich in Lektion 1. Bestimmt erinnern Sie sich an eine Reise (»Im Frühling war ich für ein verlängertes Wochenende in Prag«) und bieten ihm so die Möglichkeit, viele Gemeinsamkeiten zu finden: lange Wochenenden; Reisen im Frühling; Städte, in denen oft gefilmt wird; vielleicht auch Prag selbst. Und wenn's im ersten Anlauf nicht klappt, bleibt immer noch die nächste Frage: »Und, haben Sie Ihren Urlaub schon geplant?«

Erfahrungen eignen sich hervorragend für die Suche nach Gemeinsamkeiten: Wir alle haben sie, und normalerweise auch ein paar gemeinsame. Das können gemeinsame Bekannte sein, Orte, die beide besucht haben, Studienfächer, Filme, Sportarten oder Bücher. Du und ich – wir haben Tausende gemeinsamer Erfahrungen.

Aber: Nicht alle Erfahrungen, die gleich sind, sind auch gleichwertig!

In einer Szene des Films Diamantenfieber schmuggelt James Bond Diamanten in einem Sarg. Er wird am Flughafen von den Bodyguards Blofelds mit einem Leichenwagen abgeholt.

»Wer ist der Kalte, äh, der Verstorbene? Ihr Bruder?«, fragt einer der Sargträger.
»Ja«, antwortet Bond.
»Oh, ich habe auch einen Bruder«, kommt als Antwort.
»So klein ist die Welt«, entgegnet Bond.

Der ungeschickte Versuch des Gauners, eine Beziehung herzustellen, scheitert nicht nur, weil er taktlos ist, sondern auch, weil die geteilte Erfahrung unerheblich ist. Eine Erfahrung, die Millionen anderer Menschen auch haben, ist keine gemeinsame Erfahrung, die uns hilft, eine Beziehung aufzubauen. Jeder atmet Luft, isst, spricht, schläft und zahlt Steuern. Das sind universelle Erfahrungen, mit denen man keine Beziehung aufbauen kann. Sicher signalisieren sie: »Ich bin in dieser oder jener Hinsicht genau wie du«, aber das sind auch alle anderen.

Wenn es darum geht, Gemeinsamkeiten zu finden, gilt: Je exklusiver die Erfahrung, desto eher hilft sie uns, eine Beziehung zum anderen aufzubauen. Das erklärt auch, warum die Entdeckung, dass man dieselben Leute kennt, eine so starke Verbindung herstellt. (Ein weiterer Grund besteht darin, dass man dann vermutlich auch in einem durchaus ähnlichen Milieu lebt oder arbeitet und sehr wahrscheinlich zahlreiche Überzeugungen und Einstellungen teilt, darüber aber auf den folgenden Seiten noch mehr.)

Doch was ist, wenn die geteilten Erfahrungen negativ sind? Wir könnten entdecken, dass wir beide eine scheußliche Scheidung hinter uns haben. Eine ziemlich exklusive gemeinsame Erfahrung, aber riskant, wenn es darum geht, eine Beziehung herzustellen. Das gemeinsam erlebte Unglück mag uns vielleicht verbinden. Andererseits kann es gut sein, dass die negativen Erinnerungen an den Streit um Sorgerecht und Besuchsrechte die positiven Gefühle der geteilten Erfahrung mehr als zunichte machen.

Im Gegensatz dazu können frisch gebackene Eltern pausenlos über das Wunder der Geburt und die Freude, die sie an ihren Kindern haben, reden und dadurch eine intensive Beziehung zueinander herstellen. Nicht weil es sich um eine besonders exklusive Erfahrung handelt, sondern um eine exorbitant positive.

Fazit: Jede Gemeinsamkeit kann dabei helfen, eine Beziehung herzustellen. Gleichzeitig gilt: Je exklusiver und positiver sie für die Beteiligten ist, desto besser stehen die Chancen, dass man sich auch wirklich sympathisch ist.

Visualisiert sähe das dann so aus:

exklusiv	Als ich vor einer Kletterexpedition am Fuße der Felsen meinen Rucksack auspacke, merke ich, dass ich am Flughafen den falschen vom Gepäckband genommen habe	Sonnenaufgang in Machu Picchu am Neujahrsmorgen
allgemein	Der Flieger hat Verspätung	In Urlaub fahren
	negativ	positiv

Warum ist die Frage des Friseurs ungleich geschickter als etwa »Haben Sie sich vor kurzem mit jemandem gestritten?« (sicherlich die wesentlich interessantere Frage)? Ganz einfach deshalb, weil sie auf der Annahme beruht, dass Reisen eine positive Erfahrung ist. Egal, ob es um Urlaub, Geschäftsreisen oder eine Unterbrechung der täglichen Routine geht, der Friseur setzt (oder wettet beinahe) darauf, dass es etwas sein wird, an das wir uns gern erinnern. Egal, wie gut oder wie schlecht sie mit der Schere umgehen können – im Herstellen von Beziehungen sind Friseure immer echte Profis.

Gemeinsame Leidenschaften

Fast jeder ist von irgendetwas begeistert und könnte stundenlang davon erzählen. Sobald wir jemanden finden, der unser Interesse teilt oder zumindest mehr darüber herausfinden will, kriegen wir rote Bäckchen und finden den anderen sympathisch. Als Faustregel gilt: Menschen empfinden es im Allgemeinen als positiver, wenn sie selbst reden und ihnen zugehört wird als andersherum. Umso positiver, wenn sie dann noch über etwas reden können, das ihnen am Herzen liegt.

»Ich fing an, den Sportteil in der Zeitung zu lesen, damit ich mit meinen Kunden auch mal über was anderes als das Geschäft reden konnte. Das hat das Eis gebrochen und sie akzeptierten mich als einen der ihren«, erklärte ein Trainingsteilnehmer, der in einer Beratungsfirma arbeitete.

Gemeinsame Überzeugungen

Vor allem aber mögen wir Menschen, die die Welt genauso sehen wie wir.

Nicht alle Überzeugungen sind besonders weitreichend. Kann sein, ich glaube, dass Brasilien die Fußballweltmeisterschaft gewinnt, oder finde, dass Janet Jackson eine super Stimme hat. Wenn wir da einer Meinung sind, sind Sie offensichtlich ein heller Kopf (genau wie ich). Sind Sie anderer Ansicht, weil Sie denken, dass Frankreich die WM gewinnen wird, und Janet Jackson viele Vorzüge haben mag, zu denen ihre Stimme allerdings nicht gehört, ist das auch o. k., solange Sie mir das gut begründen können und Ihnen ein kleiner Meinungsunterschied nichts ausmacht.

Bei einer offenen Nichtübereinstimmung von weitreichenden Überzeugungen riskieren wir dagegen, uns nicht leiden zu können. Eine gesunde Provokation, wer denn nun die WM gewinnen wird, ist in Ordnung, aber wenn Sie darüber, ob man die Umwelt schützen soll oder nicht, anderer Meinung sind, haben wir ein ernsthaftes Problem und ich werde wahrscheinlich keine Beziehung zu Ihnen aufbauen. Fazit: Wenn wir anderer Ansicht sind als unser Gegenüber, ihm aber sympathisch sein wollen, dürfen wir nicht allzu aufrichtig sein.

In einem der mindgym-Workshops gibt es eine Übung, bei der man mit einem extremen Vorschlag konfrontiert wird wie dem, sich die Haare lila zu färben. Sie müssen sich dann drei Dinge überlegen, die Sie gut daran finden, und drei, die Sie sich in diesem Fall unbedingt wünschen, zum Beispiel: Ich mag es, wenn ich aus der Masse hervorsteche, mir gefällt Lila und ich habe Lust auf eine andere Haarfarbe; ich will, dass mich meine Kollegen weiterhin ernst nehmen, ich möchte keine komischen Blicke zugeworfen bekommen und dass meine Mutter noch mit mir redet.

Das geht natürlich (absichtlich) viel zu weit, aber versuchen Sie doch das nächste Mal, wenn Sie gerade »Nein, aber …« sagen wollen, stattdessen »Ja und …« zu sagen. Kann sein, dass Ihnen solche schwierigen Unterhaltungen in Zukunft viel leichter fallen.

① Souverän sein

Konferenzraum, zwölfter Stock, mittags. Die beiden Untergebenen eines potenziellen Kunden geben mir, während wir auf ihren Chef warten, bereits einige Hintergrundinformationen. Zehn Minuten nach dem vereinbarten Beginn des Meetings betritt er ganz gelassen das Zimmer.

Seine Kolleginnen erheben sich. Die ältere von beiden, selbst Senior-Vice-Präsidentin, benimmt sich jetzt vollkommen anders. Gerade eben noch erläuterte sie mir klar und deutlich, wie der Laden hier läuft und was verbessert werden könnte. Jetzt spricht sie leiser und steht auch nicht aufrecht da, sondern leicht vornübergebeugt, fast so, als ob sie schwebe.

»Hallo, ich bin Nick, Sie sind bestimmt Mark.« Seine Stimme ist klar und deutlich, weder laut noch leise. Er streckt mir die Hand hin und ich schüttle sie.

Nick setzt sich ans Tischende (der Platz war eindeutig für ihn freigehalten worden), sieht mir in die Augen und fragt: »Nun, was wollen Sie mir verkaufen?« Eine sehr direkte Frage, mit der er mir signalisiert, dass er viel zu tun hat und ich schnell zur Sache kommen soll.

Ich fange an zu reden, und, während ich rede, steht er auf und geht zu dem Sideboard, auf dem Tee und Kaffee stehen. Er gießt ein. Fahre ich fort oder warte ich? Nick ist der Entscheider: Es ist auch klar, dass er seine Entscheidung davon abhängig machen wird, ob er mich als ebenbürtig oder untergeordnet einstufen wird. Wenn es mir gelingt, seinem souveränen Auftreten Kontra zu bieten, kann es gut sein, dass er anbeißt und wir ins Geschäft kommen.

Ich höre auf zu sprechen. Ein kurzer Augenblick der Stille.

»Sie können ruhig weiterreden, ich höre Ihnen zu«, sagt Nick. Sein Rücken ist das Einzige, was ich von ihm sehen kann, während er sich noch einschenkt.

Ignoriere ich seine Anweisung oder rede ich gegen das Geklapper der Teelöffel an?

»Das ist schon in Ordnung.« Ich lehne mich zurück. »Lassen Sie uns erst die Tee- und Kaffeeaktion erledigen, das ist besser so.«

Zum ersten Mal gibt es einen kleinen Hinweis darauf, dass Nick sich in dieser Situation nicht mehr zu hundert Prozent wohlfühlt. Er fragt, wer auch eine Tasse möchte. Zum ersten Mal, seit er den Raum betreten hat, zeigt er, dass er die Anwesenheit seiner Kolleginnen bemerkt hat. Sie hauchen ein »Danke, nein«. Ich danke ihm ebenfalls und sage, dass ich gern eine Tasse Kaffee hätte (ich werde ihn gar nicht trinken, aber darum geht es nicht).

Nick setzt sich und schaut mir wieder direkt in die Augen. »Sie glauben also, dass Sie meinen Leuten beibringen können, überzeugender zu sein?«

»Unter anderem, ja.«

»Wenden Sie bei mir gerade eine Ihrer Techniken an?«, fragt er, ohne auch nur den Hauch eines Lächelns. Eine sehr clevere Frage. Sage ich nein, wird er sich fragen: »Warum eigentlich nicht, wenn sie doch so effektiv sind.« Sage ich ja, braucht er nur zu sagen: »Die funktionieren bei mir nicht, haben Sie mir nichts Besseres anzubieten?«

Ich erwidere seinen Blick ohne mit der Wimper zu zucken und antworte prompt: »Ja, und am Ende des Gesprächs werden wir sehen, ob sie funktionieren.« Ich deute ein Lächeln an, um ihm zu zeigen, dass ich weiß, dass wir ein Spiel spielen und es mir Spaß macht.

Die Unterhaltung dauert noch etwa zehn Minuten. Nick steht auf. Alle anderen auch.

»Das hört sich alles recht interessant an. Wir werden uns in den nächsten Tagen bei Ihnen melden.« Er schaut kurz in Richtung der Senior-Vice-Präsidentin, um klarzumachen, dass sie sich darum kümmern soll. Er schaut mir wieder in die Augen, schüttelt meine Hand, »Danke«, nickt den anderen beiden zu und geht ruhig aus dem Zimmer.

Noch am selben Nachmittag bekam ich einen Anruf, dass wir den Auftrag bekommen.

Diese (wahre) Geschichte zeigt eine sehr häufig angewandte Kurzmethode, die Menschen tagtäglich anwenden, um uns zu testen. Kann sein, dass sie nicht die beste ist, jemanden zu beurteilen, aber viele gehen so vor, und wer das Machtspiel nicht beherrscht, geht leer aus.

Und zwar nicht nur im Geschäftsleben. Unsere Souveränität bestimmt, wie ernst wir genommen werden, wenn wir zum ersten Mal die Mutter oder den Vater unseres Partners treffen, auf einer Party neuen Leuten vorgestellt werden, mit einem Bauunternehmer verhandeln oder mit der Schulrektorin unserer Tochter reden.

Und wenn Ihnen jemand sagt, dass Sie noch nicht reif oder erfahren genug für etwas aussehen, ist es an der Zeit, dass Sie lernen, souveräner aufzutreten (was viel effektiver ist, als sich die Haare grau zu färben).

Was ist Souveränität?

Jeder bleibt stehen und hört Ihnen zu, wenn Sie anfangen zu reden, weil man automatisch davon ausgeht, dass Sie wirklich etwas zu sagen haben.
Die Menschen um Sie herum schenken Ihnen Aufmerksamkeit, ohne dass Sie sich besonders darum bemühen.
Sie werden oft zitiert.
Die Leute wollen Ihre Meinung hören.
Man redet über Sie, aber stets mit Respekt.

Was tun Sie?
Sie zeigen Präsenz, Sie sind souverän.

Die meisten Menschen merken sehr schnell, wenn jemand souverän ist. Aber das genau zu definieren, fällt schwer. Am besten wir fangen mit dem an, was Souveränität nicht ist. Wenn jemand unbemerkt bleibt, zeigt er keine Souveränität. Souverän sein ist auch nicht dasselbe, wie arrogant sein. Aber irgendwo zwischen diesen beiden Polen ist die Souveränität angesiedelt. Die folgende Tabelle sollte Ihnen dabei helfen, diese schwer zu fassende Charaktereigenschaft besser begreifen zu können.

Eigenwahrnehmung

Keine/wenig Souveränität	Souveränität	Arroganz
Ich bin mir nicht sicher, was ich tun soll	Immer mit der Ruhe – alles wird gut	Ich muss denen nur zeigen, wer hier der Boss ist
Die anderen sind so beeindruckend/wichtig	Ich weiß, was ich tue (zumindest weiß ich, was ich will)	Ich habe Recht
Ich habe Angst, dass ich's vermassle		Angriff ist die beste Verteidigung
		Ich bin zwar nervös, will aber nicht, dass man mir das anmerkt

Fremdwahrnehmung

Keine/wenig Souveränität	Souveränität	Arroganz
Den/die stecken wir leicht in die Tasche	Respekt	Wichtigtuer
Loser	Bei dem/der lohnt es sich zuzuhören	Hört nicht zu
Wovon redet der/die denn?	Weise	Laut
Wer ist der/die überhaupt?	Weiß, wovon er/sie spricht	Aggressiv
Unerfahren/zu jung		Nervig
		Unangenehmer Mensch

Es geht nicht darum, beliebt zu sein

Präsenz zeigen oder souverän sein hat nichts (oder nur sehr wenig) mit Beliebtheit zu tun. Manchmal bedeutet es sogar, bewusst keine Beziehung herzustellen. Wenn wir wollen, dass uns jemand mag, betonen wir Gemeinsamkeiten und ändern unser Verhalten, um dem anderen zu gefallen.

Wer souverän ist, betont dagegen oft die Unterschiede oder verhält sich unerwart. Wenn wir souverän auftreten, kann das andere kurzfristig irritieren und infrage stellen. Deshalb ist Souveränität nicht immer gefragt, sondern nur zum richtigen Zeitpunkt.

Souverän auftreten – Wann und wann nicht?

Wenn wir von anderen respektiert werden oder ihre Aufmerksamkeit wollen, ist es äußerst hilfreich, wenn wir Präsenz zeigen oder souverän auftreten können. Zum Beispiel, wenn ...

- ... wir uns in einer Situation befinden, in der wir nach unserem Durchsetzungsvermögen beurteilt werden, beispielsweise wenn wir eine Beratungsleistung verkaufen (als Unternehmensberater, Kundenbetreuer einer Werbeagentur, Projektmanager usw.). Oder wenn wir jemanden, der älter ist oder mehr Erfahrung hat, überzeugen wollen, seine Ansicht zu ändern.

- ... der andere ebenfalls das Souveränitätsspiel spielt. Zum Beispiel, wenn ein anspruchsvoller Vater sehen will, ob Sie für seine Tochter (oder seinen Sohn) gut genug sind.

- ... unsere Vorschläge höchstwahrscheinlich nicht gerade auf begeisterte Gegenliebe stoßen werden.

- ... wir zu einer relativ großen Gruppe von Menschen reden, die leicht abgelenkt werden können. Etwa, wenn man einer Tischgesellschaft eine Anekdote erzählt oder eine Abschiedsrede auf Kollegen hält.

Manchmal ist es jedoch geschickter, seine Souveränität nicht so sehr zu betonen, sondern sich eher im Hintergrund zu halten, beispielsweise wenn Sie die Aufmerksamkeit eher auf andere lenken wollen. Das ist dann der Fall, wenn Sie möchten ...,

- ... dass offen und ehrlich gesprochen wird, beispielsweise wenn ein Journalist in einem Interview seinem VIP-Gesprächspartner unbedingt ein paar Geheimnisse entlocken möchte. Oder wir von einem engen Freund unbedingt eine wichtige Information benötigen und möchten, dass er sich uns ganz öffnet.

- ... dass sich der andere ungestört in seinem Ruhm sonnen kann. Zum Beispiel, wenn Ihr Sohn Geburtstag hat oder Ihr Kollegenteam die Feier anlässlich eines erfolgreich abgeschlossenen Projekts ganz unbeschwert genießen soll.

- ... dass andere glauben, Herr der Lage zu sein – der Chef, der Kunde, ein nervöser Verehrer.

- ... dass die Dinge wieder in ruhigeres Fahrwasser kommen, beispielsweise wenn wir uns in eine hitzige Auseinandersetzung hineingeredet haben und jede weitere egoistische Bemerkung alles nur noch schlimmer macht. Hier führt einfühlsames Nachfragen schneller zum Ziel. Kann sein, dass wir vorher nochmal kurz souverän auftreten müssen, um die ungeteilte Aufmerksamkeit zu bekommen.

- ... dass man uns sympathisch findet, beispielsweise bei einem Rendezvous, wenn wir um einen Gefallen bitten, jemand Neues kennenlernen oder sehr eng zusammenarbeiten und deshalb eine gute Beziehung aufbauen müssen. Doch Vorsicht: Manchmal ist weniger mehr, übertreiben Sie es also nicht mit dem Buhlen um Sympathie!

Wenn es die Umstände erfordern, kann es sein, dass wir mal mehr, mal weniger souverän auftreten müssen.

In Vorstellungsgesprächen hat es sich für Angestellte der Personalabteilung beispielsweise als sinnvoll erwiesen, am Anfang nicht allzu souverän aufzutreten. Denn nur so kann der Bewerber ermutigt werden, erst einmal so viel wie möglich von sich selbst zu erzählen. Wenn dann später klar ist, dass wir ihn einstellen möchten, können wir wieder souveräner sein, falls wir ihn damit leichter überzeugen können, unser Angebot anzunehmen.

Sind Sie der Bewerber, empfiehlt es sich zu Anfang, eine Beziehung aufzubauen, um sympathisch zu wirken. Anschließend gehen Sie dazu über, sich souverän zu zeigen, um zu signalisieren, dass Sie es wert sind, eingestellt zu werden. Gegen Ende des Gesprächs sollten Sie Ihre Souveränität wieder etwas zurücknehmen und auf die Beziehungsschiene umschwenken, um einen guten Eindruck zu hinterlassen.

Wie souverän sind Sie?

Stellen Sie sich ein Gebiet oder eine Situation vor, in der es besonders wichtig sein könnte, souverän aufzutreten. Am besten, Sie denken an eine Situation, die Sie bereits kennen und in die Sie wahrscheinlich bald wieder einmal geraten werden. Das können Kundengespräche sein oder aber ein Treffen mit einer ganz bestimmten Gruppe von Leuten (alte Kommilitonen beispielsweise) oder die Anwesenheit an einem ganz bestimmten Ort (der Segelclub?). Schreiben Sie sich einfach auf, in welcher Situation in Ihrem Leben Sie gern mehr Präsenz zeigen und souveräner auftreten würden.

Mit dieser Situation im Hinterkopf kreuzen Sie jene Bewertung an, die Sie für jede der genannten Aussagen am zutreffendsten finden.

		sehr selten/nie	selten	öfter	fast immer/immer
1	Ich werde mitten in meinen Ausführungen unterbrochen	○	○	○	○
2	Meine Zuhörer sehen mir in die Augen, wenn ich rede	○	○	○	○
3	Ich werde lauter, wenn ich etwas betonen möchte	○	○	○	○
4	Die Leute sehen mir in die Augen, wenn sie reden	○	○	○	○
5	Meistens reden die anderen	○	○	○	○
6	Ich wiederhole mich, um sicherzugehen, dass ich verstanden wurde	○	○	○	○
7	Die anderen merken, wenn ich mich ärgere	○	○	○	○
8	Man denkt, dass ich, was das Tagesgeschehen angeht, auf dem Laufenden bin	○	○	○	○
9	Wenn jemand anders spricht, höre ich nur ihm zu	○	○	○	○
10	Wenn ich mit allen meinen Punkten durch bin, höre ich auf zu reden, auch wenn dadurch eine Pause entsteht	○	○	○	○

Vergessen Sie vor der Testauswertung bitte nicht, dass die Ergebnisse nur auf die von Ihnen gewählte Situation zutreffen. Für andere Situationen können die Ergebnisse ganz anders ausfallen. Machen Sie den Test für alle Situationen, die Ihnen noch einfallen, und Sie werden sehen, wie sehr sich die Ergebnisse unterscheiden können.

Und so werten Sie den Test aus: Gemäß Ihren Bewertungen ordnen Sie den einzelnen Aussagen folgende Punkte zu:

	sehr selten/nie	selten	öfter	fast immer/immer
Fragen 1, 3, 6, 7	4	3	2	1
Fragen 2, 4, 5, 8, 9, 10	1	2	3	4

Jetzt zählen Sie Ihre Punkte zusammen. Haben Sie bei Frage 1 »sehr selten/nie« angekreuzt, dann notieren Sie 4 Punkte, bei Frage 2 »selten«, dann notieren Sie 2 Punkte usw. Sie können 10 bis 40 Punkte erreichen.

34–40 Punkte: Spitzenklasse

In der von Ihnen gewählten Situation sind Sie äußerst souverän und bekommen vermutlich die nötige Aufmerksamkeit. Ihre Ansichten werden geschätzt, und die anderen werden sich oft auf Sie oder Zitate von Ihnen beziehen. Machen Sie sich keinen Kopf, denn man wird nur gut von Ihnen sprechen – und Sie nicht vergessen.

26–33 Punkte: In der Oberliga

Ja, Sie sind souverän. Sie sind definitiv kein Mauerblümchen. Trotzdem ist Ihre Souveränität nicht immer so gut sichtbar, wie Sie das gern hätten, und Sie haben bestimmt öfter mit Menschen zu kämpfen, die genauso souverän sind wie Sie.

Insofern können Sie noch einiges an Ihrem Auftreten verbessern, um sich deutlicher von der Menge abzuheben, ohne Gefahr zu laufen, deshalb gleich als arrogant zu gelten.

18–25 Punkte: Gutes Mittelfeld

Sie sind der Mann oder die Frau aus der Menge. Nicht gerade unsichtbar, aber Sie tun sich auch nicht besonders hervor. Wenn man die Leute darauf anspricht, werden sie sich vermutlich an Ihre Worte erinnern, ansonsten werden sie ihnen kein besonderes Gewicht beimessen.

Sie sind bereits auf dem richtigen Weg, ein souveränes Auftreten zu lernen, müssen aber noch einiges dafür tun.

10–17 Punkte: Abseits

Unter diesen besonderen Umständen treten Sie wenig souverän auf. Sie laufen Gefahr, ignoriert oder als unwichtig abgetan zu werden. Versuchen Sie lieber, Situationen, in denen eine außergewöhnliche Präsenz verlangt wird, zu vermeiden. Sie können natürlich auch Ihr Selbstbild und die Art, wie die anderen Sie wahrnehmen, überdenken und die Weichen daraufhin so stellen, dass Ihre Aussagen das nötige Gewicht bekommen. Wenn Sie so etwas nicht gewöhnt sind, müssen Sie jedoch damit rechnen, dass das nicht ganz einfach sein wird. Wenn es Ihnen dennoch gelingt, wird die Wirkung allerdings ganz außerordentlich sein. Wer es richtig anstellt, kann mit Sicherheit mit Bemerkungen rechnen wie »Nanu! Sie sind ja ganz anders als sonst!«.

Arroganzalarm

Beim Versuch, Präsenz zu zeigen und souverän aufzutreten, laufen Sie stets Gefahr, über Ihr Ziel hinauszuschießen und unsympathisch respektive arrogant zu wirken. Aus diesem Grund sollten Sie den Fragen 3, 5 und 7 noch einmal Ihre besondere Aufmerksamkeit schenken. Wie haben Sie dort gepunktet? Vorsicht, wenn Sie hier 1 oder 2 Punkte hatten!

Sind Sie ganz bei der Sache?

Der Schlüssel zum souveränem Auftreten liegt in der richtigen Einstellung. Wenn wir mit unseren Gedanken und Gefühlen ganz bei der Sache sind, zeigen wir fast automatisch die nötige Präsenz. Umgekehrt gilt (leider) dasselbe: Mit der falschen Einstellung werden Ihnen auch die besten Tipps und Tricks nicht nutzen. Wenn Sie sich ständig den Kopf darüber zerbrechen, was die anderen von Ihnen denken, werden Sie nie ein guter Tänzer – egal, wie korrekt Ihre Schrittfolgen sind. Mit der Souveränität verhält es sich ganz genauso.

1 Zuversichtliche Unsicherheit

Sie möchten einen Kredit von Ihrer Bank. Sie kennen Ihre monatlichen Verpflichtungen, wissen, wie viel Sie im letzten halben Jahr durchschnittlich ausgegeben haben; wissen, wofür Sie den Kredit brauchen (für einen Urlaub auf den Malediven). Aber in manchen Punkten herrscht noch Unklarheit, beispielsweise über die Rahmenbedingungen der Bank für Kredite. Aber das verunsichert Sie nicht. Der Banker wird Ihnen schon sagen, was wichtig ist. Obwohl es also einiges gibt, das Sie nicht wissen, haben Sie diese Dinge entweder als unwichtig oder als etwas, das Sie schon noch lernen werden, aus Ihrem Kopf verbannt. Dass Sie über eine ganze Reihe von Dingen nicht Bescheid wissen, macht Ihnen also nichts aus: Sie sind bei aller Unsicherheit zuversichtlich.

Am Ende eines Vortrages können an die Referentin Fragen gestellt werden. Ein Zuhörer stellt eine komplexe technische Frage. Ganz ruhig, antwortet sie: »Eine sehr gute Frage, leider kann ich sie jetzt hier nicht beantworten. Geben Sie mir etwas Zeit und Ihre E-Mail-Adresse, dann antworte ich Ihnen später.« Die Rednerin war nicht im Geringsten verunsichert, sondern vertraut darauf, dass sie schon eine Antwort finden wird, auch wenn sie vorerst zugeben muss, sie noch nicht zu kennen.

Selbstvertrauen und Zuversicht sind wesentliche Voraussetzungen für ein souveränes Auftreten. Doch damit allein ist es natürlich nicht getan – es gibt noch vier weitere Gesichtspunkte.

2 Anliegen vor Image

Wenn wir möchten, dass man uns mag, ist es unser oberstes Anliegen, zu gefallen. Doch um souverän zu sein, brauchen wir ein »Anliegen«, das über den Wunsch, einen guten Eindruck zu machen, weit hinausgeht.

Es kann uns ein Anliegen sein, neue Talente zu fördern, Menschen gut zu behandeln, uns moralisch einwandfrei zu verhalten, professionell zu sein. Entscheidend für ein solches Anliegen ist, dass wir, wenn es hart auf hart kommt, immer dem Anliegen Vorrang geben werden. Auch wenn das bedeutet, dass wir dabei einigen Leuten auf die Füße treten müssen.

Letzten Endes bedeutet das: Wenn jemand mit mir nicht einer Meinung ist oder ihm nicht gefällt, was ich sage, ist das nicht mein Problem. Ich mag das bedauern oder enttäuschend finden, aber das wird mich nicht von meinem Anliegen abbringen, weil ich es wichtiger finde, als dem anderen zu gefallen oder ihn zu überzeugen. (Obwohl es mir natürlich lieber wäre, wenn wir einer Meinung wären; ist mir das komplett egal, bin ich arrogant.)

So kommen Sie am Türsteher vorbei

Wie souverän Sie auftreten, kann darüber entscheiden, ob man Sie in ein vornehmes Hotel lässt, um dort mal aufs Klo zu gehen, oder ob Sie am Türsteher vorbei in einen angesagten Club kommen.

Es ist schon mal hilfreich, sich eine souveräne Einstellung zuzulegen.

Nur hereinspaziert!

Zuversichtliche Unsicherheit: Ich komm schon rein. Ich kann dem Türsteher direkt in die Augen schauen, ich trete selbstsicher auf, ich werde mit jedem Hindernis fertig.

Anliegen vor Image: Ich habe gute Gründe da reinzugehen und auch drin zu bleiben. Ich habe nicht vor, mit dem Türsteher gut Freund zu werden (wenn's sein muss, um reinzukommen – bitte sehr! Aber nur als Mittel zum Zweck).

Von gleich zu gleich: Ich werde nicht bitten, betteln oder verzweifelt sein, aber auch nicht so tun, als ob mir der Laden gehört. Allerdings möchte ich hereingelassen werden, und als vernünftiger und loyaler Mitarbeiter dieses Ladens wird er sicherlich genauso denken.

Ein energisches Auftreten: Bestimmt, aber nett und freundlich.

Vorschusslorbeeren: Der Türsteher will im Grunde nur seinen Job gut machen und er weiß ganz genau, dass er ihn gut macht, wenn er mich reinlässt.

3 Auf Augenhöhe

Treffen wir auf jemanden, vor dem wir großen Respekt haben oder zu dem wir uns in einem Abhängigkeitsverhältnis befinden, ändern wir unser Verhalten häufig dramatisch, wie auch das Beispiel der Senior-Vice-Präsidentin am Kapitelanfang gezeigt hat. Souveränes Auftreten heißt, dass wir uns ganz normal verhalten – es gibt keinen Grund, sich jetzt irgendwie besonders oder anders zu benehmen. Wir unterhalten uns gerade mit Nelson Mandela – na und?

Viele Stars geben zu, dass sie es genießen, wenn ihnen die Fans zu Füßen liegen – von Respekt oder Sympathie für die Anhänger ist aber eher selten die Rede. Die VIP-Etikette verlangt, dass Sie Prominente genauso behandeln wie alle anderen auch. Lassen Sie den VIP ruhig von seinem neuesten Song, der letzten Show oder Fernsehserie erzählen, aber fangen Sie nie von sich aus davon an.

Zwei Bewerber werden zu einem Vorstellungsgespräch mit einem sehr beschäftigten Geschäftsführer eingeladen. Der erste Bewerber ist ein Nervenbündel und versucht verzweifelt, einen guten Eindruck zu machen und nicht die kostbare Zeit des Geschäftsführers zu verschwenden. Der zweite ist ruhig und sieht in dem Gespräch eher eine Gelegenheit, herauszufinden, ob die Position auch das Richtige für ihn ist. Für ihn sind die Anforderungen des Geschäftsführers ebenso wichtig wie seine eigenen.

Dreimal dürfen Sie raten, wer von beiden Bewerbern souveräner ist und höchstwahrscheinlich den Job bekommt.

Wer souverän ist, tritt nicht gönnerhaft auf oder sieht auf andere Menschen herab. Aber er schaut auch nicht ehrfürchtig zu ihnen auf. Kann schon sein, dass Sie der Chef sind, der Chef meines Kunden, ein berühmter Popstar, der Präsident des Golfclubs oder ein Professor – aber in dieser Unterhaltung kommunizieren wir von gleich zu gleich; wir haben beide unsere Stärken, keiner ist mehr wert als der andere.

4 Ein energisches Auftreten

Souveräne Menschen haben ein energisches Auftreten, aber deshalb benehmen Sie sich noch lange nicht wie die Axt im Walde – im Gegenteil. Trotzdem spürt man eindeutig diese Energie, die in ihnen schlummert und nur darauf wartet, freigesetzt zu werden. Apathie und Souveränität gehen selten Hand in Hand.

In der Regel ist diese Energie an ein Anliegen, eine Absicht geknüpft: Ich will mein Viertel sicherer machen; ich bin ein leidenschaftlicher Verfechter hoher Qualitätsstandards. Die Energie kann auch weiter gefasst sein – wie der Elan, etwas voranzutreiben.

Diese Energie kann sogar destruktiv sein und trotzdem zu einem souveränen Auftreten beitragen. Sean ist charmant und fast jeder mag ihn, sobald er ein paar Minuten mit ihm geredet hat. Tobi ist das genaue Gegenteil: Er hat einen zynischen Humor und ein höhnisches Grinsen. Die meisten lehnen ihn spontan ab, ohne das konkret begründen zu können. Man könnte sagen, Tobi hat eine negative Ausstrahlung. Trotzdem wirkt er souverän, nur dass er eben eine negative Energie ausstrahlt.

Souveränität setzt Energie voraus. Diese Energie muss nicht positiv sein, auch wenn das in der Regel noch effektiver ist.

Bitte unterbrechen Sie mich nicht!

Im Allgemeinen gilt: Gestatten Sie kein Dazwischenreden oder irgendwelche anderen Diskussionen. Sollte das trotzdem passieren, halten Sie inne. Bleiben Sie still. Sehen Sie die Störenfriede bestimmt, aber nicht verärgert an, so als ob Sie alle Zeit der Welt hätten und es nichts Angenehmeres gäbe; Sie möchten sie ja nicht unterbrechen, aber selbst natürlich auch nicht unterbrochen werden.

Normalerweise verstummt das Gespräch dann sofort und es kommt eine kleinlaute Entschuldigung. Darauf können Sie eingehen oder auch nicht – ganz wie Sie wollen. Dann fahren Sie mit Ihrer Rede an dem Punkt fort, wo Sie gerade stehen geblieben waren. Von nun an wird Sie kaum noch jemand unterbrechen. Ähnlich wird es mit dem Kaffee-Einschenken sein, wie das Beispiel zu Beginn dieses Kapitels zeigt.

5 Vorschusslorbeeren

Wollen wir souverän auftreten, sollten wir es in der Regel vermeiden, zu sehr über die Leute und deren Meinung über uns nachzudenken. Denn sonst laufen wir Gefahr, dass unser Zustand zuversichtlicher Unsicherheit erschüttert oder komplett zerstört wird. Das ist vor allem dann der Fall, wenn wir befürchten, unser Gegenüber könnte sich eventuell langweilen oder erwarten, beeindruckt zu werden.

Doch leider lässt sich das nicht immer vermeiden. Unter diesen Umständen ist es hilfreich, Vorschusslorbeeren zu verteilen und den anderen mental mit den gewünschten Eigenschaften »auszustatten«. So können wir etwa ein Publikum mit Neugier oder brennendem Interesse versehen.

Manche Menschen sagen sich das im Stillen sogar vor: »Ich werde euch begeistern« oder »Ihr werdet Vertrauen haben in das, was ich sage«. Im Anschluss gehen sie einfach davon aus, dass ihre Zuhörer genauso empfinden – selbst wenn sie mit verschränkten Armen dasitzen und die Stirn runzeln.

So unwahrscheinlich das auch klingen mag, aber allein dadurch, dass wir anderen bestimmte Eigenschaften zuschreiben, verhalten wir uns auch so, als ob diese tatsächlich vorhanden wären. Wir senden dann nämlich entsprechende nonverbale Mikrosignale aus, die von unserem Publikum unbewusst aufgegriffen werden. Diese Methode ist zwar nicht idiotensicher, kann aber einen entscheidenden Unterschied machen. Und sie funktioniert mit Sicherheit besser, als sich vorzustellen, dass man uns reinlegen will.

Zeit zum Reden

Stellen Sie sich vor, wie Sie mit mehreren Leuten um einen Küchentisch sitzen und erörtern, wie Sie auf den Vorschlag des Stadtrats reagieren wollen, die Busse in größeren Intervallen fahren zu lassen. Oder aber Sie sitzen gerade mit den Topentscheidern Ihrer Firma im Konferenzraum und überlegen, wie Sie auf ein Übernahmeangebot reagieren sollen. Egal, was es ist – Sie möchten sich Gehör verschaffen und ernst genommen werden.

Wie können Sie souveräner auftreten?

Aktiv zuhören
Allein durch Ihr Zuhören und ohne etwas Schlaues sagen zu müssen können Sie Ihren Aussagen schon mehr Gewicht verleihen – vorausgesetzt, Sie bewerten das Gehörte nicht und akzeptieren es erst einmal.

Wenn andere reden, sollten wir ihnen unsere ungeteilte Aufmerksamkeit schenken, zumindest am Anfang. Hören wir stets aufmerksam zu, dann wird das Gesagte zunehmend an uns gerichtet werden (schließlich will sich derjenige, der redet, sicher sein können, dass ihm zugehört wird). Das wirkt auf den Rest der Gruppe so, als ob wir derjenige sind, an den man sich wenden muss, und das wiederum verschafft uns mehr Souveränität.

Egal, ob wir nur einem oder einer ganzen Gruppe zuhören – wir sollten es in jedem Fall vermeiden, eine bestimmte »Brille« aufzusetzen. Das bedeutet, dass wir das Gesagte, während noch geredet wird, auf keinen Fall beurteilen oder bewerten dürfen. Wir sollten nur signalisieren, dass wir zugehört und verstanden haben, mehr nicht.

Tacheles reden
Das Prinzip »Weniger ist mehr« gilt insbesondere in Gesprächen. Ein paar wohlgesetzte Worte in einem bestimmten Tonfall lassen Sie in jedem Fall souveräner wirken, als wenn Sie umständlich herumschwadronieren. Das gilt ganz besonders, wenn alle anderen im Grunde nur Phrasen dreschen, ohne wirklich etwas zu sagen zu haben.

Gesprächselemente, die für ein souveränes Auftreten sorgen:

1 Neue Informationen, die den Verlauf des Gesprächs nachhaltig beeinflussen: »Ich habe da ein paar neuere Studien ausgewertet, und die Ergebnisse lassen auf etwas ganz anderes schließen ...«

2 Eine Zusammenfassung des Gesprächs: »So wie es aussieht, haben wir jetzt drei Möglichkeiten ...«

3 Eine auf Erfahrung beruhende Aussage: »In beiden Gärten, die ich letztes Jahr angelegt habe, haben sich die Azaleen und Rhododendren am besten entwickelt.«

4 Bisher Gesagtes nutzen, um die eigene Sicht der Dinge darzulegen: »Davids Argumente sind vollkommen schlüssig ... aber folgende Faktoren wurden bislang noch nicht berücksichtigt ... Im Großen und Ganzen bin ich der Auffassung, dass wir mit unserem Vorhaben weitermachen können.« All diese Beispiele sind im Grunde nichts anderes als ein (selektives) Zusammenfassen der Argumente, die unsere Meinung stützen.

Ein souveränes Auftreten erfordert von uns oft, dass wir uns anders verhalten als die anderen (Mismatching). Wenn die Emotionen Wellen schlagen, lohnt es sich häufig, ruhig zu bleiben. Wenn Zynismus vorherrscht, können Sie signalisieren, dass Ihnen die Angelegenheit viel bedeutet. Sobald Sie Ihre Meinung kundgetan haben – Stopp! Folgt darauf Stillschweigen, umso besser. Lassen Sie das Gesagte auf Ihr Publikum wirken.

Sorgen Sie für eine Überraschung!

Ein Trick, souverän aufzutreten, besteht darin, etwas Unerwartetes zu tun. Doch Vorsicht: Es ist eine Sache, gegen die Norm zu verstoßen, aber eine ganz andere sich inakzeptabel zu verhalten. Aber wer gar keine Risiken eingeht, wird nie souverän sein – und verdient es auch nicht anders!

Rollentausch
Sie können dadurch überraschen, dass Sie nicht die Ihnen zugedachte Rolle einnehmen. Als Gast könnten Sie beispielsweise beim Getränkeausschenken helfen (natürlich ohne dem Gastgeber die Show zu stehlen).

Die große Geste

Große Gesten bergen große Risiken. Aber wenn's funktioniert, sind Sie überall präsent. Der ehemalige sowjetische Staatschef Nikita Chruschtschow wandte 1960 bei seiner berühmten Rede vor den Vereinten Nationen eine richtige Schocktaktik an. »Ich zog sogar meinen Schuh aus und hämmerte damit auf das Pult ein. Nehru sagte, ich hätte kein so unparlamentarisches Verhalten an den Tag legen dürfen. Aber der Vorfall wurde weltweit bekannt und irritierte viele Weststaaten enorm.«

Die große Geste: Das Aufnahmegespräch an einer Privatuni

Bewerbungsgespräche sind nie richtig entspannt, aber Aufnahmegespräche an Privatunis zählen zum Stressigsten überhaupt. Jeder kennt die Horrorgeschichten von arroganten Professoren, die potenzielle Studenten in Tränen ausbrechen lassen. Im Folgenden ein (frei erfundenes?) Beispiel mit einer Lösung.

In diesem Fall schaut der Professor nicht einmal auf, als der potenzielle Kandidat das Zimmer betritt. Stattdessen schlägt er seine Zeitung auf, versteckt sich dahinter und sagt nur: »Beeindrucken Sie mich!«. Der Student, der den Zuschlag bekam, war derjenige, der sein Feuerzeug aus der Hosentasche holte und die Zeitung anzündete.

So etwas funktioniert natürlich nicht immer. Ein anderer Student, der an einer Aufnahmeprüfung im späten November teilnahm, hatte keine Ahnung, was er auf eine bestimmte Frage antworten sollte, und schrieb: »Gott kennt die Antwort, ich nicht. Frohe Weihnachten!« Sechs Wochen später bekam er einen Brief von der Universität: »Gott hat bestanden, Sie nicht. Ein gutes neues Jahr!«

Abgeschwächte Versionen großer Gesten sind zum Beispiel das Zerreißen Ihrer Aufzeichnungen als Zeichen, dass Sie Ihre Ansicht geändert haben oder frei vortragen werden, das Ärmel-Hochkrempeln, um zu signalisieren, dass Sie es ernst meinen, das Ausschalten Ihres Handys, um zu zeigen, dass Sie dem Gesprächspartner Ihre volle Aufmerksamkeit widmen. Das sind alles keine großen Gesten, können aber sehr viel bewirken.

Gute Manieren

Es mag altmodisch klingen, aber ein Weg, souverän zu wirken und Präsenz zu zeigen, sind ausgezeichnete Manieren. Das ist etwas anderes als

Etikette (wissen, mit welcher Gabel man was isst). Gutes Benehmen zeigt sich darin, anderen zuzuhören, sie nicht zu übergehen, ihnen Kaffee und Kekse anzubieten, bevor man sich selbst nimmt, Rücksicht zu nehmen, sich zu bedanken, wenn etwas für einen getan wurde, und unter Umständen auch aufzustehen, wenn jemand hereinkommt.

An gutem Benehmen kann niemand etwas aussetzen. Legen wir aber schlechte Manieren an den Tag oder sind unhöflich, werden die anderen sehr wohl etwas an uns auszusetzen haben. Wenn wir uns gut benehmen, können wir uns den anderen (wenigstens in dieser Hinsicht) mindestens ebenbürtig fühlen.

Machen Sie es sich bequem. Eine Geschichte über Souveränität

Folgende Geschichte erläutert anschaulich viele der soeben angeführten Punkte zum Thema Souveränität. Sie zeigt, warum ein souveränes Auftreten wichtig sein kann und wie man es bekommt. Es geht um einen Kundenbetreuer einer kleinen Agentur, der versucht, einen Auftrag von einem weltweit renommierten Beratungsunternehmen zu erhalten.

Zuerst hieß es, dass das Meeting in Sydney stattfinden sollte, dann hieß es in New York, wieder später in London und am Schluss in Chicago. Jedes dieser Meetings wurde abgesagt – manchmal bevor wir die Flugtickets gekauft hatten, manchmal auch erst danach (wir sind eine kleine Agentur und haben günstige Tickets gekauft, die wir natürlich nicht umbuchen konnten – aber wir hätten uns lieber die Zunge abgebissen, anstatt bei unserem potenziellen Auftraggeber um eine Reisekostenerstattung zu bitten). Am Ende sollte das Meeting in Mailand stattfinden.

Zwei von uns nahmen einen sehr frühen Flug (um Hotelkosten zu sparen). Die Besprechung begann mit anderthalb Stunden Verspätung. Von der Beratungsfirma waren sechs Mitarbeiter anwesend, davon drei Partner. Ich fragte, wie denn die mögliche Aufgabenstellung lautete. Jeder von ihnen teilte uns seine Sicht der Dinge mit, bezog sich auf das Gesagte seiner Kollegen und gab deren Meinung anders wieder. Im Verlauf der Diskussion stellte sich immer mehr heraus, dass sie keine Ahnung hatten, was sie eigentlich wollten.

Ich wechselte meine Rolle und wurde vom Zuhörer zum Redner. Auf diese Weise fing ich an, ihnen beim Definieren ihrer Anforderungen zu helfen. Ich hörte jedem von ihnen intensiv zu, und nach einer Stunde kamen wir zu einem Ergebnis, mit dem alle (in der Hauptsache jedoch die drei Partner, denn die anderen drei hatten kaum den Mund aufgemacht) glücklich und zufrieden waren.

»Das ist großartig«, sagte ich, »bekommen wir jetzt den Auftrag?«

Der wichtigste Partner sah mich schockiert an. »Dieses Meeting dient nur Ihrem Briefing. Die Wettbewerbspräsentation findet in drei Wochen in New York statt. Wieso sollte ich Sie zum jetzigen Zeitpunkt überhaupt beauftragen? Ich weiß doch noch gar nicht, was Sie uns zu bieten haben?« Und um einer Entgegnung meinerseits vorzugreifen, fügte er sofort hinzu: »Im Übrigen haben wir gleich noch eine Sitzung im Anschluss.«

Das klang nicht gut. Es sah ganz so aus, als ob wir in den nächsten Wochen auf den leisesten Wink dieser Partner hin, die selbst keinerlei Plan hatten, nur noch im Flieger um die Welt düsen würden (oder zumindest die Tickets für diese Flüge kaufen müssten). Und all das nur für eine eventuelle Teilnahme an dieser Präsentation, bei der die Chancen eins zu fünf standen, den Auftrag dann auch zu bekommen. Das waren zwar alles Partner einer großen und bedeutenden Firma, aber das gab ihnen noch lange nicht das Recht, so über unsere Zeit zu verfügen.

»Was machen Sie heute Abend?«, fragte ich.

Sie schauten irritiert auf und sahen sich an, so als stünde dem jeweils anderen die Antwort auf diese unerwartete Frage ins Gesicht geschrieben. Schließlich sagte der älteste der Partner: »Wir essen hier zu Abend.«

»Und davor?«

»Warum?«, fragte er.

»Ich werde Ihnen sagen, was ich vorhabe«, entgegnete ich. »Wenn Sie um sechs Uhr wieder herkommen, werden wir Ihnen präsentieren, wie wir Ihnen auf der Grundlage der Anforderungen, auf die wir uns soeben geeinigt haben, helfen können. Es ist mir egal, ob wir den Job bekommen oder nicht. Aber ich habe eine Bedingung: Sie lassen uns innerhalb der nächsten 24 Stunden verbindlich wissen, ob Sie unsere Dienste in Anspruch nehmen werden oder nicht.«

Stille. Wieder sahen sich alle an auf der Suche nach dem kleinsten Hinweis, wie sie auf dieses ungewöhnliche Ansinnen reagieren sollten. Der Seniorpartner ergriff die Initiative. »Das hört sich interessant an, wir würden das gern diskutieren. Wenn Sie bitte draußen warten würden.«

Eine halbe Stunde später wurden wir wieder hereingerufen und man teilte uns mit, dass sie um sechs Uhr wieder hier wären, um sich unseren Lösungsansatz anzuhören.

Was sollten wir jetzt tun? Im Lauf des Meetings war immer deutlicher geworden, dass unsere Kreativideen zwar Einfluss auf ihre Entscheidung haben würden, der eigentliche Knackpunkt aber die Frage war, ob wir sie auf dem gleichen Level beraten konnten. Was die Souveränität anging, stand es bestenfalls unentschieden, wenn überhaupt. Um den Auftrag zu bekommen, mussten wir schwerere Geschütze auffahren.

Mein Kollege und ich sahen uns in dem Konferenzraum um, der sich in einem Hotel am Stadtrand von Mailand befand (und überall auf der Welt hätte sein können). Wenn sie am Abend wieder in denselben Sesseln sitzen würden, würden sie uns gegenüber wieder dieselbe Haltung einnehmen, so viel war klar. Das wollten wir unbedingt vermeiden. Wir mussten sie also mit etwas überraschen, das sie in keinster Weise erwarteten.

Als Erstes schafften wir sämtliche Möbel aus dem Raum. Alle. Danach schrieben wir unsere Ideen mit bunten Filzstiften auf große Papierbogen. Eine dermaßen simple »Anti-Hightech«-Präsentation hatte dieses hypermoderne, erstklassige Beratungsunternehmen sicherlich noch nie erlebt.

Punkt sechs Uhr klopfte es an der Tür. Mein Kollege öffnete und begrüßte die Mitarbeiter so, wie ein Gastgeber seine Gäste an der Haustür empfängt. Als sie hereinkamen und den Raum dermaßen verändert vorfanden, sahen sie leicht verwirrt aus.

»Bitte setzen Sie sich, wenn Sie wollen«, bot ich ihnen an. Sie schauten sich nach Stühlen um. »Der Boden ist wunderbar«, fügte ich hinzu, als ob das nichts Ungewöhnliches wäre. Vermutlich, weil es keine Alternative gab, entschied sich der Seniorpartner, das alles amüsant zu finden, und setzte sich auf den Boden. Alle anderen setzten sich auch und versuchten, gute Miene zum bösen Spiel zu machen.

Über ihnen stehend, erläuterten mein Kollege und ich ihnen, wie wir vorgehen würden. Die ganze Zeit über, auch am Schluss, als sie uns Fragen stellten, sahen sie zu uns auf. Das letzte Mal, dass sie sich in dieser Position befunden hatten, waren sie in der Schule, und wer stand, war ihr Lehrer.

24 Stunden später bekam ich einen Anruf. Keine Wettbewerbspräsentation, kein New York. Wir hatten den Auftrag!

Workouts

Nachmachen: Workout 1

Die Geschichte oben enthält zahlreiche Methoden, die man anwenden kann, um souverän aufzutreten. Lesen Sie sie nochmal sorgfältig durch. Wie viele wendet (a) die Beratungsfirma und (b) der Kundenberater der kleinen Agentur an?

Workout 2
Wenn Sie das nächste Mal im Restaurant auf jemanden warten, nutzen Sie die Zeit und sehen sich um, ob Sie nicht einen Tisch entdecken, an dem mehrere Menschen sitzen, idealerweise Freunde oder Geschäftsleute.

Vermutlich werden Sie nicht verstehen können, über was gerade geredet wird (was für die Übung auch besser ist). Können Sie verschiedene Ausprägungen von Souveränität innerhalb dieser Gruppe erkennen? Wenn Sie denken, dass einer mehr oder weniger souverän auftritt, versuchen Sie, herauszufinden, welches Verhalten er genau an den Tag legt und wie die anderen darauf reagieren.

Welches Verhalten zeigen Sie in einer ähnlichen Situation?

Selber machen: Workout 1
Im Alltag kann uns eine Technik, die Schauspieler anwenden, helfen, souveräner aufzutreten.

Schließen Sie für einen Moment die Augen und denken Sie an Ihren persönlichen Raum. Der persönliche Raum ist jener Raum, den wir als unser Eigentum betrachten. Überschreitet jemand dessen unsichtbare Grenzen, haben wir das Gefühl, dass uns jemand »zu nahe tritt«.

Verdoppeln Sie diesen Raum vor Ihrem geistigen Auge. Verdoppeln Sie ihn abermals. Stellen Sie sich nun vor, dass Ihr persönlicher Raum das ganze Zimmer ausfüllt. Und dann das ganze Haus, und vielleicht die ganze Straße.

Jetzt öffnen Sie die Augen wieder und bleiben bei dieser Vorstellung. Wie Sie sich jetzt bewegen und verhalten, lässt auf Souveränität und Selbstsicherheit schließen. Sobald die anderen beginnen, auf Ihr souveränes Auftreten zu reagieren, wird Ihr Selbstvertrauen wachsen und sich eine ganz natürliche Souveränität einstellen.

Workout 2
Wenn Sie das nächste Mal souveräner auftreten wollen, sollten Sie den/die andere(n) mit den Gedanken und Gefühlen ausstatten, die er/sie Ihrer Meinung nach haben sollte(n).

Bleiben Sie während Ihres Zusammenseins so lange wie möglich bei diesen Gedanken (oder Annahmen), optimalerweise, bis Sie wieder auseinandergehen.

Hat das bewirkt, dass Sie sich in der bewussten Situation etwas besser gefühlt haben als sonst?

Es ist unwahrscheinlich, dass diese Technik Ihnen gleich beim ersten Mal zu einem dramatisch neuen Auftreten verhilft. Aber üben Sie ruhig weiter und Sie werden eine deutliche Verbesserung feststellen können! Am besten ist es natürlich, wenn Sie noch nicht einmal darauf achten müssen, was der/die andere(n) denken könnte(n).

Schwierige Gespräche meistern

Jeder von uns war schon mal in Gesprächssituationen, in denen er sich nur eines wünschte, nämlich vom Erdboden verschluckt zu werden. Dieser Teil des Buches beschäftigt sich mit drei verschiedenen Arten von problematischen Gesprächen und bietet Wege an, wie diese wenn nicht fantastisch, so doch wesentlich angenehmer verlaufen können.

Die erste schwierige Gesprächsart sind Auseinandersetzungen, die schnell sehr scharf und verletzend werden können. Ein paar unüberlegte Worte, ein banales Missverständnis, und plötzlich ist die Hölle los. Trotzdem kann man etwas tun, um solche Unterredungen wieder in geordnete Bahnen zu lenken. Auf den folgenden Seiten analysieren wir die zehn gefährlichsten Geschütze, die in solchen Gesprächssituationen am liebsten eingesetzt werden, erklären, wie man ihren Einsatz am besten vermeidet und sie entschärft, sobald sie sich erst einmal in eine Beziehung eingeschlichen haben.

Die zweite schwierige Gesprächsart ist jene, bei der wir andere offen kritisieren. Es gibt unendlich viele Dinge, die wir bei anderen ändern möchten – angefangen von der schlechten Angewohnheit, die Zahnpastatube nicht ordentlich zuzuschrauben, bis hin zu ungenügenden Leistungen im Job (oder im Bett). Im Kapitel »Mal ganz ehrlich« lernen wir, so Kritik zu üben, dass der andere auch eine Chance hat, sie anzunehmen und umzusetzen, sprich, den Deckel endlich auf die Zahnpastatube zu schrauben!

Die dritte und letzte schwierige Gesprächsart ist das Überbringen von schlechten Nachrichten. Dieses Kapitel zeigt Ihnen, wie Sie unangenehme Wahrheiten einfacher und angenehmer mitteilen. Es soll Sie mit einer Art psychologischem Schutzpanzer versehen, denn ein Großteil dieses Kapitels handelt auch davon, wie der Überbringer der schlechten Nachricht seine Mission überlebt.

J) Konflikte entschärfen

»Das Ganze passierte nach einem wunderbaren Abend«, erinnert sich Chris. »Zur Feier unseres zweiten Jahrestages hatte ich für meine Freundin Anji gekocht. Beim Aufräumen witzelte ich dann, dass Anji heute ausnahmsweise einmal nicht abspülen müsse, und plötzlich bekamen wir einen Riesenstreit. Nachdem wir uns dann eine halbe Stunde lang angeschrien hatten, wussten wir komischerweise gar nicht mehr, was eigentlich der Auslöser gewesen war.«

In allen Beziehungen kommt es früher oder später zu Meinungsverschiedenheiten. Manche Konflikte können im Guten gelöst werden, bei anderen kann eine einzige unbedachte Bemerkung dazu führen, dass die ganze Situation außer Kontrolle gerät. Doch selbst so läppische Konflikte wie die von Chris und Anji dürfen nicht unterschätzt werden. Sie können dazu führen, dass sich die Beziehung empfindlich abkühlt. Die Missverständnisse summieren sich und irgendwann entstehen nicht wieder gut zu machende Schäden.

Wie stabil eine Beziehung ist, hängt stark davon ab, wie konfliktfähig beide Parteien sind – und zwar unabhängig davon, ob es um Ehen, Freundschaften, das Verhältnis zwischen Chef und Untergebenen oder Eltern und ihren Kindern geht.

Die Kunst besteht darin, Warnsignale schon frühzeitig wahrzunehmen und zu wissen, wie man Meinungsverschiedenheiten vorbeugen kann.

Wir haben die Wahl

Wenn wir auf einen Streit zusteuern, sollten wir eines immer im Hinterkopf behalten: Es gibt dazu stets eine Alternative, meist sogar mehrere. Das wird im Eifer des Gefechtes leicht übersehen. Dann reagieren wir ganz automatisch ohne nachzudenken und bleiben stur auf unserem fäschlicherweise eingeschlagenen Weg: »Aber das habe ich so nie gesagt!« Doch genau diese »Einbahnstraße«, in die wir uns begeben, treibt uns erst recht zur Weißglut und macht alles nur noch schlimmer.

Wenn wir den Sturm im Wasserglas vermeiden wollen, müssen wir lernen, was aus einer simplen Meinungsverschiedenheit einen erbitterten Streit macht. Im Folgenden finden Sie zehn böse Geschütze, bei deren Einsatz Sie garantiert Freunde verlieren und Leute vor den Kopf stoßen. Passend dazu zeigen wir Ihnen auch, wie man sie sofort wieder entschärft.

1 Sarkastische Bemerkungen

»Was ist denn mit dir los?«
»Was willst du eigentlich damit sagen?«
»Wie kommst du denn bloß auf die Idee?«
»Du müsstest mich eigentlich besser kennen!«
»Du gibst dir ja richtig Mühe, nicht zu helfen.«
»Jetzt mach dich doch nicht lächerlich!«
»Willst du mich ärgern?«

Mit solchen Äußerungen drehen Sie das Messer im wahrsten Sinne des Wortes in der Wunde um. Sarkastische Bemerkungen sind vollkommen unnötige Kommentare, die nur dazu dienen, den Konflikt weiter anzuheizen oder überhaupt erst in Gang zu setzen.

Sarkastische Bemerkungen können auch Fragen oder Behauptungen sein, die für sich genommen völlig harmlos sind. Aber so, wie sie gesagt werden, besteht kein Zweifel daran, was eigentlich gemeint ist.

»Der Tank ist leer.«
»Es ist sechs Uhr und der Bericht liegt mir immer noch nicht vor.«
»Ich dachte, wir wollten es uns gut gehen lassen.«
»Ich will nur helfen.«

Nicht alle sarkastischen Bemerkungen sind so kurz und bündig. Ein weiterer Klassiker ist der »Wortschwall«, eine Mischung aus Vernunftargument, kindischem Wutanfall und einer gehörigen Portion Selbstmitleid.

»Schön. Du willst dich also am Sonntag im Garten erholen. Na prima. Und ich kümmere mich nur mal eben darum, dass die Kinder zu ihren Freunden kommen, die Wäsche gemacht und gebügelt wird, was zu Essen auf den Tisch kommt, der Rasen gemäht, das Auto gewaschen und der Klempner angerufen wird. Ach, und wo ich gerade schon dabei bin: Soll ich deine Mutter auch noch anrufen?«

Und so wird die Situation entschärft
So sehr es Sie auch reizen mag eine sarkastische Bemerkung loszulassen oder es dem anderen heimzuzahlen – lassen Sie's einfach sein! Gut möglich, dass Sie sich danach für einen kleinen Augenblick besser fühlen. Aber der große Nachteil besteht darin, dass Sie eine Lunte zum Brennen bringen, die in kürzester Zeit zu einer Riesenexplosion führen wird. Und dann werden Sie sich noch elender fühlen!

Bleiben Sie bei den Tatsachen und sprechen Sie das Problem direkt an.

2 Unterstellungen

Sarah und Marco kommen aus einem Meeting mit ihrem Chef. Der hatte an der Präsentation der beiden so einiges auszusetzen, fand Fehler, bemerkte, dass sie Wichtiges weggelassen hatten, und lässt sie nun alles noch einmal überarbeiten.

Sarah: Wir waren echt blöd. Wir hätten jemanden bitten sollen, die Präsentation nochmal gründlich gegenzulesen, und das Meeting erst eine Woche später ansetzen sollen.
Marco: Hey, jetzt kreide das mal nicht mir an. Du wolltest das Meeting doch genauso schnell hinter dich bringen wie ich!
Sarah: Beruhig dich, Marco. Wer sagt denn, dass ich dir die Schuld gebe? Ich hab die Sache mindestens genauso vermasselt. Ich dachte, wir sind ein Team. Lass uns jetzt die Änderungen machen ...
Marco: Moment mal! Ich dachte, wir sind ein Team? Also lass uns bitte erst mal diskutieren, wie wir die Änderungen ausführen, anstatt dass du das ganz allein entscheidest ...

Sarahs verzweifelte Bemerkung löst eine regelrechte Kettenreaktion aus, in deren Verlauf es immer unwahrscheinlicher wird, dass sich die beiden wieder vertragen.

Der Fehler von Marco und Sarah besteht darin, dass beide Vermutungen darüber anstellen, was der andere mit seinen Worten eigentlich sagen will. Marco vermutet, dass Sarah mit »wir« eigentlich ihn meint, weil er derjenige war, der vorschlug, das Meeting eher anzuberaumen. Aber daran hatte Sarah gar nicht gedacht. Erst als Marco entsprechend reagiert, denkt sie, dass er schon auf bestem Wege ist, das Projekt hinzuwerfen, und versucht ihn erneut darauf einzuschwören. Marco wiederum interpretiert Sarahs Verhalten in etwa so: »Am besten ich übernehme jetzt mal die Leitung des Projektes, du hast ohnehin schon genug Mist gebaut«, und reagiert seinerseits darauf.

Beide haben den Konflikt mit ihren gegenseitigen Unterstellungen überhaupt erst ins Rollen gebracht.

Und so wird die Situation entschärft
Versuchen Sie, sich dabei zu ertappen, wenn Sie dem anderen irgendetwas unterstellen. (Das ist normalerweise immer dann der Fall, wenn Sie Ihre Vermutung nicht auf Tatsachen stützen können.) Versuchen Sie dann, Ihre Vermutung offen anzusprechen:

»Wenn du ›wir‹ sagst, meinst du doch in Wirklichkeit mich?«
»Nein, natürlich nicht. Wir sitzen beide im selben Boot, wir haben alle Entscheidungen gemeinsam gefällt und ich bin froh, dass wir ein Team sind. Wenn ich ›wir‹ sage, dann meine ich auch ›wir‹.«

3 Immer, überall und überhaupt

»Diese Technik ist immer eine Katastrophe.«
»Noch nie hatte ich so wenig Zeit, etwas dermaßen Unmögliches zu erledigen.«
»Ich werde nie kochen lernen.«

Wenn was schiefläuft, dann können uns Frust und Enttäuschung dazu bringen, alles nur noch schwarz zu sehen. Ein unglücklicher Zufall (der zerkochte Fisch) wird dann gleich absolut gesetzt (»Ich kann nicht kochen«). Diese Übertreibung ist an und für sich nicht so schlimm (obwohl sie uns natürlich noch gestresster werden lässt, unser Selbstvertrauen untergräbt, ganz zu schweigen davon, dass wir nichts zu essen haben). Doch leider kann sie bei anderen ebenfalls negative Reaktionen auslösen. Hier nur ein Beispiel:

Vickys Computer stürzt ab. Sie steckt mitten in ihrer Arbeit und hat sie natürlich nicht gesichert.

Vicky: Ich kann einfach nicht glauben, dass die ganze Arbeit futsch sein soll. Computer sind scheiße. Ich hätte alles mit der Hand schreiben sollen!
Martin: Computer sind nicht scheiße, sondern können uns das Leben ganz schön erleichtern.
Vicky: Meines nicht. Sie arbeiten immer gegen mich. Als ob sich alle Computer gegen mich verschworen hätten!
Martin: Quatsch. Du musst einfach nur etwas Geduld haben.
Vicky: Und du greifst mich immer an.
Martin: Nein, das stimmt nicht. Ich versuche lediglich, dir ein paar simple Tatsachen zu vermitteln.

Der Konflikt begann mit einem ziemlich harmlosen »Immer, überall und überhaupt«, wuchs sich dann aber durch ein wiederholtes »Immer, überall und überhaupt« zu einem ernstzunehmenden Identitätskonflikt aus, der zu allem Überfluss auch noch mit den Geschützen »Typisch du!« und dem »Schuldzuweisungsspiel« kombiniert wurde (vgl. die folgenden Seiten). Und dann wird's richtig ungemütlich!

Die Entwicklung dieses Konflikts wird besser nachvollziehbar, wenn wir wissen, was beide wirklich denken.

Vicky: Ich kann einfach nicht glauben, dass die ganze Arbeit futsch sein soll. Computer sind scheiße. Ich hätte alles mit der Hand schreiben sollen.

Das ist echt ärgerlich; die Arbeit eines ganzen Vormittags ist im Eimer; ich will bemitleidet werden.

Martin: Computer sind nicht scheiße, sondern können uns das Leben ganz schön erleichtern.

Vicky übertreibt; sie bekommt noch einen Nervenzusammenbruch, wenn sie so weitermacht; ich helfe ihr, die Situation wieder zurechtzurücken.

Vicky: Meines nicht. Sie arbeiten immer gegen mich. Als ob sich alle Computer gegen mich verschworen hätten!

Martin scheint mein Pech ja völlig egal zu sein; also nochmal.

Martin: Quatsch. Du musst einfach nur etwas mehr Geduld haben.

Jetzt übertreibt sie aber wirklich! Wenn sie so weitermacht, glaubt sie den Mist eines Tages tatsächlich!

Vicky: Und du greifst mich immer an.

Er ist gemein und herzlos; ausgerechnet wenn ich etwas liebevolle Zuwendung brauche, würgt er mir eins rein.

Martin: Nein, das stimmt nicht. Ich versuche lediglich, dir ein paar simple Tatsachen zu vermitteln.

Was ist denn das nun wieder für ein Unsinn. Ich habe schließlich nicht darum gebeten, in die Sache mit reingezogen zu werden; ich wollte nur helfen, und das ist nun der Dank dafür!

Und so wird die Situation entschärft

Am besten Sie betrachten negative Vorkommnisse als etwas Einmaliges und Vorübergehendes (mehr dazu im Kapitel »Glückspilz« im Abschnitt über vernünftigen Optimismus). Stürzt Ihnen das nächste Mal der Laptop ab, versuchen Sie sich bitte klarzumachen, dass das zwar ärgerlich ist, aber Ihnen schon Schlimmeres passiert ist. Und wenn Sie den Fisch zerkocht haben, sehen Sie darin lieber eine Herausforderung (nämlich ihn intakt auf eine Servierplatte zu hieven) als einen verdorbenen Abend.

Verallgemeinern Sie nicht, bleiben Sie beim Einzelfall, und wenn Sie sich Mitgefühl wünschen, machen Sie das deutlich: »Stell dir vor, was mir gerade passiert ist. Ich hab soeben die Arbeit von einem ganzen Vormittag verloren!«

Kommt Ihnen im umgekehrten Fall jemand mit »Immer, überall und überhaupt«, sollten Sie das nicht zu wörtlich nehmen. In Momenten großer Anspannung und bei Konflikten meinen die wenigsten Menschen, was sie sagen (aber davon später mehr).

4 Typisch du!

»Der Abwasch steht ja noch in der Spüle. Typisch du – dir ist es ja egal, wie's bei uns aussieht.«
»Du isst noch ein Stück Kuchen? Kein Wunder, dass du so fett bist.«
»Warum können wir nicht einfach mal ein bisschen Spaß haben? Ständig machst du dir Sorgen. Das führt doch zu nichts!«

Was bei »Immer, überall und überhaupt« die Wörtchen »nie« und »immer« waren, ist beim vierten Geschütz ein kurzes, knappes und wesentlich persönlicheres »Du«. In diesem Fall nehmen wir ein ganz spezielles Beispiel und verallgemeinern es, um jemandes Charakter zu kritisieren. Das kann eine bestimmte Grundeinstellung betreffen oder die Person als Ganzes und wird gern mit dem Geschütz »Immer, überall und überhaupt« kombiniert, etwa bei Aussagen wie »Du hörst ja nie zu, wenn ich dir was sage«, »Im Kartenlesen bist du ein hoffnungsloser Fall« oder »Du glaubst wohl immer, im Recht zu sein?«.

Auch dieses Geschütz dient nur dazu, irgendeine Reaktion zu provozieren, und zwar keine konstruktive.

»Wären wir heute bloß nicht ausgegangen!«
»Das war doch deine Idee. Warum nörgelst du eigentlich ständig rum?«
»Ich nörgle doch gar nicht ständig. Ich habe lediglich gesagt, dass ich lieber einen ruhigen Abend daheim mit dir verbracht hätte, vor allem, wenn du so schlecht drauf bist.«
»Ich bin doch gar nicht schlecht drauf.«

Und so wird die Situation entschärft
Bleiben Sie bei dem konkreten Beispiel.

Anstelle eines »Du bist echt faul« versuchen Sie es lieber mit einem »Hattest du nicht gesagt, dass du den Abfall heute morgen mit runternimmst? Jetzt steht er immer noch da«. Oder ersetzen Sie »Du denkst doch immer nur an dich« durch ein »Flo hat morgen Geburtstag, und du hast noch immer kein Geschenk besorgt«.

Und wenn Ihnen jemand anders ein »Typisch du!« an den Kopf wirft, lassen Sie sich gar nicht erst darauf ein. Er oder sie meint es wahrscheinlich gar nicht so, und wenn Sie sich nicht sicher sind, fragen Sie eben nach. »Meinst du wirklich, dass ich im Haushalt zwei linke Hände habe, oder geht's nur um das Regal, bei dem ich mich so ungeschickt angestellt habe?« Wenn man diese Frage im richtigen Ton formuliert, wird man normalerweise ein Lächeln und eine Richtigstellung ernten und beide werden bald wieder das Gefühl haben, im selben Boot zu sitzen.

5 Schuldzuweisungen

»Beim Kartenlesen bist du einfach ein hoffnungsloser Fall« versus »Die Wegbeschreibung ist ziemlich witzlos«?
»Was hast du mit den CDs gemacht?« versus »Wie schade, dass die CD einen Kratzer hat«?
»Wegen dir bin ich jetzt zu spät dran« versus »Ich hätte schon eher anfangen müssen«?

Wenn etwas schiefläuft, ist es sehr verführerisch, anderen die Schuld dafür zu geben. Verführerisch, aber nutzlos. Schon möglich, dass jemand anders Schuld war, aber sehr wahrscheinlich verteilt sich die Schuld auf uns selbst, den anderen und unter Umständen sogar noch auf einen Dritten. Außerdem kann der andere vielleicht gar nichts dafür.

Und so wird die Situation entschärft
Normalerweise lohnt es sich stets, großherzig zu sein, egal wer unserer Meinung nach Schuld ist.

Eine gute Taktik ist die, Gegenständen die Schuld zu geben – die können sich schließlich nicht verteidigen (außer, Sie versetzen ihnen einen kräftigen Tritt, dann können Sie sich den Fuß verletzen). Wenn das nicht funktioniert, schieben Sie die Schuld auf eine anonyme Masse (Akademiker? Verkehrspolizisten? Das funktioniert natürlich nur, wenn Sie kein Akademiker oder Verkehrspolizist sind) oder auf Behörden (der Stadtrat?). Der Königsweg besteht natürlich darin, für eigene Fehler auch die Verantwortung zu übernehmen. Wer weiß, vielleicht fühlt sich der andere dann auch etwas mitschuldig und übernimmt seinen Anteil am Missgeschick.

6 Übertreiben? Ich?

»Das ist eine Katastrophe«?
»Das ist der größte Fehler seit der Gründung dieser Bank im Jahr 1783!«?
»Ich kann mich im ganzen Viertel nie wieder blicken lassen. Wir müssen umziehen«?

Übertreibungen und übertriebene Reaktionen fachen jeden Streit allein schon dadurch weiter an, dass sie alles auf die Spitze treiben: Hier gilt das alte Sprichwort von der Mücke und dem Elefanten. Ein solches Verhalten kann andere außerdem extrem irritieren (keine Übertreibung, ehrlich!).

Genauso gefährlich wie das Übertreiben ist das Herunterspielen bedeutender Ereignisse, zum Beispiel wenn wir den Verlust eines wichtigen Kunden mit »Ist ja nur ein Kunde, die wussten sowieso nie, was sie wollten« kommentieren. Das kann genauso explosiv wirken.

Es gibt jedoch drei Dinge, die wir im Eifer des Gefechts besonders gern maßlos übertreiben und damit alles nur noch schlimmer machen:

A Wir übertreiben die Ursachen
Der Grund, warum etwas geschehen ist, mag für die Diskussion relevant sein oder auch nicht. Doch wenn wir ihn künstlich aufblasen, verleihen wir ihm ein Gewicht, das ihm deutlich nicht zukommt:
»Wie soll ich fit sein, wenn ich wegen einer Alarmsirene kaum schlafen konnte?«

B Wir übertreiben die Folgen
Oft malen wir die Folgen besonders drastisch aus, damit man uns ernst nimmt. Doch dieser Schuss geht meist nach hinten los:
»Wenn du nicht aufhörst, so ein Gesicht zu ziehen, weht bald ein anderer Wind!« (Jetzt ist die Versuchung natürlich groß, zu erwidern: *»Jetzt kann ich wohl kaum noch sagen, man hätte mich nicht gewarnt!«* Eine sarkastische Bemerkung par excellence!)

C Wir stellen übertriebene Anforderungen an eine Lösung
In diesem Fall stellen wir extreme Bedingungen an den anderen, um den Konflikt beizulegen.
»Ich heirate dich erst, wenn du im Lotto gewonnen hast und Hugh Grant heißt.«

Und so wird die Situation entschärft
Widerstehen Sie der Versuchung! Anstatt sich auf Ihr unmittelbares Bedürfnis (wie das, gehört zu werden) oder den eigentlichen Grund Ihrer Verärgerung (wie, dass Sie sich nicht ernst genommen fühlen) zu konzentrieren, überlegen Sie lieber, was Sie eigentlich mit dieser Auseinandersetzung erreichen wollen (zum Beispiel eine Lösung). Die Chancen, einen Konflikt friedlich beizulegen, sind einfach größer, wenn wir bei den Fakten bleiben und die Dinge angemessen beurteilen.

7 Aneinander vorbeireden

»*Wir kommen zu spät zur Party, hoffentlich halten die uns nicht für unhöflich!*«
»*Wir kommen zu spät zur Party, wie jeder, der's einigermaßen checkt!*«

Hier besteht das Konfliktpotenzial darin, dass beide Parteien die Welt durch eine andere Brille sehen und daher auch nicht dieselbe Sprache sprechen. Keiner hat Recht oder Unrecht, man redet aneinander vorbei.

Und so wird die Situation entschärft
Es gibt viele Arten, wie man die Welt sehen kann, und die Entscheidung darüber liegt allein bei uns (vgl. auch die Kapitel »Eindruck machen« und »Beziehungen herstellen«). Finden Sie heraus, welche Brille jemand aufhat, und versuchen, die Welt ebenfalls dadurch zu sehen.

8 Altlasten

»*Ich bin STINKSAUER. Erst wähle ich mir die Finger wund, dann höre ich mir in den Warteschleifen endlose Bandansagen an, und das alles nur, um zu einem Menschen in der Schadensabteilung meiner Versicherung durchzudringen. Stattdessen fliege ich aus der Leitung!*«

Wie die Zeichentrickfigur, der die Wolke über ihrem Kopf überallhin folgt, nehmen auch wir unsere schlechte Laune oft überall mit hin.

Ich gehe in die Besprechung, bin aber ehrlich gesagt ziemlich geladen.
»*Also, wessen Plan war das?*«, *fragt Naomi und hält meinen Bericht hoch.*
»*Meiner. Warum? Was stimmt damit nicht?*«, *belle ich zurück. Dass Naomi Bedenken hat, vermute ich hier nicht aufgrund ihrer Worte und ihres Tonfalls, sondern weil ich noch wütend bin und beschlossen habe, dass sich die ganze Welt gegen mich verschworen hat.*

»Nur keinen Stress«, entgegnet Naomi, »oder muss man dich neuerdings mit Samthandschuhen anfassen?« Naomi hatte heute Morgen einen Streit mit ihrem Mann. Sie leidet immer noch an seiner vermeintlichen Überreaktion. Meine pampige Art bestätigt sie darin, dass alle Männer überempfindlich sind.

»Na ja, etwas Sensibilität könnte in der Tat nicht schaden. Was du da gerade mit spitzen Fingern hochhältst, ist schließlich das Ergebnis von einem halben Jahr Arbeit.«

»Ich habe nur gefragt, von wem das ist. Tut mir leid, wenn ich deinen Einsatz nicht richtig zu schätzen wusste, aber ich hatte selbst die ein oder andere Kleinigkeit zu erledigen.«

Noch irgendwelche Fragen?

Wenn wir glauben, es liegt ein Missverständnis vor, sollten wir den anderen bitten, uns seine Sicht der Dinge zu erläutern. Ist dann immer noch etwas unklar, können wir mit weiteren Fragen Klarheit schaffen. Aber nicht alle Fragen sind gute Fragen. Als Faustregel gilt, dass wir unsere Fragen so offen und neutral wie möglich halten sollten, um zu vermeiden, dass die Situation noch mehr eskaliert.

In der Regel hilft das, erneut Gemeinsamkeiten zu entdecken. Und weil wir zugehört haben, wird man uns auch wieder eher zuhören.

Offen und neutral	**Geschlossen und neutral**
So wie Sie die Situation beschrieben haben, was sollten wir als Nächstes tun?	Glauben Sie, dass es das Beste ist, auf Nicks Angebot einzugehen?
Darauf kann mit fast allem geantwortet werden (außer mit »Ja« und »Nein«). Es ist schwierig, zu erraten, was der Fragende hören möchte oder selbst denkt.	Diese Frage verlangt ein »Ja« oder »Nein« als Antwort – alles andere würde komisch klingen.
Offen und aggressiv	**Geschlossen und aggressiv**
O. k., was würde Sie glücklich machen?	Sie befürworten also nach wie vor Mikes Vorschlag – nach allem, was bis jetzt passiert ist?
Hierauf kann außer »Ja« oder »Nein« fast alles geantwortet werden. Es wird deutlich, was der Fragesteller empfindet, nämlich, dass der andere unvernünftig oder schwierig ist.	Die Frage verlangt eine Antwort mit »Ja« oder »Nein«, und es ist offensichtlich, dass der Fragende der Ansicht ist, Mikes Vorschlag sollte nicht unterstützt werden.

Soll sich das Gegenüber auf den Kern der Meinungsverschiedenheit konzentrieren, eignen sich geschlossene neutrale Fragen am besten. Damit sie richtig ankommen, sollten Sie sich vorab leicht verunsichert geben, d. h. Ihre Frage mit einem selbstkritischen Statement einleiten:

»Vielleicht bin ich etwas schwer von Begriff, aber sind Sie jetzt für oder gegen …?«
»Bitte korrigieren Sie mich, wenn ich Sie falsch verstanden habe, aber sind die Ansichten von …?«
»Ich denke, ich habe da etwas nicht richtig verstanden. Würden Sie mir bitte detaillierter auseinandersetzen, warum Sie denken, dass …?«

Man kann sich leicht vorstellen, wie dieses Gespräch noch weiter eskalieren könnte. Der Konflikt ist vollkommen unnötig und trat nur auf, weil zwei Menschen emotionale Altlasten mit sich herumtragen. (Und ist der Streit erst mal ins Rollen gebracht, sorgen Geschütze wie sarkastische Bemerkungen, »Typisch du!« und viele mehr dafür, dass er sich immer weiter verschärft.)

Und so wird die Situation entschärft
Im ersten Schritt müssen Sie erkennen, was da überhaupt passiert. Dann entsorgen Sie die emotionale Altlast – wenn Sie dazu ein Blatt Papier zerfetzen und in den Papierkorb werfen müssen, bitte sehr! Das ist allemal besser, als einen sinnlosen Streit vom Zaun zu brechen. Und falls die Situation schon aus dem Ruder gelaufen ist, entschuldigen Sie sich und nennen am besten auch den Grund für Ihr Verhalten: »Naomi, es tut mir wirklich leid und ich möchte mich bei dir entschuldigen. Ich hatte gerade das beschissenste Telefonat seit Menschengedenken und habe meine Wut an dir ausgelassen. Tut mir leid.«

9 Unabsichtliche Entgleisungen

»Oh, Sie sehen aber wesentlich älter aus als auf dem Foto. Entschuldigungen Sie, ich meine natürlich reifer. Wenn Sie über 40 sind, ist das überhaupt kein Problem. Sie sind 33? Oh ...«

Konflikte entstehen oft auch durch ein etwas linkisches Verhalten – im Grunde meinen wir dann gar nicht, was wir sagen. Was da aus unserem Mund kommt, entspricht mehr oder weniger dem, was uns spontan durch den Kopf geht. Und das ist nicht unbedingt dazu geeignet, eine entspannte Stimmung herbeizuführen. Solche unfreiwillig abgefeuerten Geschütze beginnen erst zu wirken, sobald einer das Gesagte wörtlich nimmt und sich entsprechend verhält.

Und so wird die Situation entschärft
Es gibt zwei Möglichkeiten:

1 Ignorieren: Wir hören etwas und wissen im Grunde schon, dass es nicht so gemeint ist. Dann ist es das Beste, das Gesagte zu ignorieren bzw. es nicht wörtlich zu nehmen.

2 Nachfragen: Am besten mit offenen Fragen, die dem Gegenüber genügend Spielraum für eine Richtigstellung lassen. »Wie kommt es, dass du Mike als unfähig bezeichnet hast?«, »Könnte es sein, dass Susi nicht gefühllos ist, sondern aus anderen Gründen verhindert war?«

10 Unüberbrückbare Gegensätze

»Ich kann bei Musik nicht arbeiten.«
»Ich kann nur mit Musik anständige Ergebnisse abliefern.«

Diese beiden Standpunkte zweier Arbeitskollegen, die sich ein Büro teilen, scheinen unvereinbar. Aber vielleicht sind es ja nur die Songtexte, die den Ersten ablenken, und er könnte mit Instrumentalmusik durchaus leben. Oder vielleicht braucht der andere nur irgendein Hintergrundgeräusch, und ein geöffnetes Fenster, das etwas Straßenlärm hereinlässt, tut es ganz genauso. Unter Umständen könnte er sich seine Musik auch einfach mit dem Kopfhörer anhören.

Ein Hauptgrund für länger anhaltende Meinungsverschiedenheiten ist der, dass wir uns auf Standpunkte konzentrieren anstatt auf Beweggründe. Du willst im Urlaub in die Toskana. Ich möchte nach Ibiza. Das sind unsere Positionen. Doch wenn wir nachhaken, stellen wir fest, dass du in eine schöne Gegend mit gutem Essen willst und ich den ganzen Tag am Strand faulenzen möchte. Wir könnten nach Sardinien fliegen oder nach Sizilien oder an irgendeinen anderen Ort dieser Welt, der unsere beiden Wünsche erfüllt. Wenn wir unsere Beweggründe genauer analysieren, lassen sich solche Konflikte kurz und schmerzlos lösen.

Und so wird die Situation entschärft
Um jemandes Motive oder Beweggründe (einschließlich unserer eigenen) besser zu verstehen, müssen wir unsere Standpunkte hinterfragen. Was genau ist mir daran wirklich wichtig?

So kann ich beispielsweise eine Gehaltserhöhung aus folgenden Gründen wollen:

- Ich möchte mehr Geld.

- Ich finde, ich habe das verdient.

- Ich möchte, dass meine Leistungen gewürdigt werden.

- Andere machen dieselbe Arbeit und bekommen dafür mehr Geld.

- Ich möchte, dass meine Loyalität der Firma gegenüber honoriert wird.

Einige dieser Gründe werden wichtiger sein als andere und dahinter können sich weitere Motive verbergen. Der Grund, warum ich mehr Geld möchte, kann zum Beispiel sein, dass ich ein neues Auto kaufen will.

Versetzen Sie sich zur Abwechslung in die Lage des Vorgesetzten: Sie sehen keine Möglichkeit für eine Gehaltserhöhung, weil es momentan einen Gehaltsstopp gibt. Wenn Sie aber wissen, dass sich hinter der Frage der Wunsch nach einem neuen Auto verbirgt, gibt es vielleicht Mittel und Wege einen Firmenwagen zur Verfügung stellen zu können.

Den wahren Grund für einen Konflikt zu verstehen, ist oft der erste Schritt zu einer wirklichen Lösung. Der Standpunkt, den ein Mensch in einem Konflikt einnimmt (d. h. sein angeblicher Beweggrund) kann von Ihrem Standpunkt deutlich abweichen. Aber wenn wir analysieren, warum zwei Menschen unterschiedlicher Meinung sind und welche Motive dem zugrunde liegen, können wir den Streit ganz leicht schlichten. Die Kunst besteht darin, Gemeinsamkeiten zu finden, anstatt die Unterschiede zu betonen.

In die Falle gehen

Sie sind beschäftigt, und ich frage Sie, ob Sie mir bei etwas helfen können. Sie schnappen entweder sofort zurück (»Sehen Sie nicht, dass ich beschäftigt bin?«) oder halten kurz in Ihrer Arbeit inne und überlegen, warum ich Sie das wohl frage. Sie beschließen, dass ich es nicht böse meine, auch wenn meine Störung etwas gedankenlos ist, und antworten: »Ich bin gerade beschäftigt, kann das auch bis später warten?«

Stellen Sie sich vor, ich spiele jetzt nicht mit. Ich schnaube laut und entgegne: »Ja, was glauben Sie denn. Ich hab auch noch jede Menge zu tun!« Sie spüren, wie der Ärger in Ihnen hochsteigt. Sie sind versucht, etwas zu sagen wie »Na ja, warum trollen Sie sich dann nicht und erledigen Ihre eigene Arbeit, anstatt mich hier weiter aufzuhalten?« Sie tun es aber nicht, Sie gehen nicht in meine (unbewusst ausgelegte) Falle, sondern antworten ganz ruhig: »Wobei brauchen Sie Hilfe?«

Sie haben Ihre Worte sehr sorgfältig gewählt. Sie sagen nicht »Wobei soll ICH Ihnen helfen?«, was die Dinge unnötigerweise sehr persönlich machen würde; Sie sagen auch nicht »Womit soll ich Ihnen JETZT helfen?«, was andeuten würde, dass ich Ihre Hilfe zu oft in Anspruch nehme oder Sie unnötig unter Zeitdruck setze; Sie stellen eine neutrale Frage, weil Sie mehr wissen wollen.

»Ich muss die Glühbirne auswechseln, und es wäre nett, wenn Sie mir dabei die Leiter halten könnten.«

Das wird Sie nur ein paar Minuten kosten, und ich kann zügig mit meinen eigenen Sachen weitermachen. Anschließend schulde ich Ihnen einen Gefallen, und es ist unwahrscheinlich, dass ich Sie bald wieder stören werde. Also willigen Sie ein. Und dadurch, dass Sie nicht in die Falle gegangen sind, ist unsere Beziehung genauso gut wie vorher. Vermutlich haben Sie dadurch, dass Sie ruhig geblieben sind, sogar noch an Ansehen und Respekt bei mir gewonnen.

Am besten, wir analysieren vor allem jene Geschütze, mit denen wir immer wieder konfrontiert werden und bei denen wir besonders leicht in die Falle gehen. Angenommen, mein Chef fragt mich, ob ich das Team für das Meeting mit dem Abteilungsleiter gebrieft habe. Vorher hätte sich folgender Wortwechsel ergeben:

»Aber das haben Sie mir doch gar nicht gesagt.«
»Oh, mir war nicht klar, dass ich Ihnen das extra sagen muss.«
Heute passiert Folgendes:
»Ich habe alles, was Sie mir aufgetragen haben, erledigt.«
»Na gut, dann wird schon alles o. k. sein.«

So gehen Sie nicht in die Falle

1 Lernen Sie, Auslöser zu erkennen wie eine vielsagende Andeutung, eine sarkastische Bemerkung, eine hinterhältige Frage, geheuchelte Überraschung oder eine irritierte Reaktion auf etwas, das Sie gesagt haben. Wenn Sie schon öfter in bestimmte Fallen gegangen sind, sollten Sie doppelt vorsichtig sein.

2 Es ist Ihr gutes Recht, aufgebracht zu reagieren. Aber bevor Sie das tun, sollten Sie sich fragen, ob das auch wirklich in Ihrem Interesse ist. Es lohnt sich immer, nicht in die Falle zu gehen!

3 Was sind die Gründe des anderen? Sind sie gut, sehen Sie Ihrem Gegenüber das fehlende Fingerspitzengefühl nach. Wenn Sie sich nicht sicher sind, stellen Sie offene, neutrale Fragen, um Klarheit zu gewinnen. (Und wenn der andere nachweislich keine guten Gründe hat, drehen Sie sich einfach um und gehen!)

4 Konzentrieren Sie sich auf Tatsachen und nicht auf die Gefühle, die auch noch im Spiel sind. Solange Sie beim Thema bleiben, kann Ihnen die Situation nicht entgleiten.

Vermeiden Sie es, aus dem, was die anderen sagen, heraushören zu wollen, was sie in Wahrheit von Ihnen halten. Und versuchen Sie umgekehrt, möglichst alles so zu sagen, dass man es nicht als heimliche Kritik missverstehen kann. Unterstellungen in beide Richtungen sind absolut tabu!

Echte Konflikte

Auf den vorhergehenden Seiten haben wir uns mit unnützen Konflikten beschäftigt und gelernt, wie man sie entschärft. Aber es gibt auch Meinungsverschiedenheiten, die viel tiefer gehen. Solche Auseinandersetzungen können sehr konstruktiv sein. Schließlich haben die Spannungen zwischen Mick Jagger und Keith Richards entscheidend dazu beigetragen, dass die Rolling Stones so erfolgreich sind. Das rechtzeitige Entschärfen von unnützen Konflikten ist jedoch eine wesentliche Voraussetzung dafür, das konstruktive und sinnvolle Potenzial solcher Auseinandersetzungen zu erhalten, anstatt sich auf Nebenkriegsschauplätze zu verlegen.

Workouts

NACHMACHEN

Ordnen Sie die unten stehenden Geschütze nach der Häufigkeit, mit der Sie sie einsetzen.

Geschütz	vermutete Häufigkeit	tatsächlicher Einsatz in dieser Woche
Sarkastische Bemerkungen		
Unterstellungen		
Überall, immer und überhaupt		
Typisch du!		
Das Schuldzuweisungsspiel		
Übertreiben? Ich?		
Aneinander vorbeireden		
Altlasten		
Nicht so gemeint		
Unüberbrückbare Gegensätze		

Führen Sie ein paar Tage lang Buch darüber, wie oft Sie jedes einzelne Geschütz einsetzen (oder beinahe eingesetzt hätten), und vergleichen Sie das tatsächliche Ergebnis mit Ihrer ursprünglichen Einschätzung. Sehen Sie sich die drei Geschütze, die Sie am häufigsten verwenden, näher an und überlegen Sie, wie Sie deren Einsatz künftig vermeiden können.

SELBER MACHEN

Suchen Sie sich jemanden aus, mit dem Sie immer wieder unnütze Konflikte austragen, ohne zu wissen warum.

Wenn Sie das nächste Mal mit diesem Menschen sprechen, versuchen Sie, die Geschütze, die er oder sie (meist unwissentlich) benutzt, zu erkennen und völlig anders darauf zu reagieren, als Sie es normalerweise gewohnt sind.

Unterbrechen Sie den anderen öfter? Dann lassen Sie ihn von nun an ausreden und legen Sie, bevor Sie antworten, eine kleine Pause ein.

Sie neigen dazu, laut zu werden? Dann strengen Sie sich ganz bewusst an, immer in derselben Lautstärke zu reden.

Sie verallgemeinern gern? Hinterfragen Sie die Dinge heute mal lieber und konzentrieren Sie sich auf die Fakten.

Sobald Sie merken, dass Sie wieder instinktiv in Ihre ursprüngliche Verhaltensweise zurückfallen, machen Sie einfach etwas ganz anderes.

Der erste Schritt, diese immer gleich ablaufenden, unnötigen Konflikte zu vermeiden, besteht darin, Ihre Verhaltensautomatismen zu durchbrechen.

Das wird Ihnen schon einmal ein großes Stück weiterhelfen.

Der nächste Schritt wird darin bestehen, zu beobachten, welche Geschütze Sie im Einzelnen selbst einsetzen – und damit aufzuhören. Mit etwas Geduld und Ausdauer werden Sie schon bald feststellen, dass die Auseinandersetzungen weniger werden und die Beziehungen stabiler.

(K) Mal ganz ehrlich!

Der eine kommt immer zu spät, der andere lässt den feuchten Teebeutel auf der Untertasse liegen und der Dritte probiert in einem voll besetzten Zug sämtliche Klingeltöne seines Handys aus. Das Verhalten anderer ändern zu wollen mag ein enorm großes Bedürfnis sein, aber es ist bekanntermaßen auch sehr schwierig. Wir würden ihnen gern ehrlich die Meinung sagen und tun es aus allen möglichen Gründen dann doch nicht.

»Was sagen Sie da? Ich stinke? Wie kommen Sie überhaupt dazu! Und wo wir gerade schon dabei sind: Ich wollte schon längst mal ein paar Takte mit Ihnen über ein paar unangenehme persönliche Angewohnheiten reden.« Doch wenn wir anderen sagen, was sie an sich verbessern könnten, geht der Schuss leider oft nach hinten los: Anstatt ihr Leben zu verbessern, machen sie uns das Leben schwer.

Das ist allerdings äußerst schade. Die Auswirkungen unseres Schweigens sind nämlich wesentlich weitreichender, als man das angesichts der Entscheidung »es für diesmal sein zu lassen« vermuten könnte. Wenn Beziehungen auseinanderbrechen, Mitarbeiter bei der Beförderung übergangen werden, Freundschaften abkühlen und Teams zerbrechen, liegt das oft an Lappalien, mit denen man sich lieber schon viel früher hätte auseinandersetzen sollen, anstatt sie ihr tödliches Gift versprühen zu lassen.

Glücklicherweise gibt es doch eine Methode, das Verhalten anderer Leute zu ändern. Sie funktioniert zwar nicht immer, hat aber insgesamt eine recht beträchtliche Erfolgsquote. Diese Methode ist so alt wie die Menschheit, jeder von uns wendet sie dann und wann selbst an (allerdings meist nicht so erfolgreich) und jeder kann sie sich aneignen.

Doch damit nicht genug, diese Methode wird auch durch jede Menge wissenschaftliche Forschungsergebnisse gestützt.

Sie heißt Lob.

Heute schon gelobt?

Muss man Sie loben für das viele Lob, das Sie verteilen? Sehen Sie sich die folgenden Fragen an und beantworten Sie sie in aller Ruhe.

1 Wann haben Sie zum letzten Mal jemanden für etwas, das er oder sie gut gemacht hat, gelobt?
 In der letzten Stunde; heute; gestern; letzte Woche; vor über einer Woche

2 Wie oft loben Sie jemanden (das können auch verschiedene Personen sein) an einem ganz normalen Tag?
 Höchstens einmal; 2- bis 3-mal; 5- bis 10-mal; 10- bis 20-mal; mehr als 20-mal

3 Als Sie das letzte Mal jemanden lobten …?
 … sagten Sie da »gut gemacht« und beließen es dabei?
 … erläuterten Sie, was gut gemacht wurde?
 … erläuterten Sie die Auswirkungen dessen, was gut gemacht wurde?

4 Denken Sie an jemanden, der Ihnen nahesteht (Kollege, Partner usw.). Wie häufig kritisieren Sie ihn im Verhältnis zu einem 10-maligen Lob?

 Nie; einmal; 5-mal; 10-mal; 20-mal; 50-mal; 100-mal oder öfter?

Es gibt kein Patentrezept, wie häufig wir andere loben sollten, nur eins ist sicher: In der Regel loben wir zu wenig! Wenn Sie Ihre Antworten jetzt zum Nachdenken angeregt haben, vielleicht deshalb, weil die Zeit reif ist, dem Lob etwas mehr Wertschätzung entgegenzubringen.

Nicht gemeckert ist schon gelobt

In einem unserer mindgym-Workshops zum Thema »Super Feedback« gab die Vizepräsidentin einer großen Investmentbank (nennen wir sie Valerie) zu, dass sie ihren Mitarbeitern nie sagte, wenn sie etwas gut gemacht hatten. Warum? »Na, dafür werden sie doch bezahlt.« Wenn sie ihren Job zufriedenstellend erledigt hatten, so Valeries Argumentation, war es doch überflüssig, das auch noch zu sagen.

Ihre Angestellten sahen das vermutlich ganz anders. Sie wussten nicht, ob sie jemals gute Arbeit geleistet hatten. Auf ihrer Suche nach Anerkennung probierten sie immer wieder neue Dinge aus und warfen dabei erfolgreiche Methoden zugunsten von weniger erfolgreichen über Bord.

Warum loben wir so wenig? Hauptsächlich deshalb, weil wir davon ausgehen, dass die anderen wissen, wann sie etwas gut machen, und es daher keinen Grund gibt, ihre Leistung auch noch anzuerkennen.

Aber auch, weil wir irrtümlicherweise glauben, unsere eigene Position zu schwächen, wenn wir andere loben. Valerie beispielsweise glaubte, dass ihr Team weniger Respekt vor ihr hätte, wenn sie ihm zu seiner erfolgreichen Arbeit auch noch gratulieren würde. Sie dachte, dass sie damit vermitteln würde, ihre Erwartungen lägen niedriger und sie sei leicht zu beeindrucken. Doch genau das Gegenteil trifft zu: Viele hoch angesehene Leute gehen mit ihrem Lob geradezu verschwenderisch um, zumal sie sich von den Menschen in ihrer Umgebung nicht bedroht fühlen. Lob ist ein Zeichen von Selbstvertrauen und nicht von Schwäche.

Ein weiterer Grund, warum wir nicht loben, ist die Angst, der andere könnte von unserem Lob peinlich berührt sein. Und wenn es dem Gelobten peinlich ist, dann ist es auch uns peinlich. Das kann natürlich durchaus der Fall sein, aber nur, wenn wir uns sehr ungeschickt dabei anstellen. Natürlich ruft man seinem Liebsten, der sich gerade in einen vollen Zug quetscht, nicht nach: »Du warst letzte Nacht großartig!« Wir müssen einfach lernen, wie man gut und angemessen lobt.

Im Folgenden soll es darum gehen, wie wir das Lob und dessen Alter Ego, den guten Rat (alias konstruktive Kritik), richtig einsetzen – was bedeutet, dass wir in Zukunft weniger verletzend, sondern unseren Mitmenschen eher eine Hilfe sein werden.

Ein Hoch auf das Lob!

Der richtige Augenblick
Wie effektiv ein Lob ist, hängt auch davon ab, zu welchem Zeitpunkt es ausgesprochen wird. Perfekte Momente dafür sind …

- **sofort oder kurz darauf**
  Weniger wichtige Dinge sollten wir umgehend loben, weil sie sonst eine übertriebene Bedeutung bekommen (»*Tausend Dank für die leckere Tasse Tee letzten Donnerstag!*«). In wichtigen Angelegenheiten zeigt es jedoch mehr Wirkung, wenn wir erst ein paar Stunden oder Tage vergehen lassen. Das zeigt, dass unser Lob wohl überlegt und nicht nur ein automatischer Reflex ist.

- **wenn Sie den anderen nicht gleichzeitig um etwas bitten**
  Ein Lob verliert erheblich an Bedeutung oder kann sogar ins Negative umschlagen, wenn Sie dafür vom anderen irgendeinen Gefallen erwarten.

Die Macht des Lobes

Nachstehend finden Sie vier Gründe, warum wir mehr Menschen mehr loben sollten:

Es funktioniert: Wenn man Menschen sagt, dass sie etwas gut gemacht haben, ist es sehr wahrscheinlich, dass sie das gewünschte Verhalten erneut wiederholen werden. Nichts lässt sich einfacher vorhersagen, als wie sich jemand, der gelobt wurde, in Zukunft verhalten wird. Im Vergleich dazu bleibt völlig offen, wie sich jemand verhält, den wir offen kritisiert haben. Wenn Sie also bei anderen etwas ändern wollen, sollten Sie sie zuallererst einmal loben.

Ohne Lob kein Preis: Es gibt Leute, die genügend Selbstvertrauen haben, um selbst zu wissen, wann sie etwas gut gemacht haben. Doch die meisten benötigen etwas Hilfe von außen, um zu erkennen, ob sie gut (oder auch nicht so gut) waren. Ohne eine solche Hilfestellung verlieren sie leicht die Orientierung und wissen nicht, was sie tun und was sie lassen sollen. Auf einigen Gebieten, wie etwa im Sport, lässt sich die jeweilige Leistung relativ leicht messen. Aber im normalen Leben – etwa wenn es darum geht, gute Eltern oder ein guter Freund zu sein – ist das oft wesentlich schwieriger. Hier kann Lob Wunder bewirken, weil es uns einen zuverlässigen Anhaltspunkt dafür gibt, wie wir unsere Aufgaben erfüllen.

Ein bisschen Liebe: In einer Umgebung, in der die Menschen zeigen, dass sie sich aufrichtig schätzen, lebt und arbeitet es sich einfach besser. Selbst wenn einmal etwas schiefläuft, herrscht dort ein solch starkes Zusammengehörigkeitsgefühl, dass man sich gegenseitig hilft, anstatt Kritik zu üben und gegenseitig über sich herzufallen.

Gib, und so wird dir gegeben: Ein weiterer Vorteil des Lobens besteht darin, dass man Sie dann höchstwahrscheinlich gern hat – man findet Menschen, die andere eher in einem positiven Licht sehen, automatisch sympathisch – und das erst recht, wenn sie unsere individuellen Stärken zu schätzen wissen.

Darüber hinaus gilt: Lob ist einfach ansteckend! Wenn Sie erst einmal damit anfangen, werden auch andere Ihrem Beispiel folgen und ebenfalls loben, wobei einige positive Bemerkungen mit Sicherheit Ihnen gelten werden. Das ist der Bumerangeffekt von Lob.

- **wenn Sie die Aufmerksamkeit des anderen haben**
  Eine achtlos hingeworfene lobende Bemerkung, die nicht gehört (oder überhört) wird, ist in aller Regel für die Katz (beispielsweise wenn der andere gerade seine Lieblingssendung im Fernsehen anschaut oder schon beim Gehen ist).

- **wenn Sie den anderen allein antreffen**
  Das ist zwar nicht zwingend notwendig, reduziert aber die Wahrscheinlichkeit, dass es dem anderen (und damit auch Ihnen) peinlich ist, enorm. Gewinnt das Lob aber durch die Gegenwart Dritter an Bedeutung, kann es besser sein, es vor Zeugen auszusprechen. (»*Euch ist das vielleicht gar nicht aufgefallen, aber Sabine ist unsere heimliche Heldin* …«)

Das 5-Sterne-Lob
Manchmal reicht ein einfaches »gut gemacht« vollkommen aus. Wenn wir aber die Wahrscheinlichkeit, dass jemand etwas in Zukunft anders macht, dramatisch erhöhen möchten, kommen wir um das 5-Sterne-Lob nicht herum. Geben Sie sich für jedes der im Folgenden genannten fünf Lobmerkmale einen Punkt:

- **Stellen Sie den Zusammenhang her**
  Geben wir das Feedback nicht unmittelbar, sollten wir den anderen wissen lassen, auf was wir uns eigentlich beziehen. »Wann war das Abendessen in deiner Küche? Ah, ja, letzten Donnerstag.«

- **Erklären Sie genau, was gut war**
  Je detaillierter unser Lob auffällt, desto wirkungsvoller ist es. Wenn wir nur sagen »Danke für den Bericht – tolle Arbeit«, kann der andere herzlich wenig damit anfangen. War der Bericht toll, weil er so ausführlich war, weil er bebildert war, weil ihm eine kurze Zusammenfassung vorangestellt war, weil er eine detaillierte To-Do-Liste enthielt oder was? Deswegen brauchen Sie noch lange nicht zu übertreiben: »Ganz besonders möchte ich den Hauch von Rosmarin hervorheben, den das saftige Lammfleisch verströmte – ein Duft, wie in den frühen Morgenstunden in der Savanne …« ist entschieden zu viel des Guten!

- **Beschreiben Sie die Auswirkungen**
  Genau das ist es, was andere motiviert. Das positive Ergebnis ist ein großer Anreiz, das Verhalten zu wiederholen und ähnliche Strategien auszuprobieren. Aber auch hier lohnt es sich, nicht zu übertreiben. Wenn Sie sagen »Ihr Abendessen hat mir das Leben gerettet!«, klingt das unglaubwürdig, aber wenn Sie die Auswirkungen komplett unter den Tisch fallen lassen, wird Ihr Lob deutlich weniger bewirken.

- **Bestätigen Sie andere**
Entweder, in dem Sie ihr Selbstbild stärken oder erklären, was Ihnen am anderen genau gefällt. Danach wird sich der andere erst recht gut fühlen: »Es war ja nicht nur das köstliche Lamm, sondern auch die gelungene Sitzordnung! Dass Sie es geschafft haben, dass sich alle Anwesenden so prächtig unterhalten haben, beweist nur, was für ein gekonnter Gastgeber Sie sind!«

- **Bedanken Sie sich**
    Das ist oft Anfang, Mitte und Ende eines Lobs. Dank ist wichtig, aber wenn wir es dabei belassen, bekommen wir bloß einen Stern.

5-Sterne-Lob	Beispiel	konkrete Situation
Zusammenhang	Der Tag, an dem ich nicht mehr wusste, wo mir der Kopf stand.	
Was genau war gut?	Du warst super, als du mir geholfen hast, mich wieder auf das Wesentliche zu konzentrieren. Und dann hast du mich auch noch bei meinen Internetrecherchen unterstützt!	
Auswirkung	Mit dem Ergebnis, dass ich alles termingerecht fertig hatte.	
Selbstbild stärken	Obwohl du selbst wahnsinnig viel zu tun hattest, hast du mir geholfen. Du bist ein echter Freund.	
Dank	Vielen Dank, das werde ich dir nie vergessen!	

Denken Sie sich ein paar konkrete Situationen aus, in denen Sie jemanden loben könnten, und überlegen Sie, wie man das 5-Sterne-mäßig umsetzen kann. Notieren Sie Ihre Vorschläge. Klingt Ihr Lob überzeugend? Wenn nicht, überlegen Sie sich Alternativen dazu.

Was tun, wenn es nichts zu loben gibt?
Wenn Sie nichts finden, das Sie loben können, gibt es vielleicht wirklich nichts zu loben. Oder aber Sie haben einfach nicht genügend aufgepasst!
    Loben Sie manchmal auch Selbstverständlichkeiten: Etwa, wenn ein notorischer Zuspätkommer mal pünktlich ist oder sich weniger als üblich verspätet. Aber vergessen Sie bloß nicht, die positiven Auswirkungen zu erwähnen, die seine Pünktlichkeit hat!

Guter Rat

Lob wirkt vor allem dann besser als Kritik, wenn wir das Verhalten eines Menschen zum Besseren hin ändern wollen. Dennoch gibt es natürlich auch Situationen, in denen wir sagen müssen, was nicht so gut lief und in Zukunft anders werden muss. In diesem Fall nutzen wir das konstruktiv-kritische Alter Ego des Lobs: den guten Rat.

»*Ich habe jetzt lang genug an diesem Projekt gearbeitet und möchte mich lieber etwas Neuem zuwenden.*«
»*Ich frage mich, ob Sie genug Ausdauer haben.*«
»*Wie kommen Sie denn darauf? Natürlich habe ich Ausdauer.*«
»*Na ja, Sie sind erst seit einem Monat auf diesem Projekt. Wenn Sie es nicht länger mit einem Kunden aushalten, werden Sie sehen, dass es sehr schwierig wird, eine Kundenbeziehung auf- und auszubauen und dementsprechend mehr Erträge einzufahren, die Sie für eine Gehaltserhöhung brauchen.*«
»*Ja, ich weiß. Sie haben natürlich Recht.*«

Der obige Dialog zeigt ein hoch riskantes Beispiel für konstruktive Kritik. In diesem Fall hat es funktioniert (der Mitarbeiter blieb auf dem Projekt, baute es aus und bekam dann auch tatsächlich mehr Gehalt). Das hat allerdings nur funktioniert, weil der Mitarbeiter eine stabile Beziehung zu seinem Ratgeber hatte und ihm großen Respekt entgegenbrachte. Sonst hätte die Antwort leicht lauten können wie folgt: »Na klar habe ich Ausdauer, wenn ich denke, dass es das Projekt wert ist. Aber das hier ist einfach bescheiden.« In dem Fall wäre die Situation entgleist.

Wenn Sie Ihre Bedenken mitteilen und dem anderen die Möglichkeit bieten, etwas zu ändern, kann ein guter Rat Wunder wirken. Das Ganze kann aber auch komplett nach hinten losgehen, und zwar mit katastrophalen Folgen. Die Herausforderung besteht darin, einen effektiven guten Rat zu geben. Und zwar so:

Fangen Sie mit der richtigen Einstellung an

Kritisiert zu werden tut weh. Die bittere Pille kann bloß dadurch versüßt werden, dass der Kritiker eindeutig nur unser Bestes will. Wenn Sie also Kritik üben wollen, verdeutlichen Sie dem Betreffenden seine Situation und zeigen Sie ihm, wie geduldig Sie bisher mit ihm waren. Denn wenn es Ihnen nicht gelingt, den anderen glaubhaft davon zu überzeugen, dass Sie ihm mit Ihrer Kritik nur helfen wollen, sind die Chancen groß, dass das Gespräch eskaliert. Und glauben Sie ja nicht, dass man Ihre wahren Motive nicht durchschaut! Wenn Sie Glück haben, wird sich der Kritisierte beleidigt verziehen, ansonsten beißt er zurück.

Bevor wir also einen ungebetenen Rat erteilen, müssen wir sicher sein, dass wir ihn nur deshalb geben, um dem anderen zu helfen.

Der 5-Sterne-Rat
Genau wie das 5-Sterne-Lob, ist auch der 5-Sterne-Rat die beste Methode, andere zu unterstützen, ohne sie zu verletzen.

- **Stellen Sie den Zusammenhang her**
  Als Erstes überlegen Sie sich, wie Sie über die Angelegenheit reden wollen. Wenn Sie glauben, dass der andere bereits eine Ahnung hat, könnten Sie etwa das Gespräch mit folgender Frage eröffnen: »Was meinst du, welchen Eindruck hatten unsere Gäste gestern Abend wohl von dir?« Es ist besser, wenn der andere selbst auf das Thema kommt, weil so eher der Eindruck einer Zusammenarbeit als der einer Konfrontation entsteht.

  Es besteht natürlich immer das Risiko, dass der andere statt »Du hast Recht, ich hatte einen Schwips und habe mich etwas daneben benommen« sagt: »Wieso? Ich war der absolute Mittelpunkt der Party und wahnsinnig witzig!« Wenn Sie befürchten müssen, dass Letzteres der Fall sein wird, sollten Sie lieber direkt zur Sache kommen: »Ich möchte gern mit dir über gestern Abend sprechen.«

- **Erklären Sie genau, was nicht gut war**
  Mit einem ungebetenen Rat kratzen Sie immer auch am Selbstbild des anderen. Und das verteidigt jeder von uns energisch. Doch jemandem zu sagen, dass er die Ausfahrt verpasst hat, ist etwas ganz Spezifisches und kein Grund für einen Streit: Entweder die Ausfahrt wurde verpasst, oder eben nicht. Das ist beim Vorwurf, der andere sei ein schlechter Autofahrer ganz anders: Die Kritik ist zu allgemein und birgt die Gefahr einer aggressiven Reaktion. Den zweiten Stern verdienen Sie sich dadurch, dass Sie sich exakt auf das konzentrieren, was passiert ist.

  Je genauer und neutraler Ihre Formulierung ist, desto besser. Es ist klüger zu sagen: »Während Susanne von ihrer Ägyptenreise erzählte, hast du immer wieder mit deinem Löffel ans Glas geklopft und gesagt: ›Ich kann noch eine viel interessantere Geschichte erzählen‹« als: »Es war extrem unhöflich von dir, Susanne durch deine ständigen Zwischenrufe zu unterbrechen und ihre Ägyptengeschichte zu ruinieren. Und was sollte eigentlich dieses Ans-Glas-Geklopfe? Du hast dich aufgeführt wie ein wild gewordener Affe!«

- **Beschreiben Sie die Auswirkungen und deren Bedeutung**
  Damit unser Rat effektiv ist, muss deutlich gemacht werden, welche Auswirkungen ein bestimmtes Verhalten hatte. Kann sein, dass jemand, der zehn Minuten zu spät kommt, das als ziemlich pünktlich ansieht. Erst wenn Sie ihm die Folgen auseinandersetzen (verärgerte

Kunden), hat das Thema Zuspätkommen eine echte Chance, verstanden und künftig ernst genommen zu werden.

»Wir müssen befürchten, dass man uns nicht mehr zum Abendessen einladen wird. Und dann musst du jeden Abend mit mir verbringen.«

- **Bestätigen Sie den anderen**
  Es besteht immer die Möglichkeit, dass sich der andere persönlich angegriffen fühlt, egal, wie taktvoll Sie Ihren Rat auch formulieren. Daher ist es wichtig, dass wir den anderen positiv in seinem Selbstbild bestärken: »Du bist ein wunderbarer Gastgeber«, »Deine Freunde mögen dich«, »Du bist der beste Geschichtenerzähler, den ich kenne«, »Du bist doch sonst so witzig bei Einladungen«.

5-Sterne-Rat	Beispiel	konkrete Situation
Zusammenhang	Sie möchten also, dass ich Sie von diesem Projekt abziehe?	
Was war nicht gut?	Sie haben in den letzten vier Monaten auf fünf verschiedenen Projekten gearbeitet und auch auf diesem hier waren Sie nur ein paar Wochen.	
Auswirkung	Ist Ihnen klar, dass es für Sie viel schwieriger sein wird, eine Kundenbeziehung aufzubauen und damit auch die dementsprechenden Erträge, die nötig sind, damit Sie eine Gehaltserhöhung bekommen? Außerdem mag es kein Kunde, wenn ständig neue Leute im Team sind.	
Bestätigung	Ihre Kunden schätzen Sie sehr und werden froh sein, wenn Sie entscheiden, sie weiter zu betreuen.	
Lösungen	Was sollten wir Ihrer Meinung nach tun? Was könnte dazu beitragen, dass Sie auf diesem Projekt weiterarbeiten?	

Füllen Sie obige Tabelle mit eigenen Beispielen aus. Vielleicht versuchen Sie es mit solchen aus der »Lob«-Tabelle auf Seite 175. Auf diese Weise können Sie den Unterschied zwischen beiden Ansätzen am besten erkennen.

- **Gemeinsam nach Lösungen suchen**
  Jetzt ist es an der Zeit, zu diskutieren, was getan werden kann, die Situation wieder ins Lot zu bringen und zu verhindern, dass sie erneut vorkommt. Ein Beispiel: »Das passiert nur, wenn du auf leeren Magen trinkst und wir Ewigkeiten auf unser Essen warten müssen. Wie wär's, wenn du bis zum Essen keinen Alkohol trinkst oder du uns nach dem Essen heimfährst und den ganzen Abend keinen Tropfen anrührst?«

  Wenn wir es schaffen, dass der andere selbst auf die Lösung kommt, umso besser, aber wir können ihm den Weg dorthin mit ein paar Lösungsvorschlägen etwas ebnen.

  Wenn die Unterredung gut verlaufen ist, lohnt es sich, den anderen für sein Zuhören und das gute Gespräch zu loben. Wenn wir schon wollen, dass sich jemand ändert, muss er sich dabei auch wohlfühlen!

Nicht mit der Tür ins Haus fallen!

Halten wir uns genau an die eben beschriebene Abfolge des 5-Sterne-Rats, riskieren wir plump zu wirken und nicht ernst genommen zu werden. Daher ist es sinnvoller, die einzelnen Punkte flexibel in die Unterredung einzubringen – egal in welcher Reihenfolge. Das reduziert den Eindruck, mit der Tür ins Haus zu fallen.

Am besten, wir vermitteln dem anderen von Vornherein das Gefühl, auf seiner Seite zu sein, was ein gewisses Einfühlungsvermögen erfordert. Spürt der Mensch, dem wir den Rat geben wollen, dass wir uns in seine Lage versetzen können, wird er viel eher zuhören und beipflichten.

»Ich verstehe sehr gut, warum Sie auf ein anderes Projekt wechseln wollen.«
»Ich weiß genau, wie nervig Susanne sein kann und wie groß die Versuchung ist, sie zu unterbrechen.«
»Meine Mutter geht mir auch enorm auf den Wecker.«

Super smart: Indirekt loben und Rat geben!

Dadurch, dass wir unser Lob und unseren Rat direkt aussprechen, verringern wir die Gefahr eines Missverständnisses. Doch manchmal könnte ein solches Verhalten die Situation unnötig aufbauschen. In solchen Fällen empfiehlt es sich, dezenter vorzugehen. Wir möchten etwas sagen, aber auf eine subtile Art und Weise. Das geht, wenn wir unsere Ansichten indirekt mitteilen. Wenn nur ein sanfter Stups vonnöten ist, kann ein solch diskretes Vorgehen sehr effektiv sein. Im Folgenden finden Sie vier Möglichkeiten dafür, wie Sie indirekt loben und Rat geben können.

Die Moral von der Geschicht'
Mit Fabeln oder Märchen wird schon Kindern beigebracht, dieses zu tun und jenes zu lassen. Der *Struwwelpeter* ist so ein Klassiker, der Kindern drastisch vor Augen führt, was alles passieren kann: Jede Geschichte enthält eine für Kinder sehr deutliche Botschaft parat wie die von Paulinchen, das allein zu Haus mit dem Feuer spielt und schließlich verbrennt. Äsop hat seine Fabeln mit einer ganz ähnlichen Absicht für Erwachsene geschrieben.

Geschichten sind ein recht selten genutztes Kommunikationsinstrument, können aber ausgezeichnet Wahrheiten vermitteln, ohne den anderen direkt ansprechen zu müssen. »Ich weiß noch, wie damals dieser neue Mitarbeiter anfing. Er kam frisch von der Uni, war sehr ehrgeizig und wollte schnell befördert werden. Na ja, jedenfalls war es für diesen jungen Mann, Wolfgang hieß er, glaube ich, eine bittere Erfahrung, dass er eine ziemliche Ausdauer beweisen musste. Aber er biss sich durch und irgendwann wurde ihm ein viel interessanterer Job angeboten ...«

Der dritte Weg
Wohlwollende Worte von Dritten sind ebenfalls wunderbar geeignet, jemanden zu loben, ohne, dass es für beide Seiten peinlich wird. »Anne hat mir erzählt, wie beeindruckend Sie deine Fortschritte bei der Arbeitszeiterfassung findet.« Und das Beste daran: Jeder profitiert davon!

Äsops Fabel von Sonne und Wind

Im Folgenden finden Sie eine kurze Geschichte über die Kunst des Überzeugens, die stillschweigend zeigt, dass es besser ist zu loben, als Kritik zu üben:

Wind und Sonne wetteifern darum, wer von beiden es wohl schneller schafft, einen Mann dazu zu bringen, seinen Mantel auszuziehen. Der Wind beginnt und bläst so fest er nur kann. Er stürmt und tobt und setzt alles daran, dem Mann den Mantel vom Leib zu reißen. Aber je heftiger der Wind bläst, um so enger zieht der Mann seinen Mantel um sich. Nach einer Weile ist die Sonne an der Reihe. Anstatt schlechtes Wetter zu machen, sorgt sie für einen wunderschönen Tag, der so schön und warm ist, dass dem Mann zu heiß wird und er seinen Mantel auszieht.

Hier steht es eindeutig 1 : 0 für die Sonne!

Humor ist, wenn man trotzdem lacht
»Na – das Einparken hat ja geklappt. Bis zum Bürgersteig gehen wir zu Fuß.«

Woody Allens Kommentar zu Annie Halls Einparkkünsten in seinem Film *Der Stadtneurotiker* ist ein herausragendes Beispiel für die Macht des Humors. Wenn die Beziehung tragfähig ist und die guten Absichten nicht angezweifelt werden, kann man dem anderen auch mit etwas Humor sanft zu verstehen geben, was man wirklich denkt. Humor lässt einen die Dinge leichter nehmen und kann einen Streit verhindern. In unserem Beispiel lacht Annie Hall und räumt ein, dass ihre Einparkkünste verbesserungswürdig sind. Sicherlich hätte sie ganz anders reagiert, wenn Woody Allen gesagt hätte: »Unglaublich! Du kannst ja überhaupt nicht einparken. Hast du deinen Führerschein im Lotto gewonnen?«

Humor ist eine sehr riskante Art, jemanden zu loben, und eine noch riskantere, jemandem einen Rat zu geben, denn das Ganze kann fürchterlich danebengehen. Was scherzhaft gemeint war, kann in den Ohren des anderen bewusst gemein klingen:

»Wie bitte? Soll das heißen, ich kann nicht einparken?«
»O. k., o. k., das war doch nur ein Scherz. Bist du aber empfindlich heute!«
»Und das musst ausgerechnet du sagen! Im Gegensatz zu anderen Leuten sehe ich den Bordstein wenigstens!«

Kurz gesagt: Seien Sie vorsichtig im Umgang mit Humor.

Körpersprache
Chico, das Greenhorn (gespielt von Horst Buchholz), stolpert mit seinem Gewehr in den Saloon. Yul Brynner spielt ungerührt weiter Karten. Chico schießt. In der Bar wird es still und jeder schaut auf. Yul Brynner legt langsam seine Karten auf den Tisch und blickt Chico an. »Ich will mit dir reiten. Ich bin gut genug, um mit dir zu reiten«, schleudert ihm das Bürschchen entgegen. Yul sieht wieder nach unten, nimmt seine Karten auf und spielt weiter.

In dieser Szene aus *Die glorreichen Sieben* muss Yul Brynner keinen Ton sagen, um seine Meinung kundzutun. Indem er sich einfach wieder seinem Kartenspiel zuwendet, signalisiert er: »Ich glaube nicht, dass du gut genug bist, mit uns zu reiten.« Wir alle setzen die nonverbale Kommunikation ganz ähnlich ein, um indirekt Ratschläge zu geben. Durch eine hochgezogene Augenbraue, eine schweigende Antwort oder ein Achselzucken können wir

Ohne Worte

dem anderen ohne Worte mitteilen, dass wir mit seinem Verhalten nicht einverstanden sind.

Doch Vorsicht, Ihre nonverbale Kommunikation kann überinterpretiert werden (»Schon an der Art, wie sie mich ansah, merkte ich, dass sie mich hasste«) oder beim anderen gar nicht erst ankommen. Chico weiß, dass ihn Yul Brynner für nicht gut genug hält, aber er weiß nicht, was er dagegen tun kann. Das mag im Wilden Westen o. k. sein, aber in Ihren eigenen vier Wänden möchten Sie so etwas bestimmt nicht erleben.

Die Mischung macht's!

Sandwiches sind schlecht für dich

Es gibt eine Methode namens Sandwich-Taktik, bei der erst einmal gelobt wird (»Dein Projektplan war super«), dann Kritik geübt (»Du hast mehrere Teammitglieder verärgert, weil sie sich übergangen fühlen«) und abschließend erneut gelobt wird (»Dein Projektbericht war sehr gut geschrieben«). Indem die Kritik nett verpackt wird, so glaubt man, würde sie auch besser aufgenommen.

Leider bewirkt die Sandwich-Taktik häufig das genaue Gegenteil. Das Lob wird entweder entwertet, weil die Sandwich-Taktik durchschaut wurde, oder aber gar nicht erst zur Kenntnis genommen, weil nur die Kritik hängen bleibt. Bei Feedbackgesprächen in der Arbeit werden die positiven Dinge von den Betroffenen meist nur mit einem Kopfnicken zur Kenntnis genommen, während sie sich die verbesserungswürdigen Dinge notieren. Lob und Tadel sind effektiver, wenn sie zu verschiedenen Zeitpunkten verabreicht werden.

Kontinuität vor Unberechenbarkeit

Die Kunst des Lobens besteht auch darin, durchzuhalten. Wenn Sie jemanden ständig loben und dann plötzlich damit aufhören, wird der Gelobte glauben, dass er nicht mehr so gut ist, obwohl Sie nur vergessen haben, ihn zu loben. Lieber etwas weniger, aber dafür regelmäßig loben, anstatt jemanden auf einmal mit viel Lob zu überhäufen und dann nichts mehr folgen zu lassen.

Das Verhältnis muss stimmen!

Es war einmal ein mittlerer Bruder, der die ganze Kindheit über dachte, seine Eltern würden seinen älteren und seinen jüngeren Bruder bevorzugen. Seine Brüder und alle seine Freunde versuchten, ihn zu beruhigen und sagten, er sei überempfindlich. Trotzdem fühlte er sich am wenigsten geliebt. Als eine Tante starb und den drei Jungen ein paar Familienerbstücke vermachte, mussten sie die Eltern gerecht unter den dreien verteilen. Obwohl er objektiv gesehen genauso viel bekommen hatte wie seine beiden Brüder, schrie der mittlere Bruder seine Eltern an: »Ihr habt die beiden anderen immer vorgezogen!«, und brach in Tränen aus. Die Mutter sah ihren Mann erschrocken an, wandte sich dann wieder ihrem Sohn zu und sagte: »Liebling, war das so offensichtlich?«

Der mittlere Bruder hatte trotz der Anstrengungen seiner Eltern, dies vor ihm zu verbergen, eben doch mitbekommen, dass er der am wenigsten geliebte Sohn war. Höchstwahrscheinlich, weil die Eltern ihre Söhne unterschiedlich oft gelobt und kritisiert hatten. Bei einer Gruppe gleichrangiger Mitglieder ist es wichtig, diese auch gleich zu behandeln. Es ist nicht damit getan, jeden Einzelnen zu loben oder zu kritisieren, Sie müssen Lob und Kritik auch gleichmäßig über die Gruppe verteilen.

Erst hüh, dann hott
Wie bereits erwähnt, wirken sich Lob und guter Rat beim anderen nur dann positiv aus, wenn wir sein Bestes im Kopf haben und nicht bloß unseren eigenen Vorteil. Je mehr wir uns dessen bewusst sind, desto größer ist die Chance, dass der andere unser Feedback richtig einschätzen kann. Und das ist wichtig, wenn es darum geht, Menschen zu sagen, was wir von ihnen halten.

Es gibt viele Macho-Manager, die glauben, ihr Team dadurch auf Trab halten zu können, dass sie mal hüh, mal hott sagen. Aber wenn das Feedback eines Menschen von seiner Stimmung abhängt, konzentrieren wir uns mehr darauf, die Reaktionen dieses Menschen vorauszuahnen, anstatt uns zu verbessern. Außerdem nehmen wir ihn nicht mehr richtig ernst: »Das sagt er nur, weil er heute gut drauf ist.«

Jedem das seine
Um Lob und Kritik richtig zu verteilen, müssen wir die Bedürfnisse der Menschen kennen, mit denen wir es zu tun haben.

Jeder, der an mindgym-Trainings teilnimmt, erwartet völlig zu Recht Anerkennung oder Bestätigung. Die einen brauchen viel Lob, bevor man sie mit Verbesserungsvorschlägen konfrontieren kann, während sich andere zwar über das Lob freuen, aber eigentlich nur wissen möchten, wie sie auf bestimmten Gebieten effektiver werden können.

In Großbritannien hat man in einer Schule für Kinder bis zu elf Jahren eine wissenschaftliche Untersuchung durchgeführt. Dabei sollte das Verhältnis von negativen Kommentaren (»Tu das nicht«, »Das ist falsch«, »Sei leise«) zu positiven (»Sehr gut«, »Gut gemacht«) ermittelt werden. Das Ergebnis waren 19 Tadel und nur ein einziges Lob – und das bekommt niemandem gut! Als Minimum sollte ein Verhältnis mindestens 1:1 gelten, während es absolut erstrebenswert ist, insgesamt deutlich mehr zu loben als zu kritisieren!

NACHMACHEN

Achten Sie an jedem Tag der kommenden Woche darauf, wann Sie von jemandem gelobt werden oder wann jemand anders gelobt wird – das können Menschen in Ihrem persönlichen Umfeld sein, aber auch Personen aus dem Radio oder Fernsehen. Verteilen Sie nach dem 5-Sterne-Prinzip Punkte und vergeben Sie für jedes berücksichtigte Merkmal einen Punkt. Auf diese Weise erstellen Sie eine Rangliste und werden am Ende der Woche feststellen, warum manches Lob wesentlich effektiver ist als andere.

SELBER MACHEN

Nehmen Sie sich fest vor, jeden Tag ein Lob für etwas auszusprechen, worüber Sie ansonsten nie ein Wort verloren hätten. Am ersten Tag ist ein 1-Sterne-Lob noch o. k., aber steigern Sie sich bis zum Ende der Woche auf ein 5-Sterne-Lob, indem Sie jeden Tag einen Stern mehr vergeben.

In der zweiten Woche verteilen Sie nur noch 4- oder 5-Sterne-Lob.

Jetzt wissen Sie ja schon, wie das geht, so dass Sie kaum noch Schwierigkeiten damit haben dürften. Genießen Sie die positive Energie und beobachten Sie, wie die Leute beginnen, ihr positives Verhalten zu wiederholen und sich dadurch auf Ihren Einfluss hin immer weiter verbessern.

Geben Sie guten Rat!

Schreiben Sie alles auf, was Sie bestimmten Leuten schon immer mal sagen wollten, aber nie gesagt haben. Nehmen Sie sich fest vor, mindestens einer Person pro Woche zu sagen, was Sie wirklich von ihr denken – aber nur, wenn Sie felsenfest davon überzeugt sind, dass ihr das auch hilft. Es lohnt sich mit Themen zu beginnen, die nicht allzu eng mit dem Selbstbild des Betreffenden verknüpft sind. So ist es sicherlich einfacher, jemanden dazu zu bewegen, das Geschirr in die Spülmaschine zu räumen, als einen Geizkragen großzügig werden zu lassen.

Bevor Sie damit anfangen, ungebetene Ratschläge zu erteilen, kann es auf keinen Fall schaden, die Tabelle auf der nächsten Seite auszufüllen.

Die Gesprächsvorbereitung

Was wollen Sie dem Betreffenden sagen?

Welchen Vorteil hat der Betreffende davon?

Wann werden Sie es ihm/ihr sagen?

Wo? Wem noch, wenn jemand dabei sein sollte? Wie groß ist die Wahrscheinlichkeit einer Störung/Unterbrechung?

Das Gespräch

Was werden Sie sagen, um den Zusammenhang für den Betreffenden herzustellen?

Was genau ging schief? Konkret bleiben! Wie können Sie das so objektiv und neutral wie möglich ausdrücken?

Was waren die Folgen? Wie können Sie das erläutern, ohne in den Verdacht zu geraten, hier nur Ihre eigene Meinung zu äußern?

Was kann der Betreffende tun, um
a) die Situation zu retten und/oder
b) zu verhindern, dass sie sich noch einmal wiederholt?

Welche Fragen werden Sie stellen, um dem Betreffenden die Entscheidung für einen Ihrer Lösungsvorschläge zu erleichtern?

Sollten Sie Ihre Überlegungen noch nicht in die Tat umsetzen wollen, suchen Sie sich einen Sparringspartner zum Üben. Erklären Sie ihm, worum es geht, und legen Sie los. Häufig klingen Worte ganz anders, wenn man sie erst einmal ausspricht. Ihr Übungspartner sollte unterschiedlich auf Sie reagieren, um Ihnen dabei zu helfen, sich auf eine große Bandbreite möglicher Reaktionen vorzubereiten.

(L) Schlechte Nachrichten

Niemand von uns überbringt gern schlechte Nachrichten und wenn, machen wir es schlecht, hastig oder wir verschieben es auf später, was in der Regel alles nur noch schlimmer macht.

Natürlich sind unangenehme Botschaften nie leicht zu übermitteln, aber es gibt ein paar Regeln, die wir beachten können, um den Schock etwas abzumildern, ohne mit der Wahrheit hinter dem Berg zu halten. Dieses Kapitel hat zwei Schwerpunkte: Der erste liegt auf dem Wann und der zweite auf dem Wie, wenn es darum geht, eine negative Information oder Entscheidung mitzuteilen. Das Minimum, was wir tun können, ist dass der andere Mensch das Gefühl hat, die Nachricht wurde sensibel und vollständig überbracht. Im Idealfall fühlt sich der Adressat auch noch wohl dabei und nimmt dem Überbringer nichts übel.

Das Gute an schlechten Nachrichten

»Ich erledige das morgen.«
»So schlimm ist es auch wieder nicht.«
»Müssen die das wirklich sofort erfahren?«

In romantischen Komödien ist eine Szene ganz besonders beliebt, nämlich das Nichterscheinen vor dem Traualtar – zum Beispiel Julia Roberts in *Die Braut, die sich nicht traut* oder Hugh Grant in *Vier Hochzeiten und ein Todesfall* – dieser dramatische, letztmögliche Moment, eine Beziehung zu beenden.

Auch wenn wir es in der Regel nicht so weit kommen lassen, kennt jeder von uns das Zeitschinden und Aufschieben, wenn es um das Überbringen schlechter Nachrichten geht.

Die ganze Mission würde uns wesentlich leichter fallen, wenn wir wüssten, wie man eine schlechte Nachricht angemessen und richtig rüberbringt. Wenn das klappt, können wir unsere Beziehung zum Adressaten sogar deutlich verbessern. Denn wenn wir Unklarheiten aus der Welt schaffen oder dem anderen eine unangenehme Botschaft sensibel vermitteln, wird man uns unser Taktgefühl und Einfühlungsvermögen nach dem ersten Schreck noch lange hoch anrechnen. Häufig sind die Menschen, die wir lieben oder bewundern, auch jene, die sich richtig verhalten haben, als es hart auf hart ging.

Schlechte Nachrichten im Dreierpack

Beim Überbringen schlechter Nachrichten müssen wir stets drei Faktoren berücksichtigen: die Tatsachen, die dadurch hervorgerufenen Gefühle, und die Persönlichkeit des Betroffenen.

Es gibt deutliche Abstufungen in der Brisanz schlechter Nachrichten, die eine unterschiedliche Gewichtung dieser drei Faktoren erforderlich machen. Wer einfach nur darauf hinweisen will, dass der Kaffee kalt ist, braucht diese Tatsache nur zu erwähnen. Wer dagegen verkünden möchte, dass eine Beziehung beendet ist, man das Haus aber gern behalten will, muss ein ganz anderes Verhältnis zwischen Tatsachen, Gefühlen und der Persönlichkeit des Betroffenen berücksichtigen. Im Allgemeinen gilt Folgendes: Je brisanter die Nachricht, desto mehr müssen wir uns um die Gefühle und die Persönlichkeit des anderen kümmern.

Erstens: Die Tatsachen
Wir müssen den Tatsachen ins Auge sehen und die verschiedenen Fakten korrekt, aber auch in der korrekten Reihenfolge wiedergeben.

1 **Der Kontext**
   Der andere weiß noch nicht, worum es geht, also sagen wir es ihm: »Ich möchte mit dir über die Safari sprechen, die du organisiert hast.«

2 **Die Kernaussage**
   Sie ist eine Art Zusammenfassung der schlechten Nachricht und sollte so früh wie möglich vermittelt werden. »Es tut mir entsetzlich leid, aber ich kann jetzt doch nicht an der Safari teilnehmen.«

3 **Weitere Einzelheiten**
   Oft herrscht noch weiterer (Er)klärungsbedarf. »Das heißt natürlich nicht, dass ich nie auf eine Safari gehen werde. Nur dieses Jahr geht es einfach nicht.«

4 Die Gründe hinter der Kernaussage
Wir verdauen schlechte Nachrichten leichter, wenn wir die dahinter liegenden Gründe kennen: »Ich habe hin- und hergerechnet, aber mein Konto ist leider dermaßen überzogen, dass ich mir einen so teuren Urlaub momentan einfach nicht leisten kann.«

5 Der Prozess, der zu der Kernaussage geführt hat
Damit erklären Sie, warum das ausgerechnet jetzt passiert, und können gleichzeitig zeigen, dass das keine Spontanentscheidung ist, sondern wohlüberlegt und nicht ohne Weiteres rückgängig zu machen. »Als du mir von deinen Safariplänen erzählt hast, war ich so begeistert, dass ich gleich zugesagt habe. Aber dann sprach ich mit Angela und die sagte mir, was eine solche Safari voraussichtlich kosten wird. Also habe ich im Internet recherchiert und …«

6 Die Folgen der Kernaussage
Meist sind die Auswirkungen der schlechten Nachricht offensichtlich. Falls nicht, sollte man auch sie zur Sprache zu bringen. »Ich weiß, dass du einen weiteren Teilnehmer brauchst, um die Kosten für die Safari zu decken, und dass es nur noch sechs Wochen bis zur geplanten Abreise sind.«

7 Alternativen finden
Manchmal können wir die Folgen der schlechten Nachricht in keinster Weise abmildern oder aber die möglichen Handlungsalternativen sind so inakzeptabel, dass wir sie gar nicht erst in Erwägung ziehen. Ansonsten lohnt es sich, nach Alternativen zu suchen. »Wenn du die Safari von Kenia an die Mecklenburgische Seenplatte verlegst, dann könnte ich vielleicht mitkommen.«

Zweitens: Die Gefühle

Schlechte Nachrichten können eine ganze Reihe von Gefühlen auslösen: Zorn, Trauer, Ekel, Selbstmitleid, Schock, Erleichterung, Verzweiflung und noch viele mehr. Daran ist auch nicht das Geringste auszusetzen – im Gegenteil: Diese Reaktionen sind absolut natürlich, und das Ausleben dieser Gefühle ist ein wichtiger Bestandteil des Umgangs mit schlechten Nachrichten.

Als Überbringer einer unangenehmen Botschaft müssen wir einfühlsam sein (oder sogar Mitleid entwickeln, wenn wir schon mal in einer ähnlichen Lage waren). Wir müssen dem anderen die Chance geben, seine Empfindungen mit uns zu teilen, wenn er das möchte. Wichtig ist, dass wir uns nicht nur an die reinen Fakten halten, sondern auch die Gefühle des anderen berücksichtigen.

Wie wir selbst zu der schlechten Nachricht stehen, ist zweitrangig. Bemerkungen wie »Wenn du wüsstest, wie schwer es mir fällt, dir das mitteilen zu müssen«, klingen immer etwas egoistisch.

Warum in Krisenzeiten Verlass auf die BBC ist

Egal, ob es sich um einen Staatsstreich, eine Bombendrohung oder eine scheinbar bereits entschiedene Wahl handelt, weltweit zeigen sehr viele Menschen dasselbe Verhalten: Sie schalten die BBC ein, um zu erfahren, was wirklich los ist.

Der BBC World Service hat sich im Lauf vieler Jahre einen Ruf der Unparteilichkeit und Wahrhaftigkeit erarbeitet. Im Gegensatz zu vielen Printmedien, deren Nachrichten die politische Meinung ihrer Besitzer wiedergeben, spüren wir, dass der World Service neutral ist.

Diesem Beispiel sollten wir folgen, wenn es darum geht, schlechte Nachrichten zu überbringen: Wir sollten das Kind ganz einfach beim Namen nennen – weder sensationslüstern noch parteiisch. Der Empfänger der schlechten Nachricht wird uns dafür zwar nicht gerade auf Knien danken, unsere Aufrichtigkeit aber bestimmt zu schätzen wissen.

Drittens: Die Persönlichkeit des Betroffenen

Der schlimmste Schaden, den schlechte Nachrichten anrichten können, hat weniger etwas mit den reinen Fakten oder ihren unmittelbaren Auswirkungen zu tun, als vielmehr mit der Persönlichkeit des Betroffenen. Es ist schlimm genug, von seinem langjährigen Partner verlassen zu werden, den Job zu verlieren oder im Familientestament nicht bedacht zu werden. Noch viel schlimmer jedoch ist es, wenn man daraus den Schluss zieht, man sei unattraktiv, unfähig oder unbeliebt.

Der dritte und oft wichtigste Faktor beim Überbringen von schlechten Nachrichten ist die Persönlichkeit der Betroffenen, und die gilt es zu schützen und zu bestätigen.

Auf der folgenden Seite finden Sie einige Beispiele dafür, wie verheerend sich eine schlechte Nachricht auf die Persönlichkeit und das eigene Selbstwertgefühl auswirken kann.

Oft kreist das Gespräch gegen Ende hauptsächlich darum, wie sich der Empfänger der schlechten Nachricht fühlt und wie man mit diesen Gefühlen umgeht. Unser Hauptaugenmerk beim Überbringen unangenehmer Botschaften sollte dem Selbstwertgefühl des jeweiligen Empfängers gelten, das aufgebaut werden muss.

Situation	Auswirkung auf mein Selbstwertgefühl	aufbauende Aussage
1 Wir kündigen Ihnen den Dienstleistungsvertrag.	Ich bin ein miserabler Verkäufer.	Sie waren uns sehr nützlich und auch geduldig mit uns, es ist nur so, dass wir diese Dienstleistung nicht mehr benötigen.
2 Wir beenden das Arbeitsverhältnis.	Ich bin ein miserabler Verkäufer.	Die Position wurde gestrichen. Das hat nichts mit Ihnen zu tun. Ich kenne aber eine Reihe von Unternehmen, die Sie mit Kusshand einstellen würden.
3 Ich möchte diese Beziehung beenden.	Niemand mag mich, ich bin es nicht wert, dass man mich liebt.	Du wärst der perfekte Partner für jemanden mit denselben Vorlieben (aber meine sind eben ganz anders).
4 Wir strukturieren die Abteilung um.	Sogar die Büroklammern sind wichtiger.	Sie haben uns gezeigt, wie effizient man sein kann. Ohne Ihr Engagement wäre es ganz sicher nicht gegangen.
5 Ich kann nicht mit dir Ski fahren gehen.	Keiner mag mich.	Es macht riesigen Spaß, mit dir in Urlaub zu fahren. Es ist der falsche Zeitpunkt, sonst würde ich jederzeit mit dir wegfahren.
6 Ihre Bestellung wird verzögert ausgeliefert.	Man schätzt mich nicht als Kunde.	Es tut mir leid, dass man Sie so behandelt hat. Wir schätzen Sie als Kunden sehr und ich werde alles in meiner Macht stehende tun, damit Sie Ihre Bestellung so rasch wie möglich erhalten.

Schlechte Nachrichten in vier Etappen

Sie können sich in vier Etappen auf das Überbringen schlechter Nachrichten vorbereiten:

Etappe 1: Die Gesprächsvorbereitung
Hier gilt: Ein Versagen bei der Planung heißt das Versagen planen. Wir können schlechte Nachrichten besser vermitteln, wenn wir uns unter den folgenden Gesichtspunkten darauf vorbereiten:

- **Umstände, Zeitpunkt und Umgebung**
  Wo teilen wir die Nachricht mit? Durch welchen Kommunikationskanal? In was für einer Umgebung? Jemandem per SMS den Laufpass zu geben, hinterlässt beim anderen bestimmt kein gutes Gefühl. Ebenso wenig zeugt es von Feingefühl, wenn wir jemandem an der Kaffeemaschine en passant mitteilen, dass sein Lieblingsprojekt gerade abgeschossen wurde (»Ich habe Ihnen doch hoffentlich keinen Kaffee über die Hose geschüttet?«). Nehmen Sie sich genügend Zeit für ein ausführliches Gespräch und sorgen Sie dafür, dass Sie nicht gestört werden können – schalten Sie wenigstens Ihr Handy aus!

Es geht auch anders

- **Wie fange ich an?**
  Es ist wichtig, dass Sie sich vorher überlegen, mit welchen Worten Sie die schlechte Nachricht einleiten wollen. Ansonsten besteht die Gefahr, dass Ihnen die Worte ausgehen oder Sie ins Schwimmen geraten, weil Sie sich ständig an neue Gesprächssituationen anpassen müssen.

- **Generalprobe**
  Es ist sicher gut, sich die ersten Sätze zu überlegen, aber noch besser ist eine kleine Generalprobe vor einem echten Zuhörer, der Ihnen sagen kann, wie Ihre Worte bei ihm ankommen.

Etappe 2: Die Vermittlung

Nachdem Sie sich vorbereitet haben, ist es endlich an der Zeit, die schlechte Nachricht auch wirklich zu vermitteln!

- **Nennen Sie die »Kernaussage« und die wichtigsten Fakten zuerst**
  Es ist besser, die schlechte Nachricht gleich ganz am Anfang zu präsentieren, anstatt zu versuchen, erst eine gute Gesprächsatmosphäre zu schaffen (»Und, wie war Ihr Tag heute so?«). Ebenso wenig empfiehlt es sich, dem anderen Fragen zu stellen, in der Hoffnung, dass er schon darauf kommen wird, worum es uns eigentlich geht (»Was glaubst du, wie es um unsere Beziehung bestellt ist?«). Mit solchen Taktiken verschwenden wir unsere Zeit und erreichen nur, dass der andere verärgert ist, weil wir ihm die schlechte Nachricht solange vorenthalten haben.

- **Es ist entscheidend, wie Sie die Nachricht formulieren!**
Es ist für den Betreffenden ein großer Unterschied, ob man ihm sagt: »Abgesehen vom hohen Blutdruck sind Sie im Vergleich zu den meisten Männern Ihres Alters in einer guten körperlichen Verfassung« oder ihm folgende (inhaltlich identische) Botschaft präsentiert: »Ich bedaure, Ihnen mitteilen zu müssen, dass Sie an erhöhtem Blutdruck leiden. Das kann zu Herzerkrankungen führen und unter Umständen tödlich enden.« Auch die Kernbotschaft können wir sehr unterschiedlich mitteilen: »Die Bank wird Ihrem Kreditantrag nicht stattgeben« statt »Wir bedauern, Ihnen den Kredit nicht geben zu können. Das ist beim ersten Versuch bei vielen Kunden der Fall. Wir würden Ihnen das gern näher erläutern, damit Ihre Chancen bei erneuter Antragstellung steigen«.

- **Zeigen Sie Verständnis und Einfühlungsvermögen**
Machen Sie sich bewusst, dass die Nachricht beim Gegenüber bestimmte Gefühle auslösen wird. Bei einem Todesfall beispielsweise empfiehlt es sich zu zeigen, dass Sie sich dieser Gefühle durchaus bewusst sind und sie gut nachvollziehen können. Das hilft dem Empfänger, im Überbringer der schlechten Nachricht eher einen Verbündeten als einen Gegner zu sehen. Sollten Ihnen die Emotionen des Empfängers unklar sein, dann fragen Sie lieber direkt nach, bevor Sie Vermutungen anstellen. Eigene Schlussfolgerungen oder Bewertungen dessen, was jetzt in dem anderen möglicherweise vorgeht, können das Überbringen von schlechten Nachrichten zu einem echten Desaster machen, was mit Sicherheit negtiv auf Sie zurückfallen wird (Beispiele hierfür sind Floskeln wie: »Es ist Ihr gutes Recht, verärgert zu sein« oder, noch schlimmer, »Regen Sie sich nicht so auf!«).

- **Bestärken Sie den anderen in seiner Persönlichkeit, indem Sie seine positiven Eigenschaften betonen**
Mit das Wichtigste beim Überbringen schlechter Nachrichten ist, dass Sie dabei vermitteln, dass es sich um eine ganz bestimmte Konstellation von Umständen handelt und es nicht um die Person des Betroffenen an sich geht.

Stellen Sie sich vor, Sie sind mit einem Koch befreundet und haben eine andere Cateringfirma für Ihre Hochzeit beauftragt. Bei Ihrem Freund wird das zahlreiche Selbstzweifel auslösen. Das kann von »Ich bin kein guter Koch« bis hin zu »So ein guter Freund scheine ich also doch nicht zu sein« gehen. Um Gedanken dieser Art vorzubeugen, müssen wir die Identität des anderen durch Aussagen stärken wie »Selbstverständlich bist du ein guter Koch und hast auch den Ruf, für viele Leute kochen zu können. Alles, was wir von dir bisher gegessen haben, war fantastisch. Aber für unsere Hochzeit und angesichts der Gäste, die kommen werden, haben wir uns für etwas anderes entschieden.«

- **Schwarz sehen? Nein danke!**
  Das Letzte, was eine Frau anlässlich des Todes ihres Mannes hören möchte, ist, dass sie jetzt endlich mehr Platz im Ehebett hat. Dennoch hat jede schlechte Nachricht auch irgendeine positive Seite. Ihre Herausforderung besteht darin, diese zu finden und sie im richtigen Moment in das Gespräch einzubringen. Wenn es Ihnen angebracht erscheint, tragen Sie so dazu bei, dass der andere der unangenehmen Botschaft noch etwas Positives abgewinnen kann. (»Ich bin sicher, dass du einen anderen Cateringauftrag kriegen wirst, der deinen Fähigkeiten weitaus besser entspricht.«) Versetzen Sie sich in die Lage des anderen und überlegen Sie, was Ihnen am meisten helfen würde.

Wenn ich die schlechte Nachricht schriftlich übermittle – soll ich das Thema lieber direkt oder indirekt angehen?

Einige Psychologen empfehlen den indirekten Ansatz. Kommt die schlechte Nachricht zuerst, besteht die Gefahr, dass der Betroffene nicht weiterliest, stattdessen über mögliche Reaktionen nachdenkt oder verärgert ist. Sie raten zu einem neutralen Anfang, der zwar den Kontext erklärt, aber auch als »Puffer« dient, um den Leser bei der Stange zu halten.

Andere Psychologen wie die Forscher Smith, Nolan und Dai glauben an einen direkten Eröffnungssatz. Sie baten 90 Studenten bei einer Befragung, zwei sehr ähnliche Absagebriefe zu vergleichen, die sich nur darin unterschieden, dass der eine Brief die schlechte Nachricht direkt und der andere eher indirekt übermittelte. Die Studenten bewerteten die Briefe anhand von Gesichtspunkten wie Seriosität, Rücksichtnahme, Takt und Höflichkeit. Das Ergebnis: Die direkte Methode fand mehr Anklang.

- **Erklären Sie dem anderen, was er tun kann!**
  Bei einigen schlechten Nachrichten ist offensichtlich, was als Nächstes zu tun ist, aber nicht bei allen. Ist eine bestimmte Reaktion angebracht, müssen wir den anderen darauf hinweisen – entweder sofort oder nachdem die schlechte Nachricht verdaut wurde.

Etappe 3: Die Diskussion

Manchmal ist es sinnvoll, zwischen »Vermittlung« und »Diskussion« etwas Zeit verstreichen zu lassen. Dadurch hat der andere die Chance, die Nachricht etwas zu verarbeiten. Bei sehr brisanten Botschaften ist es andererseits gut möglich, dass der Empfänger schnellstmöglich den Raum verlassen oder den Telefonhörer auflegen möchte.

Wenn der Zeitpunkt stimmt, sollten wir versuchen, dem anderen durch offene Fragen zu helfen. Genauso wichtig ist es, ihm gut zuzuhören. Versuchen Sie, während des Gesprächs deutlich weniger zu reden als der andere.

Was Aussagen wie »Das ist eigentlich alles meine Schuld« wirklich bedeuten

Übertreiben Sie es nicht, wenn Sie den anderen in seiner Persönlichkeit bestärken und sein Selbstwertgefühl aufbauen wollen, denn wir alle können zwischen den Zeilen lesen:

Das wird gesagt ...	... und das ist eigentlich gemeint
Ich weiß nicht, ob wir wirklich zusammenpassen.	Du machst mich verrückt.
Ich bin noch nicht so weit.	Ich wäre lieber mit deinem Bruder zusammen.
Ich will nicht, dass du denkst, ich halte dich hin.	Ich treffe mich schon mit deinem Bruder.
Vielleicht brauchen wir einfach etwas Abstand.	Ich möchte ganz weit weg sein, wenn du von der Geschichte mit deinem Bruder erfährst.
Es liegt an mir, nicht an dir.	Es liegt an dir.

Etappe 4: Die Zusammenfassung

Die Diskussion sollte so lange dauern, wie es der andere für nötig hält. Nachdem Sie gemeinsam über die nächsten Schritte nachgedacht haben, beenden Sie die Diskussion durch eine kurze Zusammenfassung dessen, was Sie gesagt haben, worauf sich verständigt wurde, was als Nächstes geschehen soll und wann.

Typische Reaktionen auf schlechte Nachrichten

Auch wenn wir noch so minutiös geplant, die Nachricht einfühlsam überbracht und die Identität des anderen positiv bestärkt haben, müssen wir trotzdem stets mit vollkommen unerwarteten Reaktionen rechnen. Auch darauf sollten Sie vorbereitet sein. Im Folgenden finden Sie ein paar der häufigsten Reaktionen sowie Vorschläge, wie Sie am besten darauf reagieren.

Der Gefühlsausbruch
»*Das ist ja eine Katastrophe! Das wird mein Leben ruinieren!*«
»*Das ist ja eine Riesensauerei!*«
»*Das lass ich dir so nicht durchgehen!*«

So einen emotionalen Ausbruch müssen Sie verstehen können. Am besten, Sie nehmen das Gesagte nicht allzu wörtlich (schließlich wird sich der Betroffene nur in den seltensten Fällen tatsächlich vor den Bus werfen), sondern hören sich das alles einfach in Ruhe an und vermitteln dem anderen, dass Sie seine Empfindungen gut nachvollziehen können. Lassen Sie Ihr Gegenüber schreien und weinen, so lange es will. Erst wenn der Anfall vorüber ist, sollten Sie nachhaken, ob weiter darüber geredet werden soll. Versuchen Sie dabei behutsam, eventuelle Missverständnisse, die durch den Gefühlsausbruch entstanden sind, aufzuklären.

Seien Sie geduldig. Bleiben Sie ruhig. Hören Sie zu. Und wenn nötig, gehen Sie in Deckung.

Das Schweigen
»…«

Keine Reaktion ist die schwierigste von allen. Der Betroffene sitzt nur stumm da und starrt auf den Boden. Und Sie fragen sich, ob er die schlechte Nachricht überhaupt gehört hat.

Dann empfiehlt es sich, offene, leicht zu beantwortende Fragen zu stellen (»Was denken Sie?«), und dem anderen Zeit für seine Antwort zu lassen – teilen Sie die Stille. Lautet die Antwort »Nichts«, lassen Sie das für eine Weile im Raum stehen und nehmen einen zweiten Anlauf (»Gar nichts, oder ist es etwas, das Sie mir nicht sagen möchten?«). Wenn Sie so weitermachen, müssen Sie sich auf eine heftige Reaktion gefasst machen. Am besten fahren Sie, wenn Sie die Gedanken und Empfindungen des anderen Stück für Stück freilegen.

Stellen Sie Fragen. Teilen Sie das Schweigen. Wenn das nichts nützt, geben Sie dem anderen etwas Zeit zum Verarbeiten und nehmen das Gespräch später wieder auf.

Leugnen
»Das ist nicht wirklich wahr.«
»Sie machen Witze!«
»Komm schon, sag mir die Wahrheit.«

Mit einer solchen Reaktion verschließt der Betroffene die Augen vor der (unangenehmen) Realität. Zeigen Sie Einfühlungsvermögen (»Ich verstehe vollkommen, warum Ihnen das unglaublich vorkommt«). Wenn Sie das Gefühl haben, dass man Ihnen wieder zuhört, legen Sie die Fakten nochmals dar. Wird dieses Vorgehen positiv aufgenommen, erklären Sie den Prozess, der zu dieser Entscheidung geführt hat, ein zweites Mal und betonen ihre Endgültigkeit. Es kann auch helfen, den anderen in seiner Identität zu bestärken (»Du bist noch immer derselbe tolle Projektmanager von heute Morgen«).

Zeigen Sie Einfühlungsvermögen. Wiederholen Sie die Fakten. Bestärken Sie den anderen in seiner Identität.

Der Kniefall
»Bitte, ich werde alles tun, damit es funktioniert.«
»Wie kann ich das Ganze wiedergutmachen?«
»Geben Sie mir noch eine letzte Chance!«

Es gibt Menschen, die werden Ihnen alles versprechen, nur um die Situation zu ändern. Für Sie kann das eine große Herausforderung darstellen (um nicht zu sagen Versuchung), weil Ihnen der Betroffene wahrscheinlich leid tut und Sie ihm eine zweite Chance geben möchten. Jetzt heißt es, seinen Willen anzuerkennen, aber in der Sache hart zu bleiben und zu vermitteln, dass die Entscheidung unverrückbar ist. Als Nächstes sollten Sie ihm die Lage unter neuen Gesichtspunkten schildern, so dass positive Alternativen sichtbar werden (»Mit einem anderen wirst du viel glücklicher werden«) oder aber die negativen Konsequenzen, wenn sich nichts ändert (»So sehr wir uns auch bemühen – es wird immer wieder dasselbe passieren – wir werden uns streiten und dann tagelang nicht miteinander reden«).

Bekräftigen Sie, dass Ihre Entscheidung unumstößlich ist. Zeigen Sie positive Folgen dieser Entscheidung auf.

Selbstvorwürfe
»Ich wusste, dass das so kommen würde – es ist alles meine Schuld.«
»Ich bin zu nichts zu gebrauchen.«
»Wenn ich du wäre, würde ich mich auch trennen.«

Menschen, die so etwas von sich geben, nehmen alles persönlich, weil sie davon überzeugt sind, dass alles nur ihretwegen und nicht aufgrund äußerer Umstände passiert ist. Bauen Sie den anderen auf, indem Sie ihn in seiner Persönlichkeit bestärken (»Du bist immer noch ein großartiger Kerl. Ich kann nur dieses tolle Jobangebot in der Hinteren Mongolei nicht sausen lassen«).

Bestätigen Sie den anderen in seiner Identität. Erklären Sie ihm, welche äußeren Umstände zu dieser Entscheidung geführt haben.

Der Angriff
»Das ist alles Ihr Fehler.«
»Du bist schuld, dass ich jetzt in der Patsche sitze.«
»Ich wette, dir macht das alles auch noch richtig Spaß.«

Zu Wortattacken kommt es meist dann, wenn Sie der Empfänger der schlechten Nachricht für seine Lage verantwortlich macht. Jetzt gilt es, ruhig Blut zu bewahren und sich alles, was da kommt, anzuhören, was sehr schwierig sein kann, weil Sie eventuell komplett anderer Ansicht sind und sich durch das Gesagte verletzt oder beleidigt fühlen. Es ist aber wichtig, dass Ihr Gegenüber die Möglichkeit hat, seinen Ansichten Ausdruck zu verleihen (selbst wenn er Sie als gemeinen, fiesen und nichtsnutzigen Heuchler beschimpft). Wenn Sie über die Motive hinter diesem Angriff Bescheid wissen, können Sie auch damit umgehen. Und wenn die Wellen am höchsten schlagen, erinnern Sie sich bitte daran, dass jeder von uns im Zorn gern mal etwas sagt, das er eigentlich gar nicht so meint. Der oder die Arme musste gerade eine schlechte Nachricht schlucken, also lassen Sie ihm oder ihr ein wenig Spielraum.

Bleiben Sie ruhig. Hören Sie zu. Und vor allem: Gehen Sie auf keinen Fall irgendwie auf das Gesagte ein.

Alles vergeben und vergessen? Nicht immer!

Schlechte Nachrichten sind wie Vampire: Gerade, wenn man denkt, man hat sie erledigt, heben sie wieder ihr hässliches Haupt. Wenn Sie ihnen im übertragenen Sinn einen Pfahl durchs Herz treiben wollen, müssen Sie sachlich und konsequent bleiben. Halten Sie sich an die Tatsachen und sorgen Sie dafür, dass die Gefühle und die Identität des anderen möglichst unangetastet bleiben. Es macht nie Spaß schlechte Nachrichten zu überbringen, kann aber ganz in Ordnung sein, wenn Sie sie so gut wie möglich, sprich angemessen, überbringen – auch ohne Knoblauch!

Mit Stress klarkommen

Den allmorgendlichen Run auf den noch frischen Bürokaffee, die »echt witzigen« Rundmails – jeder kennt diesen Stress, der aus unserem modernen Arbeitsalltag kaum noch wegzudenken ist. Eine kürzlich in London durchgeführte Umfrage ergab, dass 87 Prozent der Berufstätigen ihre Arbeit als stressig empfanden. Nun, es gibt vieles, das unseren Blutdruck in die Höhe schnellen lässt: die Fahrt zur Arbeit, bei der wir in überfüllten Zügen oder Verkehrsstaus feststecken, die volle Mailbox, die uns im Büro erwartet; die Mittagshetze, weil wir vor allen anderen ins Fitness-Studio kommen wollen; der Kopierer, der natürlich genau dann keinen Toner mehr hat, wenn wir ihn benutzen wollen; der (Un)mensch im Zug, der auf der Heimfahrt alle fünf Minuten zu Hause anruft, nur um zu sagen, dass er schon im Zug sitzt. Kein Wunder also, dass Bücher wie Paul Wilsons *Wege zur Ruhe* Bestseller werden.

Doch obwohl 87 Prozent der Befragten ihre Arbeit als Stress empfanden, ist es andererseits verblüffend, dass immerhin die Hälfte der befragten Londoner ihre Arbeit gern macht. Selbst wenn man berücksichtigt, dass 13 Prozent ihre Arbeit nicht stressig fanden – was machen die eigentlich? –, bleiben immer noch 37 Prozent übrig, die ihre stressigen Jobs mögen. Natürlich gibt es auch Workaholics, aber sogar wenn man die abzieht, bleiben noch jede Menge normal arbeitender Menschen übrig, denen der Stress anscheinend nichts ausmacht. Was wissen die, was wir nicht wissen?

Die Antwort mag fürs Erste überraschend klingen, aber je mehr man darüber nachdenkt, desto sinnvoller wird sie: Stress tut gut. Natürlich gibt es Phasen, in denen er für unsere Gesundheit und unser Leben schädlich ist, aber in anderen Ausprägungen führt Stress durchaus auch zu Glück, Erfolg und Zufriedenheit. Würden wir den Stress aus unserem Leben verbannen, würden wir erstens verlernen, damit umzugehen, und könnten zweitens die damit verbundene Aufregung, den Druck und die Herausforderungen, kurz, alles, was unser Leben lebenswert macht, nicht mehr genießen. Mit anderen Worten: Kein Stress, kein Spaß.

Welche Art von Stress ist also »gut« für uns und welche »schlecht«? Darum geht es in »Freude am Stress«, dem ersten Kapitel dieses Abschnitts. Auf den folgenden Seite erfahren wir, wie Stress sowohl positiv als auch negativ sein kann, und lernen verschiedene Methoden kennen, die es uns ermöglichen herauszufinden, welchen Stress wir gerade spüren. Je mehr wir über Stress wissen, desto besser können wir damit umgehen.

Im darauf folgenden Kapitel »Negativen Stress abstellen« geht es dann richtig zur Sache. Hier entwickeln wir todsichere Strategien, mit negativem Stress umzugehen. Hier müssen Sie weiterlesen, wenn Sie schon wissen, dass der Stress, unter dem Sie leiden, negativ ist, und praktische Tipps suchen, wie Sie ihn bewältigen können. Neben allgemeinen Methoden zeigen wir Ihnen an dieser Stelle auch, dass es ein »Stressfrühwarnsystem« gibt – verlässliche Alarmsignale, mit denen sich Stress ankündigt.

Die beiden weiteren Kapitel dieses Abschnitts, »Tief durchatmen« und »Ruhe und Gelassenheit«, zeigen Ihnen außerdem zwei sehr praktische Methoden, mit denen Sie sich bei negativem Stress sofort Erleichterung verschaffen können. Das Praktische daran ist, dass sie sich überall und jederzeit anwenden lassen.

Ⓜ Freude am Stress

Alice hat ihre letzte Fahrstunde vor der Prüfung. Sie kommt pünktlich und plaudert mit ihrem Fahrlehrer. Nach 15 Fahrstunden fühlt sie sich ziemlich sicher. Sie und der Fahrlehrer steigen ins Auto, und Alice fährt los. Zwei Minuten später, Alice erzählt dem Fahrlehrer gerade, was gestern im Fernsehen kam, übersieht sie einen Laster und muss fest auf die Bremse treten. Sie beginnt sich zu konzentrieren. Ohne groß darüber nachzudenken, schaut sie automatisch in den Rückspiegel, tritt auf die Kupplung, schaltet, lässt die Kupplung sanft los, setzt den Blinker, lässt ihn lange blinken, bevor sie in aller Ruhe wie ein Profi abbiegt.

    Rückwärts um die Kurve zu fahren ist schon etwas schwieriger. Die letzten drei Male hat sie es perfekt geschafft, nur dieses Mal fährt Alice an den Bordstein. Sie beginnt nochmal von vorn, und auch wenn es etwas holprig geht, schafft sie das Manöver jetzt ohne Zwischenfall. Dann fährt sie weiter und kommt an einen Kreisverkehr – ihr größtes Problem – und würgt prompt den Wagen ab. Alice versucht, ihn ein weiteres Mal anzulassen, aber sie hat vergessen, den Gang rauszunehmen, also würgt sie den Motor erneut ab. Sie trommelt frustriert auf das Lenkrad, ihr Fahrlehrer muss sie beruhigen und ihr helfen.

    Wollte man Alices Fahrstunde grafisch darstellen, würde sie etwa so aussehen wie die Kurve auf der nächsten Seite (Grafik 1).

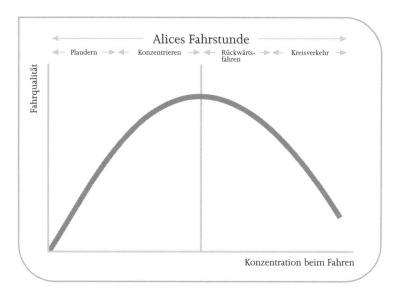

Grafik 1

Stress ist auch nicht mehr das, was er mal war

Um zu demonstrieren, wie unser Verhalten von unserem »Erregungsniveau« beeinflusst wird, zeichneten die Psychologen Robert Yerkes und John Dodson vor 100 Jahren eine ganz ähnliche Kurve.

Alices Fahren verbesserte sich in dem Moment, in dem sie mit dem Plaudern aufhörte und sich aufs Fahren konzentrierte. Analog dazu vermuteten Yerkes und Dodson, dass mit zunehmender Erregung auch unsere Leistung steigt. (Wir wollen mal annehmen, dass die Doppeldeutigkeit dieser Beobachtung zur Zeit von Yerkes und Dodson unbemerkt blieb.)

Allerdings nur bis zu einem gewissen (optimalen) Punkt: So wie Alices Stimmung beim Rückwärts-um-die-Kurve-Fahren von Selbstvertrauen in Nervosität umschlug, kann noch mehr Erregung zu einer Leistungsminderung führen und, räusper, räusper, extreme Erregung sogar zu einer Leistungsunfähigkeit.

Dieser Ansatz wurde von dem aus Österreich stammenden kanadischen Mediziner Hans Selye weiterentwickelt. Selye teilte den Stress in zwei Phasen ein: Den Teil der Kurve, in dem die Leistung durch ein erhöhtes Erregungsniveau gesteigert wird, nannte er Eustress (oder euphorischen Stress). Das kann beispielsweise der erhöhte Adrenalinausstoß sein, wenn Sie gerade besonders gut Squash spielen. Die anschließende Phase, in der jede weitere Erregung dazu führt, dass unsere Leistung geschwächt wird, nannte er Distress (Grafik 2).

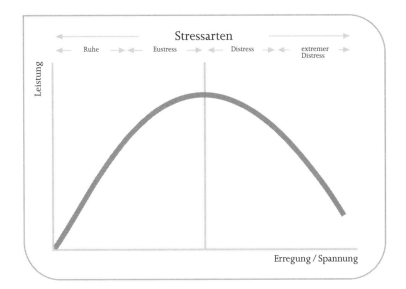

Grafik 2

Durch seine Definition der verschiedenen Arten von »Erregung« brachte Selye die Kernbotschaft dieses Kapitels genau auf den Punkt: Nicht jede Form von Stress ist negativ. Zugegebenermaßen wirken sich die Stresstypen rechts vom Optimum (bzw. vom Scheitelpunkt der Kurve) negativ auf unsere Leistung aus. Schaffen wir es aber, uns links davon zu halten, führt ein gesteigertes »Erregungsniveau« durchaus zu positiven Ergebnissen.

Selyes wichtige Erkenntnisse (und subtile Unterscheidungen) sind im Lauf der Zeit etwas in Vergessenheit geraten – nicht zuletzt deshalb, weil sich unser Arbeitsalltag dermaßen beschleunigt hat: Der Begriff »Stress« wurde so zu einer Sammelbezeichnung, die sowohl Eustress als auch Distress umfasst; Distress ist heute, was Seyle als »extremen Distress« bezeichnet hätte; und der Bereich der Kurve, in dem wir nicht gestresst sind, reduziert sich heute nur noch auf einen winzigen Abschnitt ganz links (s. auch die Grafik 3 auf Seite 205).

All das verkompliziert die Sache natürlich. Durch das Zusammenlegen von Seyles zwei Begriffen haben wir nicht nur die Fähigkeit verloren, den Unterschied zwischen positivem (Eustress) und negativem Stress (Distress) in Worten auszudrücken, sondern auch diesen Unterschied überhaupt zu verstehen. Doch ohne dieses Unterscheidungsvermögen bleibt uns nur noch die (falsche) Annahme, dass uns Stress immer schlecht bekommt. Und wenn wir das Problem falsch diagnostizieren, verschreiben wir uns höchstwahrscheinlich auch die falsche Lösung.

Stress: Was passiert, wenn wir uns täuschen

Sally ist Schauspielerin und probt für eine Rolle in einem Musical. Wenn sie sie bekommt, wäre das ihr großer Durchbruch, sie könnte dann mit dem Kellnern aufhören. Sie hat sich für das Vorsprechen eine gute Passage ausgesucht, hat hart trainiert und jetzt ist ihr Blut voll Adrenalin. Sie befindet sich leistungs-/erregungsmäßig bei Punkt A ihrer Stresskurve (s. Grafik 4 auf der nächsten Seite).

Genau an diesem Punkt kommt unsere moderne Stressdefinition ins Spiel (s. Grafik 3 auf der nächsten Seite). Würde man Sally fragen, ob sie unter Stress steht, wäre die Antwort sicherlich »ja«. Und da sie davon ausgeht, dass Stress etwas Negatives ist, wird sie versuchen, sich zu entspannen, um ihren Stress zu reduzieren und das Vorsprechen zu retten.

In der Annahme, dass sie sich auf ihrer Stresskurve bereits wieder auf dem absteigenden Ast befindet, hat Sally ihre Kurve deshalb fälschlicherweise als Kurve 2 interpretiert. Deshalb beschließt sie, einen Einkaufsbummel zu machen, anstatt weiter zu proben.

Aufgrund dieser Fehlinterpretation (»Ich bin gestresst«) macht sie genau das Falsche (nämlich relaxen), womit sie wiederum genau das Gegenteil dessen erreicht, was sie eigentlich bezwecken will (ihre Leistung, das Vorsprechen, wird schlechter statt besser). In Wahrheit wäre Sally ihrem erhöhten Adrenalinspiegel durchaus gewachsen, und wenn sie mit dem Proben weitermachen würde, könnte sie ihre Leistung sogar noch weiter steigern. Mit anderen Worten: Sie befindet sich auf Kurve 1 und nicht auf Kurve 2. Würde sie ihr »Erregungsniveau« weiter steigern, könnte sie sich noch weiter in Richtung ihrer optimalen Leistung bewegen.

Doch damit nicht genug: Wenn Sally nicht aufpasst, kann aus Kurve 2 leicht auch Kurve 3 werden oder eine noch kleinere Kurve. Irgendwann wird ihre Stressresistenz so klein, dass sie selbst das Kellnern überfordert.

Aber es gibt auch positive Aspekte. Erstens: Wenn wir wissen, wo auf der Kurve wir uns befinden, können wir auch die richtigen Maßnahmen ergreifen, um unsere Leistung weiter zu steigern. Und zweitens: Anstatt unsere Stresskurve immer kürzer und kleiner zu zeichnen, können wir sie auch immer weitläufiger und größer anlegen und immer stressresistenter werden. Sally ist auf dem Weg nach Hollywood!

Willkommen im Stressclub

Der erste Schritt im Umgang mit Stress bedeutet also, herauszufinden, wo auf der Stresskurve wir uns genau befinden. Das geht leichter, wenn man die Kurve in vier Bereiche einteilt, ähnlich wie ein Club, der verschiedene Zonen mit unterschiedlichem Ambiente besitzt (s. Grafik 5 auf Seite 206). Wenn wir uns jede dieser Zonen genauer ansehen, können wir leichter feststellen, wo wir momentan stehen und wo wir hin möchten.

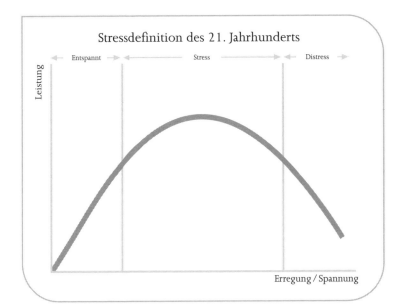

Grafik 3

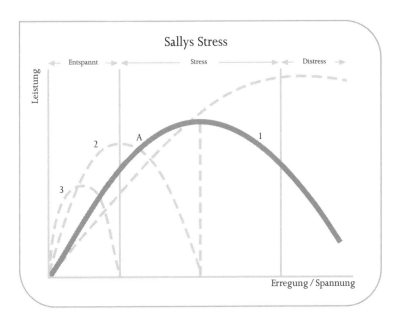

Grafik 4

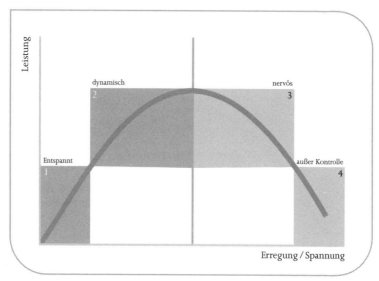

Grafik 5

1 Entspannt – In der Ruhezone

Es läuft gerade Easy Like Sunday Morning von den Commodores.

Kein Zweifel: In der Ruhezone lässt es sich hervorragend chillen. Die Musik ist angenehm, die Beleuchtung gedämpft. Die Leute reden entspannt miteinander, anstatt sich lautstark Gehör zu verschaffen. Weiche Sofas und bequeme Sessel laden zum Loungen ein. Stress und Hektik müssen draußen bleiben, alle sind entspannt, cool, gelassen und relaxt.

Wer in der Ruhezone abhängt, hat ein extrem niedriges Erregungs- oder Spannungsniveau – wenn es überhaupt vorhanden ist. Wenn die Leute hier etwas denken (was nicht unbedingt gesagt ist), dann wahrscheinlich Folgendes:

- »Ist nicht so wichtig; nicht mein Problem.«

- »Das Leben ist schön!«

- »Egal; das geht mich nix an.«

- »Ist die Welt nicht wunderbar?«

- »Don't worry, be happy! Alles wird gut.«

- »Mir ist ja sooo langweilig!«

Es gibt Menschen, die verbringen hier fast ihr ganzes Leben: James zum Beispiel, ein Teilnehmer des mindgym-Workshops »Mit Stress umgehen«. Er habe sich eigentlich noch nie gestresst gefühlt. Das Einzige, was ihn mal etwas gestresst habe, sei die Erkenntnis, dass es alle seine Arbeitskollegen weiter gebracht hätten als er.

Im Grunde ist das durchaus einleuchtend: Um sich keinem Stress auszusetzen, musste sich James die meiste Zeit in der Ruhezone aufhalten, mit dem Ergebnis, dass sein Leistungsniveau nur selten das seiner Kollegen erreicht, die mehr Zeit in Zone 2 oder 3 verbringen. Sie wissen, was Stress ist, und dass er sie zu besseren Leistungen antreiben kann, was sich in Gehaltserhöhungen oder Beförderungen niederschlägt.

Die am häufigsten ausgesprochene Empfehlung bei Stress lautet, dass die Ruhezone unsere Standardzone sein sollte. Was aber so nicht ganz stimmt. Wer wie James fast sein ganzes Leben hier verbringt, läuft Gefahr, dass es an einem vorüberzieht, ohne dass sich irgendetwas Nennenswertes bewegt. Viel besser ist es, die Ruhezone ab und an aufzusuchen, etwa im Urlaub oder am Ende eines anstrengenden Tages. Jeder muss sich irgendwann entspannen, aber dazu braucht man auch etwas, wovon man sich entspannen kann.

2 Dynamisch – In der Actionzone
Es läuft gerade *Hot Stuff* von Donna Summer.

Wenn die Ruhezone cool ist, dann ist die Actionzone heiß. Es läuft peppige, aber unaufdringliche Musik, es ist hell und alles tanzt. Ein paar gut aussehende Menschen füllen die Tanzfläche, Sie zeigen ihnen ein paar Schritte, und Sie fühlen sich bald richtig in Ihrem Element. Das könnte Ihre Nacht werden …

Erinnern Sie sich an Hans Selye und seine These vom Eustress? Das ist sein Revier. Hierher gehen wir, wenn wir uns den Dingen gewachsen fühlen, das Adrenalin durch unsere Adern strömt, wir in Topform sind und was bewegen wollen. Hier sind die Menschen zu Hause, die ihre Chance beim Schopf ergreifen und voller Ehrgeiz sind. Wer hier ist, fühlt sich so:

Actionzone?

- Angeregt oder amüsiert: »Wir haben Spaß!«

- Unruhig, nervös.

- Unter Strom/auf die Probe gestellt/bis aufs Äußerste angespannt.

- Entschlossen.

- »Jeder Augenblick zählt!«

- Selbst lange Zeitabschnitte vergehen wie im Flug.

Eine typische Besucherin dieser Zone ist die Ärztin, die sagt: »Es ödet mich an, wenn Menschen sagen, dass sie sich langweilen. Man lebt nur, wenn man sich nicht langweilt.« Sie hat Recht: Lassen Sie sich nicht von dieser Stresspanikmache einschüchtern. Es lohnt sich durchaus, die Actionzone aufzusuchen. Wer anspruchsvolle Ziele erreichen möchte, anstatt sich nur »durchzuwursteln«, muss hier viel Zeit verbringen.

3 Nervös – In der Drängelzone
Es läuft gerade Disco Inferno von The Tramps.

Auf den ersten Blick ist es hier gar nicht so anders als in der vorherigen Zone. Aber dort war die Stimmung »nur« heiß, hier fängt sie gerade an überzukochen. An der Bar herrscht ein Mordsgedränge, Sie werden dauernd angerempelt und verschütten Ihren Drink. Immer noch viel Talent auf der Tanzfläche, aber Sie versuchen, bei zu vielen Leuten Eindruck zu schinden. In der letzten Zone hat's Spaß gemacht, hier fühlen Sie sich gedrängt, gehetzt, schikaniert ...

Verbringen wir viel Zeit in Zone 2, lässt es sich kaum vermeiden, dass wir ab und zu auch in der wenig erstrebenswerten Zone 3 landen. Hier neigen wir dazu, uns zu viele Gedanken oder Sorgen zu machen. Wir betreiben Nabelschau und empfinden unsere Lage als aussichtslos, anstatt Lösungen zu finden. Hier denken die Menschen in der Regel so:

- »Ich weiß gar nicht, wo ich anfangen soll.«

- »Niemand sieht den Druck, unter dem ich stehe.«

- »Das wird in einer Katastrophe enden; es gibt keine Lösung.«

- »Hilfe, ich habe SO viel zu erledigen; wie um alles in der Welt soll ich das bloß schaffen?«

- Oder einfach nur: »Kotz!«

Die Kunst besteht darin, diese Zone möglichst selten und kurz aufzusuchen. Wie das geht, zeigen die folgenden Kapitel.

4 Außer sich – In der Todeszone

Es läuft gerade Le Freak von Chic.

Hier wird alles nur noch schlimmer. Es ist zu heiß, das Licht zu grell, die Musik zu laut und die Tanzfläche überfüllt. Sie bekommen Kopfschmerzen, und das Taxi, das Sie bestellt haben, kommt erst in zwei Stunden ...

Wo versteckt sich das Glück?

Der inzwischen emeritierte Psychologie-Professor Mihaly Csikszentmihalyi (sprich: Tschick Sent Mihaji) erforschte 30 Jahre lang, was in Menschen im Moment des höchsten Glücks vor sich geht. Er fand heraus, dass an diesem Glücksgefühl ein, zwei oder bis zu acht der folgenden Faktoren beteiligt sind:

1 Wir fühlen uns der Herausforderung gewachsen, weil wir eine Chance haben, sie auch zu erfüllen.

2 Wir sind in der Lage, uns auf unser Tun zu konzentrieren.

3 Es existieren klare Ziele.

4 Es gibt eine unmittelbare Rückmeldung.

5 Wir gehen mühelos in unserer Tätigkeit auf.

6 Wir haben das Gefühl, unsere Aktivität kontrollieren zu können.

7 Während der Aktivität vergessen wir uns und unsere Sorgen. Nach der Aktivität denken wir besser über uns.

8 Unser Zeitgefühl ist verändert.

Bei jedem dieser Faktoren empfindet der Mensch ein hohes Maß an Eustress und befindet sich eindeutig in Zone 2. Csikszentmihalyi fand auch heraus, dass man mit passivem Vergnügen – wie aus Zone 1 – ebenfalls glücklich sein kann (was seiner Meinung nach aber deutlich weniger zu Glück und Zufriedenheit beiträgt). Wo also versteckt sich das Glück? Das hängt immer auch von unserer Persönlichkeit ab – aber es befindet sich auf jeden Fall irgendwo in der linken Hälfte der Kurve.

Der Hauptunterschied zwischen Zone 3 und Zone 4 besteht darin, dass wir in Zone 3 erkennen, dass uns eine ganz bestimmte Situation beunruhigt und nervös macht. Anders als in Zone 4 wissen wir jedoch, dass diese nicht allumfassend ist und ewig dauert. In Zone 4 dagegen wird uns alles zu viel, es wächst uns über den Kopf und ein Ausweg ist nicht in Sicht. Die Lage wird so verzweifelt, dass sie sich auch auf unsere Zukunft ausdehnt – es gibt kein Entrinnen, keine Rettung!

Folgendes denken wir in dieser Zone:

- »Mein Leben ist ein einziges Chaos/eine Katastrophe.«

- »Es gibt keine Lösung.«

- »Alle haben es auf mich abgesehen/Ich bin zu nichts zu gebrauchen.«

- »Ich kann nicht mehr.«

- »Alles, was ich anfange, geht schief.«

- »Ich kann mich auf nichts konzentrieren.«

- »Selbst für die einfachsten Sachen brauche ich ewig.«

Jeder von uns war schon mal kurz in Zone 4. Doch normalerweise gibt es einen Hoffnungsschimmer am Horizont oder eine Entlastung, und wir sind schnell wieder draußen. Gefährlich wird es erst, wenn wir uns länger in Zone 4 aufhalten. Dort herrscht ein Sog, der uns immer tiefer in ein Gefühl der Hoffnungslosigkeit hineinzieht und aus dem wir uns nur noch schwer wieder befreien können.

In welcher Zone sind Sie?

Lesen Sie sich die folgenden Aussagen durch und kreuzen Sie jene an, die Ihre Gedanken oder Gefühle am besten wiedergeben.

1	Sie stecken im Stau und werden zu spät kommen. Was denken Sie?
a	Na, ein paar Minuten werden schon nichts ausmachen. Jetzt kann ich sowieso nichts mehr dran ändern.
b	Mal sehen, vielleicht gibt's ja eine andere Route. Ich ruf kurz an, um Bescheid zu geben.
c	So ein Pech. Wäre ich nur eher losgefahren!
d	Ich glaub's nicht, ich komme wirklich zu spät. Das ist ein Desaster!

 Mit Stress klarkommen

2 Eine wichtige Deadline rast auf Sie zu, und Sie haben keine Ahnung, wie Sie rechtzeitig Qualität liefern sollen.

a   Irgendwie wird's schon klappen. Davon bin ich überzeugt.

b   Das ist eine wunderbare Herausforderung – auf geht's!

c   Ich weiß gar nicht, wo ich anfangen soll.

d   Das ist unmöglich und wird in einer Katastrophe enden.

3 Jemand bittet Sie darum, etwas Dringendes zu erledigen, was zur Folge hätte, dass Sie Ihre Pläne komplett über den Haufen werfen müssen.

a   Vergessen Sie's, kommt nicht infrage.

b   Ich werde mich der Herausforderung stellen und das Kind schon schaukeln.

c   Dass Sie mir das antun – ich muss mit meinem eigenen Kram fertigwerden!

d   Jetzt reicht's aber! Ich kann das nicht auch noch erledigen.

4 Ihr Flug in den Urlaub verspätet sich, die Ferienvilla entspricht überhaupt nicht dem Foto im Katalog und es regnet.

a   Wir haben Ferien, ist doch nicht so schlimm, Hauptsache, wir amüsieren uns.

b   Das ist schlecht. Ich werde mich beim Reiseveranstalter beschweren, damit er das regelt.

c   Die Airline ist unfähig und der Reiseveranstalter ein Verbrecher. Ich bin wütend!

d   Das sind die schlimmsten Ferien meines Lebens. Wäre ich nur daheim geblieben!

5 Sie checken Ihren Kontostand. Der ist schlimmer als gedacht.

a   Was ist schon Geld? Hauptsache, ich bin gesund!

b   Ich muss das in Ordnung bringen. Ich weiß zwar noch nicht wie, aber ich muss mich sofort darum kümmern.

c   Und das, obwohl noch die ganzen Rechnungen zum Monatsende kommen; was soll ich bloß tun?

d   Alles in meinem Leben geht schief – ich bin die reinste Katastrophe!

6 Welche der folgenden Aussagen kommt Ihrer Lebensphilosophie am nächsten?

a   Das Leben ist ein Kinderspiel (auch wenn's manchmal etwas langweilig ist).

b   Mein Leben ist eine nicht abreißende Kette neuer, spannender Herausforderungen!

c   Im Moment wird mir einfach alles zu viel und ich weiß nicht, wie ich das hinkriegen soll.

d   Mein Leben ist die reinste Katastrophe.

In welcher Zone sind Sie: Die Auflösung

Überwiegend Antwort a: Zone 1 – Entspannt
Bei Menschen, die sich überwiegend in Zone 1 aufhalten, stellt sich eigentlich nur eine Frage: Sind sie glücklich, ja oder nein? Wenn ja, ist alles bestens, wobei eventuell ungeahnte Potenziale verkümmern. Wer mehr Zeit in Zone 2 verbringen möchte, sollte Herausforderungen annehmen.

Überwiegend Antwort b: Zone 2 – Dynamisch
Menschen, die sich hier tummeln, haben garantiert Stress – aber auch oft Grund zum Feiern. Ein großartiger Ort, vorausgesetzt, Sie können immer mal wieder zum Entspannen in Zone 1. Sind Sie extrem ehrgeizig und leben mehr oder weniger ständig in Zone 2, kann es vorkommen, dass Sie ab und an in Zone 3 geraten. Solange Sie sich dessen bewusst sind und dementsprechend reagieren, gibt es aber keinen Grund zur Sorge.

Überwiegend Antwort c: Zone 3 – Nervös
In dieser Zone fühlen sich Menschen die meiste Zeit negativ gestresst. Alle, die sich hier lang und oft aufhalten, sollten überdenken, wie sie ihr Leben strukturiert haben. Die Tipps und Methoden in den folgenden Kapiteln helfen, negativen Stress zu reduzieren und in Zone 2 zurückzukehren.

Überwiegend Antwort d: Zone 4 – Außer Kontrolle
Die Menschen hier leiden an ihrem negativen Stress. Sie sollten innehalten, tief durchatmen, lächeln und sich daran erinnern, wann das Leben zuletzt lebenswert war. Es kann sinnvoll sein, mal mit jemandem über die eigenen Probleme zu reden – das kann ein Familienmitglied, ein Freund oder ein Therapeut sein.

Wählen Sie Ihre Zone

Wer ist verantwortlich?

Die gute Nachricht: Derjenige, der seinen Stresspegel am besten beeinflussen kann, sind wir selbst. Wir können immer aktiv werden und etwas tun, um mit unserem Stress zu Rande zu kommen.

Allein durch dieses Wissen können wir mit Distress schon besser umgehen. Und wenn wir dieses Wissen dann auch noch mit den Strategien und Techniken der folgenden Kapitel kombinieren, wirft uns der Stress nicht mehr so schnell aus der Bahn!

(N) Negativen Stress abstellen

Fred ist auf dem Weg zur Hochzeit seines Bruders und steckt im Stau. Wenn sich da nicht bald was bewegt, wird er den Anfang der Trauzeremonie verpassen. Die Hochzeit findet im kleinen Rahmen statt, er sitzt also ziemlich tief in der Patsche. Warum hat er nur nicht den Zug genommen? Warum ist er nicht einfach eine halbe Stunde früher losgefahren? Fred fühlt sich vollkommen hilflos, und je mehr ihm dämmert, dass er an der Situation nichts ändern kann, desto ungehaltener wird er. Fred stellt sich vor, was sein Vater sagen wird, wenn er herausfindet, dass er nicht da ist – Freds Ärger verwandelt sich in Angst und die Angst wiederum in Panik.

Chris, Freds Bruder, steckt mit seinem Auto im selben Stau und zwar ungefähr 50 Meter hinter Fred. Auch er fährt zur Hochzeit, doch damit nicht genug, er soll auch noch einen Vortrag halten. Da Chris nichts an dem Verkehrsaufkommen ändern kann, beschließt er, sich vorerst keinen Kopf zu machen. Diese Zeit kann er besser nutzen. Er lehnt sich in seinem Sitz zurück und geht nochmal seinen Text durch.

Chris und Freds Halbschwester Anne steckt ebenfalls im Stau. Sie weiß nicht so recht, was sie von der Frau, die ihr Bruder heiratet, halten soll, aber sie freut sich über jeden Anlass, bei dem sie einen Hut tragen kann. Anne hing die letzten zehn Minuten an ihrem Handy, um über eine Verkehrshotline herauszufinden, wie groß der Stau ist. Sie hat auch auf der Mailbox ihrer Mutter eine Nachricht hinterlassen, um sie über ihre Lage zu informieren, woraufhin sie versuchen kann, die Trauung etwas nach hinten zu verschieben. Dann fällt ihr ein, dass Fred ja vielleicht im selben Stau steckt, also greift sie zum Handy und wählt …

Drei Menschen, ein und dieselbe Situation. Und doch drei völlig verschiedene Ansätze, wie mit Stress umgegangen wird. Die Art, wie Fred damit umgeht, besteht eigentlich darin, gar nicht damit umzugehen. Er steigert sich immer mehr in seine missliche Lage hinein, was alles nur noch schlimmer macht. Das ist weder gut für ihn, noch für sein Lenkrad, auf das er in seinem Frust immer wieder mit beiden Händen einschlägt. Chris hingegen geht ganz anders mit dem Stress um. Er ändert einfach seine Denkweise und beschließt, lieber zu entspannen, anstatt sich wegen des Staus zu stressen. Anne ihrerseits hat sich für eine lösungsorientierte Strategie entschieden. Sie tut, was ihr unter den gegebenen Umständen möglich ist.

Wir alle haben irgendwann schon mal eine dieser drei Reaktionen an den Tag gelegt. Jeder von uns ist schon mal ausgerastet wie Fred, hat sich entspannt zurückgelehnt wie Chris oder hat gehandelt wie Anne. Vermutlich haben wir dabei nicht lange nachgedacht, sondern einfach das getan, was uns damals richtig erschien.

Wenn unsere Intuition gestimmt hat – prima, ansonsten sind wir nur noch nervöser gworden. Dieses Kapitel will unsere Intuition unterstützen und Handlungsalternativen aufzeigen, wenn wir kurz davor stehen, negativ gestresst zu werden oder es schon sind.

Im Folgenden zeigen wir Ihnen neun Antistresstaktiken. Jede hat ihre Vorzüge. Je nach der Situation, um die es geht, kann die eine besser sein als die andere. Und, wie so oft, werden wir auch mehrere miteinander kombinieren müssen, um zum Ziel zu gelangen.

Diese neun Taktiken haben wir nach folgenden Gesichtspunkten grob geordnet: Den Anfang machen jene, bei denen wir lernen, eine bestimmte Situation anders zu bewerten. Am Beispiel von Chris, der sich trotz des Staus entspannt, haben wir das bereits nachvollziehen können. Die weiteren Taktiken werden zunehmend handlungsorientierter. Eines steht jedoch fest: Wenn wir diese Taktiken erst einmal beherrschen und miteinander kombinieren können, müssen wir nie mehr so sehr ausrasten wie Fred.

Unterschiedliche Arten von Stress

Im vorhergehenden Kapitel haben wir gelernt, die verschiedenen Stressarten voneinander zu unterscheiden. Hier nochmal eine kurze Zusammenfassung: Stress kann in positiven und negativen Stress unterteilt werden. Positiver Stress wird auch euphorischer Stress oder Eustress genannt. Er tritt auf, wenn wir von Adrenalin überschwemmt werden, um unsere Leistung noch weiter zu steigern. Anne aus unserer Hochzeitsszene ist ein gutes Beispiel dafür. Sie ist erregt, geschäftig und lösungsorientiert. Negativer Stress, auch Distress genannt, wirkt sich dagegen leistungsmindernd aus – und genau das ist bei Fred der Fall.

1 Situationen herunterspielen, Teil eins: Die Bedeutung minimieren

Negativer Stress tritt nicht nur dann auf, wenn wir glauben, einer Situation nicht gewachsen zu sein, sondern auch, wenn wir davon überzeugt sind, dass die Situation selbst wichtig ist. Wir können unseren Stresspegel ganz einfach dadurch senken, dass wir eine bestimmte Situation so einschätzen, dass wir ihren Ausgang weniger wichtig nehmen.

In der Realität ist leider oft genau das Gegenteil der Fall. Je mehr wir an das, was uns stresst, denken, desto mehr gewinnt es an Bedeutung. Freds Gedanken könnten sich folgendermaßen entwickeln:

Du verpasst die Hochzeit deines Bruders? Na prima, dann brauchst du dir ja in Zukunft keine Sorgen mehr wegen Verspätungen bei Familientreffen zu machen: Du wirst sowieso nie mehr eingeladen! Das Testament deines Vaters? Vergiss es: Er wird dir höchstens seine Uhr vermachen, um dich daran zu erinnern, was für ein Idiot du warst ...

Solche sich verselbstständigenden Gedanken nennt man Katastrophenfantasien. Und jeder von uns hat sie, wenn wir so spät dran sind wie Fred oder uns kurz vor dem Einschlafen (was uns dann bestimmt nicht gelingt) über die Besprechung am nächsten Morgen den Kopf zerbrechen.

Und das können Sie dagegen tun: Als Erstes vergegenwärtigen Sie sich bitte, dass eine Katastrophenfantasie zwar katastrophal klingen kann, aber eben immer noch eine Fantasie ist. Also weg damit! Wenn es Ihnen gelingt, innezuhalten und sich selbst dabei zuzuhören, werden Sie sehen, wie lächerlich das ist. Zweitens: Anstatt sich den schlimmstmöglichen Ausgang in schillernden Farben auszumalen, können Sie genau das Gegenteil tun: Stellen Sie sich den bestmöglichen Ausgang für diese Situation vor!

Fred könnte aber auch Folgendes denken:

Ich komme zu spät zur Hochzeit. Aber ich werde nicht der Erste und auch nicht der Letzte sein, der zu spät kommt. Es liegt bei den anderen, ob sie ohne mich anfangen oder nicht. Mein Bruder wird sich zwar über mich ärgern, aber er bleibt trotzdem immer noch mein Bruder. Er weiß, dass es mir wichtig ist, an seiner Hochzeit teilzunehmen, und er wird mir verzeihen. Und wenn er mir nicht nachsieht, dass ich ein paar Minuten zu spät komme, dann ist das eben sein Problem und nicht meines. Ich weiß, dass ich alles, was in meiner Macht steht, getan habe. Wenn das das Schlimmste ist, was ich ihm je angetan habe, zeigt das nur, wie gut unser Verhältnis eigentlich ist.

Fred könnte sich also den ganzen Stress sparen, wenn er die Situation weniger ernst nähme und dem möglichen Zuspätkommen um ein paar Minuten keine solche (eingebildete) Wichtigkeit beimessen würde.

(Mehr Katastrophenfantasien finden Sie im Kapitel »Neu anfangen«.)

Es kommt darauf an, wie man die Dinge sieht – und wie man sie besser nicht sieht

Die meisten von uns stresst allein schon die Vorstellung, Fallschirmspringen zu gehen. Für eine Skydiving-Lehrerin dagegen, die bereits ihren 300. Sprung macht, ist diese Situation mit Sicherheit gar nicht mit Stress verbunden.

Die Psychologen Richard Lazarus und Susan Folkman stellten die These auf, dass die Art und Weise, wie wir eine Situation sehen, denselben Einfluss auf unseren Stresspegel hat wie die Situation selbst. Diesen Ansatz bezeichneten die beiden Forscher als kognitive Einschätzung.

Den größten Einfluss darauf, wie viel Stress wir empfinden, haben Faktoren wie persönliche Überzeugungen (zum Beispiel dass es gefährlich ist, aus einem Flugzeug zu springen) und situationsbedingte Faktoren, etwa wie vertraut oder berechenbar eine Situation ist (erster vs. 300. Sprung).

Daher bleibt in identischen Situationen der eine komplett ruhig, während der andere in höchstem Maße negativen Stress empfindet.

Der Vorzug dieser Theorie besteht darin, dass wir unseren Stresspegel allein dadurch beeinflussen können, dass wir eine bestimmte Situation anders bewerten.

2 Situationen herunterspielen, Teil zwei: Die Wahrscheinlichkeit reduzieren

In dem Maß, wie wir die Bedeutung einer Situation übertreiben, übertreiben wir auch die Wahrscheinlichkeit, dass sie sich tatsächlich so negativ darstellt, wie wir vermuten.

Marie, eine Teilnehmerin des *mindgym*-Workshops »Mit Stress umgehen«, erzählte uns eine Horrorstory über den Versand eines Firmennewsletters. Als er frisch aus der Druckerei kam, entdeckte Marie, dass die Grafiken spiegelverkehrt abgebildet waren. Anstatt den Erfolg eines Projekts zu veranschaulichen, illustrierten sie jetzt seinen Misserfolg.

Voller Panik bot Marie an, den Newsletter auf eigene Kosten nochmal drucken zu lassen. Aber anstatt sie nach ihrer Bankverbindung zu fragen, zuckte ihr Chef nur mit den Achseln und sagte, sie solle sich keine Gedanken machen. »Mal ganz ehrlich«, fuhr er fort, »Ich weiß nicht mal, wie viele Leute das überhaupt merken.« Er hatte Recht: Von den 20000 Empfängern des Newsletters fragte keiner bei der Firma nach.

Natürlich hatte Marie Recht, dass es extrem dramatisch wäre, wenn alle dächten, das Projekt sei in den Sand gesetzt worden (die Folgen sind wichtig). Aber ihre Annahme, dass jeder den Fehler bemerken würde, war falsch (die Wahrscheinlichkeit, dass es zu diesen Folgen kommt, sind auch wichtig).

Wenn Sie die Wahrscheinlichkeit, dass eine bestimmte Situation negative Folgen haben wird, herunterspielen, haben Sie eine ausgezeichnete Antistresstaktik in der Hand.

3 »Reframing«: Die Situation anders sehen

Stellen Sie sich vor, jemand möchte sein Haus vermieten, findet aber keine Mieter, weil die Zimmer zu klein sind. Um die Räume größer und schöner erscheinen zu lassen, streicht der Besitzer die Wände der Zimmer in einer helleren Farbe und mistet gründlich aus. Dasselbe können wir in stressigen Situationen auch tun: Die schüchtern uns wesentlich weniger ein, wenn wir sie einmal in einem neuen Licht betrachten.

Ein Beispiel: Sie bereiten einen Städtetrip nach Rom vor, aber alles geht schief. Die billigen Flugtickets, die Sie im Internet entdeckt, aber leider nicht sofort gekauft haben, kosten jetzt doppelt so viel. Das Hotel, das Ihr Reiseführer empfiehlt, ist ausgebucht. Ihre Nachbarn sind gerade aus Italien zurück und stöhnen über ihren furchtbaren Urlaub. Ein guter Freund lädt Sie zu seiner Geburtstagsparty ein – natürlich findet das Fest genau dann statt, wenn Sie in Rom sein wollen. Sie dachten schon, dass jetzt wirklich nichts mehr schieflaufen kann? Na ja, als Sie in Ihren Ausweis schauen, merken Sie, dass er in drei Wochen ausläuft.

Ihr erster Impuls ist der, den ganzen Urlaub einfach sausen zu lassen: Alles wird viel zu stressig und scheint sich gegen Sie verschworen zu haben. Aber wenn Sie die Situation in einem neuen Licht betrachten, sieht alles gleich viel besser (und weniger stressig) aus.

Es gibt keine billigen Tickets mehr? Nun gut, die normalen sind deutlich teurer, aber dafür landen Sie auf einem Flughafen in Stadtnähe und nicht eine Stunde davon entfernt. Das Hotel ist ausgebucht? Dann übernachten Sie eben in einem anderen, unbekannteren Hotel, das sicherlich weniger überfüllt sein wird. Die Nachbarn mit dem furchtbaren Urlaub? Lassen Sie sich schildern, wo Sie besser nicht hingehen. Der gute Freund und seine Geburtstagseinladung? Sie können mit ihm ein anderes Mal etwas allein unternehmen und müssen nicht den ganzen Abend lang seine nervige Schwester ertragen. Der Ausweis läuft aus? Endlich einmal eine Gelegenheit, dieses schreckliche Passfoto loszuwerden, mit dem Sie Ihre Mutter immer aufzieht.

Der Terminus technicus dafür, eine Situation in einem ganz neuen Licht zu sehen heißt »Reframing« (englisch für »neu rahmen«) – die äußeren Umstände bekommen gewissermaßen einen neuen (Bedeutungs)rahmen:

Anstatt nur die Probleme zu sehen, konzentrieren wir uns lieber auf das Gute daran. Hier noch zwei Beispiele: Der beste Torschütze eines Fußballteams bricht sich vor einem wichtigen Spiel das Bein. Das kann man natürlich beklagen oder aber darin eine Chance für einen anderen Spieler sehen, der jetzt endlich mal zeigen kann, was er so drauf hat. Oder aber Sie stellen sich jemanden vor, der durch eine Umstrukturierung seinen Job verloren hat: Mit den drei Monatsgehältern Abfindung hat er jetzt endlich die Möglichkeit, die Reisen zu machen, von denen er all die Jahre gesprochen hat.

Und so funktioniert das »Reframing«

Herkömmliche Einstellung	Neue Einstellung
Ich hab so viel zu tun, ich kann das unmöglich alles erledigen.	Ich hab so viel zu tun, weil es so viel gibt, das ich gut kann. Toll, dass ich diese Chance bekomme, den anderen zu zeigen, was in mir steckt.
Warum treffe ich mit meinen Änderungen nur auf Widerstand?	Die besten Änderungen stoßen anfangs alle auf Widerstand; wenn ich die Skeptiker überzeugen kann, bin ich auf dem richtigen Weg.
Ich gebe ja wirklich mein Bestes, sehe aber keine Fortschritte – ich glaube, ich geb's auf.	Nachdem ich viele Möglichkeiten ausgeschlossen habe, weiß ich, was ich nicht tun werde. Umso wahrscheinlicher werde ich mit meiner jetzigen Strategie Erfolg haben.
Ich krieg den Urlaub nie genehmigt.	Wenn ich es mal schaffe, doch Urlaub zu bekommen, dann werde ich ihn umso mehr genießen, weil ich weiß, wie schwierig es war, ihn zu kriegen.

4 Feiern

Fühlen wir uns gestresst, fühlen wir uns meist auch mut- und lustlos. Wenn Sie in dieser Situation an all das Gute in Ihrem Leben denken, kommen Sie schneller darüber hinweg.

Sie wollten ein Haus kaufen, aber Ihr Angebot wurde überboten? Was ist derzeit positiv in Ihrem Leben? Nehmen Sie einen Zettel zur Hand und schreiben Sie alles auf. Gute Freunde? Eine interessante Arbeit? Ein schönes Auto? Sie sind verliebt? Sie haben neulich einen guten Film gesehen? Sie haben genügend Geld, um ein neues Haus zu kaufen? Vermutlich wird Ihre Liste länger, als Sie gedacht haben. Wenn Sie an die positiven Dinge in Ihrem Leben denken, ziehen Sie Ihre Aufmerksamkeit vom negativen Stress ab. Das tut Ihnen zusätzlich gut, und Sie fühlen sich besser.

Und wenn alles nach Plan läuft, feiern Sie das auch! Klopfen Sie sich ruhig mal selbst auf die Schultern, anstatt die Aufgabe einfach nur abzuhaken und sich Sorgen um die nächste Herausforderung zu machen. Das hebt Ihren Energiepegel merklich an und versorgt Sie mit dem notwendigen Eustress.

Reservieren Sie nach einem anstrengenden Tag ein paar Minuten dafür, um noch einmal Revue passieren zu lassen, was Sie heute alles erreicht haben, anstatt bereits wieder an morgen zu denken. Das senkt nicht nur Ihren Angstpegel, sondern lässt Sie auch besser schlafen.

5 Vorhandene Energien sinnvoll nutzen

Wenn Ihnen die bisher genannten Stresstaktiken noch nicht ausreichen, stellen Sie sich doch mal folgende Frage: »Hilft es mir irgendwie weiter, wenn ich mir um diese Angelegenheit Sorgen mache? Kann ich meine Energie nicht sinnvoller nutzen?«

Jeder von uns hat nur ein bestimmtes Quantum an Energie und muss damit auskommen. Wenn wir diese Energie dazu verwenden, uns ständig Sorgen zu machen, bleibt nicht mehr viel übrig, um die Dinge anzugehen, um die wir uns Sorgen machen. Wenn wir uns diese Energie für ein effektives Handeln aufsparen, werden wir die Probleme schneller geklärt haben und uns dementsprechend besser fühlen.

6 Eine Pause einlegen

Manchmal ist eine Pause oder eine kleine Flucht das beste Mittel, sich vor einem Übermaß an Stress zu schützen. Sie können räumlich Abstand gewinnen, indem Sie beispielsweise einen Spaziergang machen und gleichzeitig etwas frische Luft tanken. Beides hilft uns, die Dinge neu zu bewerten. Sie können aber auch eine (Denk)pause einlegen, zum Beispiel, indem Sie sich fest vornehmen, sich eine Zeit lang nicht mit dem Problem zu beschäftigen. Oder aber Sie nehmen sich eine echte Auszeit: Gönnen Sie sich einen freien Abend, gehen Sie ins Kino, essen, tanzen und entspannen Sie sich. Oft sieht danach alles schon ganz anders aus.

Doch Vorsicht vor allzu langen Pausen! Das kann gefährlich werden, weil sich die Stressursachen währenddessen vervielfältigen können.

7 Freunde um Hilfe bitten

Mit jemandem über seine Sorgen sprechen ist manchmal die beste Taktik, um mit Stress umzugehen. Geteiltes Leid ist halbes Leid! Denken Sie aber stets daran, dass keiner von Ihren Freunden oder Kollegen hellsehen kann. Wir müssen sie schon ausdrücklich um Unterstützung bitten, wenn wir wirklich etwas von ihrer Hilfe haben wollen. Freunde oder Kollegen können Ihnen helfen, indem sie ...

Leider falsch verbunden

- ... Ihnen zuhören und Verständnis zeigen – »Das hat er dir an den Kopf geworfen? Kein Wunder, dass du dich elend fühlst. Die haben doch keine Ahnung, was für ein Glück sie mit dir haben ...«

- ... unsere Interpretation der Situation infrage stellen – »Bist du dir wirklich sicher, dass er das so gemeint hat? E-Mails klingen mit ihren knappen Formulierungen häufig viel aggressiver, als sie vom Verfasser eigentlich beabsichtigt sind.«

- ... Ihnen Ihre Unterstützung anbieten – »Soll ich ihn fragen, ob er nachher mit uns ein Bier trinken geht? Vielleicht glättet das ja die Wogen.«

- ... Ihnen bei der Lösungsfindung helfen – »Jetzt lass uns mal sehen, ob wir zu zweit nicht auf ein paar Alternativen kommen.«

- ... tatsächlich etwas für uns tun – »Ich entwerfe ein paar Plakate und hänge sie in der Nachbarschaft auf. Hört euer Hund noch auf was anderes als auf Lotta?«

- ... Sie finanziell unterstützen – »Ich habe das Geld im Moment übrig und bezahle dir die Reinigung wegen dem Rotweinfleck. Du kannst mir das Geld ja irgendwann zurückgeben und er muss nie etwas davon erfahren.«

Scheuen Sie sich nicht, um Hilfe zu bitten, dafür sind Freunde schließlich da (unter anderem, natürlich).

8 Die richtigen Fragen stellen und entsprechend handeln

Im Fall von negativem Stress stellen wir uns häufig einfach die falschen Fragen, wenn wir überhaupt welche stellen. Indem wir die richtigen Fragen stellen, können wir zu den eigentlichen Gründen für unseren negativen Stress vordringen. Und wenn wir die erst einmal kennen, können wir auch die entsprechenden Gegenmaßnahmen ergreifen, um den negativen Stress abzuschalten.

Aber wie lauten die richtigen Fragen? Mit Sicherheit nicht so: »Wie konnte ich nur so blöd sein?« »Wie bin ich bloß auf die Idee gekommen, ich könnte der Situation gewachsen sein?« Stellen Sie sich stattdessen lieber ehrliche und offene Fragen, die eventuell auch schon Lösungsansätze enthalten:

- Was ist der eigentliche Grund für meinen Stress? Dass ich die Hochzeit verpasse (und nicht, dass ich mich ein paar Minuten verspäte).

- Was könnte ich tun, um die Folgen der Situation abzumildern? Anrufen und versuchen zu erreichen, dass die Hochzeit verschoben wird.

- Welche anderen Möglichkeiten habe ich, meinem negativen Stress entgegenzuwirken? Die Straßenkarte studieren und nachsehen, ob ich an der nächsten Kreuzung abbiegen und eine andere Route nehmen kann.

- Was kann ich tun, um meine Chancen zu verbessern? Die Verkehrshotline anrufen und herausfinden, was den Stau verursacht und wie lang ich voraussichtlich noch feststecken werde.

- Wie können andere helfen? Während ich mit der Verkehrshotline telefoniere, könnte jemand, der schon bei der Hochzeit ist, den Pfarrer informieren, dass sicher noch andere Leute zu spät kommen werden.

- Was werde ich tun und in welcher Reihenfolge? Erst die Verkehrshotline anrufen, um zu erfahren, um wie viel ich mich vermutlich verspäten werde. Dann meinen Vater anrufen, ihm die Lage erklären und herausfinden, ob eine Möglichkeit besteht, die Hochzeit zu verschieben. Fred und Chris anrufen, ob sie in derselben Klemme stecken.

Bei unserem Hochzeitsbeispiel entdeckt Anne einen dieser positiven Kreisläufe, wie man am besten mit Stress umgeht. Sie wird aktiv und bleibt dadurch ruhig, und indem sie ruhig bleibt, bekommt sie Dinge auch tatsächlich erledigt. Das ist sehr clever von Anne. Noch cleverer wäre sie, wenn sie sich nach der Hochzeit auch noch die nächsten zwei Fragen stellen würde.

- Wie wahrscheinlich ist es, dass sich diese Stressursache (oder eine ähnliche) wiederholt?

- Wenn ja, wie kann ich mich darauf vorbereiten?

Indem wir aus unseren Erfahrungen lernen, bauen wir unser eigenes Stressimmunsystem auf, wodurch wir bei künftigem Stress besser dagegen gewappnet sind.

9 Den Stier bei den Hörnern packen

Druck, den andere auf uns ausüben, können wir hinnehmen oder nicht. Manchmal können wir den empfundenen negativen Stress am besten reduzieren, wenn wir das Thema direkt ansprechen: »Ich weiß, dass der Vorschlag, uns heute Nachmittag zu treffen, von mir kam. Aber ich habe jetzt leider keine Zeit mehr.« Wenn wir das tun, stellen wir oft fest, dass die Lage gar nicht so schlimm ist, wie wir zuerst dachten.

Diese Strategie hilft fast immer im Verhältnis zu Vorgesetzten. Weil wir vor unserem Chef oder unserer Chefin nicht schwach wirken möchten, tun wir oft so, als ob nichts wäre. Dabei es ist viel klüger, ihn oder sie wissen zu lassen, was wir empfinden: In neun von zehn Fällen werden uns Chefs für unsere Ehrlichkeit mehr Respekt entgegenbringen.

Die neun Antistresstaktiken zu einer erfolgreichen Strategie kombinieren

Im Folgenden finden Sie noch mal alle neun Taktiken, wie Sie mit Stress umgehen können:

1 Die Bedeutung minimieren

2 Die Wahrscheinlichkeit reduzieren

3 »Reframing« – die Situation anders sehen

4 Feiern

5 Meine Energie sinnvoll nutzen

6 Pause machen

7 Freunde um Hilfe bitten

8 Die richtigen Fragen stellen

9 Den Stier bei den Hörnern packen

Die Antistresstaktiken eins bis sieben sind gefühls- oder bewertungsorientierte Strategien. Die Taktiken acht und neun dagegen wirken dadurch, dass wir aktiv werden. Dabei handelt es sich um lösungsorientierte Strategien. Meist ist erst die richtige Mischung effektiv. Stellen Sie sich folgende Situation vor:

Da ist ein Brief von der Bank, den ich eine Woche lang nicht geöffnet habe. Als ich ihn doch öffne, traue ich meinen Augen kaum: Ich weiß, dass ich eine Menge per Kreditkarte bezahlt habe, aber das kann unmöglich stimmen. Was soll ich nur tun? Sie werden mir die Karte und mein Konto sperren. Ich werde meine Hypothek nicht weiter abzahlen können, die Bank wird meine Wohnung beschlagnahmen und ich werde einen Offenbarungseid leisten müssen.

Das ist also die Lage. Die Frage lautet: Wie geht man am besten damit um? Welche der neun Taktiken sind hier angezeigt?

Als Erstes muss ich aufhören, in Panik zu verfallen. Also beschließe ich folgende Schritte:

- Die Situation herunterspielen, die Bedeutung minimieren
  Jetzt mal ganz realistisch: Von der Wohnungsenteignung bin ich noch meilenweit entfernt. Schlimmstenfalls bekomme ich am Geldautomaten eine Woche lang kein Geld mehr. Zur Not habe ich noch meine anderen Kreditkarten.

- Feiern
  So schlimm ist es gar nicht. Ich habe einen sicheren Job, bin gesund und komme gerade aus einem super Urlaub.

- »Reframing«
  Als ich mit der Uni fertig war, war ich auch bis über beide Ohren verschuldet und habe alles zurückbezahlt. Das gelingt mir auch ein zweites Mal.

- Pause machen
  Jetzt geh ich erst mal zum Sport und versuche, mich beim Aerobic total zu entspannen und erst danach wieder an meine Schulden zu denken.

- Die richtigen Fragen stellen
  Was ist der eigentliche Grund, warum mich das so stresst? Kurzfristig werde ich beim Weggehen keine Runden mehr ausgeben können; mittelfristig werde ich meine Hypothek nicht bezahlen können und langfristig enteignet werden.
  Wie kann ich meine Ausgaben reduzieren? Ich könnte in den nächsten Tagen nicht ausgehen oder mein Premiere-Abo nicht verlängern.
  Wie kann ich meine Einnahmen steigern? Ich habe ein Zimmer übrig, das könnte ich vermieten, wenn's eng wird. Hab ich nicht auch noch ein paar Blue-Chip-Fonds? Von denen könnte ich ein paar verkaufen.

Wie halte ich mir die Bank vom Leib? Am besten schreibe ich ihnen und schildere, was ich tun werde, um die Situation zu bereinigen.

- Freunde um Hilfe bitten
  Ich rufe Thomas an. Seine Frau arbeitet bei einer Bank und weiß vielleicht, wie diese ganzen Geschichten funktionieren.

Das sind nur einige von vielen möglichen Strategien, die man in dieser Situation einsetzen könnte. Aber eines wird jetzt schon klar: Jede einzelne Antistresstaktik funktioniert hervorragend, aber wenn man sie dann noch miteinander kombiniert, sind sie praktisch unschlagbar!

Früherkennung

Dieses Kapitel bietet zahlreiche Taktiken und Strategien, wie wir mit Situationen umgehen können, in denen ein durchaus beträchtlicher Stresspegel herrscht. Wir können aber auch schon etwas unternehmen, bevor es überhaupt zu Stress kommt. Es gibt mehrere Alarmsignale, die uns sagen, dass Stress im Anmarsch ist. Wenn wir diese Zeichen wahrnehmen und richtig deuten können, sind wir auch in der Lage, Präventivmaßnahmen zu ergreifen. Es gibt zwei Arten von Alarmsignalen: Die einen erkennen wir selbst, die anderen nimmt unsere Umwelt wahr.

Stressfrüherkennung durch Selbstbeobachtung

Meine Schultern verspannen sich. Ich kann keine Minute mehr still sitzen. Ich setze den Wasserkessel auf, ohne Tee zu machen. Ich kaue am Bleistift, bis er genauso mitgenommen aussieht wie ich …

Unabhängig davon, welche Eigenheiten wir bei Stress entwickeln, können wir lernen, sie bewusster wahrzunehmen. Dann sollten wir eine kleine Pause einlegen, über unsere Situation nachdenken und die notwendigen Schritte unternehmen, bevor der negative Stress einsetzt.

Stressfrüherkennung durch andere

Wir alle kennen Verhaltensweisen unseres Partners, unserer Kollegen oder Kinder, die einer heftigen emotionalen Reaktion vorausgehen und können sie entsprechend deuten. Dasselbe gilt umgekehrt natürlich auch, und das sollten wir uns zunutze machen, indem wir auf unser persönliches Umfeld hören. Am besten kann uns jemand warnen, der uns sehr gut kennt und weiß, wie wir uns verhalten, wenn wir kurz davor stehen, in einen bedenklichen, negativen Stresszustand zu geraten. Bitten Sie diesen Menschen freundlich, Sie darauf hinzuweisen – viele trauen sich das nämlich nicht, denn schließlich kann genau so ein Hinweis der Tropfen sein, der das Fass zum Überlaufen bringt, etwa wenn man Sie sanft am Ärmel zupft und flüstert: »Vorsicht, ich glaube, du vergisst dich gleich!« Am meisten haben Sie von diesen externen Hinweisen, wenn Sie bestimmte Zeichen verabreden, mit denen Ihnen die anderen zeigen, dass Sie kurz davor stehen, auszuflippen. Dieses Zeichen kann eine Nackenmassage sein oder die Zubereitung einer Tasse Tee – Hauptsache, es ruft keine Überreaktion hervor!

Workouts

NACHMACHEN

Wenden Sie eher gefühls- oder bewertungsorientierte (Taktik 1–7) oder lösungsorientierte (Taktik 8 und 9) Antistresstaktiken an? Finden Sie durch Bewerten folgender Aussagen heraus, wie Sie sich in bestimmten Situationen bevorzugt verhalten.

Denken Sie an eine stressige Situation im letzten Monat. Wie sind Sie damit umgegangen? Kringeln Sie die zutreffende Ziffer ein. Den Ziffern haben wir folgende Bedeutung zugewiesen:

Überhaupt nicht	1
Ein wenig	2
Ja, ganz sicher	3
Ja, sehr häufig sogar	4
Ja, das war sogar der Hauptbestandteil meiner Reaktion	5

1	Was ich in dieser Situation empfand, habe ich Freunden und/oder näher stehenden Kollegen mitgeteilt.	1 2 3 4 5
2	Ich habe versucht, das Positive an dieser Situation zu sehen.	1 2 3 4 5
3	Ich habe mich daran erinnert, dass ich schon mit ganz ähnlichen Situationen fertig geworden bin. Dadurch gewann ich Selbstvertrauen.	1 2 3 4 5
4	Ich bin so vorgegangen, wie das schon mal für mich funktioniert hat.	1 2 3 4 5
5	Ich habe meine Sicht der Situation infrage gestellt, um zu einer realistischen Einschätzung der Lage zu kommen.	1 2 3 4 5
6	Ich habe versucht, meine Gefühle außen vor zu lassen.	1 2 3 4 5
7	Ich fand heraus, was ich tun musste, um das Beste aus dieser Situation zu machen.	1 2 3 4 5
8	Ich habe verschiedene Dinge getan, um meine Situation zu verbessern.	1 2 3 4 5

9	Durch Essen, Trinken, Spazierengehen oder Ähnliches habe ich erst mal versucht, mich abzulenken und zu entspannen.	1 2 3 4 5
10	Ich habe mit jemandem über das Problem geredet, in der Hoffnung, dass mir derjenige helfen kann.	1 2 3 4 5
11	Ich bin optimistisch an die Situation herangegangen.	1 2 3 4 5
12	Ich dachte an all die positiven Dinge in meinem Leben.	1 2 3 4 5
13	Ich habe um Rat gebeten, wie ich mit der Situation umgehen soll.	1 2 3 4 5
14	Ich habe das Problem in leichter zu handhabende Aufgaben unterteilt.	1 2 3 4 5
15	Ich habe beschlossen, dass die Situation doch nicht so schlimm ist, wie anfangs angenommen.	1 2 3 4 5
16	Ich wusste, was ich zu tun hatte, und verdoppelte meine Anstrengungen, um die Dinge voranzutreiben.	1 2 3 4 5
17	Ich ließ es darauf ankommen und tat etwas Riskantes.	1 2 3 4 5
18	Ich ging zu jemandem, der auch in diese Situation verwickelt war, und stellte einige seiner Annahmen infrage, zum Beispiel, was zu tun sei und wann.	1 2 3 4 5
19	Ich betrachtete die Situation in einem neuen Licht und fühlte mich dadurch besser und freier.	1 2 3 4 5
20	Ich reagierte sofort und tat einige relativ einfache Dinge, die die Lage entspannten.	1 2 3 4 5

Auswertung
Zählen Sie die eingekringelten Ziffern entsprechend der unten stehenden Tabelle zusammen:

	Nummer der Aussagen	Summe
lösungsorientiert	4, 7, 8, 10, 13, 14, 16, 17, 18, 20	L =
gefühlsorientiert	1, 2, 3, 5, 6, 9, 11, 12, 15, 19	G =
Differenz zwischen L und G	L-G oder G-L (je nachdem, welche Summe größer ist)	

Je nachdem, welche Summe höher ist, gehen Sie mit Stress eher lösungs- (L) oder gefühlsorientiert (G) um. Für die Testauswertung auf der nächsten Seite ist nur die höhere Summe relevant. Sie gibt an, in welcher senkrechten Tabellenspalte das auf Sie zutreffende Ergebnis steht.
Die errechnete Differenz zwischen L und G bestimmt dagegen, in welche waagrechte Tabellenspalte Sie gehen müssen. Je nachdem, ob Sie bei L oder G mehr Punkte hatten, gilt für Sie das Ergebnis L oder G.
Beträgt die Differenz 5 oder weniger, finden Sie Ihr Ergebnis innerhalb der ersten waagrechten Spalte, und zwar unter der für Sie zutreffenden Summe.
Beträgt die Differenz 6–30, steht Ihr Ergebnis hinter dem Buchstaben L oder G.
Haben Sie dagegen eine Differenz von mehr als 30 erzielt, müssen Sie unter der für Sie zutreffenden senkrechten Spalte nachlesen.

Und jetzt suchen Sie »Ihr« Ergebnis auf der nächsten Seite! Aber denken Sie daran, dass es nur für die Situation gilt, die Sie während des Tests im Kopf hatten. In anderen Fällen kann es ganz anders ausfallen.

	höhere Summe 10–20	21–35	36–50
Differenz zwischen L und G			
5 oder weniger	Sie scheinen nicht gerade viel gegen den Stress, den Sie in der bewussten Situation empfinden, zu unternehmen. Es gibt viel mehr Möglichkeiten, und es lohnt sich, diese in Erwägung zu ziehen, wenn Sie das nächste Mal Stress empfinden.	Sehr gut. Sie nutzen beide Arten von Antistresstaktiken etwa gleich stark. Wenn das den negativen Stress abbaut, müssen Sie auch nichts ändern. Fühlen Sie sich dennoch zu gestresst, probieren Sie doch mal ein paar andere Taktiken aus.	Gut gemacht. Sie setzen nicht nur die ganze Bandbreite an Antistresstaktiken ein, sondern kombinieren beide Arten auch noch geschickt miteinander, um gegen extremen Stress vorzugehen. Das ist normalerweise der wirksamste Ansatz. Weiter so!
6–30	G: Die Situation anders zu sehen hilft, ersetzt aber nicht das notwendige Handeln. Sie lösen das Problem damit nur kurzfristig, früher oder später wird es in dieser oder einer anderen Form wieder auftreten. Versuchen Sie, den eigentlichen Grund dafür herauszufinden, und entscheiden Sie dann, was Sie tatsächlich unternehmen können, um die Lage zu bessern. L: Ihr Problem ist sehr wahrscheinlich emotionaler Natur. Das Handling Ihrer Gefühle (und die der Menschen um Sie herum) hat denselben Stellenwert wie das Ergreifen konkreter Lösungsansätze. Es ist sehr wahrscheinlich, dass Sie effektive Taktiken gar nicht einsetzen, die Ihnen die Situation erleichtern könnten. Überlegen Sie nochmal, in welchem Licht Sie die bewusste Situation sehen.		
mehr als 30	Ergebnis nicht möglich.	Wenn es Ihnen schwer fällt, mit großem Stress umzugehen, kann das daran liegen, dass Sie praktisch nur eine Art von Antistresstaktiken einsetzen und die andere gar nicht. Doch beide haben ihre Vorteile. Versuchen Sie also, den Typ Taktik, bei der Sie die niedrigste Punktzahl haben, verstärkt einzusetzen. Weitere Details über »Ihre« Antistresstaktik entnehmen Sie bitte L oder G im Kästchen darüber.	Sie unternehmen eine ganze Menge gegen großen Stress. Doch Vorsicht! Sie neigen dazu, sich ausschließlich auf einen Taktiktyp zu verlassen, weil er Ihnen am meisten liegt. Sie sollten trotzdem versuchen, beide zum Einsatz zu bringen. Nehmen Sie den Typ Antistresstaktik mit der niedrigeren Punktzahl und überlegen Sie, wie Sie ihn häufiger einsetzen können.

ⓞ Tief durchatmen

Jeder Mensch atmet. Sonst wären wir nicht hier. Hinter dieser recht banalen Feststellung verbirgt sich jedoch eine faszinierende Wahrheit: Alle Menschen atmen, aber nur wenige so gut, wie sie eigentlich könnten. Forschungsergebnisse zeigen, dass ungeborene Babys viel besser atmen als Erwachsene. Am besten atmen wir, wenn wir uns dessen am wenigsten bewusst sind – wenn wir schlafen.

Zu lernen, besser zu atmen, ist eine fantastische Methode, mit Stress umzugehen. Atmen macht nicht so dick wie eine Tafel Schokolade, beschert uns keinen Kater wie eine Flasche Wein, strengt nicht so an wie eine Stunde im Fitness-Studio und ist definitiv billiger als ein Nachmittag Frustshopping. Es kostet nichts, ist leicht zu lernen und wir können es jederzeit anwenden, wenn uns alles über den Kopf zu wachsen droht.

Denken Sie an den alten Spruch »Erst mal tief durchatmen und langsam bis zehn zählen«. Das heißt nichts anderes, als erst mal eine kurze Pause einzulegen, bevor wir etwas tun, das wir vielleicht später bereuen. Was leider oft vergessen wird, ist das »tief durchatmen«.

In diesem Kapitel erfahren wir alles über die verschiedenen Möglichkeiten zu atmen und lernen, wie wir die Atmung einsetzen können, um uns gezielt zu entspannen.

Frische Luft

Sind wir negativem Stress, also Distress, ausgesetzt, dann herrscht die so genannte Brustatmung vor. Wie der Name schon sagt, ist die Atmung auf den Brustbereich beschränkt. Die Atmung wird flach, unregelmäßig und hastig. Weniger Luft gelangt in die Lungenflügel, was wiederum zu einem beschleunigten Puls und Muskelverspannungen führt.

Außer bei negativem Stress tendieren wir auch zur Brustatmung, wenn wir uns nicht bewegen. Unser Bürodasein – am Schreibtisch sitzen, am Computer arbeiten – lässt uns eine Haltung einnehmen, die uns quasi zur Brustatmung zwingt. Büroarbeit begünstigt also eine Art zu atmen, die stressfördernd ist, anstatt entspannend zu wirken.

Die positive Alternative dazu ist die Zwerchfellatmung. Hier liegt der Atmungsschwerpunkt nicht im Brustraum, sondern auf unserem Zwerchfell – eine Membran, die unsere Lunge vom Verdauungsapparat trennt. Diese Membran ist normalerweise recht straff gespannt und dehnt sich beim Einatmen aus. Indem sie sich entspannt und sanft in ihre ursprüngliche Position zurückkehrt, hilft sie uns beim Ausatmen.

Im Gegensatz zur flachen, unregelmäßigen und schnellen Brustatmung ist die Zwerchfellatmung tief, gleichmäßig und locker. Sie macht unser Atmungssystem sehr effektiv, weil sie dafür sorgt, dass der gesamte Sauerstoff ins Blut gelangt, was wiederum Abfallprodukte wie Kohlendioxid beseitigen hilft. Während die Brustatmung zu einem beschleunigten Puls und Muskelverspannungen führt, senkt die Zwerchfellatmung unsere Herzfrequenz und bringt den Blutdruck auf ein normales Niveau.

Atmen: Grundwissen

Unsere Aufgabe besteht darin zu lernen, wie man mit dem Zwerchfell atmet (und es nicht mehr zu vergessen). Das versetzt uns in einen Zustand, der mehr mit Entspannung als mit Stress zu tun hat. Der erste Schritt ist der, dass wir unsere Atmung beobachten.

Legen Sie sich auf den Boden oder setzen Sie sich in einer entspannten Haltung auf einen Stuhl, die Beine nicht übereinanderschlagen, die Arme hängen seitlich locker herab. Legen Sie Ihre rechte Hand oberhalb der Gürtellinie auf Ihren Bauch oder Magen. Die linke Hand legen Sie auf die Brust. Jetzt schließen Sie die Augen und achten auf Ihre Atmung. Welche Hand hebt und senkt sich beim Ein- und Ausatmen?

Erwachsene atmen meist mit der Brust (d. h. unsere linke Hand bewegt sich mehr als die rechte). Versuchen Sie jetzt, beim Atmen Ihren Bauch herauszudrücken, so dass Sie spüren, wie sich Ihre rechte Hand bewegt.

Erkennen Sie den Unterschied zwischen beiden Atmungsarten? Am Anfang kommt es Ihnen vielleicht komisch vor, Ihren Bauch zum Atmen herauszudrücken, aber nach einer Weile wird Ihnen das ganz normal erscheinen. Vermeiden Sie es, ruckartig zu atmen und setzen Sie Ihre Bauchmuskeln beim Atmen nicht zu stark ein – überlassen Sie das lieber Ihrem Zwerchfell. Bemühen Sie sich um einen sanften Atemrhythmus und bleiben Sie ein paar Minuten dabei.

Die Zwerchfellatmung auf einen Blick

- Legen oder setzen Sie sich hin und nehmen Sie eine entspannte Haltung ein (Arme und Beine nicht verschränken!).

- Schließen Sie die Augen.

- Achten Sie darauf, wie Sie atmen. Wenn Sie wollen, legen Sie eine Hand auf den Bauch, die andere auf die Brust.

- Atmen Sie durch die Nase.

- Atmen Sie so, dass sich die Hand auf Ihrem Bauch (über Ihrem Zwerchfell) hebt und senkt und die Hand auf Ihrer Brust dieser Bewegung sanft folgt.

- Fällt es Ihnen schwer, die Zwerchfellatmung zu praktizieren, dann pressen Sie die Bauchhand beim Ausatmen nach unten und drücken diese beim Einatmen wieder mit dem Bauch nach oben.

- Atmen Sie ein paar Minuten sanft ein und aus.

Denken Sie nun an etwas Stressiges, etwa, dass Sie auf dem Weg zu einer Verabredung im Stau stecken bleiben. Sofort können Sie die Auswirkung von negativem Stress auf unsere Atmung beobachten. Welche Hand bewegt sich jetzt? Die meisten Teilnehmer des mindgym-Workshops »Entspannungstechniken« stellten fest, dass sich ihre linke Hand wieder zu heben und senken begann: Mit anderen Worten, sie schalteten automatisch von der Zwerchfellatmung in die Brustatmung.

Während der nächsten Tage beobachten Sie Ihre Atmung zu verschiedenen Zeiten. Atmen Sie mehr über die Brust oder das Zwerchfell? Erst wenn Sie wissen, wie Sie atmen, können Sie beruhigend eingreifen. Hier zwei Methoden, wie man sich durch die richtige Atmung entspannt:

Besser atmen 1: Meditatives Atmen

Der Trick besteht darin, beim Atmen auf das Zwerchfell zu achten und nicht auf die Brust. Mit Hilfe Ihrer Vorstellungskraft lässt sich dieser Vorgang noch weiter optimieren.

Die ideale Anzahl Atemzüge pro Minute

Im Allgemeinen atmen Menschen mehr als notwendig. Die meisten von uns atmen durchschnittlich alle sechs bis acht Sekunden. Bei einer kürzlich durchgeführten Untersuchung, die in *The Lancet*, einer der führenden medizinischen Fachzeitschriften, veröffentlicht wurde, fanden Ärzte jedoch heraus, dass der optimale Atemrhythmus deutlich darunter liegt, also langsamer ist.

Die Forscher untersuchten die Atemfrequenz von herzkranken Patienten und entdeckten, dass diejenigen, die bewusst atmeten, ihren Sauerstoffgehalt im Blut erhöhten und bei bestimmten Übungen wesentlich besser abschnitten. Die Forscher schrieben, dass ein niedriger Sauerstoffgehalt im Blut möglicherweise »Stoffwechselfunktionen schwächt, zu Muskelschwund führt und eine schlechte Kondition verursacht«.

Die Wissenschaftler fanden ebenfalls heraus, dass eine Atemfrequenz von sechs Atemzügen pro Minute, was einem Atemzug alle zehn Sekunden entspricht, optimal wäre.

Parallel zu Ihrer Zwerchfellatmung denken Sie »Alle Anspannung mitausatmen«. Das klingt vielleicht merkwürdig, wird Ihnen aber beim Entspannen helfen. Das Prinzip ist im Grunde dasselbe wie bei der Visualisierung (s. auch das nächste Kapitel »Ruhe und Gelassenheit«): Egal, ob ein Ergebnis nun tatsächlich stattfindet oder wir es uns nur vorstellen – unser Gehirn reagiert in beiden Fällen äußerst ähnlich. Allein durch die Vorstellung, dass wir »Anspannung ausatmen«, bringen wir unser Gehirn dazu, so zu reagieren, als ob wir tatsächlich Anspannung ausatmen. Letzten Endes ist es vollkommen egal, ob die Situation echt oder eingebildet ist. Was zählt, ist, dass uns diese Technik hilft, besser zu entspannen.

Bei dieser Übung werden wir uns beim Einatmen der Anspannung in unserem Körper bewusst und sagen dann, »Entspannung einatmen«. Anschließend halten wir den Atem kurz an, atmen aus, wobei wir alle Anspannung loslassen und uns sagen »Anspannung ausatmen«. Machen Sie sich auf irritierte Seitenblicke gefasst, wenn Sie das in der Öffentlichkeit laut praktizieren!

Einige gehen bei dieser Übung noch weiter und stellen sich ihre Anspannung zusätzlich bildhaft vor. Beim Ausatmen sehen sie ihren Stress und ihre geistige wie körperliche Anspannung oft in Form eines roten Nebels vor sich. Dieser rote Nebel aus Stress und Anspannung schwebt dann durch die richtige Atmung langsam davon, um sich mit der Zeit vollständig aufzulösen.

Besser atmen 2: Atem-los

»Es war der reinste Albtraum«, berichtet Emma von ihrer Präsentation. »Ich hatte meine Hausaufgaben gemacht und dachte, ich sei gut vorbereitet. Aber dann, kurz bevor ich an die Reihe kam, spürte ich, wie sich mir die Brust zuschnürte. Ich hatte Angst, nicht mehr genügend Luft zu bekommen, also atmete ich tief durch. Aber das nutzte so gut wie gar nichts, also atmete ich weiter tief ein. Als ich aufstand, hörte ich mich wirklich atemlos und nervös an.«

Was Emma da beschreibt, ist ein weitverbreitetes Phänomen: Bei Panik oder Stress neigen viele Menschen dazu, nach Luft zu schnappen – sie atmen ein und halten dann die Luft an. Das daraus resultierende Gefühl einer mit Sauerstoff gefüllten Lunge bei gleichzeitiger Atemnot führt zu einer schnellen, flachen Atmung. Das wiederum löst eine Stressreaktion aus und verschlimmert die Situation nur noch.

Nochmal: Die Zwerchfellatmung ist die Lösung! Doch anstatt sich laut vorzusagen »Anspannung ausatmen« und sich das bildhaft vorzustellen, versuchen Sie es mit dem Zehn-Sekunden-Zyklus: Atmen Sie zunächst durch die Nase ein, wobei Sie langsam »eins …, zwei …, drei …« zählen und bei vier pausieren. Nun atmen Sie durch den Mund aus und zählen weiter, »fünf …, sechs …, sieben …, acht …«. Bei »neun« und »zehn« wird wieder pausiert und anschließend atmen Sie wieder ein. Es geht darum, länger aus- als einzuatmen. Indem wir tiefer als nötig einatmen, gelingt es uns in der Regel, die Atemzüge, die wir brauchen, zu verringern. Je mehr wir uns der optimalen Anzahl Atemzüge pro Minute nähern (s. Kasten auf der linken Seite), und je länger die Pausen zwischen den Atemzügen werden, desto entspannter fühlen wir uns.

Jeder Atemzug zählt!

So richtig lohnt sich die Zwerchfellatmung erst, wenn wir sie ständig praktizieren und nicht nur im Notfall gegen den Stress. Durch eine permanente Zwerchfellatmung können wir dafür sorgen, dass sich unser Körper überwiegend in einem entspannten Zustand befindet.

Und wie gelingt es uns, nicht zu vergessen, mit dem Zwerchfell zu atmen? In einem der mindgym-Trainings erzählte ein Teilnehmer, dass er kleine gelbe Haftnotizen an seinen Computer klebte, die ihn an die Zwerchfellatmung und eine gute Haltung erinnern sollten. Denken Sie mal darüber nach, wo und wann solche »Denkzettel« für Sie von Nutzen sein könnten, und probieren Sie es aus. Vergessen Sie nicht, dass Sie wesentlich besser gegen Stress gewappnet sind, wenn Sie Ihre Atmung optimieren – eine der grundlegensten Körperfunktionen überhaupt.

(P) Ruhe und Gelassenheit

Freitagabend. Wir sind auf dem Weg ins Wochenende. Oder besser, wir sind es nicht, denn der Zug bewegt sich überhaupt nicht. Der Schaffner entschuldigt sich für die Verzögerung, nuschelt etwas von einem Signalfehler, und die Verspätung dehnt sich von zehn Minuten auf eine halbe und schließlich auf eine ganze Stunde aus. Wir schauen immer wieder auf die Uhr, bis wir sehen, dass wir unseren Anschlusszug nicht mehr erreichen werden. In solchen Situationen sind wir sofort gestresst und wollen uns sofort abreagieren.

In diesem Fall kann eine kleine Meditation oder Visualisierungsübung wie im Kapitel »Tief durchatmen« wirken wie eine psychologische Kopfschmerztablette. Es dauert zwar etwas, bis man die wissenschaftlich erprobte Technik beherrscht, aber die Mühe lohnt sich – der verpasste Anschlusszug wird Ihnen nie wieder so viel negativen Stress bereiten!

Die Sache mit der Vorstellungskraft

Ein Sommertag im Park. Ein langes, genüssliches Bad. Sonnenbaden an einem Strand in der Karibik. Nach einem hektischen und stressigen Tag hat jeder von uns Bilder im Kopf, wo er oder sie gerade lieber wäre.

Die Visualisierungstechnik ist im Prinzip etwas ganz Ähnliches wie so ein angenehmer Tagtraum und funktioniert garantiert: Jedem Bild, das wir wahrnehmen, wird von unserem Gehirn eine bestimmte Bedeutung zugewiesen und diese Bedeutung führt zu einer emotionalen oder körperlichen Reaktion. Sehen Sie sich beispielsweise die beiden Fotos auf der nächsten Seite an: Was lösen Sie in Ihnen aus? Hunger oder Ekel?

Bilder, die wir vor unserem inneren Auge heraufbeschwören, können dieselben Reaktionen auslösen wie echte Bilder. In dem Film *L.I.S.A.* –

Hungrig?

Der *helle Wahnsinn* zieht der ältere Bruder seinen verkaterten jüngeren Bruder damit auf, dass er immer wieder sagt: »Na, wie wär's mit 'nem richtig fetttriefenden Schweinesteaksandwich, serviert in 'nem richtig dreckigen Aschenbecher?« Der Bruder mit dem Kater verwandelt diese Worte in Bilder, die mit einer ganz bestimmten Bedeutung versehen sind (Ekel erregender Geschmack, Geruch und Material), und diese Bilder wiederum in eine emotionale und schließlich körperliche Reaktion (»Ich brauch 'nen Eimer«).

So wie das Bild eines vollen Aschenbechers mit einem fetttriefenden Schweinesteak Ekel auslösen kann, kann auch eine entsprechend positive bildhafte Vorstellung für Entspannung sorgen. Wir müssen nur die Bilder vor unserem inneren Auge Revue passieren lassen, mit denen wir Ruhe und Gelassenheit assoziieren. Und im Gegensatz zum wirklichen Leben, in dem der wohltuende Karibiktrip höchstwahrscheinlich in weiter Ferne liegt, können wir mittels Visualisierung überallhin, und zwar sofort!

Emile und die Einbildung

Die Visualisierungstechnik sowie viele weitere Techniken des positiven Denkens stammen von Emile Coué, einem französischen Apotheker. Coué wusste, dass unsere Vorstellungskraft eines der stärksten mentalen »Instrumente« ist, die uns zur Verfügung stehen. Sein Geniestreich bestand in der Erkenntnis, dass unsere Vorstellung stärker ist als unser Wille. Mit Hilfe unserer Willenskraft können wir keinen entspannten Geisteszustand erzwingen, so sehr wir uns das auch wünschen. Aber mit etwas Fantasie können wir uns langsam in einen hineinversetzen.

Mit geschlossenen Augen sehen

Viele Menschen denken, dass sie sich nichts vorstellen können. Das ist natürlich Unsinn. Sie halten die Visualisierungstechnik für komplizierter, als sie in Wirklichkeit ist. Ein bisschen mehr anstrengen als beim Ansehen eines Films muss man sich schon, aber das ist auch alles.

Hier ein sehr einfaches Beispiel: Schließen Sie die Augen. Stellen Sie sich vor, Sie stehen vor Ihrer Haustür.

Welche Farbe hat die Tür? Wo ist das Schlüsselloch? Hat die Tür einen Griff oder einen Knauf? Wenn ja, wie sieht er aus?

Super! Sie haben gerade etwas visualisiert. Darauf können Sie nun aufbauen, indem Sie alle Ihre Sinne miteinbeziehen. Lesen Sie den nächsten Absatz und schließen Sie dann die Augen:

Sie ziehen den Schlüssel heraus und halten ihn in der Hand. Fühlt er sich warm oder kalt an? Wie schwer ist er? Wie fühlen sich seine Kanten an?
Sie stecken den Schlüssel ins Schloss. Wie fühlt sich das an? Geht er ganz leicht hinein oder spüren Sie einen Widerstand?
Sie drehen den Schlüssel um. Hören Sie ein Geräusch? Welches?
Sie öffnen die Tür. Wie fühlt sich das an? Wo empfinden Sie Widerstand? In den Armen? Oder woanders? Sie treten ein. Was riechen Sie?

Das war schon eine sehr detaillierte Visualisierung. Verzweifeln Sie nicht – Übung macht den Meister. Im Folgenden noch ein paar nützliche Tipps:

1 Ablenkungen ausblenden
Es fällt uns leichter, etwas zu visualisieren, wenn wir nicht abgelenkt werden. Schließen Sie die Augen, um die Wirklichkeit auszublenden. Es ist hilfreich, sich außerdem an einen ruhigen Ort zurückzuziehen.

2 Bewusst atmen
Wir können uns besser entspannen, wenn wir besser atmen, und dann können wir auch besser visualisieren. Wie Sie am besten atmen, können Sie im Kapitel »Tief durchatmen« auf Seite 229 nachlesen.

3 Alle Sinne einsetzen
Auch wenn die Technik Visualisierung heißt, sollten Sie doch auch Ihre anderen Sinne wie Gehör, Gefühl, Geschmack und Geruch miteinbeziehen. Wie hört es sich an, wenn Sie in einen Apfel beißen? Ist er weich, hart, mehlig? Schmeckt er frisch? Wie riecht er? Herb oder süß?

4 Details, Bewegungen, Perspektiven und Kontraste nicht vergessen!
Diese Details machen eine Vorstellung erst richtig lebendig. Bewegungen ziehen die Aufmerksamkeit auf sich. Wenn wir dann noch eine bestimmte Perspektive und lebhafte Kontraste hinzufügen, fällt unsere Visualisierung bereits wesentlich plastischer aus. Denken Sie wieder an den Biss in den Apfel. Wie sieht der Abdruck Ihrer Zähne darauf aus? Wie stark ist der Kontrast zwischen der Schale und dem Fruchtfleisch des Apfels? Rollt der Apfel über den Tisch, wenn Sie ihn hinlegen?

5 Gefühle nicht vergessen!
Aber bitte nur positive Gefühle! Stellen Sie sich nicht nur den Apfel vor, sondern auch, wie Sie sich fühlen, wenn Sie hineinbeißen: zufrieden, glücklich, satt usw.?

6 Metaphern und verschiedene Stile nutzen
Unsere Visualisierung muss nicht immer fotorealistisch sein. Ärger oder Zorn können Sie sich beispielsweise auch als schwarze Wolke vorstellen, die langsam entschwebt. Wenn es Sie entspannt, versuchen Sie sich doch mal an einer kubistischen oder impressionistischen Visualisierung!

7 Positiv denken
Um das meiste aus Ihrer Visualisierung herauszuholen, sollten Sie alles, was darin vorkommt, aus einer positiven Perspektive sehen. Folglich ist das Meer nicht rau, sondern stark.

8 Urteile vermeiden
Bitte unterlassen Sie es während Ihrer Visualisierungen, Kritik zu üben, die Situation zu analysieren oder zu bewerten. Wenn wir unsere Visualisierung beurteilen, schränken wir unsere Vorstellungskraft eher ein, anstatt sie zu entfesseln.

9 Üben, üben, üben
Wie bei so vielem müssen wir die Fähigkeit, zu visualisieren, im Lauf der Zeit erst entwickeln. Das geht am besten, wenn wir diese Technik sooft wie möglich üben.

10 Geduld!
Erzwingen können Sie eine Visualisierung nicht. Das dauert einfach seine Zeit. Gerade am Anfang kann es sein, dass Sie sich unbeholfen dabei fühlen – halten Sie durch!

UND LOS GEHT'S!
Hier eine weitere, gründlichere Visualisierung zu einer Situation, die jeder von uns kennt:

Mit geschlossenen Augen

Natürlich können Sie nicht diese Visualisierungsanweisung lesen und gleichzeitig die Augen zumachen.

Dieses Dilemma können Sie vermeiden, indem Sie die Übung auf eine Minidisc oder Kassette aufnehmen, diese abspielen und den einzelnen Anweisungen folgen.

Oder aber Sie lesen die Anweisungen einfach nur durch und versuchen, möglichst viel davon zu behalten. Wenn das für den Anfang zu viel sein sollte, ist das auch o. k. Dann machen Sie beim ersten Mal eben nur die ersten Schritte und die nächsten Male zunehmend mehr.

Dieses Beispiel integriert mehr als bisher alle Sinne, und um die Visualisierung richtig durchzuführen, braucht es schon etwas Übung. Aber Sie lernen dabei, sich auf kleine Details zu konzentrieren, was Ihnen eine große Hilfe sein wird.

Schritt 1 Schließen Sie die Augen und stellen Sie sich Ihr Badezimmerwaschbecken vor.

Schritt 2 Stellen Sie sich den Wasserhahn und ein Stück Seife vor. Achten Sie auf die Form des Waschbeckens und die verschiedenen Farbschattierungen an unterschiedlichen Punkten des Beckens. Jetzt sehen Sie sich den Wasserhahn an: Das Design, die Spiegelung darin, seinen Schatten. Welche Farbe hat die Seife? Welche Form? Klebt sie am Becken oder nicht, oder können Sie das nicht sagen?

Schritt 3 Stöpseln Sie jetzt den Abfluss zu. Dann drehen Sie den Hahn auf und hören, wie das Wasser ins Becken rauscht. Wie verändert sich das Rauschen, während das Becken gefüllt wird? Beobachten Sie den Wasserstand. Ist diese Linie gerade oder wellenartig? Wie schnell steigt das Wasser? Achten Sie auch auf die Lichtreflexe auf der Wasseroberfläche. Ist das Becken voll, drehen Sie das Wasser ab.

Schritt 4 Legen Sie eine Hand ins Wasser und prüfen Sie die Temperatur. Wenn das Wasser zu heiß oder zu kalt ist, drehen Sie den Hahn wieder auf, bis die für Sie richtige Waschtemperatur erreicht ist. Legen Sie beide Hände bis zu den Handgelenken ins Wasser. Wie fühlt sich das an? Lassen Sie Ihre Hände für einen Augenblick dort.

Schritt 5 Jetzt nehmen Sie die Hände aus dem Waschbecken und greifen zur Seife. Achten Sie auf ihre Farbe, Form und Struktur. Führen Sie sie an Ihre Nase. Wie und nach was riecht sie?

Schritt 6 Lassen Sie jetzt die Seife zwischen Ihren Händen hin und her gleiten und achten Sie darauf, wie sie schäumt. Legen Sie die Seife wieder hin und nehmen Sie das Geräusch wahr, das sie macht, wenn Sie auf dem Beckenrand zum Liegen kommt. Fahren Sie damit fort, Ihre Hände zu waschen.

Schritt 7 Jetzt tauchen Sie Ihre Hände wieder ins Becken. Hören Sie das Geräusch, wenn sie ins Wasser eintauchen? Lassen Sie sie im Wasser. Wie fühlt sich das an? Wie ändert sich diese Empfindung, wenn Sie anfangen, die Hände gegeneinander zu reiben, um den restlichen Seifenschaum zu entfernen? Achten Sie darauf, wie sich die Farbe des Wassers ändert, und registrieren Sie die Bläschen, die nun an der Wasseroberfläche auftauchen. Was sehen Sie sonst noch, wenn Sie ins Becken schauen?

Schritt 8 Nehmen Sie die Hände aus dem Becken. Greifen Sie zum Handtuch. Welche Farbe hat es, wie fühlt es sich an? Trocknen Sie sich damit die Hände ab. Wie fühlt sich das an? Hinterlässt das Handtuch auf Ihrer Haut Abdrücke? Wie sehen diese aus? Wie sieht das Handtuch nach dem Abtrocknen aus?

Schritt 9 Öffnen Sie nun den Abfluss. Sehen Sie zu, wie das Wasser verschwindet. Was hören Sie? Wie sieht das Becken jetzt aus? Was ist anders als vor dem Wassereinlassen vor ein paar Minuten?

Schritt 10 Öffnen Sie wieder die Augen und kehren Sie in die Realität zurück.

Diese Visualisierung war wesentlich detaillierter als die vorhergehende, bei der es ums Türöffnen ging. Je mehr Sie sich an diesen Prozess gewöhnen, desto einfacher wird es, tiefer einzutauchen und die entsprechenden Sinneswahrnehmungen heraufzubeschwören. Sie können auch die Rahmenbedingungen ändern und so ganz neue Ereignisse heraufbeschwören. So könnte Ihnen etwa die Seife entgleiten und auf den Boden fallen ...

Wenn Ihnen das zu weit geht, bleiben Sie bei diesen beiden Beispielen (Türöffnen, Händewaschen) und üben diese noch ein paarmal. Oder Sie versuchen es mit einer anderen Tätigkeit wie einen Apfel schälen oder Kaffee kochen.

Eine Oase des Friedens
Die Visualisierung des Händewaschens wird von einigen Menschen schon als entspannend empfunden. Das liegt daran, dass sie dadurch von ihren Problemen abgelenkt werden. Gleichzeitig erleben sie die Erfahrung selbst (das Eintauchen der Hände in warmes Wasser) und das langsame meditative Tempo des Vorgangs als beruhigend.

Die nächste Stufe des Visualisierens besteht darin, uns dadurch zu entspannen, dass wir uns einen Ort vorstellen (real, imaginär oder beides), an dem wir uns vollständig entspannt fühlen. Dieser Ort gehört uns ganz allein. Und obwohl er nur in unserer Vorstellung existiert, können wir ihn, sobald wir ihn erst einmal erschaffen haben, jederzeit aufsuchen, wenn wir uns entspannen wollen.

Das erfordert allerdings etwas mehr Zeit als die bisherigen Visualisierungsübungen. Sind Sie soweit? Entspannen Sie sich mit Hilfe der Zwerchfellatmung und schließen Sie die Augen:

Schritt 1 Stellen Sie sich vor, wie Sie einen Weg hinuntergehen. Was sehen Sie? Was riechen Sie? Wie ist das Wetter? Wie warm oder kalt ist es? Aus welchem Material ist der Weg? Tragen Sie Schuhe oder gehen Sie barfuß? Welches Geräusch machen Ihre Schritte beim Gehen? Was hören Sie sonst noch? Was haben Sie außerdem noch an? Haben Sie einen trockenen Mund? Schmecken Sie etwas?

Schritt 2 Der Weg macht eine Biegung, und Sie werden schneller, weil Sie wissen wollen, was jetzt kommt. Sie sehen ein Gebäude, von dem Sie instinktiv wissen, dass Sie dort ruhig, glücklich und entspannt sein werden. Um was für eine Art Gebäude handelt es sich? Wie sieht es aus? Aus was sind die Wände? Hat es Fenster? Türen? Wie sehen sie aus? Wie sieht das Dach aus und aus welchen Materialien besteht es? Kommt Rauch aus dem Schornstein oder weht eine Fahne auf dem Dach? Sehen Sie sonst noch etwas, das sich bewegt?

Schritt 3 Sie gehen zur Tür und öffnen sie. Aus welchem Material ist die Tür gemacht? Ist es eine schwere Tür oder schwingt sie ganz leicht auf? Quietscht sie oder macht sie irgendein anderes Geräusch? Oder öffnet sie sich lautlos? Sie treten über die Schwelle und schließen die Tür hinter sich.

Schritt 4 Sehen Sie sich um und lassen Sie Türen, Wände und Fenster auf sich wirken. Was sehen Sie? Was ist an den Wänden? Ist da überhaupt etwas? Was für einen Fußboden sehen Sie? Wie ist die Decke? (Wenn Sie bestimmte Dinge nicht so deutlich wahrnehmen, experimentieren Sie mit den Wänden. Ändern und ergänzen Sie Ihre Vorstellung nach Herzenslust – wenn Sie etwas nicht mögen, ersetzen Sie es einfach durch etwas anderes.)

Schritt 5 Richten Sie das Gebäude nach Ihrem Geschmack ein. Drehen Sie sich einmal um die eigene Achse, so dass Sie eine gute Vorstellung vom gesamten Gebäude bekommen. Erst wenn Sie mit dem Gebäudeinnern richtig vertraut sind, gehen Sie an eines der Fenster und sehen nach draußen – was sehen Sie? Wenn Sie das wollen, haben Sie von jedem Fenster eine ganz andere Aussicht. Stehen die Fenster offen? Wenn ja, sehen, fühlen oder riechen Sie etwas? Was?

Schritt 6 Fügen Sie noch ein Geräusch hinzu: etwas, das Musik hervorbringt, egal, ob es ein Windspiel ist oder die allerneueste Bang&Olufsen-Stereoanlage. Spielen Sie etwas Musik – Trance, Jazz oder eine Verdi-Arie.

Schritt 7 Sagen Sie sich, dass Sie hier alles tun und lassen können, was Sie wollen. Hier können Sie entspannt, zufrieden und kreativ sein. Sie sind hungrig oder durstig? Dann bedienen Sie sich mit etwas Köstlichem. Was ist es? Genießen Sie den Geschmack.

Schritt 8 Jetzt ist der Zeitpunkt gekommen, ein Symbol für den Stress zu schaffen. Die Rollläden, Gardinen oder Fensterläden schließen sich und versperren Ihnen die Aussicht.

Stellen Sie sich jetzt beispielsweise einen Haufen Besteck vor. Die Messer, Gabeln und Löffel sind aus Metall und entwickeln ein Eigenleben. Sie winden sich umeinander, verbiegen und verdrehen sich, eine Gabel versucht, mit ihren Zinken einen Löffel aufzuspießen, ein Messer ist gerade dabei, einer Gabel die Zinken abzuschneiden. Sie hören das quietschende Geräusch von Metall auf Metall und vielleicht auch die Angstschreie und Kampfesrufe dieser Schlacht. Die Besteckteile verkeilen sich immer mehr ineinander, nehmen immer absurdere Formen an, und ein jedes versucht, die Oberhand über das andere zu gewinnen.

Schritt 9 Irgendwann lässt die Anspannung nach. Sie können sich beispielsweise vorstellen, wie sich die Messer, Gabeln und Löffel jetzt voneinander lösen, dabei ganz erleichtert aufseufzen, sich sanft hinplumpsen lassen und wieder ihre ursprüngliche Form annehmen. Vielleicht legen sie sich auch wieder ordentlich in die Besteckschublade: Löffel schmiegt sich an Löffel, Gabel an Gabel. Oder aber es entstehen schöne Gedecke: Je ein Messer, eine Gabel und ein Löffel sind glücklich vereint und werden vielleicht noch von einer weichen Serviette umhüllt. Konzentrieren Sie sich darauf, wie sich Messer, Gabeln und Löffel einen bequemen Platz suchen und finden. Währenddessen öffnen sich Rollläden (oder Gardinen oder Fensterläden) und lassen warme Sonnenstrahlen ins Zimmer. Sie fühlen sich absolut ruhig, friedlich und mit sich im Reinen.

Schritt 10 Schauen Sie sich wieder in dem Gebäude um. Erheben Sie sich, nehmen Sie gewünschte Veränderungen vor oder sehen Sie aus dem Fenster und genießen die Aussicht. Nehmen Sie bewusst wahr, was Sie sehen. Genießen Sie das Gefühl der Kontrolle.

Schritt 11 Kehren Sie langsam in die Realität zurück.

Diese Visualisierungsübung sollte Ihnen ein Gefühl der Ruhe verschaffen – wenn es jetzt nicht funktioniert hat, versuchen Sie es später noch einmal, vielleicht an einem Ort, an dem Sie weniger abgelenkt werden. Manche Menschen tun sich schwer damit, sich so einen imaginären Ort komplett selbst auszudenken. Wenn das auch auf Sie zutrifft, nehmen Sie ganz einfach einen Ort, der Ihnen vertraut ist.

Der ideale Ort

Sie möchten sich Ihr eigenes Refugium schaffen? Die folgenden Fragen helfen Ihnen dabei:

1. Sie nähern sich Ihrem Ort. Wie sieht er aus?
2. Wie betreten Sie ihn?
3. Was hören Sie?
4. Was sehen Sie beim Betreten und wenn Sie sich umschauen?
5. Wie sehen Bilder, Möbel oder Böden genau aus?
6. Hat der Ort einen bestimmten Geruch?
7. Was sehen Sie durch die Fenster?
8. Welche Tageszeit ist es?
9. Wie ist das Wetter draußen?
10. Wie fühlen Sie sich, wenn Sie dort herumgehen oder sitzen?

Denken Sie daran: Sie können jede Kleinigkeit, die Ihnen nicht gefällt, jederzeit ändern. Manche Menschen machen sich auch Notizen darüber, wie ihr idealer Ort aussieht, um ihrem Gedächtnis beim nächsten Mal auf die Sprünge zu helfen.

Visualisierungen: Eine kurze Zusammenfassung

Visualisierungen werden in den verschiedensten Bereichen angewendet, so auch im Sport. Es ist wissenschaftlich bewiesen, dass eine positive Visualisierung die Erfolgschancen erhöht.

Vor allem aber ist sie ein fantastisches Mittel zur Entspannung. Haben Sie sich erst einmal Ihre Oase geschaffen, besitzen Sie ein höchst wirkungsvolles Mittel gegen Stress – egal, wo Sie sich gerade befinden. Den Ärger über den verspäteten Zug können Sie getrost anderen überlassen!

Kreativ denken

Eine Frau kocht Spaghetti Bolognese für ihre Freunde. Während sie mit ihnen plaudert, stößt sie aus Versehen die Weinflasche um, deren Inhalt zur Hälfte in dem Topf mit der Bolognesesauce landet. Anstatt die Sauce wegzuschütten, steckt sie den Finger hinein und probiert. Und was ist passiert? Die Sauce schmeckt köstlich. Hätte sie sich an ihr normales Rezept gehalten, hätte sie nur ein ganz normales Essen gekocht. So aber hat sie (wenn auch aus Versehen) etwas Neues ausprobiert und etwas wesentlich Persönlicheres und Schmackhafteres kreiert.

Die meisten verhalten sich innerhalb ihres geregelten Alltags nicht so kreativ. Und das ist auch gut so: Bolognesesauce mit Vanillemilchshake wäre sicherlich nicht so der Hit gewesen. Wenn wir jedesmal das Rad neu erfinden würden, würden wir es kaum vor die eigene Haustür schaffen. Wofür könnte man einen Wecker eigentlich noch verwenden? *Wie wär's, wenn er außerdem noch meine E-Mails beantworten könnte? Warum nur Wecker? Wie wär's mit einer Panikuhr, die uns sagt, wann wir heute mal wieder Panik schieben ...?*

Mit der Zeit haben wir unser Gehirn darauf trainiert, solche Denkprozesse abzukürzen. Je älter wir werden, desto mehr solcher mentaler Abkürzungen lernen wir. Sie helfen uns, stets wiederkehrende Aufgaben schneller zu erledigen. Dadurch bleibt uns mehr Zeit für alles andere. Wenn wir erst einmal wissen, wie man Kaffee kocht, müssen wir uns darüber nicht jedesmal neu Gedanken machen – wir haben schließlich Besseres zu tun!

So nützlich diese Abkürzungen auch sind – manchmal kann eine neue, kreative Herangehensweise an vertraute Vorgänge eine ganz große Hilfe sein. Das war auch bei etwas der Fall, das aussah wie eine Riesenportion Spaghetti: das Netz der Londoner U-Bahn. Die einzelnen Linien kreuzen sich ständig, während sich die U-Bahnhöfe im Zentrum drängen, liegen sie außerhalb ewig weit auseinander. 1931 hatte Harry Beck den kreativen

Geistesblitz, anstatt einer geografisch korrekten Karte des U-Bahn-Netzes eine topografische Karte zu entwerfen. Der Trick bestand darin zu zeigen, wie die einzelnen Stationen miteinander verbunden sind, aber ohne die exakten Entfernungen dazwischen anzugeben. Das Ergebnis war eine viel lesefreundlichere Karte, die Londoner und Touristen bis heute praktisch unverändert nutzen (und die uns auch zur Struktur dieses Buches inspiriert hat).

Auch für uns gibt es genügend Situationen, in denen es sich lohnt, kreativ zu werden. Zum Beispiel, wenn es darum geht ...

1. ... ein Problem zu lösen.

2. ... eine Chance zu sehen (oder zu entdecken).

3. ... etwas besser, schneller oder einfacher zu tun.

4. ... einfach nur mal schöpferisch zu sein, egal, ob Sie jetzt eine Kurzgeschichte schreiben oder eine Torte dekorieren.

5. ... etwas Prickelndes, Lustiges oder Romantisches beizutragen.

6. ... das Leben interessanter zu machen.

Leider sind die meisten von uns dermaßen geschickt im Einsatz mentaler Abkürzungen, dass es schwer fällt, auch mal einen anderen, kreativen Weg zu gehen. Und hier kommt dieser Abschnitt des Buches ins Spiel: Er wendet sich an all diejenigen, die sich wünschen, manchmal auf kreativ umschalten zu können und ihr kreatives Potenzial häufiger und besser nutzen wollen.

Das erste Kapitel »Werden Sie kreativ!« zeigt jede Menge Möglichkeiten auf, wie wir mentale Abkürzungen (oder Filter), die uns schon zur zweiten Natur geworden sind, überhaupt erst wieder registrieren und ausschalten können – und sei es auch nur eine Zeit lang. Die darauf folgenden drei Kapitel bieten Techniken an, die uns dabei helfen, kreative, originelle Einfälle zu bekommen: »Kreativität für logische Denker« zeigt Methoden auf, die das logische Denken aktiv fördern und zu einer Menge neuer Ideen führen; in »Kreativität für Freidenker« können Sie Techniken lernen, die Ihr Gehirn anregen, in alle möglichen und unmöglichen Richtungen zu denken; und in »Kreativität für Möchtegerntagträumer« erforschen wir, wie wir unser Unterbewusstes anzapfen können, um das Undenkbare denken zu lernen. (Letzteres funktioniert auch perfekt, wenn man eine Ausrede dafür braucht, warum man die letzte halbe Stunde geistesabwesend aus dem Fenster gestarrt hat!)

Ⓠ Werden Sie kreativ!

Weg mit der alten Brille!

Ein Mann fährt in einem schwarzen Auto eine schwarze Straße entlang, er hat die Scheinwerfer nicht an, Straßenlaternen gibt es auch keine. Eine schwarze Katze überquert direkt vor ihm die Straße. Er bremst, um die Katze zu retten. Wie geht das? In diesem Kapitel beantworten wir nicht nur dieses faszinierende Rätsel, sondern zeigen Ihnen auch, wie Sie solche Aufgaben lösen können, wenn Sie die Situation kreativ überdenken.

Wenn sich Menschen positiv an vergangene Zeiten erinnern, heißt es oft, sie hätten eine rosa Brille auf. Wenn wir ein Problem haben, verhalten wir uns in der Regel ganz ähnlich: Wir setzen uns eine ganz bestimmte Brille auf, die uns so zur zweiten Natur geworden ist, dass wir sie gar nicht mehr bemerken. Trotzdem sorgt sie für eine nützliche (wenn auch verzerrte) Sicht auf die Wirklichkeit. Der Trick beim kreativen Denken besteht darin, diese Brillen oder »Filter« abzunehmen und die Welt mit neuen, frischen Augen wahrzunehmen.

Natürlich möchten wir auf die gewohnten Filter nicht dauerhaft verzichten. Schließlich helfen sie uns, genau wie eine Brille, die Welt klarer zu sehen. Aber wenn wir kreativ sein wollen, müssen wir sie schon mal abnehmen, um unscharfe Konturen, verschiedene Formen und verschwommene Farben wahrzunehmen, die unserer Voreingenommenheit erst mal ein Ende machen und uns unsere Umgebung und die anstehenden Aufgaben neu überdenken lassen.

Dieses Kapitel erforscht verschiedene Arten von »Realitätsbrillen« und zeigt, wie wir sie abnehmen können. Jetzt aber erst mal etwas Licht ins Dunkel in Bezug auf die Frage, warum es der Autofahrer geschafft hat, die schwarze Katze nicht zu überfahren.

Fünf Arten, die Welt zu sehen

1 Ich kenne die Frage

Ein Esel hängt an einem zwei Meter langen Seil und der Heuballen befindet sich drei Meter weit entfernt. Wie kommt der Esel an das Heu, ohne das Seil zu zerbeißen oder sich davon zu befreien?

Kommen Sie auf des Rätsels Lösung? Sie hat nichts mit dem Benutzen der Hinterbeine oder Windböen, die in Richtung des Esels wehen, zu tun. Wenn Sie nicht auf die Antwort kommen, versuchen Sie, herauszufinden, was Sie stillschweigend vorausgesetzt haben. Die Frage wurde absichtlich so fomuliert, dass Sie in eine ganz bestimmte Richtung denken. Aber es ist die falsche Richtung, wenn Sie das Problem lösen möchten.

Was haben Sie vorausgesetzt, das nicht in der Frage enthalten war? Dass ein Esel vier Beine hat – vielleicht. Und wie steht es mit dem Seil? Wir wissen, dass es am Esel festgebunden ist. Aber wo ist das andere Ende angebunden? Aha! Das erfahren wir nicht, und genau darin liegt die Lösung unseres Rätsels. Das Seil ist nirgendwo angebunden, und der Esel kann ganz einfach zum Heuballen gehen.

So frustrierend Ihre Erfahrung mit dieser Denksportaufgabe vielleicht auch war, deutet sie doch auf einen sehr weitverbreiteten, kreativitätstötenden Filter hin: Man meint, die Fragestellung zu kennen. Oft setzen wir etwas voraus, noch bevor wir versuchen, das Problem zu lösen. Ein solches Vorgehen reduziert automatisch die Bandbreite möglicher Antworten. Sind unsere Voraussetzungen richtig, kommen wir schnell auf eine Antwort, sind sie falsch, werden wir sie nie finden.

Manchmal werden wir natürlich absichtlich in die Irre geführt. Zurück zu unserer schwarzen Katze. Erkennen Sie, was die meisten Menschen automatisch voraussetzen, wenn sie mit dem Rätsel konfrontiert werden? Die meisten stellen sich die Szene bildhaft vor, und weil das Wort »schwarz« so häufig auftaucht und auch von Straßenlaternen und Scheinwerfern die Rede ist, nehmen sie stillschweigend an, dass Nacht ist. Das wird aber gar nicht gesagt. Ziehen wir erst einmal in Betracht, dass sich die Szene auch bei Tag abgespielt haben könnte, haben wir auch schon die Lösung.

Normalerweise kommen so eng gefasste Problemdefinitionen, außer bei dieser Art von Denksportaufgaben, nicht vor. Sie entstehen erst dann, wenn wir etwas, das gesagt wurde, oder gemeint war, (unabsichtlich) ignoriert haben.

Die Einführung von Geldautomaten geht auf relativ langweilige Marktforschungsergebnisse zurück. Jahrelang hatten Kunden wieder und wieder angegeben, dass es schön wäre, wenn ihre Zweigstelle länger und auch am Wochenende offen hätte. Das aber war den Banken zu teuer. Erst als man herausfand, dass die Kunden lediglich Bargeld außerhalb der

Geschäftszeiten abheben wollten, begannen die Banken ernsthaft über das Thema Geldautomaten nachzudenken.

Hat man Ihnen in der Schule auch beigebracht, bei Prüfungen immer erst gründlich die Frage zu lesen, bevor Sie antworten? In der Hektik unseres Alltags neigen wir dazu, vorschnell zu antworten, weil wir denken, die Frage bereits zu kennen, was aber gar nicht stimmt. Das Ergebnis ist dasselbe: eine falsche Antwort.

Kreativität im Alltag: Flüge buchen

Stefan muss zu zwei verschiedenen Terminen, die etwa sechs Wochen auseinander liegen, in die USA fliegen. Also kauft er zwei Hin- und Rückflugtickets. Er ist stolz, weil er im Internet gute Preise recherchiert hat.

Es gibt aber Flüge, die nur ein Drittel des regulären Preises kosten, wenn ein Samstag dazwischenliegt. Das war Stefan allerdings bei beiden Reisen nicht möglich. Dafür hätte er folgenden Trick anwenden können und statt zweier Flüge von Frankfurt nach New York und zurück einen von Frankfurt nach New York und zurück sowie einen von New York nach Frankfurt und zurück kaufen können. Hätte er für den ersten Termin jeweils beide Hin- und für den zweiten beide Rückflüge genutzt, wäre ein Samstag dazwischen gelegen und Stefan hätte viel Geld gespart.

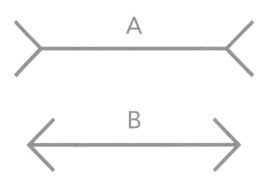

2 Ich kenne die Antwort (oder den Weg dahin)

Sehen Sie sich die beiden Linien an. Welche ist länger? A oder B?

Messen Sie mal nach. Ja, nur zu, nehmen Sie Ihr Handy, einen Kuli, einen Buchrücken oder irgendeinen anderen Gegenstand, um herauszufinden, welche Linie länger ist.

Überrascht? Die meisten glauben, dass die Linien gleich lang sind. Denn sie haben schon mal so was Ähnliches gesehen, und da waren die Linien gleich lang. Aber das ist nicht dieselbe Aufgabe. Und diese Linien sind nicht gleich lang.

Der Ich-weiß-die-Antwort-Filter wird aktiviert, wenn wir zu wissen glauben, wie wir ein Problem lösen können, oder denken, die Lösung bereits zu kennen. Dieser Fehler kann mit der falschen Annahme »Ich kenne die Frage« zusammenfallen, tritt aber auch oft allein auf.

Ein Mann, der gut verdiente und sich in seiner Firma wohlfühlte, war trotzdem unzufrieden, weil er mit seinem Chef nicht klarkam. Irgendwann ging er zu einem Personalberater. Der versicherte ihm, dass er jederzeit einen neuen Job finden würde.

Abends dachte er nochmal in Ruhe über sein Problem und seinen Lösungsansatz nach. Am nächsten Tag ging er erneut zu dem Personalberater, erörterte mit ihm die verschiedenen Jobangebote und nannte ihm den Namen seines Vorgesetzten, den er in den höchsten Tönen lobte. Der Chef war sehr überrascht, als ihm ein Headhunter bald eine neue Stelle anbot. Nichts ahnend ließ er sich darauf ein.

Zu dieser für alle Beteiligten positiven Lösung kam es nur, weil über ein bekanntes Problem vollkommen neu nachgedacht wurde.

3 Ich bin Pragmatiker

Als Einstein die Relativitätstheorie erfand, ließ er die Wirklichkeit zunächst völlig außen vor. Er stellte sich vor, auf einem Lichtstrahl zu reiten.

Unser Denken wird meistens von der uns umgebenden »Realität« beeinflusst. Bei einer der mindgym-Übungen lautet eine der Aufgabenstellungen »Neue Ideen für eine Touristenattraktion«. Bestandteil der Aufgabe sind auch die Öffnungszeiten für diese Touristenattraktion.

Gibt es etwas Langweiligeres, als sich Öffnungszeiten für eine Touristenattraktion auszudenken? Mit Hilfe der Realitätsbrille werden alle erdenklichen Varianten aufgelistet.

1	9 bis 17 Uhr	7	an Wochenenden
2	10 bis 18 Uhr	8	immer
3	8 bis 18 Uhr	9	zur Mittagszeit
4	abends	10	17 bis 9 Uhr (die ganze Nacht)
5	vormittags	11	22 bis 3 Uhr
6	nachmittags	12	zur Frühstückszeit

Kreativität in der Antike: Archimedes

Der Ausdruck »Heureka, ich hab's« stammt angeblich von Archimedes, der in seiner Badewanne einen plötzlichen Geistesblitz hatte. (Dieses häufig auftretende Phänomen wird im Kapitel »Kreativität für Möchtegerntagträumer« noch ausführlicher behandelt.)

Der Legende nach lag Archimedes gerade in der Badewanne und überlegte, wie er das Volumen unregelmäßiger Körper berechnen könnte (das tun also die wirklich cleveren Leute in der Wanne, im Unterschied zu uns Ottonormalverbrauchern, die sich mit dem Schaum eine Irokesenfrisur verpassen. Aber vielleicht sind das auch nur wir hier). Als Archimedes also so in der Wanne lag und die bisher bekannten Methoden der Volumenmessung erörterte, beobachtete er, wie der Wasserspiegel langsam stieg, als er sich tiefer in die Wanne gleiten ließ. Da dämmerte es ihm, dass man das Volumen eines unregelmäßigen Körpers (in diesem Fall seines eigenen) mit Hilfe des von ihm verdrängten Wassers messen könnte. Ein echtes Heureka-Erlebnis!

Eine (im Nachhinein) simple Lösung für ein hoch komplexes Problem, die nur gefunden werden konnte, indem die Ich-weiß-wie-ich-das-löse-Brille abgenommen wurde.

Anschließend halten sich alle für ziemlich kreativ – wer kommt schon auf solche Ideen wie »Zur Frühstückszeit«?

Natürlich gibt es an der Liste nicht das Geringste auszusetzen, aber richtig originell ist sie auch nicht. Warum? Weil alle diese Vorschläge auf dem beruhen, was wir aus unserem Alltag bereits kennen.

Deshalb wurden die Teilnehmer der mindgym-Übung dazu angeregt, einmal alles, was sie über Öffnungszeiten wissen, zu vergessen und über echte Alternativen nachzudenken. Die nächste Liste sah dementsprechend anders aus:

- Die ersten 15 Minuten jeder Stunde.

- Nur, wenn 20 Leute anstehen.

- Nur, wenn die Leute Wasser dabeihaben.

- Nur, wenn die Leute rote Sachen anhaben.

- Nur, wenn die Hälfte der Gruppe unter zehn Jahren ist.

- Nur für Gruppen mit sechs Leuten.

- Nur für Leute mit einem Beutel Erdnüsse.

- Nur, wenn keiner da ist.

- Nur bei Vollmond.

- Nur in Monaten mit einem »r«.

Diese Öffnungszeiten führten dann wirklich zu zündenden Ideen. Wenn wir nur bei Vollmond öffnen, spannen sie aufgeregt weiter, wie wär's dann mit einem Surfwettbewerb in Vollmondnächten (die Gruppe schlug vor, das »Nacht-Surfari« zu nennen)?

Ein Fan von Manchester United schlug vor, nur diejenigen einzulassen, die rote Sachen wie die Manchester-Fußballkluft trugen. Die dürften dann ins Fußballmuseum oder in ausgewählte Bars. Großer Beliebtheit erfreute sich auch die Idee mit den ersten 15 Minuten jeder Stunde, weil man dadurch den Andrang innerhalb der Touristenattraktion besser in Griff bekäme und die Besucher besser durchschleusen könnte.

Bei all diesen Übungen geht es letztendlich nur darum, sich einmal von der vertrauten Sicht der Wirklichkeit zu lösen und auf diese Weise auf Ideen zu kommen, die auf den ersten Blick vielleicht etwas verschroben wirken, aber definitv anders sind und durchaus auch überzeugen können.

4 Ich bin der Fachmann

Manchmal stehen uns auch unser Vorwissen oder unsere Sachkenntnis im Weg, wenn es darum geht, neue Lösungen zu finden. Nur allzu oft verleiten sie uns dazu, eine bestimmte Fragestellung voreingenommen zu betrachten. Hier nur ein Beispiel:

Eine Gruppe erfahrener Zauberkünstler und eine Gruppe Zauberlehrlinge wurden jeweils gebeten, den Trick eines Zaubererkollegen zu beobachten, bei dem ein Ass mitten aus einem frisch gemischten Stapel Karten gezogen wird.

Nach dem Trick befragt, den der Zauberer anwendete, um das Ass zu ziehen, gaben die Experten lange, umständliche Erklärungen von sich, die vor allem etwas mit einer enormen Geschicklichkeit zu tun hatten. Die Zauberlehrlinge dagegen vermuteten einfach, dass der Stapel nur Asse enthielt – und hatten in diesem Fall Recht, während den Superzauberern einfach ihr Fachwissen im Weg stand.

Dann ist da noch die Geschichte der älteren Jungen, die ein kleineres Kind damit aufzogen, dass sie ihm eine 50-Cent- und eine 1-Euro-Münze anboten und ihm sagten, es dürfe sich eine davon aussuchen. Das Kind

Kreativität in der Welt der Erfinder: Die Rolle von Außenseitern

Viele Erfindungen, die für uns heute selbstverständlich sind, hatten die seltsamsten Entstehungsgeschichten. Hier nur ein paar Beispiele:

- **Der Deoroller**
  Das erste Deodorant wurde 1888 in Philadelphia erfunden, aber der erste Deoroller kam erst in den 1950er-Jahren auf den Markt. Was war der Auslöser? Ein Kugelschreiber: Ein aufgeweckter Angestellter vermutete, dass das Prinzip, nach dem die Tinte gleichmäßig fließt, auch auf Deodorants übertragen werden kann.

- **Die Mikrowelle**
  Diese Erfindung war ein Nebenprodukt der Radarforschung während des Zweiten Weltkrieges. Bei Versuchen mit Magnetotronen (Vakuumröhren, die Mikrowellen aussenden) stellte der Ingenieur Percy LeBaron Spencer fest, dass die Schokolade in seiner Tasche geschmolzen war. Nachdem er herausgefunden hatte, dass die Mikrowellen die Ursache waren, experimentierte er damit herum und entdeckte, dass man mit Mikrowellen nicht nur Essen kochen kann, sondern das auch noch viel schneller als mit einem normalen Herd.

- **Die Alcopops**
  Sie entstanden, weil ein australischer Farmer einen Großteil seiner Zitronenernte wegwarf, weil die Zitronen nicht die richtige Größe hatten. Anstatt sie verrotten zu lassen, nahm sich ihrer ein Nachbar an, der Brauer war. Er mischte sein Brauwissen mit einem Familienrezept für Limonade – und der »Two Dogs«-Zitronendrink war geboren!

nahm immer die 50-Cent-Münze, »weil die Zahl darauf höher ist«, und wurde ausgelacht. Dieses Spiel spielten sie immer und immer wieder, und jedes Mal wählte das Kind die 50-Cent-Münze. Selbstverständlich wurde es jedesmal wieder aufs Neue ausgelacht.

Ein Lehrer beobachtete die Szene, hatte Mitleid mit dem Kind und fragte: »Weißt du eigentlich, dass eine 50-Cent-Münze mehr wert ist als eine 1-Euro-Münze?«

»Natürlich.«

»Aber warum nimmst du dann immer die 50-Cent-Münze?«, fragte der Lehrer.

»Weil mir die anderen, wenn ich den Euro nehme, in Zukunft gar kein Geld mehr anbieten werden.«

Die älteren Jungen und der Lehrer hatten die »Expertenbrille« auf. Sie wissen, dass eine 1-Euro-Münze mehr wert ist als eine 50-Cent-Münze. Aber das Kind hat diese Brille abgenommen und kann die Situation ganz anders sehen. Mit dem Ergebnis, dass es ganz schön abkassiert!

Expertenbrillen kommen ins Spiel, wenn wir glauben, über ein exklusives Wissen zu verfügen und die Dinge dadurch besser sehen zu können als andere Menschen ohne dieses Spezialwissen. Diese Annahme kann natürlich oft richtig sein, sich aber auch manchmal rächen.

5 »Ist« und »könnte«

Schauen Sie sich das folgende Bild an – was sehen Sie?

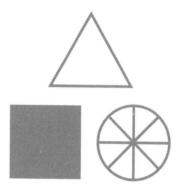

Manche sehen »ein Dreieck, ein gefülltes Quadrat und einen Kreis mit Linien« oder »drei geometrische Formen«. Andere sehen »einen Traktor an einem sonnigen Morgen«, »einen Satz Kinderbausteine«, »ein Clowngesicht« oder »Fenster eines Bühnenbilds für ein Kinderstück«.

Wer kreativ werden will, darf die Dinge nicht zu wörtlich nehmen bzw. zu sehr an dem kleben, was er unmittelbar sieht. Sie haben vorhin kein Clowngesicht gesehen? Macht nichts, denn darum geht es nicht. In Bezug auf die Kreativität gibt es kein Richtig oder Falsch. Es geht nur darum, die Dinge anders zu sehen, sich ein Bild anzuschauen und vorzustellen, was es sein könnte, anstatt was es tatsächlich ist. Eine solche Herangehensweise kann unserem Denken eine völlig neue Richtung geben.

Wie lauten die drei Zahlen, die die folgende Zahlenreihe korrekt fortführen: 1, 8, 15, 22, 29, 5? Wir können viel Zeit darauf verwenden, die Logik hinter der vermeintlichen Zahlenreihe zu entschlüsseln, werden aber nicht weit damit kommen. Was könnten die Zahlen sonst noch sein?

Man könnte sie sich auch als senkrecht verlaufende Zahlenspalte statt als Zahlenreihe vorstellen. Und die Zahlen könnten nicht als absolut wahrgenommen werden, sondern nur als Symbol für etwas anderes.

Wenn Sie immer noch nicht wissen, wie die nächsten drei Zahlen lauten müssen, schreiben Sie sie einfach mal untereinander. Dann legen Sie in Gedanken ein Raster darüber und ergänzen die Zeilen mit den fehlenden Zahlen.

An was erinnert Sie das? An einen Kalender? Die nächsten drei Zahlen lauten 12, 19 und 26. Die Zahlen stehen für die jeweils gleichen Wochentage in den Monaten mit 31 Tagen; in dem hier aufgeführten Beispiel sind es vielleicht alle Montage oder Dienstage der Monate Januar und März.

Bei Kindern kann man diese »Könnte-statt-ist«-Kreativität oft beobachten. Sie sind unvoreingenommen und haben auch keine so große Angst, etwas falsch zu machen (es gibt kein »falsch«). Ein Zweig wird zum Flugzeug, das Wasser aus dem Gartenschlauch ein Bergbach, das Loch in der Wand zu einer dunklen, gefährlichen Höhle, die Blütenblätter einer Blume zu einem verborgenen Schatz.

Wenn wir so vorgehen, kann das für uns nur von Vorteil sein. Richard James war ein amerikanischer Marineingenieur, der an einem System arbeitete, wie man die Ausrüstung auf Schlachtschiffen mit Hilfe von Spiralfedern abstützen kann. Als ihm eines Tages eine dieser Federn auf den Boden fiel und gar nicht mehr aufhörte, sich zu bewegen, hatte Richard James eine Idee: Diese ewig zappelnde Feder würde ein prima Kinderspielzeug abgeben. Das Ergebnis? »Slinky«, eine Spirale, die Treppen hinuntersteigen kann – und ein sehr reicher Marineingenieur.

Nehmen Sie irgendeinen Gegenstand, der gerade vor Ihnen liegt. Was ist das? Was könnte es sein?

(Wie Sie Bilder, Geräusche, Gerüche und Worte nutzen können, um kreativ zu werden, erfahren Sie im Kapitel »Kreativität für Freidenker« auf Seite 270.)

Bahn frei für kreatives Denken!

Wissen wir erst mal, welche Brillen wir aufhaben und wie sie unsere Denkweise beeinflussen, können wir sie auch relativ einfach absetzen. Das Schwierigste ist, sie überhaupt zu bemerken. Die am häufigsten vorkommenden Brillen, die uns am kreativen Denken hindern, haben wir soeben kennengelernt. Schon allein dadurch müssten wir eigentlich leichter bemerken, ob und welche wir gerade tragen.

Manchmal reicht das aber nicht. Für diesen Fall können Ihnen die vier Methoden auf der nächsten Seite helfen, zu erkennen, welche Brille derzeit aktuell ist und wie man sich ihrer entledigt.

- Formulieren Sie die Fragestellung oder das Thema einmal anders. Stellen Sie sich beispielsweise vor, dass Sie die Aufgabe jemandem erklären müssen, der nicht so gut Deutsch kann. Dabei achten Sie auf Annahmen, die Sie automatisch machen, die aber nicht stimmen müssen.

- Betrachten Sie die Antworten, die nicht weiterhelfen, und fragen Sie sich, warum das so ist. Wenn wir wissen, warum Ideen nicht funktionieren, fallen uns eher Alternativen ein.

- Bleiben Sie bei der Fragestellung. Es hilft zwar, sie auf gewisse Voreingenommenheiten hin zu überprüfen, reicht aber in aller Regel nicht aus. Haken Sie nach, legen Sie jedes Wort auf die Goldwaage, untersuchen Sie seine Bedeutung und finden Sie Alternativen.

- Setzen Sie eine neue Brille auf. Versetzen Sie sich mal in die Lage anderer Menschen: Wie würde ein Arzt das Problem sehen? Und wie jemand, der noch nie mit so etwas zu tun hatte?

Die nächsten Kapitel enthalten zahlreiche Methoden, die noch anspruchsvoller sind. Sie zeigen uns, wie wir die veschiedenen Brillen abnehmen oder wechseln können, bereiten uns auf die verschiedensten kreativen Herausforderungen vor und legen uns mehrere Denkweisen dar. Aber im Grunde gilt: Kreativität muss nicht kompliziert sein.

Wenn wir die Welt durch eine rosa Brille sehen, brauchen wir uns nicht wundern, dass alles rosa ist. Das kann ganz schön sein, aber wenn wir kreativ sein wollen, müssen wir uns dessen bewusst werden und die rosa Brille abnehmen. Ähm, wo hab ich sie jetzt gleich wieder hingelegt?

Workouts

NACHMACHEN

Finden Sie heraus, zu welcher Brille Sie die folgenden sechs Denksportaufgaben verleiten. Setzen Sie sie ab und lösen Sie die Aufgabe.

1. Wie lauten die nächsten drei Zahlen dieser Reihe? 1 0 1 1 1 2 1 2?

2. In einem Raum sind drei Glühbirnen, auf der anderen Seite einer dicken Tür drei Lichtschalter. Von den Schaltern aus können Sie keine der Glühbirnen sehen. Sie dürfen den Raum nur einmal betreten. Wie finden Sie auf Anhieb heraus, welcher Schalter für welche Glühbirne ist?

So helfen Sie Ihrer Kreativität auf die Sprünge

Für Kreativität gibt es keine Regeln. Doch diese fünf Anregungen machen es wesentlich wahrscheinlicher, auf frische, innovative Ideen zu kommen.

1. Die Masse macht's. »Die beste Art, einen guten Einfall zu haben, ist, viele davon zu haben«, bemerkte einmal der zweifache Nobelpreisträger Linus Pauling. Wenn es um Kreativität geht, ist mehr besser. Einerseits, weil wir nie wissen, wann wir auf etwas wirklich Gutes stoßen, andererseits, weil wir aufgrund der schieren Menge schon dazu gezwungen sind, weiträumiger zu denken.

2. Kein Bewerten und Beurteilen. Geben Sie Ihren Einfällen eine Chance und lassen Sie sie erst einmal so stehen. Das ist das Allerschwierigste. Sobald uns irgendein verrückter Einfall kommt, verwerfen wir ihn auch schon wieder als, na ja, absurd. Alle Einfälle sind gute Einfälle, denn in dem Augenblick, in dem wir sie haben, wissen wir noch gar nicht, wofür wir sie gebrauchen können.

3. Aufschreiben. Schreiben Sie alle(!) Ideen, die Sie haben, auf. Sonst sind Sie hinterher nur damit beschäftigt, sich an das zu erinnern, was Sie sich bereits gedacht haben. Außerdem können Sie so gleich damit fortfahren, sich noch mehr auszudenken!

4. Denken Sie zielorientiert. Ziellose Kreativität ist und bleibt ziellose Kreativität. Wenn Sie Ihren Gedanken eine bestimmte Richtung geben, erhöht das die Chancen gewaltig, nicht nur auf etwas Originelles zu kommen, sondern auch auf etwas Sinnvolles.

5. Lieben Sie halbe Antworten. Geistesblitze beruhen oft auf früheren Einfällen, die man mochte, aber nie zuende gedacht hat. Mehrdeutigkeit ist gut. Verwerfen Sie keine Teillösungen, denn sie führen oft zu Antworten, aber leider in der Regel nicht sofort.

3. Eine Frau hat fünf Kinder, die Hälfte davon ist männlich. Ist das möglich? Wenn ja, wie?

4. Eine Frau ohne Führerschein transportiert Gemüse gegen die Einbahnstraße und biegt am Ende links ab, obwohl ein Verkehrsschild das verbietet. Ein Polizist beobachtet sie, ohne einzuschreiten. Warum?

5. Wie lautet der nächste Buchstabe in dieser Folge: W, L, D, N, B, I, D?

6. In einem Fass ohne Deckel ist etwas Wein. Wie finden Sie ohne Messinstrumente und ohne Wein aus dem Fass zu nehmen heraus, ob das Fass mehr oder weniger als halbvoll ist?

Die Lösungen finden Sie auf Seite 304f.

SELBER MACHEN

1 Nehmen Sie ein leeres Blatt Papier. Schreiben Sie ein paar Minuten lang so viele Transportmittel auf wie möglich. Erst, wenn Sie das Gefühl haben, dass Ihnen wirklich nichts mehr einfällt (aber wirklich erst dann!) lesen Sie weiter.

Wie kreativ waren Sie?
Fahrräder in verschiedenen Farben – das ist doch nicht Ihr Ernst, los, fangen Sie nochmal von vorn an!
Kitesurfen; Hüpfball – schon besser, aber das ist den meisten anderen auch eingefallen.
Fliegender Teppich; Raumschiff Enterprise; Zeitmaschine – nicht schlecht, das geht schon in die richtige Richtung, aber Sie engen Ihr Denken durch Ihre Interpretation der Fragestellung immer noch zu stark ein.
Lesen Sie sich nochmal die Aufgabenstellung durch. Welche Ihrer stillschweigenden Voraussetzungen erkennen Sie jetzt? Um was geht es demnach bei dieser Frage oder vielleicht auch nicht?
Wenn Ihnen das nicht weiterhilft, blättern Sie auf Seite 305.

2 Nehmen Sie ein neues leeres Blatt. Zeichnen Sie einen Punkt in die Mitte eines großen Kreises, ohne den Stift abzusetzen.
Es gibt mehrere Lösungen. Wenn Sie erst einmal merken, welche Brille Sie aufhaben (in diesem Fall wird es höchstwahrscheinlich die Realitätsbrille sein), wird es Ihnen viel leichter fallen, die Aufgabe zu lösen.

Wenn Ihnen das ebenfalls nicht weiterhilft, blättern Sie wieder auf Seite 305.

(R) Kreativität für logische Denker

»Ich wäre gern kreativ, aber ich bin es einfach nicht!«, sagt Martin, ein Teilnehmer einer unserer Workshops. Als wir wissen wollten, woran man einen kreativen Menschen erkennt, zögerte er nicht lange: »An seiner Extravaganz und seinen langen Haaren.«

Martins Ansicht, wie ein kreativer Mensch aussieht und sich verhält, ist weitverbreitet, aber falsch. Er beschrieb keinen kreativen Menschen, sondern dessen Karikatur. Kreative Menschen können genauso gut aussehen wie der kurzhaarige Martin mit Hemd und Krawatte – ganz normal eben!

In diesem Kapitel lernen wir, was Menschen, die eher logisch denken, tun müssen, um auf kreative Ideen zu kommen. Es zeigt Ihnen zwei Methoden, die bei logischen Denkern nachweislich besonders gut funktionieren. Und zwar ohne, dass sie ihre Vernunft aufgeben müssen.

Die schwierigste Herausforderung für logische Denker, die kreativ werden wollen

Wer eher logisch denkt und gern kreativ wäre, hat einen natürlichen Vor- und einen natürlichen Nachteil. Die größte Stärke dieser Menschen ist die Fähigkeit, in Prozessen zu denken, was ihnen einen Vorteil gegenüber jenen verschafft, die weniger strukturiert denken. Die größte Gefahr ist die Freude am ständigen Abwägen und Bewerten, was in vielen Fällen sinnvoll ist, aber der Kreativität im Wege steht. Die größte Herausforderung besteht darin zu lernen, dieses instinktive Abwägen zu unterdrücken. Haben wir einen Einfall, kann es sein, dass er uns gefällt, aber noch wahrscheinlicher haben wir etwas daran auszusetzen. Wenn wir kreativ sein wollen, gilt es dieser Versuchung zu widerstehen. Aber wie? Hier ein paar Tipps und Techniken, die Ihnen weiterhelfen:

1 Setzen Sie sich ein Zeitlimit, wie lang Sie nach neuen Ideen suchen möchten. In dieser Phase entspannen Sie sich, denn bewerten können Sie die Ideen anschließend immer noch. Logische Denker fahren besser damit, wenn sie die Bewertungsphase zeitlich planen können, anstatt sie auf unbestimmte Zeit vor sich her zu schieben.

2 Vergessen Sie nicht, dass kreative Ideen keinerlei Risiko bergen. Riskant wird es erst bei der Bewertung und Umsetzung. Jede Idee, die Ihnen beim Brainstorming kommt, können Sie später wieder verwerfen. Es kann also wirklich nicht das Geringste schiefgehen!

Wo sitzt hier das Genie?

3 Schreiben Sie alles auf, was Ihnen einfällt (oder sprechen Sie es laut aus, wenn andere dabei sind). Was Ihnen jetzt noch lächerlich vorkommt, kann später der Auslöser für einen genialen Einfall sein!

4 Reservieren Sie sich Zeit, in der Sie nur Ideen sammeln. Verzichten Sie darauf, diese Ideen zu bewerten. Man kann ja bis zum Abpfiff auch nie sagen, wer ein Fußballspiel gewinnen wird. Erst danach dürfen Sie überlegen, ob Ihnen etwas Gutes eingefallen ist (und selbst dann können Sie es eigentlich noch nicht so genau sagen).

5 Ertappen Sie sich doch dabei, Ihre Ideen vorschnell zu bewerten, bestrafen Sie sich: Sie könnten sich beispielsweise verpflichten, in den nächsten 30 Sekunden drei weitere Ideen zu haben.

6 Zeitdruck: Zu viel davon ist ungesund, aber etwas Druck kann nicht schaden, denn so bleibt Ihnen weniger Zeit, Ihre Ideen zu bewerten.

7 Die Fülle Ihrer Ideen ist der Maßstab, nach dem Sie Ihre Kreativität bewerten sollten – nicht deren Qualität.

Ideen zu sammeln, ohne diese gleich zu be- oder verurteilen, kann anfangs besonders schwerfallen. Sie müssen schon ein wenig üben, um sich daran zu gewöhnen.

Methode 1: Groteske Gegensätze

Gegensätze ziehen sich an. Jede Aktion verlangt nach einer angemessenen Gegenreaktion. Helden haben ihre Feinde, Yings ihre Yangs, jeder John McEnroe seinen Björn Borg, jeder Stoiber seine Merkel: Alles hat zwei Seiten.

Genau so funktioniert auch die folgende Kreativtechnik. Mit ihrer Hilfe gehen Sie erst den normalen, konventionellen Weg und nutzen anschließend das Gegenteil davon als Sprungbrett zu einer ganz anderen, neuen Lösung. In der Welt des Fußballs würde man das folgendermaßen ausdrücken: Sie haben einen klassischen Mittelstürmer (groß, stark, super Kopfballer) sowie einen eher unorthodoxen Stürmer (klein, kreativ, immer für eine Überraschung gut).

Neudefinition des Begriffs »Gegensatz«
Der Kern dieser Kreativitätsmethode besteht im (Er)finden von Gegensätzen. Das scheint auf den ersten Blick ganz einfach zu sein, wenn wir nur die herkömmliche Definition von »Gegensatz« in Betracht ziehen. Im Folgenden finden Sie drei Beispiele, die anderen drei ergänzen Sie bitte selbst:

Konventionell	Gegensatz
schwarz	weiß
reich	arm
groß	klein
hoch	
früh	
Tag	

Ihre Aufgabe besteht nun darin, so viele Gegensätze wie möglich zu finden. Dabei hilft es Ihnen natürlich, wenn Sie nicht nur das unmittelbare Gegenteil notieren, sondern sich Alternativen zu den vorgegebenen Begriffen ausdenken. Das unmittelbare Gegenteil von schwarz mag weiß sein, doch wenn es um Geld geht, schreiben Sie entweder schwarze oder rote Zahlen. Und genau darum sollen Sie in dieser Phase nichts bewerten.

Bitte behalten Sie stets im Hinterkopf, dass wir diese Methode einsetzen, um kreativ und nicht um analytisch zu denken. In der Tabelle auf der nächsten Seite haben wir die obigen Beispiele weitergesponnen (und auch noch Platz für Ihre eigenen Ideen gelassen).

Konventionell	Gegensatz
schwarz	weiß, rot, gelb, hell
reich	arm, wohlhabend, bequem, angesehen, schlau, großzügig, untertrieben, unfruchtbar, einfach, leicht, ernsthaft
groß	klein, lang, stark, winzig, mikroskopisch, gigantisch, weit, eng, wahr
hoch	
früh	
Tag	

Noch krassere Gegensätze finden Sie etwas weiter hinten in diesem Kapitel.

Diese Methode funktioniert für einzelne Begriffe schon ganz gut, hilft uns aber ansonsten nicht groß weiter. Ihre Stärke zeigt sich erst, wenn wir mehr als nur einen Bestandteil haben, mit dem wir spielen können. Stellen Sie sich vor, Sie überlegen, wohin Sie in Urlaub fahren wollen, möchten ihn aber nicht wieder auf einer Schweizer Berghütte verbringen. Jetzt hat die Gleichung zwei Variablen, nämlich Schweiz und Berghütte. Wir können also entweder nach dem Gegenstück zur Schweizer Berghütte suchen oder nach dem Gegenstück zur Schweiz sowie zur Berghütte:

Konventionell	Gegensatz
Schweizer Berghütte	Sylter Kate, italienische Villa, holländische Windmühle, französisches Schloss, Abenteuer am Meer (Wale)

Auf diese Weise kommen wir auf zahlreiche interessante Möglichkeiten – vorausgesetzt wir verzichten während des Ideenfindungsprozesses auf jede Form von Bewertung. Noch einmal: Der Sinn dieser Übung besteht darin, auf Neues zu stoßen und nicht eine vollständige Liste unmittelbarer Gegensätze zu erstellen.

Gegensätze mitdenken – Der Prozess
Nachdem wir nun wissen, wie wir kreativ auf Gegensätze kommen, hier nun einige Schritte, wie man aus dieser Methode das Meiste herausholt:

1 Das Ziel muss allen klar sein (zum Beispiel: in Urlaub fahren).

2 Machen Sie zuerst ein Brainstorming, bei dem Sie das Nächstliegende auflisten, also konventionelle Ideen wie beispielsweise den Vorschlag, wieder eine Schweizer Berghütte zu mieten.

3 Anschließend haben Sie den Kopf frei, sich Gegensätze dazu auszudenken wie beispielsweise Sylter Kate, italienische Villa, französisches Schloss usw.

Und nicht vergessen: Ihre Ergebnisse bewerten Sie bitte erst hinterher!

Sich die Butter aufs Brot verdienen – Die Geschichte von der gefüllten Pizza

Haben Sie je darüber nachgedacht, wie Ideen für Produkte entstehen, die wir tagtäglich benutzen?

Nehmen wir mal an, Sie sollen einen neuen Pizzatyp kreieren. Wenn Sie die Methode »Groteske Gegensätze« verwenden, hat Ihre Tabelle anfangs vielleicht so ausgesehen:

Konventionell	Gegensatz
neuer Belag	
andere Größe	
anderer Preis	

So weit, so gut. Was aber sind die Gegensätze zu diesen konventionellen Ideen? Das Ergebnis könnte in etwa so aussehen:

Konventionell	Gegensatz
neuer Belag	alter Belag, kein Belag, alter Belag in der Kruste, auf der Pizzaunterseite, Belag mit Früchten
andere Größe	andere Form (quadratisch, rechteckig), Verkauf als eine Einheit, nach Metern, in Stücken, die zusammen ein Ganzes ergeben
anderer Preis	Preis nicht mehr abhängig vom Belag: Einheitspreis, Preis abhängig von - der Tageszeit, - der Zahl der gekauften Pizzen, - Teigmantel, - der Kundentreue (d. h. beim Kauf von fünf Pizzen sinkt der Preis, beim Kauf von zehn sinkt er weiter)

Diese Ergebnisse würde man jetzt bewerten, zum Beispiel nach Kriterien wie: Gibt es dafür einen Markt oder geeignete Vertriebskanäle usw.? Und plötzlich kommen Sie auf die Idee einer Pizza mit gefüllter Kruste, die im Tiefkühlregal von Supermärkten erhältlich ist.

Wie eröffne ich ein Restaurant? Der Groteske-Gegensätze-Ansatz

Im mindgym-Workshop »Kreativität für logische Denker« sollten die Teilnehmer Ideen für ein neues Restaurant sammeln. Sie begannen mit den typischen konventionellen Ideen, basierend auf den Preisen, der Art des Essens, den Öffnungszeiten usw.

Die Preisfrage ist vielleicht nicht die allerspannendste, brachte aber die originellsten Einfälle hervor. Zu Beginn konzentrierte sich die Diskussion darauf, ob man Menüs oder Einzelgerichte anbieten sollte. Dann schlug jemand vor, man solle statt Fixpreismenüs doch lieber verschiedene Preise an verschiedenen Wochentagen anbieten: Warum die Preise an Montagen, wenn es ohnehin ruhiger zugeht, nicht reduzieren?

Jetzt, wo alle wild dabei waren, Unerhörtes, noch nie Dagewesenes zu denken, schlug einer der Teilnehmer vor, stattdessen dasselbe Essen zu verschiedenen Preisen am selben Tag anzubieten. Daraus ergab sich dann die Idee eines Restaurants in einem Bankenviertel, in dem die Preise für das Essen auf einer elektronischen Anzeigetafel angezeigt werden und je nach Angebot und Nachfrage steigen oder sinken. Jeder Tisch verfügt über ein elektronisches Gerät, in das die Gäste ihre Bestellungen eingeben können und das die jeweils aktuellen Preise anzeigt. Soll ich meinen Pudding jetzt schon bestellen oder warten, weil er vielleicht billiger wird? Das ist auch für das Restaurant praktisch, weil es seine Vorratshaltung besser planen, die Preise von »Küchen«hütern senken und die von Mahlzeiten, die gerade ausgehen, anheben kann. Außerdem spart es sich das Geld für Kellner, weil Bestellung und Rechnung automatisch erfolgen. Zusätzlich könnte man noch einen Loyalitätsfaktor einführen: Kommen Kunden mehr als einmal pro Woche, gewährt man ihnen einen Rabatt aufs Essen, womit man die Gäste dazu ermuntert, öfter hier zu essen.

An den Haaren herbeigezogen? In Paris existiert eine Bar namens Footsie, die nach einem ganz ähnlichen Prinzip funktioniert: Die Barpreise fallen und steigen je nachdem wie viele Leute gerade einen bestimmten Drink bestellen. Dazu ein Reiseführer: »Die Idee ist so gut, dass man sie direkt an die Börse bringen müsste!« Wenn man von etwas derart Banalem wie der Preisgestaltung auf ein so geniales Konzept kommt – worauf kommt man dann, wenn man erst über die Einrichtung nachdenkt?

JETZT SIND SIE DRAN!

Füllen Sie die Tabelle auf der nächsten Seite aus:

- Was ist Ihr Ziel?

- Welche normalen/konventionellen Ideen fallen Ihnen dazu ein?

- Was sind die Gegensätze/Alternativen zu diesen Ideen?

Ziel:

Konventionell	Gegensatz

Und? Wie ist es gelaufen?

Die meisten sind überrascht, sowohl was die Menge an Ideen angeht, auf die sie mit dieser Methode kommen, als auch was deren Vielfalt anbelangt. Es gibt jedoch auch ein paar Schwierigkeiten, die Anwender häufig mit dieser Methode haben. Wir haben sie Ihnen auf dieser und der nächsten Seite aufgelistet, zusammen mit Vorschlägen, was Sie dagegen unternehmen können.

Vor- und Nachteile

Der Hauptvorteil der Methode »Groteske Gegensätze« ist, dass sie sich leicht anwenden lässt und die verschiedensten Ideen hervorbringt. Der Nachteil besteht darin, dass unsere Ideen zu eng mit unseren anfänglichen Überlegungen verbunden sind und wir uns nicht weit genug von unseren herkömmlichen Ideen entfernen.

Problem	Lösung
Mir sind nur direkte Gegenteile eingefallen, aber keine echten Alternativen.	Das kommt oft vor. Wenn Leute beispielsweise auf die konventionelle Lösung »Belag« kommen, glauben sie, dass der Gegensatz »ohne Belag« ist. Nehmen Sie das Wort »Gegensatz« nicht allzu wörtlich. Denken Sie darüber nach, in welchem breiteren Kontext sich die konventionelle Antwort befindet, und suchen Sie nach Gegenstücken zu all diesen Begriffen. Um beim Beispiel der »Schweizer Berghütte« zu bleiben: Hier wäre das genaue Gegenteil »keine Schweizer Berghütte«. Sehe ich aber die Berghütte als Teilbestandteil, kann das Gegenstück alles Mögliche sein – von der Windmühle über die Villa bis hin zum Loch im Boden.
Alle Ideen taugen nichts.	Na ja, so ist das nun mal mit der Kreativität. Wenn Sie jedes Mal sofort eine geniale Idee haben, ist sie vielleicht gar nicht so genial oder unterscheidet sich kaum von Ihren vorherigen Ideen. Halten Sie durch! Versuchen Sie es später noch einmal, verwenden Sie eine andere Kreativitätsmethode oder versuchen Sie, Ihr Ziel aus einer anderen Perspektive anzuvisieren.

Problem	Lösung
Alle Ideen sind sich ähnlich.	Sehen Sie sich Ihre Gegensätze nochmal an. Haben Sie auch wirklich jeden Teilbestandteil (zum Beispiel »Schweiz« und »Berghütte« und nicht nur »Schweizer Berghütte«) berücksichtigt? Noch besser ist es, wenn Sie Ihre Idee konkretisieren (ein neuer Belag in der Mitte der Pizza). Dann kommen Sie schnell auf verschiedene Vorschläge. Alternativ dazu können Sie auch noch eine andere Methode anwenden – lesen Sie weiter!
Es war schwierig, auf konventionelle Einfälle zu kommen.	Dann haben Sie wahrscheinlich falsch angefangen: Brainstormen Sie erst ohne Ihre »Kreativitätsbrille«, um konventionelle Ideen zu sammeln. Erst danach überlegen Sie sich groteske Gegensätze dazu.
Zu viele Alternativen zu den konventionellen Ideen.	Na, Ihr Problem möchten wir haben! Versuchen Sie, die Ideen irgendwie zu ordnen. Überlegen Sie, nach welchen Kriterien Sie sie bewerten könnten. Wieder das Urlaubsbeispiel: Eines der »must have«-Kriterien könnte hier »viel Komfort« lauten. Jetzt könnten Sie Ihre Ideenliste durchgehen und überflüssige Vorschläge eliminieren.

Ein Blick zurück

Hier einige Gegensätze (oder Alternativen) zu unserem Beispiel von Seite 261. Keiner davon ist falsch oder richtig – es handelt sich dabei nur um Vorschläge!

Konventionell	Gegensatz
hoch	niedrig, kurz, entfernt, nah, Boden, Keller, depressiv, geradeaus, frisch
früh	spät, frühreif, unendlich, lang, zuerst, zuletzt, durchschnittlich, abends, danach
Tag	Nacht, Woche, Monat, Jahr, Jahrhundert, bei Nacht, Stunde, Minute, Zeitlupe

Methode 2: Die morphologische Matrix

Das ist zugegebenermaßen ein ziemlich hässlicher Name für eine höchst elegante Kreativitätsmethode. Jeder hat sie schon einmal angewendet, egal, ob Philosoph, Autodesigner, Drehbuchautor. Sie funktioniert ganz

einfach: Zerlegen Sie ein Ziel in seine Einzelbestandteile, betrachten Sie jedes dieser Teile für sich und setzen Sie sie dann wieder neu zusammen.

Was die Anzahl der Ideen pro Sekunde angeht, wird die morphologische Matrix von keiner anderen Methode übertroffen.

Der Schlüssel zur Matrix
Wir möchten Keanu Reeves nur ungern zu nahe treten, aber wir haben den Schlüssel zur Matrix: Eigenschaften. Eigenschaften sind Bestandteile von Fragestellungen. Wenn es beispielsweise darum geht, Ideen für eine Überraschungsparty zu finden, könnte eine solche Eigenschaft das Motto sein, der Ort oder die Musik. Eine Eigenschaft oder ein Attribut ist etwas anderes als ein Merkmal. Wenn es also um die Eigenschaft »Ort« geht, könnten zwei Merkmale zutreffen: »Boot« und »auf dem Dach«.

Damit die Matrix-Methode funktioniert, müssen Sie den Unterschied zwischen Eigenschaften und Merkmalen genau kennen und dürfen beides nicht verwechseln.

Bleiben wir bei unserem Ziel, der Überraschungsparty. Wir wählen jetzt drei oder vier der besten Eigenschaften aus, etwa Kleidung, Ort und Musik. Dann schreiben wir unter diese Eigenschaften eine ganze Reihe von Merkmalen.

Kleidung	Ort	Musik
Wilder Westen	Boot	Streichquartett
U-Bahn	Dachterrasse	Jazzband
Filmstar	auf dem Land	DJ
Schule	Undergroundclub	Acoustic
etwas, das mit P anfängt	Lagerhaus	Pianist
jemand anders	Nobelhotel	Gospelchor
die Sixties	daheim	Abba-Imitatoren
mittelalterliches Bankett	am Meer	Bluesgitarrist
Toga	Lieblingsbar	Karaoke
Smoking	Schaufenster	Naturgeräusche

Dann nehmen wir aus jeder Spalte ein Merkmal und basteln uns daraus einen neuen Einfall. Zum Beispiel:

- Eine Wild-West-Party auf einer Dachterrasse mit einem Bluesgitarristen in der Ecke.

- Eine Togaparty in einem Schaufenster mit einem Gospelchor im Hintergrund.

- Jeder verkleidet sich als etwas, das mit P beginnt, in einem Nobelhotel mit einem Pianisten am Flügel.

Mit nur zehn Merkmalen zu je zehn Eigenschaften verfügen wir bereits über 1000 mögliche Kombinationen oder Ideen für unser Ziel. Noch eine Eigenschaft mehr, und wir haben 10 000 Möglichkeiten. Und wir können außerdem sicher sein, so auf Ideen zu stoßen, auf die wir sonst garantiert nie gekommen wären. Professionelle Partyveranstalter können jetzt ihren Partyhut nehmen und gehen.

SIE SIND DRAN!
Überlegen Sie sich ein Ziel oder ein Problem, mit dem Sie sich momentan beschäftigen. Das Ziel formulieren Sie am besten als Frage oder Aussage, zum Beispiel: »Wie können wir unser Wohnzimmer einrichten?« oder »Ideen, unser Wohnzimmer einzurichten«. Zielformulierungen helfen Ihnen nicht weiter, wenn sie zu detailliert sind oder nur mit »Ja« oder »Nein« beantwortet werden können (»Sollten wir das Wohnzimmer neu einrichten?«).

Welche Eigenschaften hat Ihr Ziel? In unserem Fall mit dem Wohnzimmereinrichten wären »Liegestühle« beispielsweise keine Eigenschaft, sondern ein Merkmal innerhalb einer Eigenschaft (Möbel).

Wählen Sie die besten Eigenschaften aus. Das kann alles sein, angefangen von der interessantesten bis hin zu der Ihrem Ziel am dienlichsten Eigenschaft. Nehmen Sie so viele Eigenschaften, wie Sie möchten (denken Sie daran, dass Sie auch noch eine Liste mit Merkmalen dazu erstellen müssen), aber nicht weniger als zwei. Für den Anfang reichen drei oder vier Eigenschaften.

Es folgt ein Brainstorming zu jeder Eigenschaft. Bearbeiten Sie eine Eigenschaft nach der anderen und versuchen Sie, so viele Merkmale wie möglich zu finden.

Ziel:

Eigenschaft 1	Eigenschaft 2	Eigenschaft 3

Im Anschluss kombinieren Sie die Merkmale miteinander zu Ideen, die Ihnen ganz besonders gut gefallen, und bewerten sie.

Moment mal! Denken Sie nun logisch oder kreativ? Das ist in diesem Fall ein und dasselbe. Eine Denkart schließt die andere nicht notwendigerweise aus – im Gegenteil, sie ergänzen sich. Und am besten ist es, wenn beide miteinander kombiniert werden. Elementar, mein lieber Watson!

⑤ Kreativität für Freidenker

In seinem oscarprämierten Film Bowling for Columbine besucht Michael Moore eine amerikanische Bank, in der jeder, der ein Konto eröffnet, ein Gratisgewehr erhält. Diese Szene ist typisch für seine Art von Realsatire. Am anderen Ende der Humorskala liegt der Monty-Python-Klassiker Die Ritter der Kokosnuss. In einer Szene wird der Held von Rittern aufgehalten, die ihn mit »Ni!« grüßen. Er darf erst weiterziehen, wenn er ihnen eine Strauchrabatte holt. Zwei Filme, die beide weithin für ihren Witz bewundert werden, aber einen komplett anderen Humor haben.

Im vorigen Kapitel, »Kreativität für logische Denker«, haben wir uns dem Thema Kreativität sehr strukturiert und vernunftbetont genähert. Ein guter Ansatz, aber es gibt mehr als einen. Um sich die Kraft der Kreativität bestmöglich zunutze zu machen und auf noch mehr witzige und originelle Gedanken zu kommen, müssen wir auch unsere Intuition anzapfen. Um bei unseren Filmbeispielen zu bleiben: Wir müssen etwas weniger wie Michael Moore und etwas mehr wie Monty Python denken.

Auf du und du mit Kevin Bacon

In sechs Etappen zu Kevin Bacon war in den 1990ern ein beliebtes Filmstarspiel. Es basiert auf der Theorie des Wissenschaftlers Stanley Milgram, nach der jeder mit jedem um sechs Ecken herum irgendwie zusammenhängt. Bei dem Spiel ging es darum, irgendeinen beliebigen Filmstar mit dem Schauspieler Kevin Bacon in Verbindung zu bringen. Nehmen wir die Schauspielerin Carrie Fisher. Ihre Verbindung zu Kevin Bacon sieht folgendermaßen aus: Sie spielte in Krieg der Sterne zusammen mit Harrison Ford und der wiederum in Auf der Flucht mit Tommy Lee Jones; Tommy Lee Jones spielte mit Val Kilmer in Batman Forever und Kilmer war mit Robert De Niro gemeinsam in Heat zu sehen. De Niro wiederum stand in Sleepers gemeinsam mit, na wem wohl, vor der Kamera? Genau: mit Kevin Bacon.

So wie das Kevin-Bacon-Spiel unser Filmwissen nutzt, um zwei Schauspieler, die anscheinend nichts miteinander zu tun haben, miteinander zu verbinden, können auch wir zwischen zwei vermeintlich vollkommen ungleichen Dingen eine Verbindung herstellen.

Wir schlagen ein Wörterbuch auf, suchen uns nach dem Zufallsprinzip drei beliebige Substantive und versuchen, sie irgendwie miteinander zu verbinden. Zum Beispiel Elektrizität, Hering und einarmiger Bandit.

Wie lässt sich da bloß ein Zusammenhang herstellen? Schwierig, aber nicht unmöglich. Also: Ein einarmiger Bandit braucht Elektrizität, um zu funktionieren, und vielleicht hat das Design der Maschine ein Fischmotto, so dass Sie den Jackpot nur knacken, wenn Sie es schaffen, drei Heringe in eine Reihe zu kriegen. Oder aber es gab vielleicht mal einen mexikanischen Banditen mit nur einem Arm, der am liebsten auf seinem Elektroherd Heringe briet. Die Worte, um die es geht, liegen so weit auseinander, dass es uns mit logischem Denken nie gelungen wäre, sie miteinander zu verbinden. Das gelingt uns nur, wenn wir unseren Gedanken mehr Spielraum einräumen.

Grufti-Airbags

Bei einer unserer Kreativübungen sollten die Teilnehmer sich ein Produkt oder einen Service für Senioren ausdenken. Ein Vorschlag war, dass Menschen mit Osteoporose oder fragilen Knochen über ihrer Unterwäsche eine Vorrichtung mit einer Art Wasserwaage tragen könnten, die so etwas wie einen Auto-Airbag kontrolliert. Fällt derjenige hin, bläst sich der Airbag in Sekundenbruchteilen auf und sorgt so für eine weiche Landung anstatt für Knochenbrüche.

Die Idee wurde durch eine etwas unscharfe Abbildung von Rettungswesten ausgelöst.

Jetzt sind Sie dran. Versuchen Sie sich an folgenden Begriffen:

- Schraubenschlüssel, Taube, Artischocke

- Affe, Tür, Weltatlas

Diese Assoziationstechnik bringt Sie auf zufällige, unzusammenhängende »Eventuell«-Zusammenhänge und Einfälle. Dasselbe machen Jazzmusiker oder Komiker, wenn sie auf der Bühne improvisieren. Harald Schmidt etwa kann über ein beliebiges Thema sprechen und von da perfekt zu einem völlig anderen überleiten. Damit so ein freies Assoziieren überhaupt möglich wird, müssen wir unseren Gedanken gestatten, auf Wanderschaft zu gehen. Wir haben eine Zielvorstellung und kennen den Ausgangspunkt, aber wohin uns die Reise im Einzelnen führen wird, wissen wir nicht.

Das freie Assoziieren funktioniert ein wenig so, wie Worte (oder Filme) miteinander zu verbinden, die scheinbar nichts miteinander zu tun haben. Mit dem Unterschied, dass wir nur mit einem einzigen Wort beginnen und kein konkretes Endziel haben. Wir gehen von diesem einen Wort aus (oder von etwas anderem, das die Fantasie anregt, mehr dazu gegen Ende dieses Kapitels) und nutzen es, um zu dem Thema, worüber wir nachdenken wollen, kreative Einfälle zu produzieren. Gerade weil es keinen fixen Endpunkt gibt, können wir unsere Gedanken in alle möglichen Richtungen schweifen lassen. Und wenn wir nicht mehr weiterkommen oder uns langweilig wird, können wir jederzeit zu unserem Ausgangswort oder Schlüsselreiz zurückkehren und von Neuem beginnen.

Theorie ist gut, Praxis ist besser
Das klingt jetzt alles unheimlich kreativ, aber was hat das mit unserem Alltag zu tun? Hier ein Beispiel, wie Sie durch freies Assoziieren eine Lösung für eine echte Herausforderung finden:

Einem unserer besten Freunde gehört ein kleines Theater. Die Stücke sind fantastisch, nur leider kommt keiner, um sie anzusehen. In seiner Verzweiflung bittet uns unser Freund, ob wir etwas Zeit opfern könnten, um ihm mit ein paar originellen Ideen zu helfen, das Theater zu bewerben.

Konventionelle Lösungsansätze wären, das Theater ins Fernsehen, ins Radio oder in die Zeitung zu bringen bzw. all unseren Freunden davon zu erzählen. Doch wir entscheiden uns dafür, die Sache anders anzugehen: Wir wählen willkürlich drei Zahlen, 127, 16 und 6, die für die Seite, die Zeile und das Wort stehen sollen, nehmen das Skript des aktuellen Stückes zur Hand und stoßen auf das Wort »aus«.

Ach du Schande, werden Sie jetzt denken – das wird schwierig. Aber unser Ziel ist es ja, zu versuchen, dieses eine Wort mit anderen Gedanken zu assoziieren. Woran erinnert uns das Wort »aus«? Und wie könnte es uns dabei helfen, das Theater zu vermarkten?

Bei dem Wort »aus« denken wir spontan an Ausgänge, an denen wir Passanten ein Faltblatt aushändigen könnten: An U-Bahn-Ausgänge, Ausgänge von Fußballstadien, Ausgänge anderer Theater.

Aber wie steht's mit draußen oder im Freien? Warum sollten wir keine Open-Air-Aufführung machen, um Interesse zu wecken? Dadurch kommen wir auf Open-Golfturniere. Wie wär's mit einem Wettbewerb direkt nach dem Stück, bei dem man weitere Eintrittskarten gewinnen kann?

Freie Assoziationen à la Picasso

Man nehme einen Fahrradsattel, ein Lenkrad und hat was? Hm, keine Ahnung, würden wohl die meisten von uns sagen. Zwei Räder, einen Rahmen, eine Kette und einen Satz Bremsen ohne Fahrrad wäre eventuell die Antwort von ein paar ganz besonders Gewitzten. Aber daraus ein Kunstwerk zu machen, würde bestimmt niemandem einfallen – außer Pablo Picasso. Im Jahr 1943 fügte er Sattel (Kopf) und Lenkrad (Hörner) zusammen und schuf so seine berühmte Skulptur »Stierkopf«.

Zu »draußen« fallen uns Patienten ein, die ambulant behandelt werden und sich außerhalb einer Klinik aufhalten. Man könnte einen fünfminütigen Sketch im Wartezimmer aufführen, wo man immer dankbar für etwas Unterhaltung ist. Danach verteilen wir wieder Flyer.

Ein weiterer Gedanke wäre ein Ausflug – wir könnten das Stück mit einer thematisch ähnlichen Stadtrundfahrt oder Museumsführung verknüpfen und dafür günstige Kombitickets verkaufen.

Wie Sie sehen, haben wir uns ganz schnell von traditionellen Denkansätzen entfernt und kamen nur durch freies assoziatives Herumspielen mit unserem Ausgangswort auf jede Menge verschiedener Ideen. Wir haben es sogar geschafft, unsere internen Denkblockaden auszuschalten, also sämtliche Gedanken, Bedenken oder Voreingenommenheiten, die uns am kreativen Denken hindern. Und wir haben zu keiner Zeit auch nur einen einzigen unserer Einfälle bewertet oder über seine Praxistauglichkeit nachgedacht; das kann warten!

Stattdessen haben wir erst mal unsere kreativen Kräfte mobilisiert und eine breite Auswahl unverbrauchter Ideen gefunden.

Der Meister freier Assoziationen: B. A. Baracus

Es gibt eine TV-Serie namens *Das A-Team*, deren Actionhelden wahre Profis im freien Assoziieren sind. In jeder Episode kommt mindestens eine Schlüsselszene vor, in der die Chancen, eine Geisel zu retten, gleich null sind. In solchen Fällen braucht sich der Superheld B. A. Baracus bloß umzusehen, um das, was gerade zur Hand ist – egal ob Golfwägelchen, Rasenmäher oder Gießkanne – mit Hilfe eines Lötkolbens zu einem Panzer zusammenzuschweißen.

> ## Wuuuusch!
>
> Eine Pharmafirma wollte ein Mundpflegeprodukt für Kinder, die sich noch nicht selbst die Zähne putzen konnten, entwickeln. Auslöser für die zündende Idee war die Abbildung eines Blitzes (die bei den Entwicklern wiederum Sturmgeräusche heraufbeschworen). Ein Teil des Konzeptes bestand darin, einen unter Druck stehenden Behälter zu schaffen (so ähnlich wie die Dosen mit Schlagsahne), der aber mit Zahncreme gefüllt war. Die Creme selbst gab es in vielen verschiedenen Geschmacksrichtungen, und das Kauen dieser Masse reinigte Zähne und Zahnfleisch.

SIE SIND DRAN!

- **Suchen Sie sich eine Zielsetzung, die Sie kreativ angehen wollen.**
  Am besten formulieren Sie diese Zielsetzung als ein Problem, eine Möglichkeit oder als »Wie«-Frage. Geschlossene Fragen wie »Sollten wir zum Mond fliegen?« lassen Ihnen nur wenig Raum zum Kreativsein. Im Übrigen ist es am besten, wenn Sie direkte, unkomplizierte Ziele formulieren, wie »Ideen für eine großartige Party« oder »Einfache Möglichkeiten, wie ich mein Haus versetzen kann«. Sehr komplexe, widersprüchliche oder zu simpel formulierte Zielvorstellungen wie »Wege zum Weltfrieden« oder »Wie sollte ich diese Karotte essen?« haben in der Regel nur wenig Sinn – zumindest jetzt noch.

- **Notieren Sie ein paar von Ihren konventionellen Gedanken.**
  Es lohnt sich immer, ein paar konventionelle Einfälle aufzuschreiben. Erstens haben Sie sie damit erst mal aus dem Kopf (und wer sagt denn, dass konventionelle Ideen immer unbrauchbar sein müssen?) und zweitens haben Sie dann später Vergleichsmöglichkeiten.

- **Nun sehen Sie sich nochmal Ihre Problemformulierung oder Fragestellung an und verbinden diese mit Zufallsworten.**
  Versuchen Sie, auf Gedanken zu kommen, die das Wort mit Ihrer Zielsetzung verbinden (und denken Sie daran, frei und ungebunden zu denken und auch zwischen einzelnen Assoziationen Verbindungen zu knüpfen).

Aprikose
Kassettenrekorder
Katapult

Mein Katalog

In einem Kreativworkshop wurde den Teilnehmern die Aufgabe gestellt, etwas Neues für einen Bekleidungsversand zu entwickeln. Um auf Ideen zu kommen, ließen sie sich nicht von Worten, sondern von verschiedenen Gegenständen inspirieren. Der, zu dem ihnen am meisten einfiel, war ein Neoprenhandschuh. Von diesem Gegenstand kamen sie auf den Neoprenanzug und davon wiederum auf die Redensart »Das sitzt ja wie angegossen«. Daraus wurde dann die Idee entwickelt, dass die Kunden der Bekleidungsfirma ein Foto von sich sowie ihre Maße schicken sollen. Der Textilhändler – so war die Vision – würde seinen Kunden dann personalisierte Kataloge schicken können, in denen die Kunden selbst abgebildet waren und jene Produkte trugen, die ihnen am besten standen.

Wenn Worte nicht reichen ...

Außer Worten gibt es noch eine ganze Reihe anderer Dinge, von denen wir uns zum freien Assoziieren inspirieren lassen können. Die einzige Möglichkeit, herauszufinden, was für Sie das Beste ist, besteht darin, sie alle auszuprobieren:

- **Akustische Reize**
  Von Tönen, Klängen oder Geräuschen kann man sich wunderbar inspirieren lassen. Benutzen Sie dafür lieber keine Musik, sondern nehmen Sie lieber einen Klang, den Sie nicht sofort zuordnen können. Hören Sie sich jedes dieser Geräusche aufmerksam an, versuchen Sie, diese mit Ihrer Zielvorstellung zu verbinden, und schreiben Sie mindestens eine Minute lang alles auf, was Ihnen dazu einfällt.
  Wenn Sie beispielsweise ein originelles Geburtstagsgeschenk für Ihren Lebensgefährten suchen und die Geräusche Sie an einen schnell fahrenden Zug erinnern, ignorieren Sie gleich mal das Nächstliegendste, nämlich Bahnkarten zu kaufen, sondern notieren Sie lieber *Jim Knopf und Lukas der Lokomotivführer*. Von da aus kommen Sie auf einen weiteren Roman von Michael Ende, nämlich »Momo« und deren weise Gefährtin, die Schildkröte Kassiopeia. Sie trägt den Namen eines Sternbilds ... und genau das ist es: Diese Assoziationskette bringt Sie auf die geniale Idee, Ihrem Lebensgefährten einen Stern in einer unendlich weit entfernten Galaxie zu »kaufen« bzw. diesen gegen eine Gebühr auf den Namen Ihres Partners taufen zu lassen. Wenn das kein originelles Geburtstagsgeschenk ist!

Handygotchi

Ein anderes Mal sollte ein Produkt für Teenager entwickelt werden, auf dem Platz für Werbung eingeplant ist. Diese Werbefläche sollte dann verkauft werden können. Die Idee, auf die man kam, war ein Tamagotchi (ein Cyber-Tierchen, das geliebt, gefüttert und versorgt werden will, um am Leben zu bleiben) ins Handy zu integrieren. Die Benutzer mussten sich dann um dieses handyimmanente Wesen kümmern, es gesund und bei Laune halten. Dazu mussten sie auf eine bestimmte Website gehen (auf der dann die entsprechende Werbung geschaltet war), um neue Verhaltensweisen und Geschenke für ihr »Handygotchi« herunterzuladen.

- **Optische Reize**
  Der Einsatz von Bildern kann ebenfalls helfen, unsere konventionellen Denkschemata zu durchbrechen. Am besten eignen sich leicht abstrakte Abbildungen, denn je weniger detailliert der Reiz ist, desto größer ist auch die Wahrscheinlichkeit, dass wir sowohl konzeptionell als auch praktisch denken und dadurch auf etwas ganz Originelles kommen. Betrachten Sie in aller Ruhe das Bild und schreiben Sie dann eine Minute lang alle Ideen auf, die Ihnen durch den Kopf gehen. Danach picken Sie die besten heraus. Sie können beim Betrachten des Bildes auch zusätzlich Musik hören: Die Kombination verschiedener Reize hilft nachweislich beim kreativen Problemlösen.

- **Intellektuelle Reize**
  Bei dieser Methode benutzen wir Buchstaben als Inspirationsquelle. Verwenden Sie eine Handvoll Scrabblesteine oder Papierschnipsel mit Buchstaben. Mischen Sie diese, und breiten Sie sie auf dem Tisch vor sich aus. Jetzt versuchen Sie bitte, keine vollständigen Worte zu bilden, sondern Geräusche oder Wortsilben. Darauf aufbauend versuchen Sie eigene Ideen zu entwickeln.

- **Taktile Reize**
  Genau wie mithilfe von optischen und akustischen Reizen können wir auch mithilfe von Gegenständen alteingefahrene Denkmuster durchbrechen. Gegenstände bieten den Vorteil eines taktilen oder haptischen Reizes, der unserer Suche nach neuen und kreativen Ideen eine sinnliche Komponente verleiht. Nehmen Sie den Gegenstand in die Hand, ertasten Sie ihn. Was fühlen Sie? Welche Gedanken kommen Ihnen dabei?

- **Olfaktorische Reize**
  Ein weiterer Sinn, dessen wir uns bedienen können, ist der Geruchssinn. Egal ob Eukalyptus, Orange oder was Sie sich sonst alles noch für Duftnoten oder Objekte unter die Nase halten: Versuchen Sie, nicht nur auf neue Ideen und Gedanken zu kommen, sondern geben Sie auch den Erinnerungen, die durch die Gerüche geweckt werden, eine Chance. Auch das kann Ihren Gedanken eine neue Richtung verleihen, an die Sie bislang vielleicht noch gar nicht gedacht haben.

In der Sackgasse

Machen Sie sich keine Sorgen, wenn Sie plötzlich feststecken oder an einem regelrechten Blackout leiden. Kehren Sie zu Ihrer Fragestellung zurück, aber versuchen Sie's mit einem neuen Reizwort. Oder aber Sie setzen als Alternative Geräusche, Gegenstände oder Bilder ein. Wenn Sie mit Geräuschen arbeiten, achten Sie bitte darauf, dass sich diese nicht eindeutig zuordnen lassen, das erhöht den Interpretationsspielraum.

Und denken Sie daran: Auch beim Kreativsein ist Geduld eine Tugend. Seien Sie also bitte nicht enttäuscht, wenn Sie bei der Ideenfindung nicht immer umgehend auf preisverdächtige Vorschläge kommen. Sollten Sie jedoch jedes Mal mit preisverdächtigen Ideen aufwarten können, empfiehlt es sich, öfter kreativ zu denken, denn dann waren Ihre Ideen in der Regel nicht soooo toll!

Betörende Stadtluft

Die Zielsetzung dieses Kreativworkshops lautete, einer Stadt ein sauberes Image zu verpassen – in Aussehen, Gefühl und Geruch. Der Auslöser für die spätere Idee war Sandelholzaroma. Der Plan war, kleine Parfümdosen in Straßenlaternen einzubauen (ähnlich wie bei Räucherkerzen). Die Laterne gibt dann Duft ab und in der Umgebung fängt es an, gut zu riechen. Man dachte dabei speziell an Stadtviertel, in denen es kaum Pflanzen und Bäume gab. Eine Weiterentwicklung dieses Gedankens war der Einsatz verschiedener Düfte an Wochenenden und Abenden.

(T) Kreativität für Möchtegerntagträumer

Die *Frankfurter Allgemeine Zeitung* warb lange mit einer Kampagne, deren Slogan lautete: »Dahinter steckt immer ein kluger Kopf«. Das dazugehörige Plakat zeigte einen anonymen Leser, dessen Gesicht von der aufgeschlagenen F. A. Z. verdeckt wurde. Auf das genaue Gegenteil spielte eine originelle Kampagne des *Economist* an: Auf den zielsicher neben den Bahngleisen positionierten Plakaten stand: »Vom Aus-dem-Fenster-Starren ist noch keiner reich geworden!«

Normalerweise gilt das Tagträumen nicht gerade als optimaler Weg zum Erfolg. Da kauft man sich doch wesentlich lieber die F. A. Z. oder den *Economist* und informiert sich auf dem Weg zur Arbeit über das Weltgeschehen. Ein Mensch aber, der oft dabei beobachtet wurde, wie er einfach nur ins All starrte, war Albert Einstein: Und dabei hatte er seine besten Einfälle. Auch viele andere große Denker waren ausgerechnet dann am kreativsten, wenn sie »untätig waren«.

Warum? Weil diese Menschen es schaff(t)en, ihr bewusstes Denken auch mal außer Acht zu lassen und ihr Unbewusstes anzuzapfen – und genau darum soll es in diesem Kapitel gehen (und zwar ohne dass wir dafür auf irgendwelche bewusstseinserweiternden Drogen zurückgreifen müssten). Dieser Ansatz ist nicht ohne Risiko. Wir können uns dabei unter Umständen nicht ganz wohl in unserer Haut fühlen, denn der Ausgang ist ungewiss, und für die meisten steht eine solche Vorgehensweise eher im Widerspruch zu der Art, wie wir normalerweise versuchen, kreativ zu denken. Trotzdem handelt es sich dabei um eine fantastische Methode, neue Ideen auszubrüten und jenen kreativen Quantensprung zu machen, der uns mit Hilfe unseres konventionellen, bewussten Denkens niemals gelungen wäre.

Drei Arten zu denken

In seinem Buch *Der Takt des Denkens* beschreibt Guy Claxton drei verschiedene Denkweisen.

Die erste Denkweise sind Reflexe. Haben Sie schon mal darauf geachtet, wie wir uns durch eine Fußgängerzone oder einen Bahnhof voller Menschen hindurchmanövrieren? Wir passen unseren Schritt, unser Tempo und unsere Richtung an die Menschenmenge um uns herum an, ohne uns darüber auch nur einen Gedanken zu machen. In dem Moment, in dem wir uns unser Tun bewusst machen, werden wir mit Sicherheit in den nächstbesten Passanten hineinlaufen – und das mehr als einmal. Reflexe sorgen auch dafür, dass wir eine Vollbremsung machen, wenn plötzlich vor uns jemand mit seinem Auto aus der Parklücke schießt. In solchen Momenten haben wir schlichtweg keine Zeit, groß nachzudenken und dann erst zu reagieren: Wir reagieren einfach und denken anschließend über das nach, was passiert ist.

Dann gibt es noch die bewusste Denkweise, mit der wir anstehende Aufgaben und Probleme aktiv angehen: Wie komme ich am schnellsten zur Arbeit? Wohin fahren wir in Urlaub? Die bewusste Denkweise ist hauptsächlich an der Lösung von Problemen interessiert und geht deswegen immer ganz konkret und sehr gezielt vor: Eine bestimmte Situation richtig zu interpretieren ist wichtiger, als sie nur zu beobachten.

Diese zweite Denkweise setzen wir am häufigsten ein, ja wir werden regelrecht darauf getrimmt, sie in Schule, Beruf usw. anzuwenden. Auf unsere bewusste Denkweise kann sich die Lektüre des *Economist* nur positiv auswirken. In seinem Buch vergleicht sie Guy Claxton auch mit dem flinken Verstand eines Hasen.

Die dritte Denkweise ist eine unbewusste Denkweise, die sich mehr für das Problem an sich interessiert als für dessen Lösung. Sie ist fantasievoll und spielerisch und geht Umwege, um ein bestimmtes Thema einzukreisen oder eine Frage zu beantworten. Die unbewusste Denkweise hilft uns vor allem bei sehr komplexen Aufgabenstellungen, die sich mit einer rationalen Herangehensweise nicht lösen lassen.

Claxton vergleicht diese dritte Denkweise mit dem bedächtigen Geist einer Schildkröte: Sie geht das Problem weder flink noch direkt an, sondern brütet erst lange darüber und beschäftigt sich im Unterbewusstsein damit. Genau diese Denkweise, so Claxton, bringt die kreativsten Einfälle hervor.

Aber dürfen wir das überhaupt?

»Wenn man ein Problem nicht in fünf Minuten lösen kann«, so ein Workshop-Teilnehmer, »ist man entweder zu blöd dafür, oder aber es gibt keine Lösung.«

In der Regel wird uns beigebracht, Probleme mit Hilfe des logischen Denkens zu lösen – egal, ob es sich dabei um eine Mathematikaufgabe handelt oder einen Verständnistest. Das Tempo und die Art und Weise, wie wir eine Herausforderung gemeistert haben, werden anerkannt, aber ein spielerischeres, indirekteres Vorgehen wird nicht gefördert – und das Tagträumen erst recht nicht, im Gegenteil!

Stellen Sie sich nur mal vor, Sie verkünden Ihren Kollegen, dass Sie den heutigen Tag im Park unter einem Baum verbringen werden – und zwar um nachzudenken. Außerdem planen Sie Ihr ganzes Team mitzunehmen. Und wenn Sie dann wieder ins Büro kommen, geben Sie freimütig zu, den ganzen Tag lang keinen einzigen guten Einfall gehabt zu haben.

Das kommt nicht wirklich gut an.

Hätten Sie aber eine ebenso bahnbrechende wie brillante Idee gehabt, würden Sie jetzt alle für ein Genie halten.

Nicht jeder kann der Methode, Probleme mit Hilfe des Unbewussten zu lösen, etwas abgewinnen. Trotzdem kann sie zu ganz außergewöhnlichen Ergebnissen führen – vor allem dann, wenn unser herkömmlicher, auf schnelle Resultate gepolter Denkansatz keine Antworten liefert.

Auch wenn unser Chef oder Partner (oder die Werbeagentur des *Economist*) nicht viel davon halten, hat die Kreativmethode, sich des Unbewussten zu bedienen, eine durchaus bemerkenswerte Geschichte.

Methode 1: Ab in den Brutkasten!

Shakespeare nannte es die »schwangere Fantasie, die Gebilde von unbekannten Dingen ausgebiert«. Einstein erzählte, dass ihm die besten Ideen – außer beim Starren in den Weltraum – unter der Dusche kamen; der Nobelpreisträger Leo Szilliard bekannte, dass er auf das Konzept der nuklearen Kettenreaktion kam, während er in London an einer roten Ampel wartete. William Blake hatte Visionen, die er später zeichnete oder in seine Gedichte einfließen ließ. Und von Mozart und Tschaikowsky heißt es, sie hätten ihre schöpferischsten Musiksequenzen plötzlich als Melodie gehört.

Natürlich müssen Sie kein weltbekanntes Genie sein, um unerwartete Einfälle zu bekommen. Jeder von uns hatte schon mitten in der Nacht, beim Gassigehen mit dem Hund oder beim Autofahren plötzliche Eingebungen – jedenfalls zu Zeiten und an Orten, an denen uns nicht einmal bewusst war, dass wir über ein bestimmtes Problem nachdachten.

Diesen Vorgang des unbewussten Ausbrütens nennen Wissenschaftler Inkubation. Das Gehirn vollzieht dabei mehrere Denkprozesse parallel und kann so gewissermaßen ganz nebenbei über einer bestimmten Aufgabe brüten. Es kann sich sehr lohnen, diese Inkubationszeit bei der Lösung eines bestimmten Problems zu berücksichtigen.

Der Schriftsteller Martin Amis nutzt diesen Inkubationsprozess für seine Arbeit. Eine wichtige Phase während des Schreibens bezeichnet er als »marinieren«: Er hat einen Gedanken und überlässt ihn dann völlig seinem Unbewussten, damit er dort mit allen möglichen anderen Ideen, die er »Geschmacksrichtungen« nennt, in Berührung kommt. Erst wenn sein Einfall genügend im Unbewussten mariniert wurde, beginnt Amis zu schreiben.

Es gibt auch eine Anekdote aus der Werbeindustrie (und wenn sie nicht wahr ist, dann ist sie zumindest gut erfunden). Sie handelt von einem kreativen Kopf, der sich eine Kampagne für die Biermarke Carlsberg einfallen lassen sollte. Der Werber setzte sich intensiv mit dem Briefing auseinander, um auf eine zündende Idee für die gewünschte Anzeigenkampagne und einen passenden Slogan zu kommen. Der Präsentationstermin rückte immer näher und ihm war noch immer keine originelle Idee gekommen. Verzweifelt nahm er Urlaub in der Hoffnung, den Kopf frei zu bekommen und nach seiner Rückkehr einen super Einfall zu haben, den er Carlsberg präsentieren könnte. Und während er so entspannt am Pool lag, hatte er plötzlich die Eingebung: Er sah den Slogan und die Anzeigenmotive regelrecht vor sich. Was folgte, waren Preise, Auszeichnungen und eine Kampagne, die 25 Jahre lang hielt.

Ein wunderbares Beispiel für Inkubation! Wenn wir unser Problem formulieren und uns anschließend ganz anderen Dingen widmen, werden anscheinend ganz bestimmte Bereiche unseres Gehirns aktiviert, die uns bei der Lösungsfindung helfen.

Hier ein paar wichtige Grundsätze, die Ihnen dabei helfen sollen, die Vorteile der Inkubationsmethode zu nutzen:

1. Planen Sie ausreichend Zeit für den Inkubationsprozess ein. Beginnen Sie damit, über Ihr Problem oder Ihre Herausforderung nachzudenken, bevor Sie dringend eine Antwort brauchen.

2. Lassen Sie sich nicht frustrieren, und setzen Sie sich nicht unter Druck, um eine Antwort zu finden. Denn dann ziehen Sie wahrscheinlich die falschen Schlüsse oder bekommen nur eine abgeschwächtere Variante der Antwort, die eigentlich möglich wäre.

3. Vertrauen Sie auf Ihr Unbewusstes. Lassen Sie es ungestört vor sich hin brüten und setzen Sie es nicht unter Zeitdruck.

Beim Inkubationsprozess kommt es weniger auf die korrekte Anwendung bestimmter Techniken an, sondern vielmehr auf die richtige Einstellung. Nur so räumen wir unserer unbewussten Intelligenz überhaupt die Chance ein, sich mit einem Problem zu beschäftigen.

Wenn wir einen Braten in die Röhre schieben, erwarten wir, dass er in einer guten Stunde gar ist, und wenn wir einen Baum pflanzen, gehen wir davon aus, dass er bei regelmäßiger Pflege wachsen wird. Genauso ist das auch mit unserer (unbewussten) Lösungssuche: Wir behalten das Problem einfach im Hinterkopf und vertrauen darauf, dass die kreative Idee schon kommen wird, wenn die Zeit reif dafür ist – und zwar ohne Druck auszuüben (wir können das Fleisch ja auch nicht zwingen, schneller gar zu sein, oder den Baum, schneller zu wachsen). Natürlich können wir öfter mal nachschauen, aber nützen tut uns das nichts. (Das ist ungefähr so, wie dem Kessel beim Wasserkochen zuzusehen.)

Methode 2: Tagträumen

Tagträume sind auch eine Möglichkeit, in unser Unbewusstes einzutauchen: Genau das war es, woran Shakespeare bei seinem Satz am Anfang des Kapitels dachte. Jeder von uns kann kreative Quantensprünge vollbringen, auf schlüssige Konzepte kommen, verschiedene Gedanken zusammenführen und wirklich originelle Ideen hervorbringen.

»Ich gehe nach Kundenbriefings immer in eine Kirche«, sagte der Kreativdirektor einer Werbeagentur und Teilnehmer eines mindgym-Workshops. Er hatte herausgefunden, dass ihm die besten Gedanken immer beim Auf- und Abgehen an solchen heiligen Stätten kamen. Was also müssen wir tun, um auch in diesen Zustand zu kommen?

Tagträumen ist ein Zustand, den jeder von uns wahrnehmen kann: Eine Übergangsphase zwischen Aufmerksamkeit und Schlummer, in der wir schon halb träumen. In die geraten wir, wenn wir aus dem Fenster starren und uns von unserer Fantasie auf eine wundersame, unerwartete Reise schicken lassen.

Aber hier geht es nicht um rückwärtsgewandte Tagträume, in denen wir in der Vergangenheit schwelgen. Wir reden von Tagträumen, in denen wir uns eine neue Wirklichkeit schaffen. Wir können Piraten, Astronauten, Menschen mit extrem langen Fingern sein – wir biegen uns die Wirklichkeit so zurecht, bis etwas Neues entsteht, egal wie sonderbar es aussieht.

Aber wie stellen wir es an, uns in diesen Zustand zu versetzen?

Traumfänger

Die Lösung liegt in der Visualisierung. Allen, die die Kapitel »Tief durchatmen« und »Ruhe und Gelassenheit« gelesen haben, wird dieser Prozess bekannt vorkommen, nur dass er diesmal dazu dienen soll, uns kreativ werden zu lassen, anstatt uns in erster Linie zu entspannen. Drei Dinge helfen uns dabei, uns in diesen traumartigen Zustand zu versetzen und aus ihm heraus neue Ideen zu entwickeln:

1. **Entspannen Sie sich**
   Um den kreativen Visualisierungsprozess in Gang zu bringen, müssen wir uns als ersten Schritt in einen mentalen Ruhezustand versetzen (d. h. aufhören, bewusst zu denken). Das erreichen wir am besten, indem wir uns ausschließlich auf unsere Atmung konzentrieren. Leider atmen wir meist nicht so, wie wir eigentlich sollten. Mehr dazu erfahren Sie im Kapitel »Richtig atmen«. Sobald es uns gelingt, uns auf unseren Atem zu konzentrieren, lassen wir alle anderen Gedanken in unserem Kopf langsam verschwinden.

Schwer beschäftigt

2. **Versetzen Sie sich an einen besonderen Ort**
   An diesem besonderen, imaginären Ort können wir uns entspannen und klar denken. Dort fühlen wir uns geborgen und wohl. Das kann ein realistisch anmutender Ort sein, ein Strand, ein Park, ein Bach, eine Höhle, ein Wald, ein Ort, über den wir in einem Buch gelesen haben, den wir aus einem Film kennen oder den wir einfach selber erfunden haben.

3. **Nehmen Sie sich einen kreativen Berater**
   Stellen Sie sich ihn als jemanden vor, dem Sie vertrauen, den Sie schätzen und respektieren. Er ist jemand, der weise und authentisch ist. Auch den kreativen Berater können Sie sich realistisch oder fantastisch ausmalen. Er kann eine wirkliche Person, eine Figur aus einem Roman oder Film sein, ein Tier oder irgendein anderes Wesen. Unser Berater spricht mit uns, er kann uns aber auch einen Gegenstand in die Hand drücken oder uns ein Bild zeigen.

Dieser Prozess verlangt von uns den Einsatz sämtlicher Sinne, damit unsere Ideen, Gedanken und Einfälle so lebendig wie möglich werden. Wir erleben diese Erfahrung umso reicher und intensiver, je stärker wir mit unseren Sinnen, Augen, Ohren, Nase und Geschmack, arbeiten.

Der Prozess der Visualisierung
Nachdem Sie alle nötigen Zutaten kennen, kann es losgehen. Atmen Sie tief durch die Nase ein, und füllen Sie Ihre Lungenflügel von unten bis oben mit Luft. Atmen Sie ganz leicht durch den Mund aus. Achten Sie auf den Rhythmus Ihrer Atmung und konzentrieren Sie sich ausschließlich auf das Ein- und Ausatmen.

Schieben Sie Ihre Gedanken nicht aktiv beiseite, das sorgt nur für Ablenkung. Lassen Sie sie vielmehr wegdriften. Eventuell auftauchende Gedanken stellen Sie sich am besten als Wolke vor, die Sie mit dem nächsten Atemzug wegpusten. Kämpfen Sie nicht gegen Ihre Gedanken an; lassen Sie sie einfach vorüberziehen.

Stellen Sie sich nun vor, wie Sie an Ihrem besonderen Ort ankommen. Nutzen Sie alle Ihre Sinne, um sich diesen Ort bis in jede Einzelheit vorzustellen, damit Sie auch wirklich das Gefühl haben, dort angekommen zu sein. Nehmen Sie wahr, wie es dort riecht, was Sie hören und wie ruhig und entspannt Sie sich fühlen.

Aus der Entfernung kommt eine Gestalt auf Sie zu, und während sie näher kommt, erkennen Sie Ihren kreativen Berater, der Ihnen bei Ihrer Zielformulierung helfen wird. Stellen Sie sich vor, wie Ihr Berater jetzt unmittelbar vor Ihnen steht und Sie ihn begrüßen. Sie fühlen sich in Gegenwart Ihres Ratgebers ganz entspannt und inspiriert und freuen sich über seine Gesellschaft.

Nun erklären Sie Ihrem Berater Ihr Anliegen. Sie können dies mit Worten tun, schriftlich oder auch per Telepathie – ganz wie es Ihnen gefällt.

Sie warten auf Antwort und vertrauen fest darauf, dass Ihr Ratgeber Ihnen beim Finden einer originellen und neuen Lösung helfen wird. Es kann sein, dass er mit Ihnen spricht, Ihnen einen Gegenstand gibt oder Ihnen eine Szene zeigt.

Symbol, Gegenstand oder Szene können abstrakt oder rätselhaft sein – unter Umständen brauchen Sie ein paar Minuten, um die Symbole zu entschlüsseln.

Anschließend stellen Sie eine Verbindung zu Ihrem Ziel her und überlegen, was das bedeuten könnte. Dass Ihre Gedanken oder Einfälle gegebenenfalls zu sonderbar oder schwierig sind, um sie umzusetzen, darf Sie nicht wundern – ein Teil des Kreativprozesses besteht ausschließlich darin, Ideen hervorzubringen.

Träumen Sie weiter!
Die meisten Menschen, die diese Technik angewendet haben, sagen, dass ihnen Dinge eingefallen sind, auf die sie mit rationalen Mitteln nie gekommen wären; oder aber Sie sind auf diese Weise zumindest auf eine Grundidee gestoßen, die sie dann mit Hilfe der Inkubation zu einer sehr guten Idee weiterentwickelt haben. Eine Hauptschwierigkeit kann darin bestehen, dass wir unsere Gedanken häufig schon während ihrer Entstehung zensieren, vor allem unsere ebenso interessanten wie abstrusen Geisteserzeugnisse.

Dieser Kreativprozess funktioniert nicht bei allen sofort. Er lässt sich aber durch Übung verbessern. Wenn es Ihnen also Spaß gemacht hat, machen Sie weiter. Wetten Sie bekommen dadurch neue anregende Ideen?

Methode 3: Automatisches Schreiben

Automatisches Schreiben bedeutet nichts anderes, als den im Gehirn ablaufenden Bewusstseinsstrom mitzuschreiben. Dadurch, dass wir alles sofort aufschreiben, bleibt uns gar keine Zeit mehr, das Gedachte zu bewerten. Das erlaubt es uns wiederum, in neue und unerforschte Gebiete unseres Unbewussten vorzudringen. Suchen Sie sich als Erstes einen Ort, an dem Sie sich wohlfühlen, vergessen Sie Stift und Papier nicht und versetzen Sie sich in einen mentalen Ruhezustand (das kennen Sie ja aus der vorhergehenden Übung).

Überwirklich gut

Der französische Surrealist André Breton wollte »den wirklichen Ablauf des Denkens ausdrücken«. Er war fest davon überzeugt, dass wir durch die sogenannte *Écriture automatique* zur reinen Form des Ausdrucks finden können – eine Methode, die bis ins 18. Jahrhundert zu Horace Walpoles *Die Burg von Otranto* zurückreicht, ein Werk, das dieser 1764 nur mit Hilfe des automatischen Schreibens zu Papier brachte.

Fangen Sie an, so schnell wie möglich und ohne nachzudenken alles, was Ihnen gerade in den Sinn kommt, aufzuschreiben. Bricht der Schreibfluss ab, fangen Sie in der nächsten Zeile wieder von vorne an. Sie können auch ein »Reiz«wort nehmen, um in Fahrt zu kommen. Machen Sie sich auf Einfälle, die aus Ihrem Unterbewusstsein stammen, gefasst und lassen Sie sich auch von den abstrusesten Ideen nicht aus der Ruhe bringen – diese extremere Form der freien Assoziation bringt in der Regel besonders ungewöhnliche und unzusammenhängende Ideen hervor – aber genau darum geht es uns ja.

Ein paar Tipps

1. Loslassen! Niemand schaut Ihnen beim automatischen Schreiben zu und niemand wird das von Ihnen Verfasste später lesen. Also worauf warten Sie noch? Legen Sie los!

2. Schreiben Sie, so schnell Sie können. Der Sinn der Übung besteht darin, den Gedankenfluss 1:1 zu Papier zu bringen.

3. Nehmen Sie ein »Reiz«wort zur Initialzündung. Wenn Ihr Schreibfluss versiegt, ist das nicht so schlimm. Greifen Sie auf Ihr ursprüngliches »Reiz«wort zurück und machen Sie einfach weiter.

4. Ein wenig sollten Sie schon auf die Grammatik achten (anstatt nur eine Wortsequenz hinzuschreiben), aber Ihr Geschriebenes muss natürlich keineswegs perfekt formuliert sein oder Literatur werden.

5. Sehen Sie in Ihrem Geschreibsel nur einen Anfang. Es wird Ihnen nicht »die Lösung« auf dem Silbertablett servieren, aber Ihnen den Weg dahin weisen. Überprüfen, ergänzen und korrigieren Sie erst hinterher, nicht während des Schreibens!

In dem Film *Forrester – Gefunden!* spielt Sean Connery einen alternden Schriftsteller, der einem Jungen das Schreiben beibringt und erklärt: »Als Erstes schreibst du mit dem Herzen und dann musst du mit dem Kopf schreiben.« Automatisches Schreiben ist wie Schreiben mit dem Herzen.

Automatisches Schreiben: Bob Dylans »Erbrochenes«

1966 schrieb Bob Dylan einen Songtext und bezeichnete seine geistigen Ergüsse verächtlich als »20 Seiten Erbrochenes«. Anfangs besaß dieser Text weder Struktur noch Reim oder Richtung, sondern lediglich »eine Ansammlung misslungener Sätze«, wie ein Kritiker so schön schrieb. Aber Dylan sichtete und überarbeitete diesen Text, denn er wusste, dass er etwas ganz Besonderes vor sich hatte. Aus diesem »Erbrochenen« wurde der legendäre Song *Like A Rolling Stone*.

Mehr als nur eine Gehirnhälfte

Viele Menschen sehen im Tagträumen eine gute Methode, den kreativen Prozess anzustoßen. Aber die daraus hervorgegangenen Ideen müssen erst noch gründlich überarbeitet und zum Teil auch wieder verworfen werden, bevor sie zum Einsatz kommen können. Mit anderen Worten: Hat unser »Schildkrötengehirn« die Ideen erst mal gefunden, muss sie unser »Hasengehirn« analysieren. Endlich nutzen wir unser ganzes Gehirn und nicht nur die rationale Hälfte! Träumen Sie was Schönes!

Jetzt geht's erst richtig los!

Worin besteht der Unterschied zwischen einem Lehrling, der gerade die Gesellenprüfung bestanden hat, und seinem Meister? Der Geselle beherrscht sämtliche Techniken seines Handwerks, während der Meister weiß, wie und wofür er sie einsetzen muss.

Dieses letzte Kapitel will Ihnen zeigen, wie Sie die verschiedenen Techniken und Methoden dieses Buchs miteinander kombinieren können. Denn nur so bleiben sie nicht nur ein paar nette Ideen, sondern helfen Ihnen auch, ein zufriedeneres, erfolgreicheres Leben zu führen.

Wenn wir unsere mentalen Fähigkeiten optimal nutzen wollen, müssen wir im Großen und Ganzen zwei Grundvoraussetzungen erfüllen:

1. Wir müssen zwischen einer falschen und einer richtigen Herangehensweise unterscheiden können (und genau darum geht es im weiteren Verlauf dieses Buches, ja beim mindgym überhaupt).

2. Wir müssen ein Ziel vor Augen haben: etwas, das wir erreichen oder verbessern wollen.

Damit können Sie leben? Dann können Sie auch lernen, Ihre Intelligenz so zu nutzen, dass Ihre Mitmenschen enorm davon profitieren. Wer weiß – vielleicht wagen Sie sogar einen kompletten Neuanfang?

Fokuspokus

Wenn wir die Gedanken anderer Menschen auf Laut stellen könnten – was würden wir da wohl zu hören bekommen? Nehmen wir nur mal Frieda: In ihrem Fall wäre das ein Nonstop-Selbstgespräch über alles und jeden:

»Was, wenn die Zinsen raufgehen? Vielleicht sollte ich mein Darlehen lieber zurückzahlen. Andererseits möchte ich unbedingt diese Trekkingtour im Himalaya machen.« Und sofort geht sie auch schon zum nächsten Thema über. »Oh, der Brokkoli ist ja im Angebot, ob der wohl noch gut ist? Soll ich dieses Diätprodukt kaufen? Lieber nicht, schmeckt bestimmt scheußlich. Andererseits hat Kati in letzter Zeit ziemlich zugenommen. Trotzdem, nicht dass sie mir beleidigt ist, wenn ich nur gesundes Essen kaufe.«

Frieda führt, gelinde gesagt, ziemlich ausführliche Selbstgespräche. Wenn man sie fragen würde, »Frieda, was denkst du gerade?«, würde sie einem das problemlos sagen können, und nicht zu knapp.

Aber nicht jeder tickt wie Frieda. Kati zum Beispiel. Wenn man sich bei der zuschaltet, könnte man meinen, man sei bei Radio »Stille« FM gelandet. Fragt man nach, was sie gerade denkt, erntet man nur einen leicht irritierten Blick und die Antwort: »Äh, ich habe mir gerade dieses Bild angeschaut.« Oder: »Ich habe gerade diesen Song gehört – sie hat eine super Stimme, findest du nicht?« Oder sogar: »Ehrlich gesagt an nichts Bestimmtes. Ich schreibe gerade diese E-Mail.«

Manchmal erledigt Kati nur Routinearbeiten. Sie geht einkaufen, fährt Auto oder putzt. Und manchmal geht sie dermaßen in ihrem Tun auf, dass sie kaum ansprechbar ist.

Der Unterschied zwischen Frieda und Kati besteht darin, dass sie ihre Aufmerksamkeit vollkommen anders verteilen. Friedas Aufmerksamkeit oder Fokus ist komplett nach innen gerichtet: Sie weiß immer, was sie gerade tut und denkt und ist gewissermaßen Zeugin ihres Denkens. Ganz anders Kati, deren Aufmerksamkeit völlig nach außen gerichtet ist: Sie merkt gar nicht, was sie denkt oder tut; sie tut es einfach.

Die nach innen gerichtete Aufmerksamkeit: Typisch Frieda!

Ist unsere Aufmerksamkeit nach innen gerichtet, führen wir in der Regel Selbstgespräche. Kann sein, dass Sie, während Sie diese Zeilen lesen, eine Stimme hören, die Sie fragt, ob es sich wirklich lohnt, weiter zu lesen, oder ob Sie sich nicht besser eine Tasse Kaffee kochen sollten. Das können aber auch Gedanken sein wie »Habe ich den Herd angelassen?« oder »Wie soll ich bloß mit diesem schwierigen Kollegen umgehen?«.

Bei dem so genannten internen Fokus sind wir uns unseres Denkvorgangs bewusst; wir hören und achten auf den fortwährenden Kommentar in unserem Kopf.

Die nach außen gerichtete Aufmerksamkeit: Huhu Kati, wo bist du?

Registrieren Sie, wo Sie sich gerade befinden – was geschieht um Sie herum? Welche Geräusche hören Sie? Wer ist in der Nähe? Welche Farben sehen Sie? Sehen Sie etwas, das anders oder neu ist?

Ist unsere Aufmerksamkeit nach außen gerichtet, konzentrieren wir uns auf Dinge außerhalb unserer Gedankenwelt. Deshalb sind wir uns auch bewusst, was wir denken. Unsere Aufmerksamkeit richtet sich auf das, was passiert, und nicht darauf, wie wir darüber denken.

Wenn wir vollkommen von etwas gefangen sind, sei es von einem spannenden Fußballspiel oder der neuesten Folge unserer Lieblingssoap, herrscht ein externer Fokus vor. Doch sobald wir denken »Ich muss verrückt sein, so etwas zu tun« oder »Ich wüsste zu gern, wie die Regierung diese Selbstbedienungsmentalität rechtfertigen will«, ist unsere Aufmerksamkeit wieder nach innen gerichtet, wenn auch vielleicht nur für ein paar Sekunden.

Doch wenn wir uns fragen, welche Art von Aufmerksamkeit gerade vorherrscht, ist diese sofort wieder nach innen gerichtet. Das ist auch mit ein Grund, warum es leichter ist, die Aufmerksamkeit nach innen als nach außen zu richten.

Woran denken Sie gerade?
Unsere Wahrnehmung ist ständig beschäftigt: Entweder mit dem, was in unserem Kopf vor sich geht, oder mit unserer Umwelt. Sich auf beides gleichzeitig zu konzentrieren, ist ebenso unmöglich wie das Gegenteil, nämlich sich mit gar nichts zu beschäftigen.

Sehr wohl möglich ist es dagegen, unsere Aufmerksamkeit mal auf das eine, mal auf das andere zu lenken – ein Wechsel, den wir mit etwas gutem Willen jederzeit vollziehen können.

Und was ist besser?
Welche Art von Aufmerksamkeit bietet mehr Vorteile? Die von Frieda oder die von Kati oder beide zusammen? Das hängt nicht zuletzt von der Persönlichkeit des Einzelnen ab. Trotzdem wechseln wir alle regelmäßig zwischen der Innen- und Außenwahrnehmung hin und her, und das ist auch vernünftig so.

Der qualitative Unterschied besteht eher darin, in welcher Situation man sich gerade befindet. Sowohl die nach innen als auch die nach außen gerichtete Aufmerksamkeit haben ihre Vor- und Nachteile.

Von Vorteil ist es auf jeden Fall, wenn wir unsere Aufmerksamkeit – sei es nun die nach innen oder die nach außen gerichtete – so einsetzen, dass sie unsere Chancen verbessert, und zwar unabhängig davon, ob es nun um mehr Erfolg, mehr Eleganz oder um eine gesteigerte Leistungsfähigkeit geht.

Umgekehrt kann es sich nachteilig für uns auswirken, wenn die Art unserer Aufmerksamkeit unsere Chance, ein bestimmtes Ziel zu erreichen, vermindert. Entscheiden wir uns in der falschen Situation für die falsche Art von Aufmerksamkeit, kann sie uns sogar daran hindern, unser Ziel zu erreichen – egal, ob wir uns nun entspannen wollen, einen Vortrag halten oder unseren Partner überzeugen möchten.

Nach innen oder nach außen?

Nehmen Sie ein leeres Blatt Papier und einen Stift, und zeichnen Sie ein Landhaus bei Sonnenschein.

Dabei werden Ihnen bestimmt Gedanken durch den Kopf schießen wie »Ich kann nicht zeichnen!« oder »Das ist mir wirklich gut gelungen!«. Zwischendurch werden Sie aber auch richtig im Zeichnen aufgehen, beispielsweise, wenn Sie versuchen, den Rauch, der aus dem Schornstein aufsteigt, so realistisch wie möglich zu gestalten. In solchen Momenten sind Sie sich Ihres Tuns gar nicht bewusst.

Sie werden feststellen, dass es vollkommen unmöglich ist, sich die eigenen Gedanken bewusst zu machen und in seinem Tun aufzugehen. Aber Sie können zwischen beiden Zuständen rasch hin und her wechseln, auf eine nach innen gerichtete Wahrnehmung umschalten (»Mache ich das richtig so?«), um Ihre Aufmerksamkeit dann wieder ganz nach außen zu lenken und sich auf ein Detail Ihrer Zeichnung zu konzentrieren.

Und jetzt alle zusammen ...

Wenn wir die beiden Arten von Aufmerksamkeit mit den Kriterien »nützlich« und »schädlich« kombinieren, erhalten wir vier verschiedene mentale Zustände.

Läuft unser Leben gerade nicht so rund, verbringen wir relativ viel Zeit in »kritischen« oder »Autopilot«-Zuständen. Läuft dagegen alles genau nach Plan, befinden wir uns im »denkenden« Zustand oder »gehen gerade in etwas auf«.

Wir sollten versuchen, so viel Zeit wie möglich in den nützlichen Zuständen »Denken« und »In etwas aufgehen« zu verbringen und je nach Bedarf zwischen beiden hin- und herschalten zu können. Damit uns das gelingt, müssen wir unseren mentalen Zustand erst einmal kennen.

nützlich	Denken	In etwas aufgehen
schädlich	Kritik üben	Auf Autopilot schalten
	nach innen gerichtet (Frieda)	nach außen gerichtet (Kati)

1 Auf Autopilot schalten

Denkgewohnheiten

Guten Morgen, ich bin Mark, Ihr heutiger Autopilot. Wir starten gleich in Richtung Büro und haben wie immer fünf Minuten Verspätung. Wir nehmen die Route, die wir schon die letzten drei Jahre genommen haben, und wenn uns jemand fragt, wie es uns geht, antworten wir ohne nachzudenken: »Gut, danke.« Unter Umständen kommt es in einem Meeting zu leichten Turbulenzen, wenn jemand etwas sagt, mit dem wir nicht einverstanden sind. Aber keine Sorge: Wir haben jede Menge vertraute Argumente parat, mit denen wir uns dagegen wehren können.

Wer hat hier das Kommando?

Jeder von uns nutzt mentale Abkürzungen, und das Tag für Tag. Gäbe es sie nicht, würden wir nie mit etwas fertig. Andererseits verpassen wir dadurch immer wieder gute Chancen und hindern uns selbst daran, unser Bestes zu geben. Wir alle kennen bestimmte Kurzbefehle für unseren Computer. Manche Kollegen sind darin derart versiert, dass sie in einem Schritt erledigen, wofür wir eine halbe Ewigkeit brauchen. Anstatt ihnen dankbar zu sein, fragen wir verärgert: »Warum hat mir das eigentlich noch nie jemand gezeigt?«

Mit anderen Worten: Es brennt Licht, aber keiner ist zu Hause.

Wie kommt es überhaupt dazu?

Der Autopilot wird eingeschaltet, sobald wir zulassen, dass etwas, das anfangs noch aufregend war, langweilig wird. Dann denken wir nicht mehr über die Situation nach, sondern reagieren wie vorprogrammiert. Es gibt verschiedene Faktoren, die bewirken, dass wir unseren Autopiloten an- und unser Denken abschalten.

- **Die Vertrautheitsfalle**
  Wir neigen zum Schubladendenken. Sehen wir beispielsweise jemanden mit Tränen in den Augen, denken wir »Dieser Mensch ist traurig«. Diese Sicht der Dinge verhindert weitere Interpretationsmöglichkeiten: Der Betreffende könnte ein Schauspieler sein, nur etwas ins Auge bekommen oder Zwiebeln geschnitten haben. Vielleicht lacht er einfach nur Tränen? Wir aber haben die Situation sofort in eine bestimmte Schublade gesteckt und gehen damit in die Vertrautheitsfalle. Dass wir von dort aus noch Alternativen in Betracht ziehen, ist mehr als unwahrscheinlich.

Aus genau diesem Grund studieren viele Pianisten ihre Stücke nicht direkt am Konzertflügel ein. Sie wollen nicht zu vertraut mit dem Instrument werden, um zu verhindern, dass sie während der Aufführung einfach auf Autopilot umschalten.

Auch das Sicherheitspersonal an Flughäfen wechselt nach relativ kurzer Zeit die Aufgabenbereiche, um der Vertrautheitsfalle zu entgehen. Würde es immer nur auf einen Bildschirm starren, könnte eine Atombombe an ihm vorüberziehen und es würde nicht bemerkt werden.

- **Die einzig wahre Sicht der Dinge**
Wird eine Lösung für ein bestimmtes Problem gesucht, neigen wir dazu, unsere Sichtweise als die allein seligmachende wahrzunehmen. Das ist aber nicht immer der Fall. Wer kreativ werden will, muss in der Lage sein, vertraute Probleme mit neuen Augen zu sehen (s. auch das Kapitel »Werden Sie kreativ!«). Damit wir das können, müssen wir erst mal wahrnehmen, dass wir gerade auf Autopilot umgeschaltet haben.

Priester unter Druck

Viele Faktoren können bewirken, dass auf Autopilot umgeschaltet wird, und einer davon ist Druck.

Dieses Phänomen wurde sehr eindrucksvoll von den Psychologen John Darley und Daniel Batson demonstriert. Die beiden Forscher beauftragten eine Gruppe künftiger Priester, eine Predigt über das Gleichnis vom barmherzigen Samariter vorzubereiten. Anschließend wurden sie gebeten, zu Fuß zur Kirche zu laufen, wo sie die Predigt halten sollten.

Was soll jetzt daran schwierig sein? Doch der Clou kommt erst noch: Die Psychologen legten den Priesteranwärtern jemanden in den Weg, der hustete, spuckte und um Hilfe bat. Um die Sache noch weiter zu verkomplizieren, sagten sie der einen Hälfte der Priesteranwärter, sie seien schon äußerst spät dran. Die andere Hälfte erfuhr, dass noch genügend Zeit bis zur Predigt sei.

Wie viele Priesteranwärter meinen Sie, blieben stehen? Und welche?

61 Prozent derer, denen man gesagt hatte, dass noch genügend Zeit sei, hielten an und halfen, aber nur 10 Prozent derjenigen unter Zeitdruck. Viele davon gingen wortwörtlich über den Verletzten hinweg.

Eine minimale Änderung der Ausgangssituation führte bei den Priesteranwärtern in Eile dazu, dass der Autopilot eingeschaltet wurde. Der Inhalt der Predigt war sofort vergessen.

Wann ist es angebracht, den Autopilot auszuschalten?
Unser Autopilot ist äußerst hilfreich, wenn es um das Verrichten banaler Alltagsaktivitäten geht. Gefährlich wird er dann, wenn ...

- ... wir etwas Neues erreichen möchten oder die Umstände anders sind als beim letzten Mal.

- ...wir etwas besser machen möchten als beim letzten Mal.

- ... es eine bessere Methode gibt, etwas zu erledigen, wir uns aber daran gewöhnt haben, das Problem immer auf dieselbe Art zu lösen.

2 Kritik üben

Wir sind uns selbst der ärgste Feind!
Kommentare von Sportreportern sind selten schmeichelhaft für die Stars, über die sie berichten: »Was für eine komplett vertane Torchance!«, »Da muss sich der F. C. Bayern schon an die eigene Nase fassen ....«, »Da schießen ja noch die ABC-Schützen besser«. Wenn wir in den kritischen mentalen Zustand eingetreten sind, kommentieren wir innerlich alles, was wir tun – und zwar negativ: »Du machst dich nur zum Narren«, »Was willst du jetzt bloß machen?«, »Tu endlich was!«, »Lächle, los lächle, aber nicht so gezwungen, du willst ihn ja nicht vergraulen ...«

Der Ausdruck »Sich selbst der ärgste Feind sein« trifft bei diesem mentalen Zustand den Nagel auf den Kopf. Oder um in der Sprache der Sportreporter zu bleiben: »Sie spielen heute gegen zwei Teams: Gegen die gegnerische Mannschaft und sich selbst.«

Diese Form übertriebener Selbstkritik tritt oft auf, wenn wir etwas tun, das uns am Herzen liegt – egal ob es ums Tennisspielen, eine geschäftliche Besprechung oder um Sex geht.

Plötzlich ist diese Stimme da und fängt an, mit uns zu reden: darüber, was wir gerade tun, wie wir es tun, ob wir das Richtige tun usw. Kann sein, dass wir sogar glauben, dass uns diese Stimme weiterhilft. Aber dem ist nicht so, diese Stimme lenkt nur ab. Ganz so, wie wenn wir nicht einschlafen können. Dann sagen wir uns ständig vor: »Ich muss schlafen, ich muss schlafen«, und werden darüber erst recht nervös, mit dem Ergebnis, dass wir wacher sind als vorher.

Genau dasselbe passiert, wenn wir es mit anderen Menschen zu tun haben. Unsere innere Stimme flüstert uns zu: »Sag dies, sag jenes« oder »Ich bin langweilig« oder »Mensch, eigentlich müsstest du längst schon ein paar kreative Ideen gehabt haben«. Diese Einflüsterungen lenken uns ab, erschüttern unser Selbstvertrauen und stören uns bei unserem Tun.

Timothy Gallwey, zum Management-Guru mutierter Tenniscoach, nennt das »Selbst 1« und sieht darin das größte Hindernis für Tennisprofis, aber auch für normale Menschen, die nicht nur ihr Tennisspiel verbessern wollen, sondern auch in jedem anderen Lebensbereich siegreich vom Platz gehen wollen.

Das Hochstaplersyndrom

Gingen Ihnen je Gedanken wie »Ich kann das ja gar nicht, es ist nur eine Frage der Zeit, bis sie das herausfinden« durch den Kopf? Wenn ja, dann war das ein akuter Anfall von Hochstaplersyndrom.

Das ist ein weit verbreitetes Zeichen dafür, dass Sie sich gerade im mentalen Zustand »Kritik üben« befinden.

Das Gute daran ist, dass fast jeder im Lauf seiner Karriere darunter leidet. Die Erfolgreicheren leiden in der Regel ihr ganzes Berufsleben darunter, was im Klartext so viel heißt wie: Alle Menschen, vor denen Sie sich fürchten, weil Sie glauben, sie könnten Ihnen eines Tages auf die Schliche kommen, sind selbst mit der Sorge beschäftigt, dass Sie sie irgendwann bloßstellen werden. Wie tröstlich!

3 Denken

Ich denke, also bin ich dabei, etwas Sinnvolles zu tun

Das ist der mentale Zustand, in dem wir uns befinden, wenn wir verschiedene Möglichkeiten gegeneinander abwägen, über eine Vorgehensweise entscheiden, an einem Problem herumtüfteln, die Konsequenzen bestimmter Ereignisse abschätzen oder einfach nur unsere Gedanken ordnen.

Dieser Zustand ist vor allem dann sinnvoll, wenn ...

- **... wir Probleme lösen.**

Wir wägen die Vor- und Nachteile des neuen Jobs gegeneinander ab. Wir entscheiden uns für Grapefruit- oder Orangensaft zum Frühstück. Wir überlegen, was wir am Wochenende machen wollen. Wir bereiten uns auf das schwierige Gespräch mit unserem Liebsten/Chef vor.

Wenn wir an einem Problem herumtüfteln, tun wir das im mentalen Zustand des Denkens. Der erlaubt es uns auch Pläne zu machen. Anschließend lenken wir unsere Aufmerksamkeit idealerweise wieder nach außen, um sie in die Tat umzusetzen.

- **... etwas schiefläuft.**
  Wenn etwas nicht so funktioniert, wie wir das wollen, müssen wir unseren Plan überdenken. Sobald wir mögliche Alternativen prüfen, schalten wir in den mentalen Zustand »Denken« um (anstatt in den mentalen Zustand »Kritik üben«, in dem wir uns dafür geißeln, dass wir uns überhaupt in dieser Lage befinden).

- **... wir aus der Erfahrung lernen.**
  Eine der erfolgversprechendsten Methoden, uns selbst weiterzuentwickeln, besteht darin, aus unseren Erfahrungen zu lernen: Was haben wir gut gemacht, was könnten wir in einer ähnlichen Situation künftig besser machen? Diese Selbstreflexion verschafft uns mehr Selbstbewusstsein und mehr Kompetenzen, Probleme zu lösen.

- **... wir wissen möchten, warum etwas genau so ist und nicht anders.**
  Renoviere ich mein Haus, weil ich seinen Wert steigern möchte oder weil ich mir etwas Gutes tun will? Und woran liegt es eigentlich, dass meine Liebesbeziehungen immer so leidenschaftlich beginnen und so abrupt enden? Warum möchte ich meinen Arbeitsplatz wechseln?
  Sich solche »lebenswichtigen« Fragen zu stellen und dann zu versuchen, eine Antwort darauf zu finden, kann sehr nützlich sein – vorausgesetzt, wir stellen die richtigen Fragen und lassen auf unsere Antworten auch Taten folgen lassen (ansonsten ist das Ganze nur eine endlose Nabelschau).

Die meisten Ansätze, Methoden und Techniken vom mindgym sollen uns zum »Denken« anregen – aber wohlgemerkt zum Andersdenken. Das ist ganz wesentlich, wenn wir unsere mentalen Fähigkeiten besser nutzen wollen. Außerdem ist der Einsatz bestimmter Techniken (anders als die Entscheidung »Welche Technik nehme ich?«) effektiver, wenn wir unsere Aufmerksamkeit dabei nach außen lenken, d. h. uns wirklich engagieren.

4 In etwas aufgehen

»In etwas vertieft, ja vollkommen davon gefangen sein, in etwas aufgehen, im Fluss sein« – es gibt viele Ausdrücke, die diesen mentalen Zustand beschreiben.
  Dabei ist unsere Aufmerksamkeit nach außen gerichtet, und zwar auf etwas in unserer unmittelbaren Umgebung. Wir laufen zur Höchstform auf oder sind zumindest gut in Form. Wenn Sie Auto fahren, erinnern Sie sich bestimmt noch daran, als Sie das erste Mal allein irgendwohin fuhren, auf den Verkehr vor sich achteten und den Song im Radio mitsangen, ohne

ständig zu denken »In den Rückspiegel gucken, schalten, rechts blinken«. War das nicht großartig?

Es kann sich aber auch um das Schreiben einer E-Mail handeln, den Beitrag in einem Meeting, die Unterhaltung auf einer Einladung. Wichtig ist nur, dass wir uns dabei in keinster Weise ablenken lassen, weder durch innere Stimmen, die uns vorschreiben, was wir tun oder lassen sollen, noch durch äußere Einflüsse wie das Auf-die-Uhr-Sehen unseres Gegenübers, dem schon ins Gesicht geschrieben steht, dass er jetzt eigentlich mit jemand anders sprechen möchte. Wenn wir völlig in das, was wir tun, vertieft sind – sei es in ein Gespräch oder einen Roman –, gehen wir völlig darin auf.

Diese Art von Aufmerksamkeit nennt Timothy Gallwey »Selbst 2« (ganz im Gegensatz zum mentalen Zustand »Kritik üben«, der mit seinem »Selbst 1« viel gemeinsam hat). Wenn es nach ihm geht, können wir unser Tennisspiel dadurch verbessern, dass wir uns beispielsweise darauf konzentrieren, wo der Ball aufschlägt oder wie wir unseren Schläger halten – Hauptsache, wir versuchen weder etwas zu erzwingen noch es zu bewerten. Dadurch stehen wir uns selbst weniger dabei im Weg und können uns mit unserer ganzen Aufmerksamkeit auf unser Ziel konzentrieren.

Mihaly Csikszentmihalyi nennt diesen Zustand »Flow«. In diesem Fall bringen wir sehr wahrscheinlich Höchstleistungen und werden mit dem, was wir tun, vollkommen eins.

(Wenn Sie das Kapitel »Freude am Stress« gelesen haben, erkennen Sie bestimmt eine Verwandtschaft zwischen dem mentalen Zustand »In etwas aufgehen« und der Actionzone. Umgekehrt müssen wir nicht unbedingt in etwas aufgehen, nur weil wir uns gerade in der Actionzone befinden: Dort können wir jeden beliebigen mentalen Zustand einnehmen.)

Wie wechsle ich von schädlichen zu nützlichen Zuständen?

Denken und den Autopiloten ausschalten

So wechseln Sie vom Autopiloten zurück in den manuellen Betrieb:

- **Nach Neuem Ausschau halten**
  Sehen Sie sich bewusst in Ihrer Umgebung um und halten Sie Ausschau nach etwas Neuem, Ungewöhnlichem. Fragen Sie sich: »War diese Blüte schon da, als ich hier das letzte Mal vorbeiging?« Indem Sie Ihre Umgebung in sich aufsaugen, lenken Sie Ihre Aufmerksamkeit auf das, was gerade präsent ist. Anders als im Zustand »Auf Autopilot schalten« sind Sie nun ständig auf der Suche nach Neuem.

Im Rennen aufgehen

Juan Manuel Fangio, der im Grand Prix von Monaco 1950 führte, näherte sich einer unübersichtlichen Kurve. Anstatt sie wie üblich mit 160 km/h zu nehmen, bremste er ohne ersichtlichen Grund ab und kroch um die Biegung.

Anschließend sah er neun ineinander verkeilte Rennwagen. Wäre er normal gefahren, hätte er leicht dabei umkommen können. Stattdessen gelang es ihm, die Unfallstelle sicher zu umfahren.

Was brachte Fangio dazu, scheinbar grundlos auf die Bremse zu treten? Erst einige Zeit später konnte Fangio dieses Phänomen erklären. Ohne, dass er sich dessen bewusst war, hatte er registriert, dass die Gesichter der Zuschauer nicht wie üblich, auf ihn, den Favoriten, gerichtet waren. Das Publikum starrte genau in die entgegengesetze Richtung, wie sich herausstellte in Richtung des Unfalls.

Wäre er damals im Zustand »Denken« gewesen, hätte die Verarbeitung dieser Information viel zu lange gedauert, als dass er noch rechtzeitig darauf hätte reagieren können. Hätte er auf »Autopilot« umgeschaltet gehabt, wäre ihm erst gar nichts aufgefallen. Aber Fangio war völlig in dem Rennfahren aufgegangen, registrierte unbewusst die abgewandten Gesichter der Zuschauer, deutete sie als Hinweis auf eine mögliche Gefahr und fällte in Sekundenbruchteilen eine intuitive Entscheidung, die ihm das Leben rettete (und das Rennen gewann er auch noch!).

- **Oft heißt nicht immer!**
  Darüber hinaus schalten wir auch deshalb so oft auf Autopilot um, weil wir viele Dinge betrachten, als seien sie in Stein gemeißelt und damit unverrückbar. Doch das ist eine wenig sinnvolle mentale Abkürzung, mit der wir uns bloß davor drücken, über eine bestimmte Angelegenheit nochmal nachzudenken. Dadurch stellen wir uns selbst eine Falle und überlassen das Steuer unserem Autopiloten.

Wir bleiben flexibler und aufmerksamer, wenn wir die Welt weniger absolut sehen. In der Regel gibt es stets mehrere Möglichkeiten. Viele Sachen mögen zwar oft gleich ablaufen, aber eben nicht immer. Wer seine mentalen Fähigkeiten effektiv nutzen will, sollte die einzelnen Techniken und Methoden immer nur als eine Option sehen und nie als Standardlösung. Ansonsten kann es passieren, dass wir weit über unser Ziel hinaus- und mit Kanonen auf Spatzen schießen.

- **Eine andere Perspektive einnehmen**
  Hatten Sie je einen Chef oder Kollegen, die Sie für überheblich, rechthaberisch, aggressiv und unhöflich hielten? Glauben Sie, dass sich die Betroffenen ebenso sehen? Wahrscheinlich nicht. Hätte man sie nach ihrer Selbsteinschätzung gefragt, wären vermutlich Eigenschaften wie durchsetzungsfähig, direkt, ehrlich und aufrichtig genannt worden (die Sie gern noch um »selbstuneinsichtig« ergänzen dürfen).
  Mit ein Grund, warum Konflikte oft böse enden, besteht darin, dass wir einfach reagieren, ohne nachzudenken oder uns in die Lage des anderen zu versetzen. Doch sobald wir auch andere Perspektiven berücksichtigen, schalten wir den »Autopiloten« ab und versetzen uns in einen konstruktiveren mentalen Zustand.

Denken und die kritische Stimme ausschalten

Wenn wir uns auf das konzentrieren, was um uns herum geschieht, fällt es uns leichter, vom mentalen Zustand »Kritik üben« zu »in etwas aufgehen« zu wechseln. Auf diese Weise können wir kritische Stimmen sofort eliminieren (s. auch »In etwas aufgehen«, Seite 299).

Denken	In etwas aufgehen
Kritik üben	Auf Autopilot schalten

Um vom »Kritiker« zum »Denker« zu werden, gibt es genau zwei Möglichkeiten:

- dadurch, dass wir uns bemühen objektiv zu denken und beispielsweise die Tatsachen von den Vermutungen trennen.

- dadurch, dass wir denken wie ein vernünftiger Optimist (s. auch das Kapitel »Sie Glückspilz!«, ab Seite 28).

Genügend Zeit zum Nachdenken einplanen
Nachdem wir eine Aufgabe gemeistert haben, sollten wir uns die Zeit nehmen, darüber nachzudenken, was wir erreicht und gut gemacht haben und was wir gern anders gemacht hätten. Golfspieler beispielsweise könnten das zwischen den einzelnen Schlägen tun. Wir dagegen können den Tag abends nochmal Revue passieren lassen und ihn bewerten.

In etwas aufgehen
Wenn wir uns völlig in etwas vertiefen und unsere kritischen Stimmen zum Schweigen bringen wollen (»Du hast dir doch nicht ernsthaft in den Kopf gesetzt …?«), haben wir mehrere Möglichkeiten:

- **Auf wichtige Elemente achten**
  Alles, was wir tun, enthält wichtige Elemente, die zwar wesentlich sein können, aber nicht unmittelbar an das Ergebnis geknüpft sein müssen. Hier ein paar Beispiele: Wenn Sie telefonieren, ist ein wichtiges Element der Klang ihrer Stimme. Beim Tennisspielen ist es die Ballgeschwindigkeit, bei einem Interview die Körpersprache des Journalisten.

  Wer auf solche Elemente achtet, gibt der kritischen Stimme keine Chance. Anstatt zu denken »Er hat seine Arme verschränkt; ich langweile ihn also offensichtlich«, beschränken Sie sich auf die reine Beobachtung, ohne das Gesehene zu bewerten. Vertrauen Sie einfach darauf, dass Sie schon das Richtige tun werden.

  Indem wir uns auf solche wichtigen Elemente konzentrieren, wird uns unsere Umwelt deutlicher bewusst. Wir richten unsere Aufmerksamkeit also wieder nach außen, was uns hilft die kritischen Stimmen zum Verstummen zu bringen.

- **Sich auf den Prozess konzentrieren, nicht auf das Ergebnis**
  Wenn wir uns nur auf das Ergebnis konzentrieren, ist der mentale Zustand »Kritik üben« so gut wie vorprogrammiert: »Ich werde es nie bis zum Gipfel schaffen«, »Diese Verkaufsvorgaben sind unmöglich zu erreichen«, »Das dauert ja Jahre, bis wir mit der Hausrenovierung fertig sind«.

Um die kritische Stimme in uns zum Schweigen zu bringen, müssen wir uns auf den Prozess, d. h. auf die einzelnen Schritte, die zu unserem Ziel führen, konzentrieren. Der Bergsteiger wird sich auf den nächsten Grat konzentrieren, oder, wenn er sehr erschöpft ist, nur auf den nächsten Schritt. Der Verkäufer darauf, einen ganz bestimmten Kunden anzurufen, und unser Heimwerker auf jeden Handgriff.

Dadurch gelingt es uns von »Kritik üben« auf »in etwas aufgehen« umzuschalten. Aber Achtung: Bleiben Sie mit Ihrer Aufmerksamkeit dann auch beim Prozess, sonst werden Sie schnell rückfällig!

- **Fähigkeiten und Herausforderungen aufeinander abstimmen**
  Das Problem und unsere Fähigkeiten sollten sich in etwa entsprechen: Ist die Herausforderung zu groß, kann es sein, dass wir uns der Aufgabe (für 25 Leute kochen) nicht gewachsen fühlen. (»Ich kann noch nicht mal ein Ei kochen!«) Umgekehrt lähmt es unseren Tatendrang erheblich, wenn wir uns unterfordert fühlen (wie in diesem Fall ein Koch mit mehreren Michelin-Sternen). Und ist weder unser Können gefragt noch die Aufgabenstellung anspruchsvoll, langweilt uns das natürlich auch.

  Aber wenn wir etwas gut beherrschen und darin gefordert werden, können wir völlig darin aufgehen. Ist das Verhältnis zwischen der Herausforderung und unseren Fähigkeiten ausgewogen, werden wir unser Potenzial am ehesten ausschöpfen. Dann können sogar ganz banale Dinge interessant werden wie zum Beispiel Rasenmähen: Versuchen Sie doch mal, Streifen wie auf dem Fußballfeld hinzukriegen oder so schnell wie möglich, aber dennoch sauber zu mähen!

»Denken« und »in etwas aufgehen«?

Im Idealfall können Sie mühelos zwischen »Denken« und »in etwas aufgehen« hin und her switchen. Es gibt keine Regeln, wann man in dem einen und wann in dem anderen Zustand zu sein hat. Es ist wie beim Tanzen: Sie müssen Ihren Rhythmus finden und sich so bewegen, wie es die Situation (oder die Musik) erfordert.

Denken	In etwas aufgehen
Kritik üben	Auf Autopilot schalten

Nehmen wir Claire. Sie überlegt: »Was soll ich anziehen? Es ist ein Marketingmeeting, also ziehe ich lieber was Schickes an.« Sie entscheidet sich für ihr Lieblingskostüm und denkt anschließend nicht mehr weiter darüber nach. Während sie zur Arbeit fährt, achtet sie aufmerksam auf ihre Umgebung: Sie merkt, dass Bauarbeiten angekündigt werden (»Ich werde meine Route demnächst ändern müssen.«) und dass auffällig viele Frauen violett tragen. (Sie ist sich zwar dessen noch nicht wirklich bewusst, aber das wird ihr Verhalten während der Besprechung später durchaus noch beeinflussen.)

Auf dem Weg in ihr Büro trifft sie Peter, ihren ehemaligen Vorgesetzten, der erst kürzlich zum Direktor befördert wurde. Sie gratuliert ihm begeistert und geht völlig in der Unterhaltung mit ihm auf. Als Peter ihr seine neue Aufgabe erläutert, kommt ihr ein Gedanke: »Er könnte mir dabei helfen, mein Projekt zu unterstützen. Wie hole ich ihn am besten mit ins Boot?« Claire entwickelt schnell eine Strategie der Einflussnahme (s. auch das Kapitel »Einfluss nehmen«) und als sich ein passender Moment ergibt, schneidet sie ihr Anliegen an: »Peter, da du gerade davon sprichst ...«

Wenige Sekunden später (so kommt es Claire jedenfalls vor, obwohl es in Wahrheit ein paar Minuten sind), schlägt Peter ein Gespräch mit seinem kompletten Managementteam vor – Volltreffer!

Als Claire sich einen Kaffee holt, denkt sie nochmal an das Gespräch zurück und überlegt, wie sie es geschafft hat, sich Peters Unterstützung zu sichern und ob sie dieselbe Strategie nicht auch in ihrem Marketingmeeting anwenden kann.

Claire switcht je nach Situation zwischen den verschiedenen mentalen Zuständen hin und her. Sie konzentriert sich entweder voll und ganz auf ihre Sache oder richtet ihre Aufmerksamkeit nach innen, wenn es darum geht, eine Situation zu bewerten oder zu entscheiden, was zu tun ist. Anschließend richtet sie ihre Konzentration wieder nach außen (»in etwas aufgehen«), beginnt, ihren Plan in die Tat umzusetzen und taucht wieder vollkommen in die Materie ein.

Unsere Herausforderung besteht darin, es ihr gleichzutun.

Das Ende vom Anfang

Herzlichen Glückwunsch (und vielen Dank!), dass Sie das Buch bis hierher gelesen haben. Hoffentlich haben Sie das Gefühl, ein bisschen mehr darüber zu wissen, wie Sie Ihre mentalen Fähigkeiten optimal einsetzen und mehr aus Ihrem Leben machen können.

Die nächste Herausforderung ist noch viel spannender, denn jetzt geht es darum, die Theorie in die Praxis umzusetzen. Da hilft kein Buch, kein

Seminar, keine virtuelle Übung – das kann Ihnen niemand abnehmen! (So ein Mist aber auch!) Ob das, was Sie auf diesen Seiten entdeckt haben, für Sie von Nutzen ist oder nicht, liegt ganz bei Ihnen.

Unsere Welt ist das, was wir daraus machen. Die Tipps, Techniken und Methoden, die Sie sich erarbeitet haben, werden Ihnen dabei helfen, sie ganz nach Ihren Vorstellungen zu formen. Kann sein, dass Sie auf dem Weg dahin ein paarmal straucheln, aber wie sagt Albert Hubbard noch einmal so schön? »Der größte Fehler, den Sie im Leben machen können, ist der, ständig Angst davor zu haben Fehler zu machen.«

Lösungen

Hier finden Sie nochmals die Workouts von S. 256 und ihre Lösungen:

NACHMACHEN
1 Wie lauten die nächsten drei Zahlen in der Sequenz 1 0 1 1 1 2 1 2?
Lösung: 3, 4, 5. Denken Sie an eine Uhr: Die Ziffern lauten 10, 11, 12, 1, 2, 3, 4,5.

2 In einem Raum sind drei Glühbirnen, auf der anderen Seite einer dicken Tür drei Lichtschalter. Von den Schaltern aus können Sie keine der Glühbirnen sehen. Sie dürfen den Raum nur einmal betreten. Wie finden Sie auf Anhieb heraus, welcher Schalter für welche Glühbirne ist?
Lösung: Zunächst legen Sie nur einen der drei Schalter um und warten eine Weile. Das erhitzt die jeweilige Glühbirne im Raum. Dann bringen Sie den Schalter in seine Ausgangsposition zurück und legen den nächsten Schalter um. Anschließend betreten Sie den Raum. Eine Glühbirne ist an, zwei sind aus. Diejenige, die heiß ist, wird vom zweiten und diejenige, die kalt ist, wird vom dritten Schalter bedient.

3 Eine Frau hat fünf Kinder und die Hälfte davon ist männlich. Ist das möglich? Wenn ja, wie?
Lösung: Alle Kinder sind männlich: Dann sind beide Hälften männlich.

4 Eine Frau ohne Führerschein transportiert Gemüse gegen die Einbahnstraße und biegt am Ende links ab, obwohl ein Verkehrsschild das verbietet. Ein Polizist beobachtet sie ohne einzuschreiten. Warum?
Lösung: Sie geht zu Fuß.

5 Wie lautet der nächste Buchstabe in dieser Folge: W, L, D, N, B, I, D?
Lösung: F – **W**ie **l**autet **d**er **n**ächste **B**uchstabe **i**n **d**ieser **F**olge

6 In einem Fass ohne Deckel ist etwas Wein. Wie finden Sie ohne Messinstrumente, und ohne Wein aus dem Fass zu nehmen, heraus, ob das Fass mehr oder weniger als halbvoll ist?
Lösung: Halten Sie das Fass schräg, bis die Flüssigkeit den oberen Rand erreicht. Wenn Sie etwas vom Boden des Fasses sehen können, ist es weniger als halbvoll. Ist der Boden vollständig bedeckt, ist es mehr als halbvoll.

SELBER MACHEN

1 Nehmen Sie ein leeres Blatt Papier. Schreiben Sie ein paar Minuten lang so viele Transportmittel auf wie möglich. Erst, wenn Sie das Gefühl haben, dass Ihnen wirklich nichts mehr einfällt (aber wirklich erst dann!) lesen Sie weiter.
Wie kreativ waren Sie?
Fahrräder in verschiedenen Farben – das ist doch nicht Ihr Ernst, los, fangen Sie nochmal von vorn an!
Kitesurfen; Hüpfball – schon besser, aber das ist den meisten anderen auch eingefallen.
Fliegender Teppich; Raumschiff Enterprise; Zeitmaschine – nicht schlecht, das geht schon in die richtige Richtung, aber Sie engen Ihr Denken durch Ihre Interpretation der Fragestellung immer noch zu stark ein.
Lesen Sie sich nochmal die Aufgabenstellung durch. Welche Ihrer stillschweigenden Voraussetzungen erkennen Sie jetzt? Um was geht es demnach bei dieser Frage oder vielleicht auch nicht?
Lösung: Die stillschweigende Voraussetzung ist die, dass die meisten das Wort Transportmittel automatisch mit einem Fortbewegungsmittel für Menschen gleichsetzen. Es gibt aber noch andere »Transportmittel« – Blut zum Beispiel, denn es transportiert Sauerstoff, oder ein Gedicht, weil es Gefühle transportiert usw.

2 Nehmen Sie ein neues leeres Blatt. Zeichnen Sie einen großen Kreis und markieren Sie den Mittelpunkt, ohne den Stift abzusetzen.
Es gibt mehrere Lösungen. Wenn Sie erst einmal merken, welche Brille Sie aufhaben (in diesem Fall wird es höchstwahrscheinlich die Realitätsbrille sein), wird es Ihnen viel leichter fallen, die Aufgabe zu lösen.
Lösung: Eine Lösung besteht darin, das Blatt Papier zweimal in der Mitte zu falten.

Weiterführende Literatur

Alloy, L. B. & Abramson, L. Y. (1979), Judgement of contingency in depressed and nondepressed students: Sadder but Wiser. Journal of Experimental Psychology: General, 108, 441–485

Bandura, A. & Locke, E. A. (2003). Negative self-efficacy and goal effects revisited. Journal of Applied Psychology, 88 (1), 87–99

Bee, F. & Bee, R. (1998). Constructive Feedback. CIPD

Bernardi, L., Spadacini, G., Bellwon, J., Hajric, R., Roskamm, H., Frey, A. (1998). Effect of breathing rate on oxygen saturation and exercise performance in chronic heart failure. The Lancet, 351, 9112, 1308–1311

Bernardi, L., Slieght, P., Bandinelli, G., Cencetti, S., Fattorini, L., Wdowczyz-Szulc, J. & Lagi, A. (2001). Effect of rosary prayer and yoga mantras on autonomic cardiovascular rhythms: comparative study. BMJ, 323, 1446–1449

Bernieri, F. J. (1988). Coordinated movement and rapport in teacher-student interactions. Journal of Nonverbal behaviour, 12B, 120–138

Bernstein, D. A., Borkovec, T. D., Hazlett-Stevens, H. (2000). New directions in Progressive Muscle Relaxation Training: a guidebook for helping professionals. Praeger Publishers

Bowins, B. (2004). Psychological defence mechanisms: A new perspective. American Journal of Psychoanalysis, 64 (1), 1–26

Brotchie, A. (1991). Surrealist Games. London: Redstone Press

Burka, J. B. (1990). Procrastination. Cambridge: Perseus Books

Burley-Allen, M. (1995). Listening: The Forgotten Skill. New York: John Wiley & Sons Inc.

Cialdini, R. (2001). Influence: Science and Practice. Allyn & Bacon (Einfluss. Wie und warum sich Menschen überzeugen lassen, Moderne Verlagsgesellschaft, Landsberg 1990)

Clance, P. (1985). The Impostor Phenomenon: Overcoming the Fear that Haunts your Success. Peachtree Pub Ltd. (Erfolgreiche Versager. Das Hochstapler- Phänomen, Heyne, München 1988)

Claxton, G. (1998). Hare Brain Tortoise Mind. London: Fourth Estate Ltd. (Der Takt des Denkens, Über die Vorteile der Langsamkeit, Ullstein, Berlin 1998)

Claxton, G. (1999). Wise Up. London: Bloomsbury

Csikszentmihalyi, M. (2002). Flow: The Classic Work on How to Achieve Happiness. Rider. (Flow, Das Geheimnis des Glücks, Klett-Cotta, Stuttgart 2002)

Danner, D., Snowdon, D. & Friesen, W. (2001). Positive Emotions in Early Life and Longevity: Findings from the nun study. Journal of Personality and Social Psychology, 80, 804–813

Darley, J. & Batson, D. (1973). From Jerusalem to Jericho: A study of situational and dispositional variables in helping behaviour. Journal of Personality and Social Psychology, 27, 100–119

Darley, J. M. & Latane, B. (1968). Bystander intervention in emergencies: Diffusion of responsibility. Journal of Social Psychology, 8, 377–383

Davison Ankney, C. (1992). Sex differences in relative brain size: The mismeasure of women, too? Intelligence, 16, 329–336

Dilts, R. B. (1994). Strategies of Genius. California: Meta Publications (Einstein. Geniale Denkstrukturen & Neurolinguistisches Programmieren, Junfermann, Paderborn 2005)

Duruy, V. (1883). History of Rome, Vol. V (1883); Suetonius, Life of Julius Caesar in Davis, William Stearns, Readings in Ancient History (1912)

Farhi, D. (1996). The Breathing Book. New York: Henry Holt (Das Buch vom Atmen. Leicht erlernbare Atemtechniken für Ihr Wohlbefinden, Droemer Knaur, München 1999)

Fenno, R. (1959). The President's Cabinet, Cambridge, Mass: Harvard University Press

Ferrari, J. R., Johnson, J. L. & McCown, W. G. (1995). Procrastination and Task Avoidance. New York: Plenum Press

Fiore, N. (1989). The Now Habit. New York: Penguin Putnam Inc. (Wenn nicht jetzt, wann dann? – So überlisten Sie Ihre »Aufschieberitis«, MVG, Heidelberg 1996)

Fisher, R. & Ury, W. (1992). Getting to Yes. London: Random House Business Books. (Das Harvard-Konzept: Sachgerecht verhandeln, erfolgreich verhandeln, Campus, Frankfurt am Main 2000)

Furedi, F. (2004). Therapy Culture: cultivating vulnerability in an uncertain age. London: Routledge

Gallwey, W. T. (2003). The Inner Game of Work. Australia: Thomson Texere

Gardner, H. (1993). Creating Minds. New York: Basic Books (So genial wie Einstein. Schlüssel zum kreativen Denken, Klett-Cotta, Stuttgart 1996)

Goldberg, A. (1991). Improv Comedy. Hollywood: Samuel French Trade
Gottman, J. & Silver, N. (2000). The Seven Principles for Making Marriage Work. London: Orion (Die 7 Geheimnisse der glücklichen Ehe, Ullstein, München 2002)
Gregory, S.W. & Webster, S. (1996). A nonverbal signal in voices of interview partners effectively predicts communication accommodation and social status perceptions. Journal of Personality and Social Psychology, 70, 1231–1240
Guffrey, M. E. (1995). Essentials of Business Communication (3rd edn) Cincinnati, OH: South Western
Hatfield, E., Cacioppo, J. T. & Rapson, R. L. (1994). Emotional Contagion. Cambridge University Press
Hofling, C. K., Brotzman, E., Dalrymple, S., Graves, N. & Pierce, C. M. (1966). An experimental study of nurse-physician relationships. Journal of Nervous and Mental Disease, 143, 171–180
John F. Kennedy: »Man on the moon«-Rede vom 12. September 1962, gehalten an der Rice University
Knaus, W. J. (1998). Do it Now: Break the Procrastination Habit. John Wiley & Sons Inc.
Kolb, D. A. (1984). Experiential Learning. New Jersey: Prentice-Hall
Langer, E. J. (1989). Mindfulness. Cambridge, Perseus Books
Lazarus, R. S. & Folkman, S. (1984). Stress, Appraisal and Coping. New York: Springer Publishing Company
Maguire, E. A., Gadian, D. G., Johnsrude, I. S., Good, C. D. Ashburner, J., Frackowiak, R. S. J. & Frith, C. D. (2000). Navigation-related structural change in the hippocampi of taxi drivers. Proc Natl Acad Sci U S A, 10, 4398–4403
Mason, D. (2004). The Piano Tuner. London: Picador
Matura, T., Colligan, R., Malinchoc, M. & Offord, K. (2000). Optimists vs pessimists: Survival rate among patients over a 30-year period. Mayo Clinic Proceedings, 75, 140–143
Maynard, D. (1996). On 'realization' in everyday life: The forecasting of bad news as a social relation. American Sociological Review, 61, (1) 109–131
McCrone, J. (2001). Mental gymnastics. New Scientist, 172, 30–31.
O'Shea, M. V. & Ragsdale, C. E. (1932). Modern Psychologies and Education. The Macmillan Company
Pietsch, W. V. (1992). The Serenity Prayer Book. San Francisco: HarperSanFrancisco
Provine, R. R. (1986). Yawning as a stereotyped action pattern and releasing stimulus. Ethology, 72, 109–122
Provine, R. R. (1992). Contagious laughter: Laughter is a sufficient stimulus for laughs and smiles. Bulletin of the Psychodynamic Society, 30, 1–4

Regan, D. T. (1971). Effects of a favour and liking on compliance. Journal of Experimental Social Psychology, 7, 627–639

Reivich, K. & Shatte, A. (2002). The Resilience Factor. New York: Broadway Books

Richardson, R. S. (1995). The Charisma Factor. Random House

Salerno, D. (1998). An interpersonal approach to writing negative messages. The Journal of Business Communication, 25, 41–51

Schulman, P., Seligman, M. & Oran, D. Explanatory Style Predicts Productivity Among Life Insurance Agents: The Special Force Study (unpublished manuscript available from Foresight, Inc. 3516 Duff Drive, Falls Church, Va 22041)

Seligman, M. E. P. (1988). Pessimistic explanatory style in the historical record: Caving LBJ, presidential candidates and East versus West Berlin. American Psychologist, 43, 673–682

Seligman, M. & Schulman, P. (1986). Explanatory style as a predictor of performance as a life insurance agent. Journal of Personality and Social Psychology, 50, 832–838

Selye, H. (1978). The Stress of Life. New York: McGraw-Hill (Stress, mein Leben. Erinnerungen eines Forschers, Fischer, Frankfurt 1984)

Silverman, S. B. (1991). Individual development through performance appraisal. In K. N. Wexley (ed.), Developing Human Resources, 120–151

Smith, G. N., Nolan, R. F. & Dai, Y. (1996). Job-refusal letters: readers' affective responses to direct and indirect organizational plans. Business Communication Quarterly, 59

Stanislavski, C. (1963). An Actor's Handbook. New York: Theatre Arts Books. (Die Arbeit des Schauspielers an der Rolle, Henschel, Berlin 2002)

Sternberg, R. J. (2003). Wisdom, Intelligence and Creativity Synthesized. Cambridge: Cambridge University Press

Stone, B. (1997). Confronting Company Politics. London: Macmillan Press Ltd.

Stone, D., Patton, B. & Heen, S. (1999). Difficult Conversations. London: Penguin Books (Offen gesagt. Erfolgreich schwierige Gespräche meistern, Goldmann, München 2001)

Underhill, R. (2002). Khrushchev's shoe. Perseus Publishing

West, M. A. (1997). Developing Creativity in Organisations. Leicester: British Psychological Society

Wiseman, R. (2004). The Luck Factor. London: Arrow Books Ltd. (So machen Sie Ihr Glück. Wie Sie mit einfachen Strategien zum Glückspilz werden, Goldmann, München 2003)

Yerkes. R. M. & Dodson, J. D. (1908). The relation of strength of stimulus to rapidity of habit formation. Journal of Comparative Neurology and Psychology, 18, 459–482

Yukl, G. & Falbe, C. M. (1990). Influence tactics in upward, downward, and lateral influence attempts. Journal of Applied Psychology, 76, 132–140

Dank

mindgym – Der Personal Coach für Kopf und Seele wurde von Octavius Black und Sebastian Bailey, den Mitgründern des mindgym, geschrieben.

Ohne den Sachverstand, die Kenntnisse, die Unterstützung und die Energie vieler anderer Menschen wäre dieses Buch allerdings nie entstanden. Unser Dank gilt ...

... dem wissenschaftlichen Beirat, seinen Vorsitzenden Professor Guy Claxton*, den Professoren Michael West*, Professor Ingrid Lunt †* und dem Emeritus Professor Peter Robinson*.

... dem Kernteam des mindgym (seinen gegenwärtigen und ehemaligen Mitgliedern): Das sind der sagenhafte Teamleiter Sam Aspinall (vor allem, wenn Octavius und Seb sich zum Schreiben zurückgezogen hatten) und der tapfere Sam Scott (der für alle von Anfang an ein Kraftquell war), Pui-Wai Yuen, Joanna Sercombe, Ben Oxnam, Joe McLewin, Caroline Smith, Debbie Taylor, Rachel Newton, Pui-Kei Chan, Jo Yates, Nicole Evans, Daz Aldridge, Georgie Selleck, Azim Khan, Samy De Siena, Camilla Jewson, Sarah Pearce, Cezzaine Haigh, Megan Korsman, Tania Stewart, Alice Jackson, Elizabeth Vivian-Wright, Laura Harrod, Rebecca McGuire-Snieckus, Garry Scott, Gemma Fitzjohn-Sykes.

... den unvergesslichen mindgym-Überseepionieren, vor allem Sean Clemmit in Australien und Jonathan Law in Irland.

... unseren Kunden, die Vertrauen zu uns hatten und sich auf ein noch nicht erprobtes Konzept einließen. Ohne sie hätte mindgym das erste stürmische Jahr nie überlebt: Antonia Cowdry (Deutsche Bank); David Lavarack (Barclays); Tony Shaw (damals TDG); Nick Viner und Richard Stark (BCG); Bryan Low (damals Scottish Provident International); Sue Ryan (GCI); Susan Coulson (T-Mobile); Shaun Orpen (damals Microsoft); Bruce Robertson (damals Prêt A Manger); David Kean (Omnicom); Charles Sutton (der den Kontakt zu Guinness hergestellt hat), aber auch all denjenigen, die das Konzept des mindgym so ernst nahmen, dass sie Firmenmitglieder wurden – und das nicht nur ein Mal, sondern wiederholte Male: Simon Linares, Claire Semple und Jenny Morris (Diageo); Lisa Day und Catherine St John-Smith (United Biscuits); Noel Hadden und Mike Molinaro (Deutsche Bank); Peter Wilkinson und Sarah Halling (Royal Mail); Chris Peck und Sarah Leonard (GSK); Hugh Spalding und Pam Rawlins (Hewlett-Packard); Antonella Milana (BBC); Neil Clark und Cat Allen (3); Sheila Weatherburn (Norwich Union); Maggie Hurt (National Grid Transco).

... den mindgym-Trainern, die weltweit in 20 verschiedenen Ländern und 270 Organisationen Workouts und Workshops gehalten haben. Ganz besonderer Dank gebührt John Nicholson, Catherine Hoar, Giles Ford, Fiona Houslip, Andrew Pearson, Steph Oerton, Natasha Owen, Andrew Mallett, Jane Palmer, Patrick Medd, Annie Ingram, Helen Vandenberghe, Michelle Mackintosh, Simon Rollings, Linda Stokes, Tony Plant, Gregg Harris, Laurie Carrick, Jacqueline Farrington, Fiona Tordoff, David Ruef, Ben Avery, Pete English, Danny Easton, Mary Gregory, Paul Burton, Annette Kurer, Jessica Chivers, Scott Keyser, Neil Park, Paul McGee, Reuben Milne und Danny da Cruz.

... den unzähligen Menschen, die uns beraten haben – viele davon, ohne etwas dafür zu verlangen oder zu sehr günstigen Preisen:

IT: Phil Lea; Louise Collins; Will Loden; Oly Grimwood; Dave Watkinson; Nick Taylor; Nigel Colvert; George Sanders

Design: Julie Durber; Attik; Now Wash Your Hands; Danny, Mark und das Team von mj impressions; Two by Two

Pädagogische Berater: Bill Lucas; Ben Cannon; Mike Leibling; Susie Parsons; Jonathan Brown; Penny Egan; Paul Crake; Janie van Hool

Businessberater: Cathy Walton; Murray Poole-Connor; Michael Anderson; Brinsley Black; Martin Foreman; Martin Taylor; Rita Clifton; John Smythe; John Nicholson; Michael Bilewycz; Michael Birkin; Selina Hastings; Richard Wingfield; Caroline Taylor; Polly Hayward, Dave Cobban; Lynn White

Redakteure und Journalisten, die über das mindgym geschrieben haben: Rufus Olins; John-Paul Flintoff; Susan Elderkin; Tiffanie Darke; Cath Ostler; Michael Grove; Claire MacDonald; John McCrone; Kate Reardon; Matthew Gwyther; Steve Crabb, Anabel Cutler; Merryn Somerset Webb

... und Juliet Bailey für ihre ganz außerordentliche Langmut, als die Deadline des Buchs auf den Tag ihrer Hochzeit fiel.

... und ganz besonders unserem Agenten, dem unverwüstlichen Tif Loehnis von Janklow & Nesbit, der uns zwei Jahre lang in den Ohren lag, endlich ein Exposee zu schreiben, und dem tapferen Team unter der Leitung des großartigen Jo Coen (unter Mitwirkung des scharfsinnigen Tom Bromley) bei Time Warner Books, die von Anfang an an unser Konzept glaubten.

Der größte Dank gebührt jedoch den Zehntausenden Menschen, die an unseren Workouts und Workshops teilnehmen und uns tagtäglich wissen lassen, was sie daran mögen und was nicht. Diese ehrlichen (manchmal sehr ehrlichen) Meinungen sind die Grundlage, auf der das mindgym kontinuierlich überarbeitet und ergänzt wird. Wir hoffen, dass Sie als Leser oder Leserin dieses Buches uns ebenfalls Ihre Ansichten mitteilen und so dazu beitragen, dass sich das mindgym ständig weiterentwickelt und sich all Ihren Wünschen anpassen kann. Na ja, fast allen.

(* Mitglied der British Psychological Society; † ehemalige Vorsitzende der British Psychological Society)

PIPER

Alexandra Berger
Welches Leben ist meins?

Entscheidungen, die zu mir passen. 240 Seiten. Serie Piper

Wir alle haben die Fähigkeit, kluge und richtige Entscheidungen zu treffen. Mit Alexandra Bergers Buch gibt es kein Ich-kann-mich-nicht-Entscheiden mehr. Es zeigt, wie Sie zunächst herausfinden, welche Möglichkeiten überhaupt zu Ihnen passen. Wie Sie Verstand und Intuition bei allem, was zur Wahl steht, optimal einsetzen. Wie Sie unwichtige und alltägliche Entscheidungen schnell abhandeln, wegkommen vom Entweder-oder-Denken und mörderische Selbstzweifel besiegen. Denn das ist das Erfolgsrezept: Wenn die Würfel gefallen sind, nicht ständig alles wieder in Frage stellen. Dann, so Alexandra Berger, steht dem Glück nichts mehr im Weg. Ihr persönliches Glücksmotto lautet deshalb: Entscheide dich und lebe!

PIPER

Robert Levine
Die große Verführung

Psychologie der Manipulation. Aus dem Amerikanischen von Christa Broermann. 384 Seiten. Serie Piper

Verkäufer und Politiker, Kollegen und Familienmitglieder, sogar der eigene Partner – öfter als wir denken, versucht irgendjemand, uns zu etwas zu bringen, das wir eigentlich gar nicht wollen. Der Psychologe Robert Levine untersucht die subtilen Strategien und Tricks, mit denen wir tagtäglich beeinflußt oder über den Tisch gezogen werden. Zusammen mit seinen Studenten beobachtete er Verkäufer und Konsumenten, besuchte Seminare zur Verkaufsförderung, lernte von Illusionskünstlern und probierte die erlernten Techniken schließlich selbst als Autoverkäufer und Vertreter aus.
Dabei fand er heraus, daß wir umso öfter übervorteilt werden, je überlegener wir uns fühlen. Doch die große Verführung folgt in allen ihren Spielarten letztendlich dem gleichen Muster. Robert Levine erklärt uns die Regeln und zeigt, wie wir sie für uns nutzen können.

01/1321/02/R

PIPER

Paul Watzlawick
Wenn du mich wirklich liebtest, würdest du gern Knoblauch essen

Über das Glück und die Konstruktion der Wirklichkeit.
Herausgegeben von Klaus Stadler und Heidi Bohnet.
224 Seiten mit Zeichnungen. Gebunden

Paul Watzlawick, der österreichische Kalifornier, ist als Psychotherapeut und Konstruktivist ein Mythos. Seine Bücher sind seit vielen Jahren Bestseller, ob »Anleitung zum Unglücklichsein«, »Wie wirklich ist die Wirklichkeit?« oder »Gebrauchsanweisung für Amerika«. Zum ersten Mal gibt es nun das Beste von Paul Watzlawick, seine wichtigsten und unterhaltsamsten Texte. Die Auswahl macht neugierig auf mehr und führt zugleich in sein Denken ein. Warum die Amerikaner noch immer an die Zukunft glauben, weshalb man Watzlawicks »Anleitung« keinesfalls befolgen darf, wenn man glücklich werden will, was Wirklichkeit wirklich ist und warum die Menschen immer wieder auf scheinbar hundertprozentige Lösungen hereinfallen – das und viel mehr ist hier nachzulesen.